> Liebe ist wie das Leben selbst,
> kein bequemer und ruhiger Zustand,
> sondern ein großes, ein wunderbares Abenteuer.
>
> *Johann Wolfgang von Goethe*

Was ist ein Abenteuer? Ein prickelndes Erlebnis? Ein gewagtes Unternehmen? Der Begriff kommt aus dem Mittelhochdeutschen (aventiure) und bedeutet Begebenheit, Erlebnis, Wagnis. Das Abenteuer war stets eine Expedition ins Unbekannte, verbunden mit Risiken und Gefahren, mit einem ungewissen Ausgang. Wer ein Abenteuer bestehen will, braucht Mut und Einsatzbereitschaft; wer es bestanden hat, gilt als Held. Abenteuer sind nichts für Ängstliche, Bequeme, Uninteressierte.

Worin aber besteht das Abenteuer „Ethik"? Vielleicht in dem Abenteuer ...

... das eigene Ich zu erforschen? Seine Fähigkeiten und Begabungen, aber auch seine Schwächen und Grenzen entdecken, daraus einen Lebensplan schmieden.

... selbst zu denken? Einen eigenen Standpunkt gewinnen und diesen überprüfen, aber auch nachdenklich werden und nicht alles zweifelsfrei hinnehmen.

... noch einmal nachzufragen? Schärfer hinsehen, sich in dieser Welt zurechtfinden, und so gegenüber zentralen gesellschaftlichen Problemen eine selbständige Position entwickeln und Mitverantwortung übernehmen.

... mit anderen zusammen zu leben? Menschen nicht ausnutzen und fallen lassen, wenn es uns gerade passt, sondern zu ihnen halten. Zu unseren Überzeugungen stehen und uns nicht beliebt machen wollen, indem wir tun, was andere von uns erwarten.

... sich zu befreien? Von Befehlen und Gebräuchen, von Belohnung und Strafe und von allem, was uns von außen lenken will, dagegen uns von unserem Gewissen und unserem freien Willen leiten lassen und dadurch unsere Entscheidungen eigenständig begründen.

... sich in andere hineinzuversetzen? Verständnis für die Weltsicht von Religionen und fremden Kulturen entwickeln und ihre Bedeutung für die eigene Lebensweise bedenken.

Besteht das Abenteuer „Ethik" also – kurz gesagt – in dem Abenteuer, das wir Leben nennen? Denn zu wissen, wie man leben soll, ist nicht einfach: Was stelle ich mir als ein gutes Leben im besten Sinne vor? Was für eine Lebensweise bewundere ich wirklich, und auf was für ein Leben möchte ich zurückblicken können, wenn ich älter bin und darüber nachdenke, wie ich gelebt habe? Wird es genügen, wenn ich mir sagen kann: Es hat Spaß gemacht? Werde ich überhaupt ehrlicherweise sagen können, dass es Spaß gemacht hat?

Wenn du sagst, das ist mir zu kompliziert, das verstehe ich nicht, das ist mir zu hoch, das ist eine Sache für Fachleute, dafür habe ich keine Begabung, das geht mich alles nichts an – dann ist das so, als ob du sagen wolltest: Um die Grundfragen des Lebens brauche ich mich nicht zu kümmern. Was du mit deinem Leben anfangen sollst, darauf kann dir kein anderer eine Antwort geben, das kann jeder nur sich selbst fragen.

„Abenteuer Ethik" will dich ein Stück weit bei der Beantwortung dieser Fragen begleiten. Es will dich dazu auffordern, dich selbst zu entdecken, deinen eigenen Verstand ohne Anleitung eines anderen zu gebrauchen, fragen zu lernen und eigene Gedanken zu entwickeln – für das „wunderbare Abenteuer", das man Leben nennt.

Dein Autorenteam

Inhaltsverzeichnis

* = empfohlen für Klasse 9
** = empfohlen für Klasse 10
*** = Ergänzung für das Schulcurriculum

1 Lebenswege

M1 Wohin gehe ich?

Woher komme ich?
Wohin gehe ich?
Wieso bin ich hier?
Was ist der Sinn meines Lebens?
Habt ihr euch mal die Fragen gestellt????

Natürlich !
Das sind auch teilweise die Basisfragen der Philosophie. Außerdem will ich mal behaupten, dass es den Menschen auszeichnet, danach zu fragen, woher er eigentlich kommt (= Neugierde, das Streben nach Wissen). Auch um sich Klarheit zu verschaffen und sich nicht wie ein Blatt im Wind zu fühlen (> hier hilft dann die jeweilige Religion, an die man glaubt).
Als Kind hatte ich schon solche Fragen gestellt, und als Antwort bekam ich meist „Gott ist dafür verantwortlich".

Ich glaube, jeder stellt sich diese Art von Fragen ab einem bestimmten Punkt in seinem Leben ... Allerdings komme ich persönlich dabei selten weiter als bis zu weiterführenden, anderen Fragen (was ja nicht das Schlechteste ist). Ich bin also vorläufig mit mir selbst übereingekommen, nicht weiter nach Antworten zu suchen, sondern nach besseren Fragen.
Was den Sinn also nun angeht: dass die Welt ziemlich scheiße ist, habe ich schon herausgefunden. Dass man versuchen muss, trotzdem das Beste draus zu machen, die ganze Chose nicht zu ernst zu nehmen und sein Leben trotzdem zu genießen, auch. Sonst verbittert man. Und dafür bin ich mir dann doch zu schade.

Was ist der Sinn meines Lebens?
Einen Beruf zu finden, gesund zu leben und vielleicht die Traumfrau (relativ ) zu finden!

Wohin gehe ich?
Das ist die Frage, mit der ich mich am meisten beschäftige. Ich weiß nicht, was ich will und wohin mich mein Treiben bringt ... ist in allen Dingen so.
Die Welt um einen herum ist – relativ gesehen – weder scheiße noch schön. Es gibt halt die schlechte und gute Seite. Man muss rausfinden, für welche man sich entscheidet!

nach einem Internet-Chat

Paul Klee: Hauptweg und Nebenwege, 1929

M2 Drei Lebenswege

Bill Gates

Der Pionier der internationalen Computertechnologie William „Bill“ Henry Gates III. wurde am 28. Oktober 1955 als zweites von drei Kindern des Rechtsanwalts William Henry Gates und der Lehrerin Mary Maxwell Gates in Seattle geboren. Bill Gates große Leidenschaft lag in der Mathematik und der Wirtschaft. Mit dieser Interessenlage fand er bei Gleichaltrigen wenig Anschluss, er war eher ein Einzelgänger und galt als hochbegabt. Ab seinem dreizehnten Lebensjahr besuchte Gates die Privatschule Lakeside, um seine Talente weiter fördern zu lassen. Dort fand er mit seinem Schulfreund und späteren Partner Paul Allen zusammen und gründete im Alter von 19 Jahren in einer Garage das Industrieimperium „Microsoft Inc“. Auf „MS-DOS“ basierend schuf er Windows, das bis heute das erfolgreichste Betriebssystem in der Computergeschichte darstellt. Damit stieg Bill Gates zur Wirtschaftspersönlichkeit des Jahrtausends und zum reichsten Menschen der Welt auf.

nach www.whoswho.de

Christiane Nüsslein-Volhard

Christiane Nüsslein-Volhard wurde am 20. Oktober 1942 in Magdeburg geboren. 1972 erlangte sie ihre Doktorwürde in Genetik an der Universität Tübingen. Zu den Stationen ihrer frühen beruflichen Laufbahn zählen das EMBL (European Molecular Biology Laboratory), wo sie zwischen 1978 und 1980 als Gruppenleiterin tätig war, sowie das Max-Planck-Institut für Entwicklungsbiologie, deren Direktorin und Wissenschaftliches Mitglied sie seit 1985 ist. Unzählige nationale wie internationale Auszeichnungen und Ehrendoktorwürden sind Zeugnis ihrer erfolgreichen wissenschaftlichen Arbeit. Höhepunkt ihrer beruflichen Laufbahn ist die Verleihung des Nobel-Preises im Jahr 1995 im Bereich Physiologie/Medizin, den sie zusammen mit Edward B. Lewis und Eric F. Wieschaus für ihre Entdeckungen im Bereich „genetische Kontrolle bei frühzeitiger embryonaler Entwicklung“ erhielt.

nach www.uni-protokolle.de (Martin Bauer)

Tokio Hotel

Es klingt ein bisschen wie im Märchen: Es waren mal vier Jungs aus der Gegend von Magdeburg, die, seit sie kleine Kinder waren, fleißig übten. Singen, schreiben, Instrumente spielen. Sie trafen irgendwie aufeinander, gründeten die Band „Tokio Hotel“, traten in Magdeburger Clubs auf. Dann kam die Plattenindustrie ihnen auf die Spur, eine professionelle Hamburger Crew aus Produzenten- und Songwritern nahm sie unter ihre Fittiche, die erste Single kam auf den Markt, und siehe da: Neue Sterne funkelten am Starhimmel. „Durch den Monsun“ stand wochenlang auf Platz 1 der Charts, die Mädels kippten reihenweise um, was die Jungs dazu nutzten, die Schule zu schmeißen und über den einen oder anderen Strang zu schlagen.

www.hr-online.de (Nicole Rodriguez Cardenas)

Aufgaben

1 Führt den Chat in einem Schreibgespräch in kleinen Gruppen weiter. ➜ M1

2 Welche Lebensziele lassen sich aus den Biografien der Prominenten ableiten? ➜ M2

3 Notiere deine eigenen Lebensziele. Bewerte sie mit
1 = sicher erreichbar,
2 = wahrscheinlich erreichbar,
3 = wird ein Traum bleiben.

4 Führe mit einem Mitschüler/einer Mitschülerin ein Gespräch über deine Einschätzung.

5 Vergleiche deine Lebensziele (Aufgabe 3) mit den Lebenszielen der Prominenten aus ➜ M2.
Benenne Unterschiede und Gemeinsamkeiten.

2 Lebensstufen

M1 Lebenstreppe

Auff und Nidergang Deß Mänlichen Alters.
Unbekannter Meister um 1650

M2 Stufen

Wie jede Blüte welkt und jede Jugend
Dem Alter weicht, blüht jede Lebensstufe,
Blüht jede Weisheit auch und jede Tugend
Zu ihrer Zeit und darf nicht ewig dauern.
Es muß das Herz bei jedem Lebensrufe
Bereit zum Abschied sein und Neubeginne,
Um sich in Tapferkeit und ohne Trauern
In andre, neue Bindungen zu geben.
Und jedem Anfang wohnt ein Zauber inne,
Der uns beschützt und der uns hilft zu leben.

Wir sollen heiter Raum um Raum durchschreiten,
An keinem wie an einer Heimat hängen,
Der Weltgeist will nicht fesseln uns und engen,
Er will uns Stuf' um Stufe heben, weiten.
Kaum sind wir heimisch einem Lebenskreise
Und traulich eingewohnt, so droht Erschlaffen,
Nur wer bereit zu Aufbruch ist und Reise,
Mag lähmender Gewohnheit sich entraffen.

Es wird vielleicht auch noch die Todesstunde
Uns neuen Räumen jung entgegensenden,
Des Lebens Ruf an uns wird niemals enden ...
Wohlan denn, Herz, nimm Abschied und gesunde!

Hermann Hesse, S. 352

M3 Die Entwicklung der Wahrnehmungsfähigkeit

Dass sich die Fähigkeit, etwas wahrzunehmen, zu denken, entwickeln muss, kann man gut in einem Versuch nachweisen:

Einem etwa dreijährigen Kind werden zwei gleichgroße Kugeln aus Knete gezeigt. Fragt man das Kind, nach der Menge der Knete, so antwortet es in der Regel: „In beiden Kugeln ist gleich viel Knete."

Anschließend wird eine der Kugeln in eine längliche Walze umgeformt. Fragt man nun das Kind, ob in der Kugel oder der „Wurst" (Walze) mehr Knete sei, so antworten die meisten Kinder: „In der Wurst ist mehr Knete!" Erst ab einem Alter von etwa 6 Jahren können Kinder diese Mengenkonstanz sicher feststellen.

M4 Die Entwicklung von sozialen Fähigkeiten

Noch im Kindergartenalter fußen Freundschaften auf gleichzeitigem Geben und Nehmen: Dem Freund gibt man zum Beispiel ein Spielzeug, aber erwartet als Gegenleistung auch – hier und jetzt –, etwas Gleiches dafür zurückzubekommen.

Erst später, etwa ab 8 Jahren, weitet sich der zeitliche Zusammenhang, in dem die Gegenleistung erbracht werden muss, auf die Zukunft aus. Dem Freund wird geholfen, auch wenn er in der momentanen Situation nichts Gleiches zurückgeben kann. Aber Kinder in diesem Alter erwarten sehr wohl, dass zu einem späteren Zeitpunkt ein Ausgleich – „Jetzt musst du mir helfen!" – stattfindet.

Ein neues Niveau des Freundschaftsverständnisses wird im Alter von etwa 12 bis 14 Jahren erreicht. Dann nämlich ist nicht mehr das Prinzip „Gleiches mit Gleichem" – ob zeitlich nah oder fern – tragend, sondern das Prinzip der Gleichwertigkeit und das Verständnis des anderen, bis hin zum Akzeptieren seiner Fehler.

M5 Die psychosoziale Ich-Entwicklung

Der Psychoanalytiker Erik H. Erikson gliedert die Ich-Entwicklung des Menschen in einzelne Phasen. In jeder dieser Phasen steht ein anderes Thema als Entwicklungsaufgabe im Mittelpunkt. Gelingt es, die Entwicklungsaufgabe erfolgreich zu meistern, geht der Mensch gestärkt aus dieser Phase hervor.

Phasen	Thema	Stärken
I: Säuglingsalter	Vertrauen / Misstrauen	Hoffnung
II: Kleinkindalter	Autonomie / Scham, Zweifel	Wille
III: Spielalter	Initiative / Schuldgefühl	Entschlusskraft
IV: Schulalter	Regsamkeit / Minderwertigkeit	Kompetenz
V: Adoleszenz	Identität / Rollenkonfusion	Treue
VI: Frühes Erwachsenen-Alter	Intimität / Isolierung	Liebe
VII: Erwachsenen-Alter	Entwicklung / Stagnation	Fürsorge
VIII: Alter	Integrität / Verzweiflung	Weisheit

nach Erik H. Erikson, S. 264 f.

Aufgaben

1. Gestalte deine persönliche Lebenstreppe bis zu deinem jetzigen Lebensalter als Collage oder dreidimensional aus alten Kartons. Wähle für jede „deiner" Stufen einen Gegenstand.
2. Vergleiche deine Lebenstreppe mit der Abbildung und beschreibe, was sich gegenüber früher (die abgebildete Lebenstreppe stammt aus dem Jahre 1650) verändert hat. ➜ M1
3. Zeichne eine zweite Lebenstreppe nach dem Gedicht von Hermann Hesse und vergleiche den Aufbau der Treppen. ➜ M1/2
4. Notiere in diese zweite Lebenstreppe die wichtigsten Erkenntnisse aus ➜ M3, 5 und 4.
5. Vergleiche deine Lebenstreppe mit diesem Ergebnis und verändere sie, wenn du möchtest.

▶ Glossar: Adoleszenz, Erik Erikson

3 Auch Moral muss wachsen

M1 Stufen der Moralentwicklung nach Lawrence Kohlberg

Das ist verboten!	„Eine Hand wäscht die andere!“	„Was du nicht willst, dass man dir tu’, das füg auch keinem andern zu.“	Wenn das alle täten …	Könnte mein Handeln verallgemeinert werden?	Könnten die Gründe für mein Handeln verallgemeinert werden?
Orientierung an Strafe und Gehorsam	Orientierung am Zweck und der Gegenseitigkeit	Orientierung an der Erwartung anderer	Orientierung an Gesetz und Ordnung	Orientierung an einer freien Übereinkunft	Orientierung an universellen ethischen Prinzipien
STUFE 1	STUFE 2	STUFE 3	STUFE 4	STUFE 5	STUFE 6
PRÄ-KONVENTIONELLES NIVEAU		KONVENTIONELLES NIVEAU		POST-KONVENTIONELLES NIVEAU	

M2 Die Entwicklung der moralischen Fähigkeiten

Auch moralisches Denken entwickelt sich. Einer der ersten Wissenschaftler, die erforscht haben, wie dies geschieht, war Lawrence Kohlberg. Er schloss aus seinen Untersuchungen, dass es sechs aufeinander aufbauende Stufen der Moralentwicklung gibt.

Bis zu einem Alter von etwa 7 Jahren orientieren sich Kinder in ihrem Verhalten daran, was ihnen von ihren Eltern oder Erziehern als richtig oder falsch, gut oder böse benannt wird. Sie gehorchen also Autoritäten und versuchen, Belohnungen zu bekommen und Strafe zu vermeiden. Dadurch gelingt es ihnen, ihre eigenen (egoistischen) Bedürfnisse zurückzustellen. (Stufe 1: Orientierung an Strafe und Gehorsam)

Je selbständiger die Kinder werden, desto früher werden die Vorgaben dieser Autoritäten hinterfragt. 7- bis 12-Jährige betrachten moralische Regeln immer stärker als Vereinbarungen zwischen sich und einem Gegenüber, um individuelle Ziele (Zwecke) gleichberechtigt (Austausch) erreichen zu können. (Stufe 2: Orientierung am Zweck und der Gegenseitigkeit)

Je stärker sich Jugendliche in andere hineinversetzen können, desto klarer wird für sie, dass jeder das gleiche Recht hat, seine Interessen zu verfolgen, und dass es deshalb eine gemeinsame Ordnung geben muss, um mit Interessenskonflikten umzugehen. Sie akzeptieren auch, dass diese Ordnung über den Einzelinteressen stehen muss und setzen sich für sie ein – zuerst noch in einem engeren sozialen Umfeld (Stufe 3: Orientierung an der Erwartung anderer), später dann in einem weiteren gesellschaftlichen Rahmen (Stufe 4: Orientierung an Gesetz und Ordnung).

In den beiden folgenden Stufen 5 und 6, die in der Regel erst von Erwachsenen erreicht werden können, werden gesellschaftliche Vereinbarungen und Gesetze nicht fraglos hingenommen, sondern überprüft, ob sie mit allgemeinen ethischen Normen im Konflikt stehen (Stufe 5: Orientierung an einer freien Übereinkunft). Universale Prinzipien, wie etwa der kategorische Imperativ von Immanuel Kant, dienen dabei als Richtschnur (Stufe 6: Orientierung an universellen ethischen Prinzipien).

M3 Gute Gründe?

Kohlberg entwickelte sein Stufenschema, indem er Versuchspersonen moralische Konfliktsituationen vorlegte und sie nach ihrem Urteil über die Entscheidung befragte.

„Gesetzt den Fall, ein Vater hat einen schwer erkrankten Sohn, der nur mit einem seltenen und teuren Medikament vor dem Tod gerettet werden kann. Nehmen wir weiter an, dass der Apotheker, der weiß, wie kostbar dieses Medikament ist, den Preis so hochgeschraubt hat, dass der Vater nicht genug Geld hat, um es zu kaufen. Außerdem gibt es weit und breit keine andere Apotheke als die in dem Dorf, wo der Vater lebt. Und nun die Frage! Wenn der Vater jetzt diese Medizin stehlen würde, hätte er dann ein schlechtes Gewissen?“

„Bestimmt hätte er keinerlei Gewissensbisse, weil er ja schließlich seinem Sohn das Leben retten will“, sagte Sebastian.

„Ich glaube, doch!“, sagte Alvaro. „Er wird trotzdem ein schlechtes Gewissen haben, wenn auch nur ein bisschen.“

„Ich meine auch“, sagte Gloria. „Es handelt sich ja immer noch um Diebstahl, und ich finde Stehlen immer schlecht, weil es einfach keine Entschuldigung dafür gibt.“

„Aber denk doch mal darüber nach!“, sagte Camilla. „Findest du nicht, dass es in diesem Fall einen guten Grund gab zu stehlen?“

„Ich weiß nicht ... Ich glaube, ich bin etwas durcheinander.“

„Die Schwierigkeit liegt darin, dass es um einen Diebstahl geht, und der ist einfach in jeder Form verboten“, sagte Manuel. „Es bedeutet, etwas wegzunehmen, was uns selbst nicht gehört, und das ist schlecht.“

„Das heißt also“, gab Sebastian zurück, „auch wenn der Vater nur so seinem Sohn das Leben retten kann, ist es schlecht. Ist es das, was du sagen willst?“

„Ja, genau! Trotzdem meine ich, dass der Vater sich bestimmt noch schlechter fühlen wird, wenn er den Diebstahl nicht begeht, denn das bedeutete ja, dass er den Sohn sterben lässt. Es ist wirklich eine Zwickmühle, denn ganz gleich, wie man sich hier entscheidet, man wird sich schlecht fühlen.“

Ernst Tugendhat u. a., S. 36-37

Was ist ein Dilemma?

Als Dilemma bezeichnet man eine persönliche Entscheidungssituation, die zwar zwei Wahlmöglichkeiten anbietet, aber trotzdem als ausweglos empfunden wird, weil beide Ergebnisse unerwünscht sind. Ein moralisches Dilemma fordert eine Entscheidungen zwischen zwei moralischen Werten, also z. B. zwischen Gerechtigkeit und Gewaltlosigkeit.

Dilemmas im Unterricht behandeln

1. **Darbietung:**
   Erzählen einer Dilemmageschichte und Herausarbeiten der Problemstellung
2. **Erste Standortbestimmung:**
   Sammeln der Gründe für den eigenen Standpunkt (Probeabstimmung)
3. **Diskussionen in kleinen Gruppen:**
   Gründe der Einzelnen in eine Rangfolge bringen, Kernargumente herausarbeiten
4. **Diskussion in der Klasse:**
   Standpunkte und Begründungen überprüfen und Pro- und Contra-Argumente festhalten (Schlussabstimmung)
5. **Abschluss:**
   Überdenken der ursprünglichen Position und abschließendes Urteil schriftlich fixieren

Aufgaben

1 Beschreibe ganz kurz die Konfliktsituation, in der der Vater steht, und benenne die Handlungsalternativen und die widerstreitenden Werte. → M3

2 Erarbeite aus dem Gespräch die Gründe, die für oder gegen eine Entscheidung vorgebracht werden, und überlege, welcher Entwicklungsstufe der Moral die Begründungen zuzuordnen sind. → M3 und M1/2

3 Schreibe das Gespräch weiter und ergänze weitere Begründungen (z. B. Diebstahl wird rechtlich bestraft).

4 Sammelt weitere Beispiele für Dilemmasituationen. Ordnet sie in zwei Gruppen (Gruppe 1: nicht moralische Dilemmas, Gruppe 2: moralische Dilemmas).

5 „Schuldunfähig ist, wer bei Begehung der Tat noch nicht vierzehn Jahre alt ist.“ (Paragraph 19, Strafgesetzbuch) In letzter Zeit wird häufig darüber diskutiert, ob man die Strafmündigkeit auf 12 Jahre herabsetzen soll. Führt im Anschluss an die Erkenntnisse Kohlbergs eine Debatte über dieses Thema.

1 Bindung: Festhalten und Loslassen

M1 Das Kindchenschema

Der Verhaltensforscher Konrad Lorenz prägte den Begriff „Kindchenschema" für ein Bündel von Merkmalen (z. B. große Augen, Pausbacken, hohe vorgewölbte Stirn), das beim Menschen liebevolle Zuwendung auslöst.

M2 Ach, wie süß!!!

Lorenz hat untersucht, auf welche Merkmale des Kleinkindes wir mit Betreuungsreaktionen ansprechen, was wir an ihm als niedlich oder „herzig" empfinden. Es stellte sich dabei heraus, dass wir auf sehr einfache Reizkonfigurationen ansprechen, die im Attrappenversuch übertrieben werden können und die auch einzeln geboten wirksam sind. Ein wichtiges Merkmal betrifft die Kopf-Rumpf-Proportion. Säuglinge und Kleinkinder haben einen verhältnismäßig großen Kopf und sehr kurze Extremitäten. Die Industrie bietet zahlreiche Püppchen und Tierfigürchen an, die einzig und allein aufgrund dieser Beziehungsmerkmale niedlich wirken. Die Kopfgröße wird dabei bis ins Groteske übertrieben. Auch in den Disney-Cartoons werden niedliche Geschöpfe mit übergroßem rundlichem Kopf und winzigem Rumpf dargestellt. Ein weiteres Merkmal betrifft die Hirnschädel-Gesichtsschädel-Relation. Säuglinge haben ein kleines Gesicht und einen relativ großen Hirnschädel. Die rundliche Stirn erscheint relativ hoch und vorgewölbt. Dieses Merkmal wird ebenfalls bei Puppen und in zeichnerischen Darstellungen übertrieben. Man denke etwa an das rundstirnige, kurzschnäuzige Gesicht des beliebten Bambi-Rehleins. Die Pausbacken sind ein weiteres, Betreuung auslösendes bzw. freundlich stimmendes Signal. Auch dieses Merkmal wird gern im Attrappenversuch der Industrie übertrieben. Die Deutung, dass es sich hier um angeborene Reaktionen auf uns angeborene Merkmale handelt, wird durch die Tatsache gestützt, dass die gleichen Signale in sehr verschiedenen Kulturen wirksam sind. Die freundlich stimmende Wirkung der Kindchen-Signale nützt man in verschiedenen Kulturen dazu, Mitmenschen friedlich zu stimmen und freundliche Absichten zu demonstrieren. Suchten Australier den Kontakt mit Europäern, dann schoben sie ein Kind vor sich her und legten die Hände auf dessen Schultern. Waika-Krieger, die ein befreundetes Dorf besuchen, bringen Kinder mit. Beim Eintanz der Krieger tanzen sie mit und schwenken grüne Wedel, während die Männer kriegerisch prahlen. In den westlichen Nationen begrüßt man gern Staatsgäste über ein Kind.

Irenäus Eibl-Eibesfeldt, S. 59-60

M3 Zuwendung ist lebensnotwendig

Über den Stauferkaiser Friedrich II. berichtet der Franziskanermönch Salimbene von Parma im Jahr 1268: Der Kaiser habe herausfinden wollen, welche Sprache die „Ursprache" des Menschen sei. Er habe deshalb eine Anzahl Neugeborene von der Außenwelt isoliert von Ammen aufziehen lassen. Er verbot ihnen, mit den Säuglingen zu sprechen oder sie zu liebkosen. Alle Kinder starben. „Denn sie vermöchten nicht zu leben ohne das Händepatschen und das fröhliche Gesichterschneiden und die Koseworte ihrer Ammen und Nährerinnen", urteilte der Berichterstatter.

M4 Bindungsfähigkeit entwickelt sich

Während dem Neugeborenen naturgemäß Mutter und Vater das „Ein und Alles" sind, hat das Kleinkind durchaus schon Bindungen zu Geschwistern und nahen Freunden (der Eltern) oder Verwandten. Beim Schulkind wächst der Kreis und es prägen sich unterschiedlich tiefe Beziehungen aus. Es gibt einige wenige Freunde und einen größeren Kreis von Klassenkameraden, zu denen die Freundschaft nicht so intensiv gepflegt wird oder von denen sich der Einzelne auch bewusst absetzt. Später bekommt die Peergroup eine Bedeutung, daneben bleiben einzelne Freundschaften, die Beziehung zur Freundin oder zum Freund, die tiefer und exklusiver gepflegt werden. In diesem Bindungsgefüge mit seinen wachsenden konzentrischen Kreisen und unterschiedlichen „Tiefen" haben durchaus auch Lehrerinnen und Lehrer ihren Platz. Dieser kann ganz unterschiedlich sein, nicht nur nach Alter und Persönlichkeit der Schülerinnen und Schüler: Erzieherin oder Erzieher, „Ersatz" für Vater oder Mutter, Vertrauensperson für alle möglichen Probleme, die Rolle als abgelehnte Autoritätsperson, Hilfestellung bei Alltagsproblemen wie Vermitteln einer Praktikumstelle, eines Jobs oder bei Problemen mit Behörden, Sündenbock für eigene schlechte Leistungen ...

Norbert Pellens, S. 21

M5 Mama ist die beste

Als ich schwanger wurde, war das für meinen Mann und mich eine Ganz-oder-gar-nicht-Entscheidung: Obwohl ich promovierte Ärztin bin, habe ich mich dafür entschieden, zu Hause zu bleiben. Ich bin dankbar, dass mein Mann so viel verdient. Wir können es uns leisten, dass ich zu Hause bleibe, ohne uns arm zu fühlen. Seit sechs Jahren arbeite ich freiberuflich als Erziehungstrainerin und bin nach wie vor gerne für meine Söhne da, wenn sie mich brauchen. Ich bin alles andere als die häufig ins Spiel gebrachte akademisch ausgebildete, frustrierte Hausfrau. [...] Ich denke, Krippen für Kleinkinder sollten eine Notlösung bleiben. Gerade in den ersten Jahren der Kinder ist konstante emotionale Bindung viel wichtiger als Bildung.

Frankfurter Allgemeine Sonntagszeitung, 08.04.2007 (Lisa Becker, Tim Höfingshoff)

M6 Was spricht für Krippenbetreuung?

Kinderkrippen sind in Deutschland Einrichtungen für Kinder bis zum vollendeten dritten Lebensjahr oder Gruppen für Kinder dieser Altersgruppe in Kindertagesstätten. Zuweilen werden Krippen noch entsprechend dem Alter der Kinder unterteilt in Liege-, Krabbel- und Laufkrippen. Regionalspezifisch gibt es eine Reihe weiterer abweichender Bezeichnungen, wie z. B. Krabbelgruppe. In der Regel ab dem dritten Lebensjahr erfolgt der Übergang in die Kindergärten. Reine Kinderkrippen findet man inzwischen selten; vielmehr werden Kinder dieser Altersgruppe in altersgemischten Gruppen oder in Kindertagesstätten mit verschiedenen Altersgruppen betreut.

- Sie ist eine zuverlässige Betreuungsform für Kleinstkinder.
- Die Kinder erleben frühzeitig soziale Kontakte in der Gruppe.
- Die großzügig gestaltete Umgebung und das pädagogische Personal bieten Anregungen und Entwicklungsanreize.
- Altersgemischte Gruppen ermöglichen Erfahrungen mit älteren oder jüngeren Kindern, mit unterschiedlichen Positionen und wechselnden Rollen.
- Eltern lernen andere Eltern in der gleichen Situation kennen.
- Eltern haben Ansprechpartner in Erziehungsfragen.

www.elternimnetz.de

Aufgaben

1. Sucht Beispiele für die Wirkung des Kindchenschemas bei Kuscheltieren, in der Werbung, im Schönheitsideal von Frauen. → M1
2. Erklärt, welche soziale Funktion die angeborene Reaktion auf das Kindchenschema hat. → M2
3. Erarbeite die elementaren Bedürfnisse von kleinen Kindern und ergänze sie durch weitere Bedürfnisse aus deiner eigenen Erfahrung. → M3/4
4. Zeichnet die wachsenden konzentrischen Kreise des Bindungsgefüges auf ein großes Blatt. Ordnet die zugrunde liegenden Bedürfnisse zu und überlegt, wie sie erfüllt werden. → M3/4
5. Welche Möglichkeiten der Kinderbetreuung – auch für Babys – kennst du?
6. Vergleicht in einer Tabelle die Vorteile der unterschiedlichen Betreuungsmöglichkeiten. → M5/6

▶ Glossar: Bindung, Peergroup

2 Kinder sind und waren nicht immer Kinder

M1 Kinder damals und heute

M2 Die Kindheit – eine Erfindung der Neuzeit

Die Vorstellung von Kindheit und Jugend als abgrenzbare Phasen im Lebenslauf ist eine relativ junge kulturelle Erfindung. Die Kindheit wurde im Mittelalter noch nicht als eigenständiger Lebensabschnitt definiert. Erst seit der Renaissance wird das Kind, zuerst in den oberen sozialen Schichten, nicht mehr als Miniaturerwachsener behandelt. Im Mittelalter verbrachten die Eltern wenig Zeit mit ihren Kindern. In den reicheren Familien wurden die Kleinkinder von Ammen und später von Bediensteten erzogen. Bauernkinder mussten sich sehr früh an der Landarbeit beteiligen, oft schon zu Beginn des heutigen Schulalters. Dies hatte zur Folge, dass Kinder aller sozialen Schichten außerordentlich früh in ihrem Leben Erwachsenenrollen übernahmen.

Im Verlauf des 18. Jahrhunderts änderte sich der Umgang mit der Kindheit. Allmählich wurde sie als eine Phase des Lernens, Erforschens und Spielens definiert. Aber noch bis zum Ende des 19. Jahrhunderts wurden viele Kinder im Alter zwischen 10 und 15 Jahren zur Arbeit geschickt. [...]

Während Kinder zunächst aufgrund ihrer wirtschaftlichen Beiträge für die Familie Wertschätzung genossen, wurden sie allmählich emotional hoch bewertete und zu schützende Mitglieder der Familie und der Gesellschaft.

Walter R. Heinz in: Hans Joas, S. 170

M3 Wochenplan des 12-jährigen Elias

	Montag	Dienstag	Mittwoch	Donnerstag	Freitag	Samstag	Sonntag
7 Uhr 30 – 12 Uhr 35	Schule/Unterricht	Schule/Unterricht	Schule/Unterricht	Schule/Unterricht	Schule/Unterricht	Training	Lernen für die Klassenarbeiten
14 Uhr – 15 Uhr 30	Schule			Leichtathletik AG	Schule	Fußball-Turniere	
18–19 Uhr	Musik	Fußball-Training	Nachhilfe		Trampolin AG bis 18 Uhr	Fußball-Turniere	
20 Uhr		Fußball-Training					

M4 Dschungelkind

Sabine Kuegler wuchs seit ihrem 5. Lebensjahr bei einem Stamm in Westpapua auf:

Wir bemerkten schnell, dass die Fayu-Kinder nicht nur ängstlich waren, sondern auch gar keine Spiele kannten. Der Grund dafür kümmerte uns damals noch nicht – wir zeigten ihnen einfach unsere Spiele. Jeden Tag gingen wir mit ihnen schwimmen, spielten im Wasser Krokodile jagen, brachten ihnen Fußball oder Verstecken bei. Dafür lehrten sie uns mit Pfeil und Bogen schießen und die Kunst, wie man sie baut. Sie erklärten uns, welche Tiere man essen kann und welche nicht, welche Pflanzen giftig sind und welche genießbar. Wie man ohne Streichholz Feuer macht oder ein Messer aus Bambus herstellt – Fähigkeiten, die uns mit großem Stolz erfüllten. Am meisten aber liebten wir Pfeil und Bogen. [...].

Tuare und die anderen hatten uns auch gezeigt, wie man kleine Hütten baut, um uns vor dem häufigen Regen zu schützen. Zum Überleben müssten wir Tiere jagen und dann ein Feuer anzünden, um das Erlegte zu braten. [...] So gewöhnten wir uns langsam an unser neues Leben, oder besser gesagt, an das tägliche Überleben. An ein Dasein im Urwald, das sich grundlegend von dem Leben in Europa unterscheidet.

Sabine Kuegler, S. 45

Aufgaben

1. Vergleiche die Kinderkleidung auf den beiden Bildern. Welche Unterschiede könnt ihr feststellen? ➜ M1
2. Begründe mit M2, weshalb die junge Infantin so gekleidet war. ➜ M1/2
3. Es gibt heute spezielle Kinderkleider, Kinderbücher, usw. Nenne weitere Produkte, die speziell für Kinder hergestellt werden. Zeige, inwiefern Kindheit heute eine eigene Lebensphase ist, und erkläre, wodurch sich diese Lebensphase von anderen unterscheidet.
4. Überlegt euch mögliche Gründe, warum sich die Kindheit zu einem eigenständigen Lebensabschnitt entwickelt hat. ➜ M2
5. Vergleicht die Kindheit bei uns mit den Erlebnissen von Sabine Kuegler. ➜ M3/4
6. Warum kennen die Fayu-Kinder keine Spielsachen? Welche Vorteile, welche Probleme seht ihr in dieser „Kindheit" bei dem Stamm in Westpapua? ➜ M4
7. Podiumsdiskussion zum Thema: „Die Kinder heute wachsen viel zu verhätschelt und verwöhnt auf und sie werden zu sehr geschont."
   Sammelt hierzu Beispiele aus dem Alltag und den Medien und sucht Gründe für die Entwicklung. ➜ M3

3 Erwachsen werden

M1 Initiation bei den Luvale

Das Siedlungsgebiet der Luvale liegt im Osten von Angola und im Westen von Sambia. Eva Mahongo Rauter berichtet über die Initiationsphase, die ein Luvale-Mädchen durchlaufen muss, um als erwachsene Frau in der Gesellschaft anerkannt zu werden.

Die erste Phase der Initiation stellt das Ereignis der ersten Menstruation [...] dar. Das Mädchen informiert die alten Frauen des Dorfes entweder verbal oder symbolisch – durch Übergabe einer *mbambala*-Nuss [...], die eine rote Flüssigkeit enthält –, dass sie das Alter erreicht hat, um in die Frauengemeinschaft eingeführt zu werden. Während sich das Mädchen im Haus ihrer Mutter auf ihre Initiationsphase vorbereitet und ein Schweigegebot einhält, wird für sie eine Lehrerin [...] ausgewählt, die meist eine ältere und erfahrene Frau ist. Nach der Menstruation beginnt die eigentliche Initiation. Die Initiandin [...] wird von ihrer Lehrerin auf einen Platz außerhalb des Dorfes gebracht und unter einen Baum gelegt. Hier nimmt die *mwali* eine festgelegte Körperstellung ein: Fersensitz, den Oberkörper an den Oberschenkel gelegt und das Gesicht zum Boden gerichtet, die Hände hält sie vor ihre Augen oder Schläfen, wobei der Daumen von den übrigen Fingern umschlossen wird. In dieser Körperhaltung, die mit dem symbolischen Tod verbunden ist, verbringt sie den gesamten Tag, bewegungslos und ohne einen Laut von sich zu geben. Mit dem symbolischen Tod beendet die Initiandin die Kindheit und befindet sich im Übergangsstadium zur Erwachsenenwelt. Dabei begleiten sie die tanzenden Frauen. Die *mwali* und der Baum bilden das Zentrum und die Frauen beginnen mit rhythmischen Sätzen oder Wörtern die Männerwelt zu beschimpfen.

Eva Mahongo Rauter, S. 351

M2 Initiationsfest bei den Jalis

Die Jalis, ebenfalls ein indigenes Volk, leben auf Neuguinea nahezu noch auf ursprüngliche Weise.

Während nun das Festessen langsam vor sich hin schmort, beginnt im Männerhaus das „muruwal“. Bei dieser Initiations-Zeremonie werden vier Knaben, die bislang bei ihren Müttern gelebt haben, in die Welt der Männer aufgenommen. Zunächst reinigt der Zeremonienmeister die nackten Knaben durch das Abreiben mit wilder Petersilie am ganzen Körper. Anschließend werden sie von oben bis unten mit dem Fett der geschlachteten Schweine eingesalbt. Nach diesen Vorbereitungen werden die Initianden einer nach dem anderen in einem symbolischen Akt von den Klanältesten über die Schwelle ins Männerhaus getragen. Die Zeremonie endet vor dem Haus mit dem feierlichen Überreichen von Pfeil und Bogen an jeden der vier Jungen.

Während diese nun noch eine längere Fastenzeit absolvieren müssen, beginnt auf dem Festplatz mit dem Öffnen des Kochmeilers ein großes Gelage.

Uta von Borries, Michael Gregor, Jürgen Schneider, S. 25f., S. 114

Initiation (von lat. initiare: einführen, einweihen) bezeichnet die (feierliche) Aufnahme eines Neuen, „Uneingeweihten“, in eine bestehende Gruppe. Dabei werden in der Regel bestimmte Aufnahmeriten durchgeführt. Man kann die religiös motivierte Initiation von der nicht religiösen unterscheiden. Bei der Taufe, der Konfirmation oder Firmung steht der spirituelle Aspekt im Vordergrund, die Jugendweihe beispielsweise ist eine rein säkulare (d. h. weltliche, nicht religiöse) Veranstaltung.

M3 Der erste Anzug

Die Kleidung war – über alle regionalen und sozialen Unterschiede hinweg – das äußere Zeichen, das den Konfirmanden und die Konfirmandin als angehenden Erwachsenen auswies. Die Jungen trugen ihren ersten Anzug mit langen Hosen. Dunkle Lederschuhe, ein weißes Hemd, häufig mit Fliege, vervollständigten die festliche Erwachsenenkleidung. Wer es sich leisten konnte, präsentierte sich außerdem mit Lederhandschuhen, einem Ziersträußchen im Revers und einem Hut. Einige der Konfirmanden tragen eine Taschenuhr, die ein ebenso beliebtes Konfirmationsgeschenk war wie die Medaillons der Mädchen. Diese zeigen sich in ihrem ersten langen, schwarzen Kleid, das die meisten als Festtagskleid noch lange weiter verwandt haben dürften. Ein Gesangbuch ist auf den Konfirmationsfotos fast immer zu sehen.

Rosmarie Beier/Bettina Biedermann (Hg.)

M4 Der Junge, der nicht erwachsen werden wollte

Wenn Leute sich kennenlernen, ist es üblich, dass sie sich nach dem Alter fragen, und darum fragte Wendy Peter, wie alt er sei. Sie hätte etwas anderes fragen sollen. Wie in der Schule: Du bist auf „Könige von England" vorbereitet, und dann kommen Fragen aus der Grammatik.

„Ich weiß nicht", antwortete er, „aber ich bin ziemlich jung." Er hatte nicht die leiseste Ahnung, bloß Vermutungen, aber er sagte auf gut Glück: „Wendy, ich bin weggelaufen, gleich an dem Tag, als ich geboren wurde."

Wendy war ganz überrascht, aber das interessierte sie, und sie deutete ihm an, dass er etwas näher rücken sollte. „Es ist bloß", erklärte er leise, „weil Vater und Mutter so geredet haben, was ich werden soll, wenn ich groß bin." Jetzt war er furchtbar aufgeregt. „Ich will aber nicht groß werden", sagte er heftig. „Ich will immer ein kleiner Junge sein und meinen Spaß haben. Darum bin ich weggelaufen nach Kensington Gardens und hab lange Zeit bei den Feen gewohnt."

James M. Barrie, S. 38

M5 Erwachsen sein – nein danke!

„Das Erwachsenen-Alter ist für viele keine erstrebenswerte Entwicklungsphase mehr. Es erscheint den wenigsten als Fortschritt", sagt der Kinder- und Jugendpsychologe Helmut Wetzel von der Universität Freiburg. Zugleich gebe es heute „weder über die Dauer noch über den Verlauf der Adoleszenz verbindliche Normen oder Regeln oder wenigstens verlässliche Anhaltspunkte".

Jeder wird zu einem anderen Zeitpunkt erwachsen. Das, was früher als eindeutiges Zeichen des Erwachsenseins galt – der Beruf, die Gründung einer eigenen Familie –, ist heute eben nicht mehr selbstverständlich. Auch die Vorstellungen von Beruf und Familie haben sich gründlich verändert.

Liane von Billerbeck in: Die Zeit Nr. 46 vom 06.11.2003, S. 32

Aufgaben

1. Erläutere anhand der Beispiele, welche Bedeutung Initiation in diesen Gesellschaften besitzt. ➜ M1/2
2. Beschreibt Formen der Initiation in unserer Gesellschaft.
3. 92 Prozent aller Jungen im 19. Jahrhundert verließen die Schule mit dem Ende der achtjährigen Volksschulzeit, also nach der Konfirmation, und begannen eine Ausbildung. Verfasse anhand von ➜ M3 den Lebenslauf eines Jungen aus dieser Zeit und vergleiche ihn mit deinem eigenen. Möchtest du tauschen?
4. Schreibe einen fiktiven Tagebuch-Eintrag mit dem Titel „Dadurch wurde ich erwachsen".
5. Interpretiere, was Peter Pans Bemerkung, er habe „lange Zeit bei den Feen gewohnt", bedeutet. – Wohin würde sich Peter Pan heute zurückziehen? ➜ M4
6. Setze den Dialog zwischen Wendy und Peter Pan fort. ➜ M4
7. Wer gilt heute in unserer Gesellschaft als erwachsen? Sammelt verschiedene Merkmale aus unterschiedlichen Bereichen (z. B. Alkohol, Führerschein). ➜ M5

▶ Glossar: Initiation, Ritual

4 Denk immer daran

M1 ... dass ich dich liebe

„Du wirst ein großer stolzer Eber werden. Des Lebens Stürme werden über dich hinwegbrausen, aber du wirst lachen und getrost deinen Weg durch diese Welt gehen, und die Herzen der Säue werden höher schlagen, wenn sie dein Lachen hören."

Friedrich Karl Waechter

M2 ... was ich gesagt habe

1 Ich will doch nur dein Bestes!

2 Solange du deine Beine unter meinen Tisch streckst ...

3 Räum dein Zimmer auf: Ordnung ist das halbe Leben!

4 Nimm deinen Schirm mit, es wird regnen!

M3 Väter ...

Father: It's not time to make a change,
Just relax, take it easy.
You're still young, that's your fault,
There's so much you have to know.
Find a girl, settle down,
If you want you can marry.
Look at me, I am old, but I'm happy.
I was once like you are now, and I know that it's not easy,
To be calm when you've found something going on.
But take your time, think a lot,
think of everything you've got.
For you will still be here tomorrow, but your dreams may not.

Son: How can I try to explain, 'cause when I do he turns away again.
It's always been the same, same old story.
From the moment I could talk I was ordered to listen.
Now there's a way and I know that I have to go away.
I know I have to go.

Father: Its not time to make a change,
Just sit down, take it slowly.
You're still young, that's your fault,
There's so much you have to go through.
Find a girl, settle down,
If you want you can marry.
Look at me, I am old, but I'm happy.
(**Background Son:** Away! Away! Away! I know I have to go
Make this decision alone.)

Son: All the times that I've cried, keeping all the things I knew inside,
It's hard, but it's harder to ignore it.
If they were right, I'd agree, but it's them they know, not me.
Now there's a way and I know that I have to go away.
I know I have to go.
(**Background Father:** Stay! Stay! Stay! Why must you go and make this decision alone?)

Cat Stevens

M4 Selber fliegen

Liebe Abiturienten,

Sie stehen nun an einem Punkt Ihres Lebens, an dem Sie feste Bahnen verlassen und neue Wege einschlagen oder zumindest einschlagen können. Man könnte auch von einer Weichenstellung oder einer Gelenkstelle Ihres Lebens sprechen. [...] Bildlich gesprochen sind Sie an den äußersten Rand des elterlich behüteten Nestes geworfen, und Sie stehen vor dem Abgrund. Da stellt sich die Frage: Was tun in einer solch kitzligen Situation?

Erste Möglichkeit: Schwupp-di-wupp wieder hinein ins Nest, keine Fremde, kein Sozialschock beim Zusammenprallen der Egoismen in der Wohngemeinschaft, Muttern bügelt alles glatt und Vatern alles aus. Einziger Schwachpunkt: Irgendwann müssen Sie eine Frau suchen, die Mutterns Stelle übernimmt. Und bei allen internetgestützten Suchsystemen, [...] das wird haarig, das darf ich Ihnen sagen.

2. Sie entwickeln großes Geschick, auf dem Nestrand zu balancieren und immer rundherum zu laufen. Das sichert Nestwärme von der einen Seite und lässt auf der anderen Weltläufigkeit so nah erscheinen [...], aber ob sie damit den Geruch des Provinziellen in Sprache und Habitus loskriegen, das ist fraglich.

3. Sie heben ab und fliegen los ins Unbekannte und Bodenlose. Da können sie natürlich in erhebliche Turbulenzen geraten, die Orientierung verlieren, es kann Ihnen schwindlig werden, aber Sie lernen, wie man sich selbst auffängt und entwickeln einen Riecher für thermische Winde, die Sie weit weg und in ungeahnte Höhen tragen; Sie erfahren Fremdes und Neues und haben die Möglichkeit, die heimatliche Airbase mit ganz anderen Augen zu sehen.

[...] Ich übergebe Ihnen jetzt die Fluglizenz – abheben und fliegen müssen Sie selber!

Abschiedsrede eines Schulleiters

M5 Generationenkonflikt ist out

Generationenkonflikt ist out. Während sich in der Vergangenheit Väter und Söhne um die Vorherrschaft über die Welt und ihrer Werte bis aufs Messer bekriegten, herrscht heutzutage zwischen den Generationen eitel Sonnenschein: Papa und Sohnemann sind die besten Freunde, kleinere Konflikte um Mitwirkung bei der Hausarbeit oder Zeiten des Discobesuchs werden in demokratischem Diskurs abgehandelt und in gegenseitigem Einvernehmen abgesegnet. Prima – könnte man sagen. Wenn es nicht gerade die Aufgabe der Jungen wäre, die Alten an ihren Versprechungen und ihren Idealen zu messen. Ungeschliffen von Lebenserfahrung und Altersmilde das einzufordern, was Sache ist bzw. sein sollte. Was richtig ist, was falsch ist, rigoros stets von neuem zu erfragen. Und damit die Welt und unsere Hoffnungen weiter zu treiben, weiter – bis eben zur nächsten Generation.

Aufgaben

1. „Das Leben ist schön", meint das kleine Ferkel. Erkläre mithilfe der Bildunterschrift, weshalb es so positiv gestimmt ist. ➜ M1
2. Kennt ihr ähnliche Äußerungen wie in ➜ M2? Sammelt sie und beschreibt die Gefühle, die solche Äußerungen hervorrufen können.
3. Ordne die Äußerungen aus ➜ M2 den Umformulierungen zu.
   - **A** Ich habe Sorge, dass wir uns auseinander leben.
   - **B** Ich wünsche mir, dass du dein Leben selbständig ohne meine Hilfe in den Griff bekommst.
   - **C** Ich habe Sorge, dass dir etwas zustößt.
   - **D** Ich wünsche mir, dass du glücklich wirst.
4. Spielt das Gespräch aus dem Song auf Deutsch nach, ohne auf die genaue Übersetzung zu achten, und führt es weiter. ➜ M3
5. Beschreibt die drei Möglichkeiten, den eigenen Lebensweg nach dem Abitur zu gestalten, anhand konkreter Beispiele und prüft, ob die Vor- und Nachteile, die im Text genannt werden, zutreffen. ➜ M4
6. Stimmst du der These „Generationenkonflikt ist out" zu? Führe dazu eine Umfrage bei deinen Klassenkamerad/innen durch, in der du konkrete Beispiele für mögliche Konfliktthemen einschätzen lässt. ➜ M5
7. Beschreibe, welche Aufgabe dem Generationenkonflikt im Text zugemessen wird, und suche Argumente dafür und dagegen. ➜ M5

5 We don't need no ...

M1 Die Technos

Die Kombination von Technomusik, Ambiente und „Feierstimmung" auf Techno-Events – wie hier der Love-Parade in Berlin – soll idealerweise ein aus dem Alltag herausgehobenes Glücksgefühl vermitteln und vor allem dem Ziel dienen, „einfach nur Spaß zu haben": „Jeder will in guter Stimmung sein und abfeiern."

M2 Die Gothics

Die Gothic-Szene ist eine sehr zurückgezogene Szene, die sich meist regional in kleinem Kreis organisiert, wobei sie sich in starkem Maß das Internet zunutze macht. Es gibt zahlreiche Online-Portale, über die die Szenemitglieder in Kontakt treten und sich austauschen.

Die Gothic-Szene ist eher unpolitisch und nicht auf Konfrontation mit der „Normalgesellschaft" aus, wie es etwa der Punk war. Kritik an der gegenwärtigen Gesellschaft löst eine Suche nach alternativen Sinnangeboten aus. Darüber ist die Faszination vieler Szenemitglieder mit vergangenen Epochen, vor allem dem Mittelalter und der Romantik, mit Mystik und heidnischen Religionen zu erklären, was sich wiederum in der in der Szene verwendeten Symbolik widerspiegelt.

M3 Jugendszenen

Es sind nicht mehr die Rocker, die Mods oder die Teds, heute heißen Jugendszenen: Visual Kei, Hardcoreler, Technos oder Rollenspieler. Sie alle dienen dem gleichen Zweck: Identifizierung, Abgrenzung und dem Kontakt mit Gleichgesinnten.

Die Grenzen der einzelnen Jugendszenen untereinander sind – auch im Vergleich zu früher – weicher geworden. So gibt es keine Prügeleien zwischen Technofans oder Punkern, sondern die Szenen sind offen, man kommt leicht rein und auch leicht wieder raus. Wer abends Hip-Hop tanzt, geht am Wochenende beispielsweise zum Marathontraining und ist in der Laufszene, nachmittags beteiligt er sich möglicherweise noch an einem Online-Rollenspiel und ist auch dort akzeptiertes Mitglied. Es ist möglich, parallel in verschiedenen Szenen zu sein. Ob man in einer einzelnen Szene drin ist, lässt sich schwer sagen. [...]
Diese Szene ist wie fast alle Jugendszenen friedlich. Eine Ausnahme gibt es aber doch, die Neonazi-Szene. Sie ist von Gewalt geprägt – und hat im Unterschied zu anderen Szenen strenge Regeln und Vorschriften. [...]
Bei den meisten Jugendlichen ist die Neonaziszene eine uncoole Szene, eine unbeliebte Randerscheinung. Was mit Gewalt zu tun hat, ist bei Jugendlichen generell alles andere als beliebt.

Hilde Braun, S. 2

M4 Sag alles ab

Du musst nie wieder
In die Schule gehen
Du wirst das Licht
Deines Lebens vor dir sehen
Du musst dich doch nicht
Bemühen bemühen
Die Bäume werden doch
Auch von selber grün,
    Sag alles ab
    Geh einfach weg
    Halt die Maschine an und
    Frag nicht nach dem Zweck

tocotronic

M5 Die 68er

In den 60er Jahren des vergangenen Jahrhunderts entwickelt sich aus einem Protest von Studenten in Berlin eine gesellschaftliche Gegenbewegung in ganz Deutschland. Zentraler Kritikpunkt ist zu Beginn die fehlende Auseinandersetzung mit dem deutschen Faschismus. Weitere Themen sind die Ablehnung von autoritären Strukturen in Gesellschaft und Familie überhaupt und die Forderung nach einer freieren Sexualmoral.

M6 The Wall

Daddy's flown across the ocean
Leaving just a memory
A Snapshot in the family album
Daddy what else did you leave for me?
Daddy, what'd'ja leave behind for me?!?
All in all it was just a brick in the wall
All in all it was all just bricks in the wall.

We don't need no education
We don't need no thought control
No dark sarcasm in the classroom
Teachers, leave the kids alone
Hey, Teacher, leave us kids alone
All in all it's just another brick in the wall
All in all you're just another brick in the wall.

Pink Floyd

M7 Sturm und Drang

Wir werden geboren – unsere Eltern geben uns Brot und Kleid – unsere Lehrer drücken in unser Hirn Worte, Sprachen, Wissenschaften – irgendein artiges Mädchen drückt in unser Herz den Wunsch, es eigen zu besitzen, es in unsere Arme als unser Eigentum zu schließen, wenn sich nicht gar ein tierisch Bedürfnis mit hineinmischt – es entsteht eine Lücke in der Republik, wo wir hineinpassen – unsere Freunde, Verwandte, Gönner setzen an und stoßen uns glücklich hinein – wir drehen uns eine Zeitlang in diesem Platz herum, wie die andern Räder, und stoßen und treiben – bis wir wenn's noch so ordentlich geht abgestumpft sind und zuletzt wieder einem neuen Rade Platz machen müssen – das ist, meine Herren! ohne Ruhm zu melden unsere Biografie – und was bleibt nun der Mensch noch anders als eine vorzüglich künstliche kleine Maschine, die in die große Maschine, die wir Welt, Weltbegebenheiten, Weltläufte nennen, besser oder schlimmer hineinpasst. [...]
Das lernen wir daraus, dass diese unsre handelnde Kraft nicht eher ruhe, nicht eher ablasse zu wirken, zu regen, zu toben, als bis sie uns Freiheit um uns her verschafft, Platz zu handeln: Guter Gott, Platz zu handeln, und wenn es ein Chaos wäre, das Du geschaffen, wüste und leer, aber Freiheit wohnte nur da, und wir könnten Dir nachahmend drüber brüten, bis was herauskäme – Seligkeit! Seligkeit! Göttergefühl das! *Jakob Michael Reinhold Lenz, S. 423-424*

Aufgaben

1 Die „Technos" und die „Gothics" sind zwei von vielen Gruppierungen aus der Jugendszene im Jahre 2007. Welche anderen Gruppierungen gibt es heute? Erstellt Beschreibungen der unterschiedlichen Gruppen mit folgender Gliederung: Merkmale/Symbole, Einstellungen/Ziele, persönliche Bewertung. ➜ M1/2/3

2 Erklärt, warum die gewaltbereiten Szenen als „uncool" gelten. ➜ M3

3 Beschreibe die Lebenseinstellung, die in den Songs der Rockband tocotronic zum Ausdruck kommt. ➜ M4

4 In der Geschichte gab es immer wieder Jugendbewegungen, die sich gegen die etablierte Gesellschaft richteten. Welche Ziele propagierten sie? Informiere dich über ihre Anliegen und berichte darüber. ➜ M5-7

6 Sex and Gender

M1 Der kleine Unterschied ...

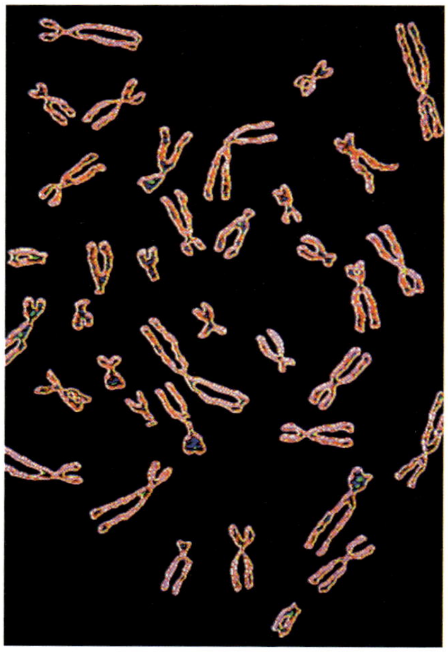

M2 ... und die Folgen?

Wenn die Erstklässler auf den Schulhof strömen, neigen die Mädchen auch nach 30 Jahren Feminismus und geschlechtergerechter Erziehung zu gesitteten Spielen, halten Händchen, schnattern viel und geben sich wichtig. Derweil rotten sich die Jungen immer noch zu Bolzgemeinschaften zusammen, brüllen, rennen, schwitzen.

Haben ihre Mütter ihnen das so beigebracht? Hätten ihre Väter öfter mit ihnen ins Kindertheater gehen, still Quartett spielen oder gar die Bohr- und Dübelstunde für die Mädchen ansetzen sollen? Gib einem Bub eine Barbie, und er wird sie so zurechtbiegen, dass sie wie eine Pistole aussieht, und „peng!" sagen. Gib einem Mädchen einen Panzer, und sie wird ihn an ihren Bruder weiterreichen. [...] Mädchen suchen den Konsens, wollen beliebt sein, stimmen mit dem andern gern überein. Sie wollen mit Worten überzeugen, nicht wie die Jungen ihr Ziel mit Aggression erreichen.

Christine Brinck in: Die Zeit, Nr. 10 vom 03.03.2005, S. 33

M3 Gleiche Chancen für Mädchen?

Wiltrud Thies und Charlotte Röhner haben in teilnehmenden Beobachtungen am Unterricht in einer Reformschule die Bedeutung der – in der Regel unbewussten – Annahmen von Lehrkräften aufzeigen können. Sie haben je eine Unterrichtsstunde Physik bei einer Lehrerin und bei einem Lehrer beobachtet. Folgende Erkenntnisse gewinnen die Autorinnen daraus:

- Auch dann, wenn die quantitative Verteilung beim Aufrufen und „Drannehmen" zwischen Mädchen und Jungen annähernd gleich ist, so unterscheiden sich die an sie gerichteten Fragen inhaltlich. Jungen werden eher nach neuen Sachverhalten bzw. nach der Funktion gefragt, während sich die Fragen an Mädchen ausschließlich auf die Wiederholung behandelter Unterrichtsinhalte sowie auf Bezeichnungen von Sachverhalten beziehen.
- Jungen und Mädchen sind mit geschlechtsrollentypischen Zuschreibungen (und Wertungen!) durch die Lehrenden konfrontiert. Generell wird Jungen eine größere Vorerfahrung, insbesondere eine praktische „Bastelerfahrung" zugesprochen, die leicht zu verwechseln ist mit einer genuinen männlichen „Begabung". Die Form der Wissensaneignung der Jungen wird als produktiv und praktisch beschrieben. Mädchen wird Fleiß und Sorgfalt attestiert und eine Wissensaneignung, die eher adaptiv und rezeptiv ist. Es folgt insgesamt eine geringere Leistungserwartung an Mädchen.

Auch das soziale Verhalten, nämlich häufigere Unterrichtsstörungen durch Jungen, bzw. dessen Bewertung durch die Lehrkräfte führt zu nachteiligen Folgen für die Mädchen:

Bei Mädchen wird somit ein erwünschtes Verhalten (soziale Stütze) akzeptiert und damit erwartet. Bei Jungen gilt ein unerwünschtes Verhalten als selbstverständlich. Hiervon profitieren allein die Jungen. Die Mädchen haben den Nachteil, dass ihr Unterricht in der Regel tragendes Verhalten nicht wertgeschätzt wird.

Wiltrud Thies, Charlotte Röhner, S. 164-165

M4 Gleiche Chancen für Jungen?

Jahrzehntelang nahm man an, dass die Schule Mädchen vernachlässige. Inzwischen mehren sich die Stimmen derer, die betonen, Jungen seien die eigentlich Benachteiligten.

Gelegentlich wird gemutmaßt, dass das schlechte Abschneiden von Jungen in der Schule auf einer unfairen Behandlung von Lehrerinnen beruht oder darauf, dass den Jungen in der Schule die männlichen Bezugspersonen fehlen. Seit Jahren steigt nämlich der Anteil der Lehrerinnen in allen Schulformen. Nachdem den Jungen biographisch betrachtet erst die Väter fehlen, so wird argumentiert, fehlen ihnen dann Erzieher in den Kindergärten und schließlich die Lehrer an den Schulen. Tatsächlich nehmen sich Väter im Durchschnitt weniger Zeit für ihre Kinder als Mütter, selbst dann, wenn die Mütter auch erwerbstätig sind. In den Schulkindergärten besteht das pädagogische Personal zu 96 % aus Frauen, in den Grundschulen zu 86 %. In den weiterführenden Schulen ist das Verhältnis ausgewogener. [...]

Als Erklärung für eine möglicherweise schlechtere Förderung von Jungen kommt in Betracht, dass leistungsschwache Jungen häufiger als leistungsschwache Mädchen verhaltensauffällig werden.

M5 Was kann die Schule tun?

Jungen sind in der Schule vermutlich nicht per se benachteiligt. Gesellen sich bei Jungen aber zu einer Leistungsschwäche Dominanzgebaren und Lernunwilligkeit, dann tut sich die Schule schwer, diesen Jungen eine Hilfestellung anzubieten, die sie akzeptieren. Die Ursachen für die Leistungsdefizite von Jungen dürfen allerdings nicht allein in der Schule gesucht werden. Ähnliches gilt auch für die Leistungsschwächen von Mädchen und deren geringeres Selbstvertrauen. Auch hier ist sicher die Schule nicht allein verantwortlich zu machen. Dennoch stellt sich die Frage, wie die Schule dazu beitragen kann, dass Mädchen und Jungen ihre Potenziale besser entfalten können. Der Weg zurück zur alten Geschlechtertrennung ist keine Lösung, er wird von Schülerinnen und Schülern in den allermeisten Fällen auch abgelehnt.

M4/5: Waltraud Cornelissen, S. 82, 84–85

Gender-Mainstreaming

Der Begriff „Gender Mainstreaming" kommt aus dem Englischen und wird im Deutschen als Fachausdruck beibehalten, da es in der englischen Sprache zwei unterschiedliche Bezeichnungen für biologisches Geschlecht (sex) und soziokulturelles Geschlecht (gender) gibt. Das biologische Geschlecht (sex) ist genetisch festgelegt. Das soziokulturelle Geschlecht (gender) ergibt sich aus dem gesellschaftlichen Verständnis der Frauen- bzw. Männerrolle und ist anerzogen. Ziel von Gender Mainstreaming ist es, dass alle Menschen – unabhängig von ihrem biologischen Geschlecht und sozialen Rollenzuweisungen – gleiche Chancen haben. Gender Mainstreaming versucht deshalb, gesellschaftliche und politische Strukturen, die die Chancengleichheit von Männern und Frauen einschränken, zu verändern. Die rechtliche Grundlage hierfür, das Gesetz zur Durchsetzung der Gleichstellung von Frauen und Männern, trat am 5. Dezember 2001 in Kraft. Durch das Gesetz sollen Frauen gefördert werden, um bestehende Benachteiligungen abzubauen.

Aufgaben

1 Tragt biologische Unterschiede zwischen Männern und Frauen in einer Mindmap zusammen. ➔ M1

2 Benennt die unterschiedlichen Verhaltensweisen von Mädchen und Jungen (➔ M2) und ergänzt sie. Diskutiert, welche dieser Verhaltensweisen biologisch bedingt (sex) sind und welche sich aus der sozialen Rollenzuweisung (gender) entwickeln.

3 Stellt in kurzen Sketchen Negativ-Beispiele aus eurer eigenen Erfahrung im Unterricht dar. ➔ M3/4

4 Plant in einem Rollenspiel (Lehrer/in, Schüler/innen) eine Unterrichtsstunde in den Fächern Mathematik und Deutsch so, dass Jungen und Mädchen gleichgestellt sind und gleich behandelt werden. ➔ M4/5

5 Entwickelt Kriterien für Schulbücher und Lehrmaterialien, die die Forderung der Gleichbehandlung erfüllen. ➔ M4/5

6 Informiert euch im Internet über Gender Mainstreaming (z. B. auf der Website des Bundesministeriums für Familie, Senioren, Frauen und Jugend: www.gender-mainstreaming.net/gm/root.html oder unter: www.sozialministerium.de/).

▶ Glossar: Gender Mainstreaming, Sex and Gender

1 Emotionen

M1 Emoticons erobern die Welt

sers leutz
hab viel hausis heude ☹ komm nich kicken 😠 morgen denk scho 🙂 **CU Jakob**

M2 Wozu Emoticons?

Am 19. September 1982 11:44 Uhr schlug der Student Scott E. Fahlman in einem Bulletin Board (elektronisches Diskussionsforum) der Carnegie Mellon University vor, aus ASCII-Zeichen das inzwischen weltberühmt gewordene Smiley-Signet nachzubilden, um spaßige und ernst gemeinte Beiträge besser voneinander unterscheiden zu können.

19-Sep-82 11:44 Scott E Fahlman :-)
From: Scott E Fahlman <Fahlman at Cmu-20c>

I propose that the following character sequence for joke markers: :-) Read it sideways. Actually, it is probably more economical to mark things that are NOT jokes, given current trends. For this, use :-(

http://de.wikipedia.org

M3 Was sind Emotionen?

Emotionen erleben wir rund um die Uhr tagein, tagaus. Mal sind sie stärker ausgeprägt, mal weniger, aber emotionsfreie Zustände gibt es nicht. Emotionen äußern sich dabei auf vier Ebenen:

- als ein Gefühl, das wir bei einer Emotion erleben,
- als Verhalten, z. B. in der Mimik, der Gestik, der Körperhaltung oder Körperbewegung,
- als körperliche Veränderung, z. B. Herzrasen, Schweißausbrüche, Muskelverspannungen
- und als Kognition, z. B. durch die Erwartung, dass etwas Schlimmes passieren könnte.

Emotionen und Gefühle

Betrachten wir dieses am Beispiel der Emotion der Furcht vor einem zähnefletschenden und böse knurrenden Hund. In dieser Situation fühlen wir Angst (Gefühl) und wir weichen unmittelbar mit erschrockenem Gesichtsausdruck zurück (Verhalten). Der Puls beginnt zu rasen und kalter Schweiß steht uns auf der Stirn (körperliche Veränderung). Ein Gedanke beherrscht all unser Denken (Kognition): „Was mache ich nur, wenn er mich jetzt beißt?“
Wie wir anhand der Beschreibung der Emotion sehen können, sind Gefühle nicht mit Emotionen gleichzusetzen. Gefühle entstehen durch die Bewertung von Ereignissen (ein Hund bedeutet Gefahr, vielleicht sogar Schmerzen) und sie können emotionaler Art wie bei der Angst sein, oder aber auch nicht emotionaler Art wie beispielsweise bei der Müdigkeit.

www.br-online.de (Günter Rank)

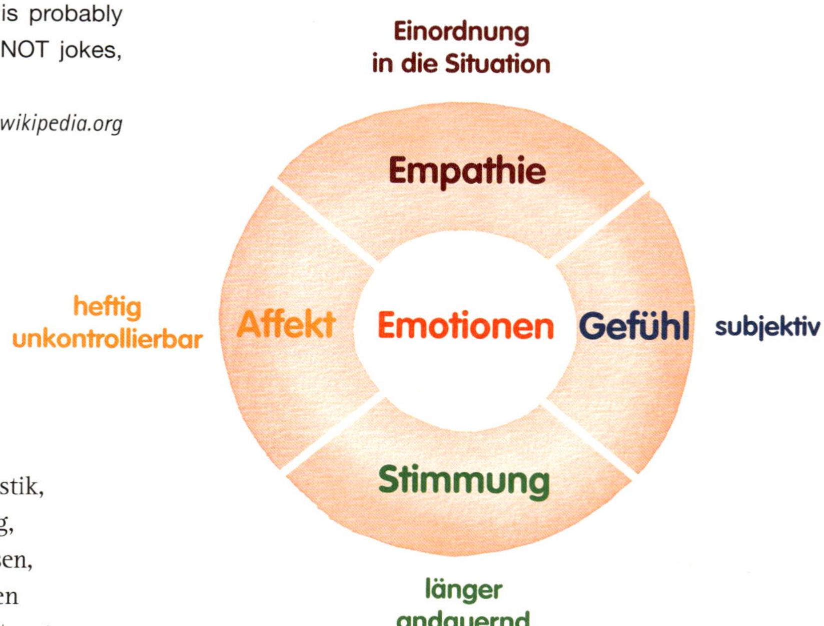

M4 Geh, wohin dein Herz dich trägt?

Es war einmal ein Mann, der liebte zwei Frauen und wusste nicht, für welche er sich entscheiden sollte. Die eine liebte er aus ganz anderen Gründen als die zweite – wie sollte er da wählen? Dummerweise wussten die beiden voneinander und hatten dem Mann die Pistole auf die Brust gesetzt: Sie oder ich!

In seiner Verzweiflung entschloss er sich, auf einem Blatt Papier die Vor- und Nachteile der Alternative aufzulisten. So sammelte er alle Kriterien, die ihm wichtig waren. Er versuchte sich vorzustellen, wie lieb Kandidatin eins ihn auch nach Jahren der Ehe noch behandeln würde im Vergleich zu Kandidatin zwei. Er bewertete das Äußere und überlegte, inwiefern die Frauen im späteren Leben interessante Gesprächspartner für ihn sein würden. Er gewichtete die Kriterien, gab jedem Element eine Punktzahl, addierte die Werte und verglich das Ergebnis.

Dann geschah etwas Seltsames. Er sah das Ergebnis und wusste instinktiv: Es ist falsch. Sein Herz hatte eine andere Entscheidung getroffen als sein Verstand. Der Mann beschloss, seine Liste zu vergessen, und verbrachte viele Jahre glücklich mit der Frau seines Herzens. Er hatte auf sein Gefühl gehört.

Bittet man Gerd Gigerenzer, seine Forschungsergebnisse in wenigen Worten auf den Punkt zu bringen, erzählt er die Geschichte von dem Mann und den beiden Frauen. Gigerenzer ist kein Märchenonkel, sondern Direktor am Max-Planck-Institut für Bildungsforschung in Berlin. Er gehört zu den renommiertesten Experten für die Psychologie von Entscheidungen. Und der Mann mit den Frauen ist kein Märchenprinz, sondern ein Bekannter von ihm.

Gigerenzers Thema ist nicht Herzschmerz, sondern die Anatomie der Ratio. Und die Quintessenz aus 20 Jahren Entscheidungsforschung lautet auch nicht einfach: Geh, wohin dein Herz dich trägt.

M5 Spotlight und Dämmerlicht

Das Bewusstsein bewältigt, so schätzt man, ungefähr 50 Basiseinheiten von Information (Bits) pro Sekunde. Das Unbewusste dagegen wird sogar mit Millionen von Bits fertig. In jeder Sekunde verarbeiten unsere Sinne mehrere Millionen Bits, nur ein Bruchteil davon jedoch dringt ins Bewusstsein. Der Hirnforscher Gerhard Roth schätzt, dass uns weniger als 0,1 Prozent dessen, was das Gehirn tut, aktuell bewusst wird. Der enorme Rest wird unbewusst erledigt. Das Unbewusste kann somit eine Vielzahl von Informationen gleichzeitig verarbeiten. Das ist ein großer Vorzug, geht aber auch mit einigen Nachteilen einher.

Die bewusste Ratio ähnelt einem Scheinwerferlicht, das einen Punkt im Raum klar beleuchten kann, zum Beispiel das Gesicht eines Schauspielers. Jedes Detail des Gesichts wird sichtbar. Die Bühne bleibt im Dunkeln. Unser bewusstes Denken ist somit sehr präzise und fokussiert, fixiert sich aber auf Details und verliert schnell das große Ganze aus dem Auge.

Das unbewusste Gespür gleicht dagegen eher einem schwachen Flutlicht, mit dem man nicht jede Feinheit sehen kann. Was macht 8 mal 15? Man könnte die Aufgabe an sein Unbewusstes delegieren, es stundenlang darüber brüten lassen – es käme nie zu einer Lösung. Präzision gehört nicht zu seinen Stärken. Dafür werden die Umrisse der ganzen Bühne sichtbar. Alles wird ein bisschen beleuchtet. Diese Strategie erweist sich gerade in komplexen Situationen als Vorteil.

M4/5: Bas Kast in: Zeit-Wissen 02/2006, www.zeit.de

Aufgaben

1 Suche nach weiteren Emoticons, drucke sie aus und bringe sie mit in den Unterricht. ➜ M1
2 Ordnet die Emoticons nach Art der ausgedrückten Gefühle in Gruppen.
3 „Übersetze" Jakobs Mitteilung in einem Chat in einen Brief an seine Tante. Beginne so: „Liebe Tante Manuela, gestern ...." ➜ M1
4 Erkläre: Aus welchem Grund hat Scott E. Fahlman Emoticons erfunden und weshalb haben sie sich weltweit durchgesetzt? ➜ M2
5 Grenze die Begriffe „Gefühl", „Emotion", „Stimmung" gegeneinander ab und erläutere sie an Beispielen. ➜ M3
6 „Geh, wohin dein Herz dich trägt?" – Hast du ähnliche Erfahrungen gemacht? Berichte darüber. ➜ M4
7 Begründe mithilfe von ➜ M5, weshalb sich Entscheidungen aus dem Bauch als richtig erweisen können.
8 Grenze ein: Welche Entscheidungen sollten mit dem Verstand gefällt werden, welche nach Gefühl?

2 Froh zu sein bedarf es wenig!

M1 Farben der Freude

M2 Freudensprüche

Lernen wir uns freuen,
so verlernen wir am besten,
anderen wehe zu tun.
Friedrich Wilhelm Nietzsche

Freue dich mit mir!
Es ist so traurig,
sich allein zu freuen.
Gotthold Ephraim Lessing

Der beste Weg, sich selbst
eine Freude zu machen,
ist zu versuchen,
einem andern
eine Freude zu bereiten.
Mark Twain

Froh zu sein
bedarf es wenig,
und wer froh ist,
ist ein König.
Kanon

So ist's im Leben:
Kurze Freud,
viel Leid
und doch halten
die Freuden
unserem Gedächtnis
länger nach.
Aesop

Freude, mein Lieber, ist die Medizin dieses Lebens!
Ich freue mich, wenn ich Gutes von anderen höre,
wenn irgendjemand auf unserer traurigen Erde glücklich ist,
ja selbst, wenn mein Hund mit dem Schwanz wedelt
und die Katzen in irgendeiner Ecke zufrieden schnurren.
Ernest Hemingway

Die Freude ist der Sommer,
der die inneren Früchte
färbt und schmilzt.
Jean Paul

Die schönste Freude erlebt man immer da,
wo man sie am wenigsten erwartet hat.
Antoine de Saint Exupéry

Wenn du an dir nicht Freude hast,
die Welt wird dir nicht Freude machen.
Paul Heyse

Man kann nicht in Freude leben,
ohne vernünftig, edel und gerecht zu leben,
aber auch umgekehrt kein vernünftiges,
edles und gerechtes Leben führen,
ohne in Freude zu leben.
Man kann es aber nicht,
wenn jene Voraussetzungen fehlen.
Epikur

M3 Ode an die Freude

Friedrich Schiller schrieb 1785 die Ode, die Ludwig van Beethoven bei der Komposition seiner 9. Symphonie (1823) inspirierte. Im Hauptthema des letzten Satzes wird die erste Strophe der Ode vertont. 1985 wurde er zur Europahymne bestimmt. Aus übersetzungstechnischen Gründen ist der Text Schillers jedoch nicht Teil der europäischen Hymne.

Freude, schöner Götterfunken,
Tochter aus Elysium,
Wir betreten feuertrunken
Himmlische, dein Heiligtum.
Deine Zauber binden wieder,
was die Mode streng geteilt;
alle Menschen werden Brüder,
wo dein sanfter Flügel weilt.

Seid umschlungen, Millionen!
Diesen Kuss der ganzen Welt!
Brüder – überm Sternenzelt
muss ein lieber Vater wohnen.

Wem der große Wurf gelungen,
eines Freundes Freund zu sein;
wer ein holdes Weib errungen,
mische seinen Jubel ein!

Ja – wer auch nur eine Seele
sein nennt auf dem Erdenrund!
Und wer's nie gekonnt, der stehle
weinend sich aus diesem Bund!

Was den großen Ring bewohnet
huldige der Sympathie!
Zu den Sternen leitet sie,
wo der Unbekannte thronet. [...]

Freude heißt die starke Feder
in der ewigen Natur.
Freude, Freude treibt die Räder
in der großen Weltenuhr.
Blumen lockt sie aus den Keimen,
Sonnen aus dem Firmament,
Sphären rollt sie in den Räumen,
die des Sehers Rohr nicht kennt!

Froh wie seine Sonnen fliegen,
durch des Himmels prächt'gen Plan,
wandelt Brüder, eure Bahn,
freudig wie ein Held zum Siegen.

Aus der Wahrheit Feuerspiegel
lächelt sie den Forscher an.
Zu der Tugend steilem Hügel
leitet sie des Dulders Bahn.
Auf des Glaubens Sonnenberge
sieht man ihre Fahnen wehn,
durch den Riss gesprengter Särge
sie im Chor der Engel stehn.

Duldet mutig, Millionen!
Duldet für die bessre Welt!
Droben überm Sternenzelt
wird ein großer Gott belohnen.

Friedrich Schiller, S. 177–179

M4 Freude – Vergnügen

Doch die Unterscheidung zwischen Freude und Vergnügen ist wesentlich [...]. Der Unterschied ist nicht leicht zu verstehen, da wir in einer Welt „freudlosen Vergnügens" leben.

Was ist Vergnügen? Obwohl das Wort auf verschiedene Weise verwendet wird, könnte man es dem üblichen Sprachgebrauch folgend am besten als Befriedigung eines Verlangens definieren, zu der es nicht unbedingt der Aktivität (im Sinne von Lebendigkeit) bedarf. Ein solches Vergnügen kann äußerst intensiv sein: das Vergnügen, gesellschaftlichen Erfolg zu haben, mehr, mehr Geld zu verdienen, in der Lotterie zu gewinnen, das konventionelle sexuelle Vergnügen, nach „Herzenslust" zu essen, ein Rennen zu gewinnen, der euphorische Zustand, der durch Alkohol, Drogen oder Trance entsteht, das Vergnügen, seinen Sadismus zu befriedigen oder sein Verlangen, zu töten oder Lebendiges zu zerstückeln.

Um reich und berühmt zu werden, ist es freilich notwendig, sehr aktiv im Sinne von geschäftig zu sein [...]. Hat man sein Ziel erreicht, so empfindet man vielleicht Erregung oder „intensive Befriedigung", man glaubt, am „Gipfel" zu sein. Am Gipfel wovon? Vielleicht auf einem Gipfel der Erregung, der Befriedigung oder eines tranceähnlichen oder orgiastischen Zustandes.

Erich Fromm, S. 114

Aufgaben

1. Worüber freust du dich? Was tust du, wenn du dich freust? Was fühlst du, wenn du dich freust? Schreibe deine Antworten auf.
2. Male die „Farben der Freude" ab und ergänze weitere passende Begriffe. ➜ M1
3. Beschreibe die Gefühle der auf den Fotos abgebildeten Personen (M2) mithilfe deiner „Farben der Freude".
4. Welcher der „Freudensprüche" gefällt dir am besten? Begründe deine Auswahl. ➜ M2
5. Lege eine zweispaltige Tabelle an. Trage in die linke Spalte ein, was Friedrich Schiller unter „Freude", in die rechte, was Erich Fromm unter „Vergnügen" versteht. ➜ M3/4
6. Was ist Freude? – Versuche eine zusammenfassende Begriffsklärung (s. Seite 154: „Treue") als Artikel für ein Jugendlexikon.

3 Mitten im Leben

M1 Todesursache Nr. 1

Für Jugendliche zwischen 15 und 21 Jahren sind Verkehrsunfälle die häufigste Todesursache. Im Jahr 2006 sind 1392 junge Autofahrer und Beifahrer im Alter zwischen 18 und 25 Jahren im Straßenverkehr ums Leben gekommen.

M2 Ein Platz ist leer

Als ich am Morgen in die Schule komme, stehen die Schülerinnen und Schüler der Jahrgangsstufe 13 im Eingangsbereich. Manche sind schwarz gekleidet, andere wie immer: Jeans, T-Shirt. Eine Kerze brennt auf einem Tisch, manche reden, manche lehnen stumm an den Heizkörpern, andere weinen, umarmen sich. Ich schaue nur kurz hinüber und merke, dass meine Augen brennen. Flucht in's Lehrerzimmer. Auch dort: Schweigen, verheulte Gesichter, keine Worte.

Es klingelt. Soll ich in den Unterricht gehen? Wird überhaupt jemand da sein? – Fast alle sind da. Ich weiß nicht, was ich sagen soll. Sage dann irgendetwas und, dass ich nicht reden könne, deshalb im Stoff fortfahren werde. Die Schülerinnen und Schüler nicken. Wir tun so, als ob.

Als ob alles wie gewöhnlich sei, wie vergangenen Mittwoch, den Mittwoch davor und an den Mittwochen im ganzen Schuljahr bis jetzt. Bis jetzt. Aber nun ist ein Platz leer und er wird es bleiben für immer.

M3 Nach dem Tod eines Freundes

Augustinus (354–430), Philosoph und Kirchenlehrer, beschreibt in seinen „Bekenntnissen", wie er den Tod eines Freundes erlebte.

Da war es in meinem Herzen dunkel vor Schmerz, und wo ich hinblickte, war Tod. Da ward mir die Vaterstadt zur Qual, das Mutterhaus zu wundersamer Bitternis. Was ich einst mit ihm geteilt, das kehrte sich jetzt ohne ihn zu übergroßer Pein. Überall suchten ihn meine Augen, aber er kam mir nicht wieder. Und ich hasste alle Dinge, weil sie mir ihn nicht wiederbringen konnten, wie sie mir nimmer sagen konnten: Sieh, da kommt er, wie früher wohl in den Tagen seines Lebens, da er fort war und wiederkommen sollte. Und mir selbst ward ich zum großen Rätsel, und ich fragte meine Seele: Warum bist du traurig und warum betrübst du mich? Und sie wusste keine Antwort. […] Die Tränen nur waren mir süß, und sie waren an des toten Freundes Platz getreten in dem, was meiner Seele Freude war. […]

Was aber war's bei meinem Schmerz um das Verlorene und bei der Trauer, die mich damals drückte? Ich hoffte ja nicht, dass mir der Freund zum Leben wieder käme, und bat nicht darum in meinen Tränen. Ich klagte nur und weinte; denn arm war ich geworden, und meine Freude hatte ich verloren. […]

Elend war ich und elend ist jede Seele, die von Liebe zu vergänglichen Dingen gefesselt zerrissen wird, wenn sie verliert, was sie geliebt hat. Und dann erst fühlt sie das Elend, dessen sie voll war, noch ehe sie verloren. So war es mir in jener Zeit, und ich weinte bitterlich und ruhte aus in meiner Bitterkeit. So war ich elend und liebte doch mein elend Leben mehr als den verlorenen Freund. […] Ich glaube, je mehr ich den Toten liebte, um so mehr fürchtete ich den Tod, der ihn mir weggenommen, als meinen blutigsten Feind, und ich wähnte, er werde hinterrücks alle Menschen verschlingen, so wie er ihn verschlingen konnte. So war ich damals, ich entsinne mich.

Augustinus, S. 84–86

M4 Trauer

Trauer ist die am häufigsten erlebte negative Emotion. Trennungen und Verluste sind die allgemeinsten und grundlegenden Ursachen von Trauer. Menschen empfinden Trauer beim Tod ihnen nahestehender Personen. Sie können jedoch auch Kummer empfinden, wenn sie sich kurz- oder längerfristig von ihrer Familie oder guten Freunden trennen müssen.

Trauer ist ein unvermeidlicher Teil des Lebens; es ist bedeutsam zu lernen, die Ursachen für die eigene Trauer zu erkennen und die Trauer zu bewältigen.

nach Stephanie Reuter, S. 48

M5 Die Phasen des Trauerns

Nach der Psychotherapeutin Verena Kast kann man vier Trauerphasen unterscheiden:

Erste Phase (Nicht-Wahrhaben-Wollen)
Der Trauernde will den Verlust nicht wahrhaben. Er verschließt die Augen vor den Tatsachen.

Zweite Phase (Aufbrechende Emotionen)
In dieser Phase erlebt der Trauernde starke Gefühle. Je nach der Beziehung zum Verlorenen und den Begleitumständen des Verlusts empfindet er Verzweiflung, Wut (auf andere/s), Schuld, Angst, Zorn. Um die Trauer später überwinden zu können, ist es wichtig, alle diese Gefühle zuzulassen und sie nicht dauerhaft zu verdrängen.

Dritte Phase (Suchen, Finden, Sich-Trennen)
Der Trauernde beschäftigt sich mit dem Verlorenen. Er ruft sich gemeinsame Erlebnisse ins Gedächtnis und weist ihm schließlich einen Platz in seinem Innern, in seiner Erinnerung zu. Dadurch kann der Trauernde in die **Vierte Phase (Neuer Selbst- und Weltbezug)** eintreten und neue Beziehungen in der Gewissheit ihrer Vergänglichkeit, aber auch im Bewusstsein der eigenen Stärke eingehen.

M6 Schlussstück

Der Tod ist groß.
Wir sind die Seinen
lachenden Munds.
Wenn wir uns mitten
im Leben meinen,
wagt er zu weinen
mitten in uns.

Rainer Maria Rilke, S. 233

Schreibgespräch

Ein Schreibgespräch dient dazu, Gedanken zu einem schwierigen Thema zu verfassen. Das Schreiben verlangt, dass man gründlicher nachdenkt als in der mündlichen Diskussion und sich sowohl für die Verfassung eigener Gedanken als auch für das Verstehen der Gedanken anderer mehr Zeit nimmt.

1. Teilt euch für ein Schreibgespräch in Kleingruppen auf, vergleichbar mit kleinen Chatrooms.
2. Jede Gruppe schreibt auf ein großes Blatt Papier (DIN A3) das Thema, das Problem oder die Frage.
3. Einer beginnt mit einer ersten Stellungnahme von ein bis zwei Sätzen und gibt das Blatt weiter.
4. Der Nächste liest die notierten Gedanken sorgfältig durch, lässt sich auf sie ein und schreibt wieder eine Stellungnahme, usw.
5. Zum Schluss werden die verschiedenen „Chats" aufgehängt und verglichen.

Aufgaben

1 Analysiere die unterschiedlichen Reaktionen auf den Tod eines Schülers/Freundes (➔M1/2/3) mithilfe von ➔ M5.

2 Beschreibe die Gedanken und Gefühle des jungen Augustinus nach dem Verlust seines Freundes. ➔ M3

3 Trauer empfindet man nicht nur, wenn ein Mensch stirbt. Überlege Anlässe für Trauer und verarbeite sie in einem Schreibgespräch.

4 Erstelle eine Collage zum Gedicht von Rilke, indem du Anlässe für Trauer integrierst. ➔ M6

4 Da ist nichts mehr, was dich hält

M1 Spring nicht

Über den Dächern
ist es so kalt
und so still.
Ich schweig deinen Namen,
weil du ihn jetzt
nicht hören willst.
Der Abgrund der Stadt
verschlingt jede Träne, die fällt.
Da unten ist nichts mehr,
was dich hier oben noch hält.
Ich schrei in die Nacht für dich,
lass mich nicht im Stich.
Spring nicht.
Die Lichter fangen dich nicht,
sie betrügen dich.
Spring nicht.
Erinner dich
an dich und mich.
Die Welt da unten zählt nicht.
Bitte spring nicht.
In deinen Augen
scheint alles sinnlos und leer.
Der Schnee fällt einsam,
du spürst ihn schon lange nicht mehr.
Irgendwo da draußen
bist du verloren gegangen.
Du träumst von dem Ende,
um nochmal von vorn anzufangen. [...]
Ich weiß nicht wie lang
ich dich halten kann.
Ich weiß nicht wie lang.
Nimm meine Hand,
wir fangen nochmal an.
Spring nicht. [...]
Und hält dich das auch nicht zurück,
dann spring ich für dich.

Tokio Hotel

M2 Eben!

Tom Wenner

M3 Traurige Zahlen

Im Jahr 2003 gab es insgesamt 11.150 Selbstmorde in Deutschland. Die Dunkelziffer bei Suizid liegt aber nach Meinung von Fachleuten wesentlich höher, da sich hinter den Zahlen der Verkehrs- oder Drogentoten häufig auch „versteckte“ Selbstmorde finden lassen würden. Gleiches gilt bei „ungeklärter“ Todesursache. Selbstmord ist bei Kindern und Jugendlichen – nach Verkehrsunfällen – die zweithäufigste nicht natürliche Todesursache. [...] Experten schätzen (genaue Zahlen dürfen aus datenschutzrechtlichen Gründen nicht mehr erfasst werden), dass die Zahl der Selbstmordversuche zwischen 6.000 bis 14.000 pro Jahr liegt. Das würde bedeuten, dass Tag für Tag zwischen 20 und 40 Kinder und Jugendliche einen Suizidversuch unternehmen – in der Mehrzahl Mädchen. Männliche Jugendliche führen dafür die traurige Statistik der „vollendeten“ Selbstmorde an.

Anke Wolf-Graaf, www.wdr.de

M4 Angenommen eine Freundin sagt dir, dass sie sich umbringen möchte ...

- Nimm sie ernst. Es gibt zwar Sprüche wie „Wer von Selbstmord spricht, tut es nicht", aber die meisten Selbstmordversuche wurden erfahrungsgemäß angekündigt.
- Selbstmordversuche sind genauso schlimm wie vollzogene Selbstmorde. Nimm sie ernst. Wenn jemand aus eurer Clique lästert: „Ach, die schafft das doch sowieso nicht ...", ist er einfach super fies, sonst nichts.
- Manche kündigen einen Selbstmordversuch nicht mit Worten an, sondern mit anderen Zeichen: Schwänzen, Unkonzentriertheit, ständige Beschäftigung mit dem Tod, Abbruch von Freundschaften, Rückzug, äußere Vernachlässigung oder Verschenken von Lieblingssachen. Hör auf dein Gefühl, wenn bei dir die Alarmglocken schrillen.
- Wenn du deine Freundin darauf ansprichst, dass du Angst hast, sie könnte sich umbringen – bringst du sie dann erst recht auf die Idee? Nein. Vermutlich ist sie erleichtert, dass überhaupt jemand merkt, wie schlecht es ihr geht.
- Hör ihr einfach zu. Spiel ihr nichts vor. Aufheitern um jeden Preis verboten. Setze sie nicht unter Druck.
- Sei besorgt, aber zieh dir nicht die gesamte Verantwortung an. Übernimm und überschätze dich nicht. Ob deine Freundin nun einen Selbstmordversuch unternimmt oder nicht, liegt letztlich nicht an dir. Das hast du nicht in der Hand.
- Wenn deine Panik, dass sie sich etwas antut, nicht aufhört oder immer stärker wird, hol dir Hilfe von außen.

Stephanie Sellier, www.lizzynet.de

Beratungsstellen

- Örtliche Beratungsstellen (Adresse über Beratungslehrer/in, Verbindungslehrer/in, Telefonbuch)
- Die Nummer gegen Kummer: 0800-111 0 333 (freecall – keine Telefongebühren)
- Online-Beratungsangebote: http://www.schulpsychologie.de/start/schueler.htm oder andere z. B. www.kummernetz.de

M5 Sich selbst töten

Selbsttötung (Selbstmord, Freitod, Suizid): die absichtliche Vernichtung des eigenen Lebens. Die S. lässt sich, anthropologisch gesehen, als Ausschöpfung der spezifisch menschlichen Freiheit, psychiatrisch gesehen jedoch als Abschluss einer krankhaften Entwicklung deuten. Tatsächlich wird man S. immer zugleich als aktive, freie Handlung und als Ausdruck einer psychischen Krise bzw. krankhaften psychischen Einengung sehen müssen. [...]
Bei den meisten S.en und S.sversuchen handelt es sich um eine kurzschlussartige Flucht aus einer nicht mehr zu bewältigenden Welt, mit stark affektivem Charakter (meist in momentaner Ausweglosigkeit); häufig werden dabei Rettungsmöglichkeiten offen gelassen, so dass die Tat letztlich als Appell um Hilfe verstanden werden kann. [...]
Die beste Suizidprophylaxe (Vorbeugung der S.) von Anfang an sowie nach erfolgtem Versuch ist die Herstellung tragfähiger sozialer Beziehungen.

Schüler-Duden Psychologie, S. 331-332

Aufgaben

1. Der Songtext „Spring nicht" versucht auch die Sichtweise des angesprochenen Du nachzuvollziehen. Schreibe diese Stellen heraus und suche Gründe, die zu dieser Einstellung geführt haben könnten. ➜ M1
2. Die Gruppe „Tokio-Hotel", die diesen Song produziert hat, stellte im Musik-Video die Sprungsituation nach. Daraufhin hagelte es Proteste: Solche Darstellungen würden Jugendliche zur Nachahmung verleiten. Erörtert, ob man solche Videos oder Internet-Foren über Suizid verbieten sollte.
3. Bei männlichen Jugendlichen ist Suizid die zweithäufigste Todesursache nach Verkehrsunfällen. Tragt zusammen, was als „seelischer Sicherheitsgurt" gegen suizidale Gefährdung wirken könnte. ➜ M3
4. Überprüfe mit Hilfe der Ratschläge aus M4, welche anderen oder weiteren Möglichkeiten das Ich im Songtext „Spring nicht" gehabt hätte. ➜ M1/4
5. Stellt eine Liste der Beratungsstellen in eurer Umgebung zusammen.
6. Für die Handlung des Sich-selbst-Tötens gibt es verschiedene Begriffe (Selbsttötung, Selbstmord, Freitod, Suizid). Erarbeite die Bedeutungsunterschiede. ➜ M5
7. Lest den Text M3 laut vor. Ersetzt dann die wertenden Begriffe (z. B. „Selbstmord") durch moralfreie. Lest anschließend den Text nochmals laut vor. Beschreibt die Veränderung seiner Aussage. ➜ M3/5

1 Aggression – Aggressivität

M1 Zähne zeigen

M2 Aggressiv

- Sei nicht so aggressiv!
  Warum bist du eigentlich so aggressiv?
- Ihr müsst aggressiver spielen.
- aggressive Musik
- aggressive Waschmittel
- Trainer beklagte die mangelnde Aggressivität seiner Spieler
- Ein aggressiver Hund/
  eine aggressive Katze
- Mit aggressivem Stil zum Sieg
- ein aggressives Gas
- Du machst mich aggressiv,
  das macht mich aggressiv!
- Achtung aggressive Bienen/
  Nashörner
- Fahr nicht so aggressiv!

M3 Aggression

Da sowohl Tiere als auch Menschen aggressive Verhaltensweisen zeigen können, liegt es nahe zu vermuten, dass Aggressionen auch biologische Ursachen haben. Zudem kann man feststellen, dass aggressives Verhalten überall auf der Welt vorkommt, es ist universell. Hans-Peter Nolting unterscheidet einen **engeren** und einen **weiteren Aggressionsbegriff**. Der weiter gefasste Aggressionsbegriff geht meist vom lateinischen Ursprung des Wortes aggredi *(= herangehen, begreifen, sich annähern, unternehmen)* aus. Das Problem bei diesem weiten Verständnis ist, dass dann Aggression im Grunde dieselbe Bedeutung hat wie Aktivität, d. h. Tatkraft und zerstörende Aktivitäten (Destruktion) werden so in einen Topf geworfen.

Von den meisten Autoren wird deshalb ein engerer Aggressionsbegriff bevorzugt.

Aggression ist danach ein Verhalten, dessen Ziel
- eine Beschädigung
- eine Verletzung oder
- die Einschüchterung (Angsteinflößung)

eines anderen Menschen ist.

Aggressive Verhaltensweisen sind also solche, die Individuen oder Sachen aktiv Schaden zufügen, schwächen oder in Angst versetzen.

M4 Formen und Ziele von Aggression

Formen der Aggression sind zum Beispiel:
- physisch: schlagen, kratzen, töten, körperliches Bedrohen
- verbal: schimpfen, spotten, hetzen, anschreien
- nonverbal: Zunge rausstrecken, böse Blicke
- relational: jemanden links liegen lassen, verleumden usw.

In vielen Fällen ist aggressives Verhalten ein Versuch, ein bestimmtes Problem zu lösen. Aggressives Verhalten wird dann „instrumentell" eingesetzt, das heißt, es wird versucht, auf diese Weise bestimmte Ziele zu erreichen.

„Typische" **Ziele** von Aggressionen sind zum Beispiel:
- Durchsetzung eigener Wünsche und Interessen, die mit Wünschen anderer im Konflikt stehen
- Beachtung durch andere finden
- Reaktion auf Aggression anderer (Abwehr)
- Vergeltung erlittener Aggressionsakte

M3/4 nach www.wegweiser-buergergesellschaft.de und Hans-Peter Nolting, S. 20

M5 Sachverhalt und Wertung

Oft stellen Begriffe nicht nur Sachverhalte fest, sondern sie haben zugleich auch eine wertende Bedeutung. So ist dies z. B. mit dem Begriff Aggression. Jemandem zu sagen, er verhalte sich aggressiv, ist meist als *Vorwurf* gemeint, nicht nur als Feststellung. Verschiedene Untersuchungen haben gezeigt, dass das Verhalten anderer Menschen viel eher „aggressiv" genannt wird als das eigene.

Auch im politisch-militärischen Sinne wird meist von „Aggression" gesprochen, wenn man eine Seite beschuldigt, *ungerechtfertigt* als Erster angegriffen zu haben, während die Gegengewalt nicht als Aggression, sondern als Verteidigung bezeichnet wird. Bekanntlich wirft daher jede Seite der anderen eine „Aggression" vor und sieht sich selbst als Verteidiger.

Ein solcher Sprachgebrauch ist natürlich wissenschaftlich unbrauchbar. In der Psychologie wird Aggression daher lediglich als *Feststellung* des definierten Sachverhaltes verwendet.

M6 Aggression ist subjektiv

Was als Aggression angesehen wird, wird von persönlichen Ansichten und dem jeweiligen Kontext abhängen. Wer etwa findet, dass Ohrfeigen zur „normalen" Erziehung und dass Fouls zu einem ordentlichen Fußballspiel gehören, wird kaum von Aggression sprechen, während andere dies durchaus tun. Ein für fast alle Menschen ausschlaggebender Gesichtspunkt ist der vorangegangene Anlass. Eine Reaktion auf Bedrohungen oder Provokationen wird im Vergleich zu offensiven Angriffen viel seltener als aggressiv beurteilt. Ein einzelner Verhaltensakt ist dann also nicht mehr per se aggressiv, sondern aufgrund seiner Stellung innerhalb eines Interaktionsverlaufs. Wer eine bestimmte Handlung in dem Ablauf als Normverstoß wertet, spricht von Aggression, wer Entschuldigungsgründe sieht, spricht möglicherweise auch bei extremer Gewaltausübung nicht von Aggression. *Hans-Peter Nolting, S. 25*

Aufgaben

1 Überlege dir, in welchen Situationen die Zitate stehen oder gesagt werden könnten, und erkläre, wie sich dieses aggressive Verhalten vermutlich zeigt. → M2

2 Woran kannst du erkennen, dass ein Mensch oder ein Tier (Katze, Hund usw.) aggressiv ist oder wird? → M1/2

3 Wie fühlst du dich, wenn andere aggressiv zu dir sind? Was stört dich daran, warum? Welche Gesten empfindest du als aggressiv?

4 Woran spürst du, dass du selbst aggressiv wirst? Wie gehst du damit um?

5 Nenne Gründe, weshalb die meisten Forscher einen engeren Aggressionsbegriff bevorzugen. → M3

6 Sucht Beispiele aus dem Alltag und den Medien für instrumentelle und nicht-instrumentelle Aggression und überlegt euch, welche Ziele diese hatten. → M4 Erstellt eine Tabelle.

Aggression	Beispiel	Ziel
instrumentell		
nicht-instrumentell		

7 Welche Begriffsfunktion wird in M4 verwendet? Welche begriffliche Verwendung liegt bei den Beispielen in M2 vor? → M5

8 Erkläre in einem kurzen Text, weshalb es so schwer ist, die Begriffe Aggression und aggressiv zu definieren. → M5/6

▶ Glossar: Aggression

2 Warum sind Menschen aggressiv?

M1 Der Fall

Überfall in Bad Cannstatt

Eine Gruppe von sieben jungen Leuten aus dem Sozialgeschädigtenmilieu hat in Bad Cannstatt eine Passantin überfallen. Der 20-Jährigen wurden Haare abgeschnitten, dann hat man sie ausgeraubt. Vier Verdächtige kamen in Haft.

M2 Die Diskussion der Schüler

Frank: Das ist ja typisch, manche Typen haben nie gelernt, ihre Aggressionen in den Griff zu kriegen. Wahrscheinlich wurden sie zuhause auch geschlagen und haben das vorgemacht bekommen, und nun machen sie das nach und nehmen sich, was sie wollen.

Sandra: Das ist doch Quatsch, du machst es dir viel zu einfach. Schau doch mal, wo die herkommen. Schlechte familiäre Situation, wahrscheinlich keine Ausbildung, kein Job, womöglich noch eine Sozialwohnung in so einem Betonklotz, das frustet doch. Und Frust führt bekanntlich zu Aggressionen und die junge Frau war das Opfer.

Jana: Klar und jeder, der gefrustet ist, geht her und überfällt Leute. Da wäre ganz schön was los, ich müsste nach jeder Mathearbeit mit dem Baseballschläger losziehen ... Es gibt doch auch ganz andere Möglichkeiten, mit Frust umzugehen, oder? Frust allein kann es nicht sein. Und überhaupt, was meinst du eigentlich mit Frust?

Nico: Ich glaube das eigentlich nicht, dass aggressives Verhalten nur gelernt wird oder durch Frust bedingt ist. Jeder hat Aggressionen, das ist nur natürlich und ab und zu muss man die rauslassen und dann ist es wieder gut. Das heißt natürlich nicht, dass die Typen unschuldig sind, aber man sollte denen zeigen, auf welche anderen Arten man seinen „Aggressionstrieb“ ausleben kann. Wie wäre es mit Boxen ...

Frank: Super Idee, da lernen sie erst so richtig, wie man zuschlägt ...

Sandra: .... und außerdem frustet das noch mehr, man muss hart trainieren, hat womöglich keinen Erfolg und kriegt in den Wettkämpfen noch Dresche vom Gegner.

Julia: Das mit dem Frust alleine reicht doch nicht. Wahrscheinlich fühlten die sich provoziert von der jungen Frau, vermutlich sah sie gut aus, hatte Geld oder sie hat sogar etwas zu ihnen gesagt oder auf sie herabgesehen. Sie fühlten sich durch sie provoziert, vielleicht verachtet. Das machte sie wütend.

Marie Marcks

Sandra: Aber das ist doch nichts anderes als Frust, oder?

Julia: Nein, ich meine, dass die emotionale Komponente, das Gefühl wichtig ist. Jana hat doch vorhin schon gesagt, dass es Frust allein nicht sein kann, was das aggressive Verhalten erklärt, sonst wäre jeder von uns viel häufiger aggressiv. Ich denke, es sind eher die Gefühle, die eine Rolle spielen, wie Ärger über jemanden, der z. B. rücksichtslos ist, gemein zu mir ist, mich verachtet, oder ich bin einfach neidisch ... Und die Gefühle sind bei jedem etwas anders, was erklären würde, warum manche gar nicht und andere aggressiv reagieren.

Jana: Klar – und das erklärt jetzt, warum die sieben Typen die junge Frau überfallen haben ... ich fühle mich auch oft verärgert, missachtet ... und außerdem, alle sieben hatten zur gleichen Zeit die gleichen Gefühle? Das glaubst du doch wohl selbst nicht. Könnte es nicht vielmehr sein, dass da schon einiges bei den sieben Typen vorausgegangen war, dass die schon vorher auf 180 waren, sich vielleicht gegenseitig in Rage geredet haben, aus einem Lokal rausgeworfen wurden usw. Vielleicht hatten sie auch schon getrunken und waren erregt oder fühlten sich stark. Und als dann die junge Frau vorbeikam, fühlten sie sich durch sie irgendwie provoziert. Zusätzlich hatten sie noch Messer oder Scheren dabei ...

Frank: Trotzdem glaube ich, dass die wichtigste Rolle das Lernen spielt. Man kann doch schon bei Kindern beobachten, dass sie Verhalten imitieren. Es ist doch logisch, dass man dann auch aggressives Verhalten lernt. Man hat beispielsweise Kindern im Kindergarten gezeigt, wie ein Erwachsener aggressiv mit einer Puppe spielte und dann beobachtet, wie die Kinder anschließend mit ähnlichen Puppen spielten. Sie imitierten spontan sein Verhalten. Die Imitation war groß, wenn der Erwachsene für sein Verhalten belohnt wurde, sie war gering, wenn er bestraft wurde. Deshalb meine ich auch, dass die sieben hart bestraft werden sollten, damit sie ein anderes Verhalten lernen.

M3 Das Fazit

Es scheint nicht sinnvoll, für die Vielfalt aggressiver Erscheinungen nur eine einheitliche Erklärung zu suchen.

Natürlich kann aggressives Verhalten erlernt sein. Ich sehe, wie jemand mit diesem Verhalten Erfolg hat und ahme dieses nach, habe damit vielleicht ebenfalls Erfolg (z. B. Anerkennung) und praktiziere dieses Verhalten weiterhin. Das bedeutet, dass die Ursachen für aggressives Verhalten in dem gelernten Verhalten dieser *Person* liegt.

Lernprozesse können jedoch nur erfolgreich sein, wenn sie auf angeborene Grundlagen treffen, wenn also eine Dispositioin hierfür vorhanden ist. Nichts kann sich ohne oder gegen diese entwickeln. So können Menschen beispielsweise ohne technische Hilfmittel nicht fliegen lernen, weil wir hierzu keine *Disposition* haben.

Hinzu kommt, dass aggressives Verhalten immer auch ein Ergebnis von Kommunikation und Interaktion ist, d. h. es ergibt sich aus dem Zusammenspiel der Beteiligten, der *Situation*.

Letztendlich ist zu berücksichtigen, dass die aggressive Person mit ihrem Verhalten etwas erreichen will, d. h. man muss fragen, worin die Befriedigung liegt, die durch aggressives Verhalten erreicht wird, die *Motivation*.

Aufgaben

1. Führt das Gespräch (M2) weiter, indem ihr weitere Gründe nennt, die dieses Verhalten (M1) erklären können. ➔ M1/2
   Welche Gründe werden von den unterschiedlichen Gesprächspartnern genannt? – Sortiert diese. ➔ M2
2. Ordnet die verschiedenen Personen entsprechenden Aggressionstheorien zu. ➔ M2 und Seite 36f.
3. Planspiel: Spielt den Fall als Gerichtsverhandlung. Erstellt dazu auch jeweils ein Plädoyer eines Anklägers und eines oder mehrerer Verteidiger, die sich zur Entlastung der Angeklagten auf verschiedene Aggressionstheorien stützen. ➔ Seite 36f.
4. Prüft, inwiefern diese Theorien wirklich alle aggressiven Handlungen erklären können. ➔ Seite 36f.
5. Überlegt euch in Gruppen, welche weiteren Faktoren das Verhalten der Jugendlichen mitbedingt haben können. ➔ M3

3 Aggressionstheorien – zum Nachlesen

Wie erklären Wissenschaftler aggressives Verhalten?

Worin liegen die Ursachen für aggressives Verhalten? Wissenschaftlich lassen sich drei grundsätzliche Ansätze zur Erklärung unterscheiden:
Die eine Gruppe sieht dieses Verhalten als eine Reaktion auf bestimmte als unangenehm empfundene Ereignisse, andere sehen in aggressivem Verhalten ein Verhalten, das gelernt wurde. Im Unterschied zu diesen beiden Ansätzen, bei denen aggressives Verhalten nicht im Menschen steckt, betont die dritte Gruppe, dass es sich bei Aggressivität um einen Trieb handelt, also angeboren sei.

1. Aggression aus Frust

Der amerikanische Forscher John Dollard und seine Mitarbeiter gingen zunächst davon aus, dass Aggression immer eine Folge von Frustration sei und dass eine Frustration immer zu Aggression führe. Dies leuchtet auf den ersten Blick ein und man kann diesen Sachverhalt oft an sich selbst beobachten.
Die Frage ist nun, was eigentlich eine Frustration ist. Unter Frustration verstanden die Forscher die Störung einer zielgerichteten Aktivität (vom lateinischen Wort: frustra = vergebens).
Bei Experimenten mussten Versuchsteilnehmer beispielsweise Aufgaben lösen und stießen dabei immer wieder auf unüberwindbare Hindernisse. Es zeigte sich jedoch, dass nicht alle Teilnehmer gleich reagierten und aggressiv wurden, sondern dass manche sich beispielsweise zurückzogen oder anfingen zu mogeln. Zudem hatte die Theorie das Problem, dass ein frustrationsfreies Leben kaum möglich ist und dass folglich jeder von uns aggressiv sein müsste.
Aufgrund der genannten Ergebnisse veränderten die Forscher (wie z. B. Leonard Berkowitz u. a.) die Theorie: Frustrationen rufen verschiedene Reaktionen hervor, eine davon ist Aggression. Nun war allerdings zu fragen, welche Art von Frustration zu Aggression führt. Hierbei fanden sich vor allem zwei Hauptaspekte:

a) Provokation – Aggression

Auch dies ist auf den ersten Blick klar, auf körperliche oder verbale Angriffe, auf Belästigungen usw. reagieren viele Menschen aggressiv, dies wird durch viele Untersuchungen bestätigt. Im Unterschied zu der Frustrations-Aggressionstheorie, bei der ich immer in einer Aktivität gestört werden muss, kann mich eine Provokation auch treffen, wenn ich „passiv" bin, also nichts mache oder gemacht habe.
Doch auch hier gab es andere Reaktionen auf die Provokation als aggressive, wie z. B.
- Ignorieren der Provokation
- Rückzug/Flucht
- Entschärfung durch z. B. Lachen etc.

b) Regelverstoß – Aggression

Man muss nicht unbedingt bewusst provoziert werden, um sich zu ärgern, wir ärgern uns meist auch über die Verletzung von Regeln, über unfaires und/oder ungerechtes Verhalten und reagieren darauf aggressiv.
Auch diese Theorie ist gut im Alltag nachzuweisen. Auf einen Regelverstoß (z. B. Vordrängeln) erfolgt eine aggressive Reaktion, doch auch hier kann man andere Reaktionen beobachten.
Beide Modifikationen haben jedoch den Vorteil, dass sie individuelle Unterschiede besser erfassen können. Was jemand als Provokation, was jemand als Regelverletzung bewertet, ist individuell unterschiedlich.

c) Erregungstransfer + aggressive Hinweisreize

Leonard Berkowitz geht davon aus, dass Aggression auftritt, wenn eine körperliche Erregung – wodurch auch immer – mit Hinweisreizen kombiniert wird, die in der Vergangenheit mit Aggression und Ärger assoziiert waren. Das Auftreten von Aggression wird also wahrscheinlicher, wenn erregte Personen an aggressive Inhalte erinnert werden. Eine solche Erinnerung kann durch Symbole der Gewalt ausgelöst werden (Nazisymbole), aber auch durch z. B. Waffen oder negativ besetzte Begriffe u. a.

Man untersuchte dies, indem man Testpersonen erst durch leichte Elektroschocks verärgerte, sie dann in drei unterschiedliche Räume aufteilte, wo sie ihrerseits selbst Mitarbeitern Elektroschocks verabreichen durften. Die Gruppe, in deren Raum Waffen lagen, verabreichte deutlich höhere Schocks.

2. Aggression wird gelernt

Lerntheoretiker wie Albert Bandura glauben nicht, dass aggressives Verhalten aus einem Trieb resultiert oder das Ergebnis von Frustrationen ist. Sie behaupten – und das können sie auch anhand von Untersuchungen gut belegen –, dass aggressives Verhalten eine Strategie ist, die man sich im Laufe seines Lebens, v. a. in der Kindheit angeeignet hat. Wir lernen aggressives Verhalten, indem wir Vorbilder beobachten und dieses Verhalten **nachahmen**. Diese „schlechten“ Vorbilder müssen nicht unbedingt die Eltern sein, das können auch andere Jugendliche sein oder auch „Figuren“ aus Medien.

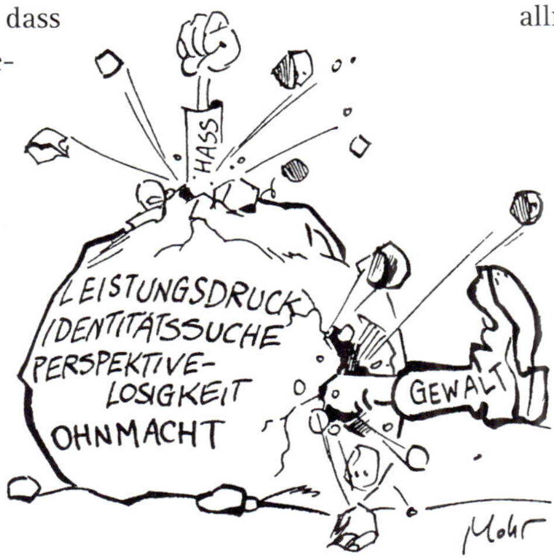

Mohr / Baaske Cartoons

Bandura konnte ebenfalls zeigen, dass Belohnungen dieses Verhaltens den Lernprozess in diese Richtung beeinflussten. Hatten Kinder mit aggressivem Verhalten **Erfolg**, dann wandten sie diese Strategie immer wieder an.

Ein einfaches Experiment belegt, wie leicht das ABC der Gewalt aus der Umgebung aufgenommen wird: Vierjährige spielen in einem Raum mit Spielzeug. Eine Clownpuppe, ein Holzhammer, ein Ball, Autos und Buntstifte liegen herum. Die Kinder werden Zeugen einer der folgenden Szenen: Eine Gruppe sieht, wie ein Erwachsener ins Zimmer kommt und mit dem Hammer wütend auf die Puppe einschlägt. Die anderen beobachten den Erwachsenen, wie er friedlich das Spielzeug einsammelt. Resultat: Die Beobachter der aggressiven Szene verhalten sich beim anschließenden Spiel deutlich rabiater als Kinder, die beim Aufräumen zuschauten.

3. Aggression – ein Trieb?

Der bekannteste Vertreter dieser Theorie, Konrad Lorenz, kam aufgrund von Untersuchungen bei Tieren zu dem Schluss, dass es sich bei Aggressivität um einen Trieb handelt. Für ihn ist der Aggressionstrieb Bestandteil der angeborenen Instinkte der Tiere, aber auch der Menschen. Dieser Trieb staut sich allmählich auf und sucht nach Entladung, wie ein Fass, das sich allmählich füllt und das dann durch etwas zum Überlaufen gebracht wird. Dabei erfüllt dieser Aggressionstrieb, wie alle Triebe, die Aufgabe, die eigene Art zu erhalten. D. h. die Aggression hat eigentlich positive Funktionen, wie z. B. die Verteidigung des Lebensraumes, die Sicherung der Rangordnung, die Sicherung knapper Ressourcen und den Schutz der eigenen Nachkommen.

So dient die Aggression innerhalb eines Wolfsrudels z. B. dazu, die Rangordnung zu klären und sicherzustellen, dass der „fähigste“ Wolf das Rudel führt. Solche Rangordnungskämpfe sind in dem Augenblick beendet, sobald der Unterlegene eine Demutshaltung einnimmt, also „klein beigibt“. Zumeist wird dabei dem Gegner die verwundbarste Stelle, die Halsschlagader, dargeboten. Der Sieger beißt jedoch nicht zu, weshalb die Forscher auch von einer „Tötungshemmung“ sprechen.

Allerdings ist es den Forschern bis heute nicht gelungen, einen Beweis für einen solchen Aggressionstrieb zu entdecken.

Zum Nachlesen

http://www.gewalt-online.de/aggressionstheorien.php
http://www.wissenschaft-online.de/abo/lexikon/psycho/337
www.wikipedia.de: Aggressionstheorien
Hans-Peter Nolting: Lernfall Aggression.
Wie sie entsteht – wie sie zu vermindern ist. Reinbek 2005

4 Ursachen von Konflikten

M1 Sichtweisen

Wössner / Baaske Cartoons

M2 Typisch Mann, Frau, Lehrer ...

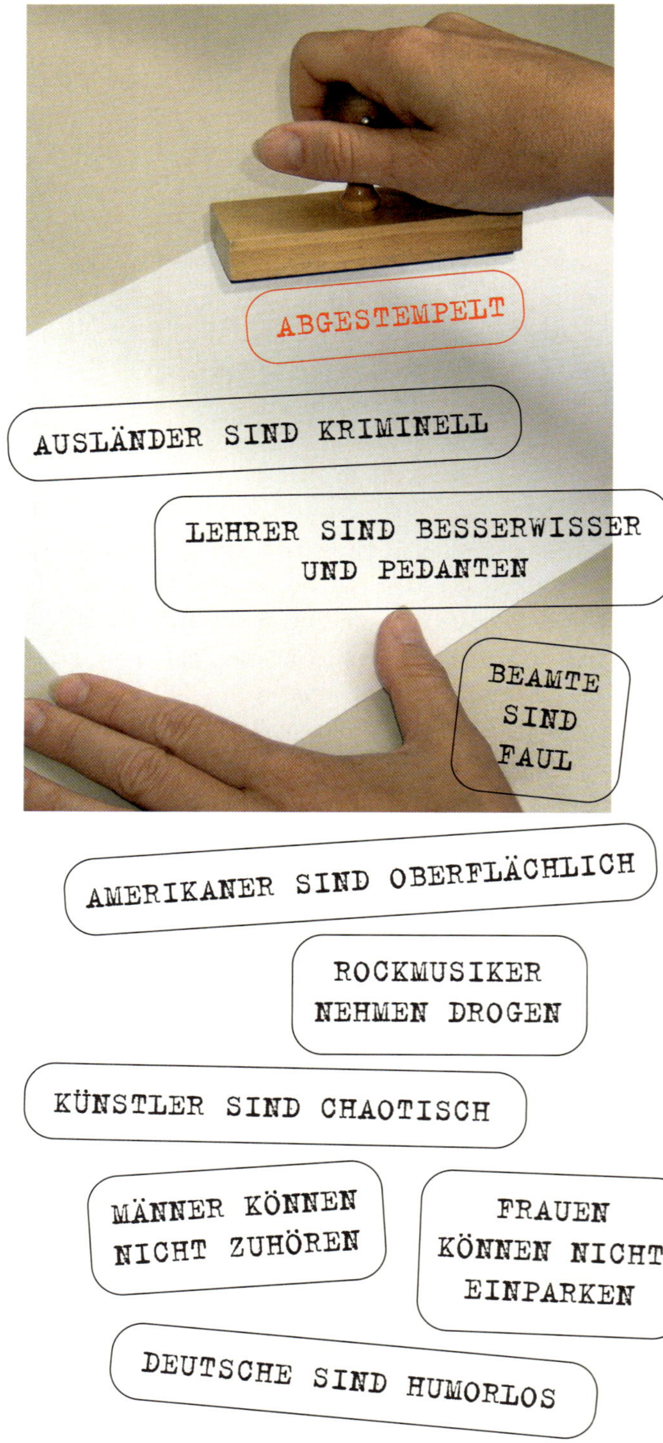

M3 Ist das ein Vorurteil?

	ja	z. Teil	nein
Die Franzosen verstehen es, gut zu leben			
Rheinländer sind gemütlich und Norddeutsche stur			
Türken sind irgendwie anders als wir			
Wenn Frauen ein Auto kaufen, suchen sie es nach der Farbe aus			
Obdachlose sind selbst an ihrem Schicksal schuld			
Die meisten Arbeitslosen sind nur zu faul zu arbeiten			
Frauen sind bessere Schulleiter, weil sie anders mit Konflikten umgehen			

M4 Ausgerastet

Im WM-Endspiel 2006 in Berlin rastete einer der weltbesten Fußballspieler, der Franzose Zinedine Zidane, in seinem letzten Länderspiel in der 109. Minute aus und rammte seinen Gegenspieler Materazzi mit einem Kopfstoß zu Boden. Materazzi hatte ihn zuvor beleidigt und provoziert. Zidane wurde vom Platz gestellt und Frankreich verlor das Finale im Elfmeterschießen. In einem Interview einige Tage später erklärte Zidane, Materazzi habe mit sehr verletzenden Worten seine Mutter und seine Schwester beleidigt.

Aufgaben

1 Erkläre, wer in der Karikatur welche Vorurteile gegenüber wem äußert und worin der „Witz" besteht. ➜ M1

2 Macht eine kurze Umfrage in der Pause und stellt die Ergebnisse zusammen:
Was fällt dir ein, was denkst du, fühlst du, wenn du folgende Begriffe hörst, z. B.:
- Blondinen
- Zigeuner
- BMW-Fahrer
- Knacki

3 Erstellt eine Liste von Vorurteilen über z. B.:
- Lehrer
- Beamte
- Ausländer
- Deutsche

4 Schreibe drei Vorurteile auf, die dich am meisten stören, und erkläre deinem Nachbarn die Gründe hierfür.

5 a) Erarbeitet mit Hilfe von ➜ M2 und ➜ M3 Merkmale eines Vorurteils und nennt mögliche Gründe, wie Vorurteile zustande kommen.
b) Zeige, weshalb die Betroffenen durch ein Vorurteil „abgestempelt" und diskriminiert werden und wie sie sich dabei fühlen. ➜ M2
Suche mögliche Gründe, warum Menschen Vorurteile äußern.
c) Erklärt, weshalb bei Fragen wie in Aufgabe 2 eigentlich nur „Vorurteile" als Antworten herauskommen können.

6 a) Stellt in Gruppen zusammen, weshalb Zidane so ausrastete. Prüft, inwiefern eine der vorgestellten Aggressionstheorien (Seite 36f.) das Verhalten erklären kann. ➜ M4
b) Überlege dir, welche Ausdrücke dich vielleicht zum Ausrasten bringen könnten, und erkläre den anderen, warum diese dich so verletzen würden.
c) Vergleicht eure Ergebnisse und prüft, ob es Gemeinsamkeiten gibt (Mädchen – Jungen, usw.).
d) Eine kleine Umfrage unter Schülern in Süddeutschland ergab, dass sie sich – wie Zidane – vor allem durch Beleidigungen ihrer Mütter oder Schwestern provoziert fühlten. Überlegt euch Gründe hierfür.

7 Überlegt euch in Gruppen mögliche Gründe für das Verhalten von Materazzi. ➜ M4

8 Stellt in Gruppen drei Tipps zusammen, wie Zidane oder auch ihr auf solche Provokationen gewaltfrei reagieren könnt.

▶ Glossar: Diskriminierung, Vorurteil

5 Mit Konflikten umgehen

„Das gibt es doch nicht!“

„Ihr kotzt mich alle an!“

„Du bist doch bescheuert!“

„Das kann doch wohl nicht wahr sein ...“

„Seid ihr wahnsinnig?“

„Hau endlich ab!“

M2 Was man so sagt ...

Phil kommt nach der 6. Stunde müde nach Hause. Seine Mutter empfängt ihn mit den Worten: „Wenn du den Saustall in deinem Zimmer nicht bis heute Abend weggeräumt hast, werfe ich alles in den Mülleimer!“

Larissa schreit ihre Nachbarin Ellen an: „Ich kann dich nicht mehr sehen, hau ab du ...“ Sie hat gerade erfahren, dass Ellen ihr größtes Geheimnis weitererzählt und sie damit bloßgestellt hat.

Ein Mathelehrer kommentiert die Äußerung einer Schülerin mit den Worten: „Unter deinen blonden Haaren steckt wirklich nur Stroh.“

Eine Deutschlehrerin bemerkt bei der Rückgabe der Klassenarbeit: „Ihr seid eben die blödesten Schüler der Welt, das habe ich ja schon immer gesagt.“

M3 Die Geschichte mit dem Hammer

Ein Mann will ein Bild aufhängen. Den Nagel hat er, nicht aber den Hammer. Der Nachbar hat einen. Also beschließt unser Mann, hinüberzugehen und ihn auszuborgen. Doch da kommt ihm ein Zweifel: Was, wenn der Nachbar mir den Hammer nicht leihen will? Gestern schon grüßte er mich nur so flüchtig. Vielleicht war er in Eile. Aber vielleicht war die Eile nur vorgeschützt, und er hat etwas gegen mich. Und was? Ich habe ihm nichts angetan; der bildet sich da etwas ein. Wenn jemand von mir ein Werkzeug borgen wollte, ich gäbe es ihm sofort. Und warum er nicht? Wie kann man einem Mitmenschen einen so einfachen Gefallen abschlagen? Leute wie dieser Kerl vergiften einem das Leben. Und da bildet er sich noch ein, ich sei auf ihn angewiesen. Bloß weil er einen Hammer hat. Jetzt reicht's mir wirklich. – Und so stürmt er hinüber, läutet, der Nachbar öffnet, doch bevor er „Guten Tag“ sagen kann, schreit ihn unser Mann an: „Behalten Sie sich Ihren Hammer, Sie Rüpel!“

Paul Watzlawick, S. 37-38

M4 Strategien zum Umgang mit akuten Angriffen

Ein Gespräch in unaggressiver Weise fortzuführen fällt wohl fast allen Menschen besonders schwer, wenn sie selbst akut angegriffen werden. Aber möglich ist es durchaus. Zunächst einmal können innere Selbstinstruktionen („Durchatmen und ruhig nachdenken!") impulsive Gegenreaktionen bremsen. Sodann sind unter anderem folgende Antworten auf den Angriff denkbar:

- Man *ignoriert* die Provokation und lenkt das Gespräch eisern auf die Problemklärung oder auf *Lösungen* hin („Damit wir weiterkommen: Ich denke, wir könnten ..." oder „Was schlägst du vor?").
  Wenn man eine Anschuldigung als sehr ungerecht empfindet, mutet das Ignorieren der Selbstachtung allerdings einiges zu. Da kann es helfen, es als Zeichen eigener Stärke zu sehen („Da steh ich doch drüber", „So was kann ich aushalten") oder den Angriff durch Umbewertung zu entschärfen („Eigentlich zum Lachen, dieser Wutausbruch von X").
  Will man den Angriff nicht ignorieren, kann man ihn in unterschiedlicher Weise aufnehmen:
- durch eine *Ich-Botschaft* („Ich fühle mich da wirklich ungerecht angegriffen"),
- durch *aktives Zuhören* („Ich merke aus deinem Vorwurf, du hast es mir übel genommen, dass ich ..."),
- durch *Rückfragen* zu Inhalten des Angriffs („An welche Beispiele denkst du konkret, wenn du mich als kleinlich bezeichnest?"),
- durch eine direkte *Aufforderung* zur Mäßigung („Sag, was dich ärgert, aber setz mich nicht so herab").

Alle diese Reaktionen können möglicherweise verhindern, dass eine Aussprache, die der Ärgerbewältigung dienen soll, völlig entgleist und somit nur neuen Ärger schafft.

Es hängt vom Einzelfall ab, welche Reaktion gleichzeitig den Angriff bremst, die Selbstachtung schützt und einen konstruktiven Lösungsprozess erleichtert. Insofern sind die zuvor genannten Möglichkeiten eben nur Möglichkeiten und keine Rezepte. Für die eine wie die andere Alternative gilt aber vermutlich, dass viele Menschen sie in ihrer familiären Sozialisation nicht gelernt haben. Dann reicht es nicht aus, solche Verhaltensweisen zu kennen, sie müssen auch geübt werden, damit sie in kritischen Situationen verfügbar sind.

Hans-Peter Nolting, S. 237

M5 Zehn coole Tipps

1 zunächst mal tief durchatmen ...

2 bis 5 (oder 10) zählen ...

3 abwarten, zuhören ...

4 „O.k., o.k., ist ja gut ..."

5 sich entschuldigen (bei Unrecht)

6 einen Vermittler holen

7 Botschaften „übersetzen" und nachfragen

8 Verständnis zeigen

9 sich selbst klar äußern

10 lieber ein Gespräch beenden als weiterstreiten ...

Reinhold Miller, S. 57

Aufgaben

1 Beschreibe genau, woran man erkennen kann, dass die Person(en) (Bild + Zitate) aggressiv sind. ➜ M1

2 Überlegt euch in Partnerarbeit Situationen, in denen zwei dieser Zitate gefallen sein können. ➜ M1
Gibt es dabei Unterschiede zwischen Situationen, die Jungen bzw. Mädchen hierfür finden? Worum geht es bei Konflikten zwischen Mädchen und zwischen Jungen?
Wie fühlt ihr euch, wenn so mit euch gesprochen wird?

3 Erkläre, weshalb die Beteiligten vermutlich so reagieren. Wie wirkt dieses Verhalten auf die anderen? Wie werden diese reagieren? Welche konfliktvermindernden Reaktionen wären möglich? ➜ M2

4 Beschreibe, was dem Mann auf dem Weg zum Nachbarn alles durch den Kopf geht. ➜ M3

5 Welche der coolen Tipps sind für dich brauchbar? Begründe kurz deine Entscheidung. Kennst du weitere Tipps? ➜ M5

6 Erläutere, weshalb die in ➜ M4 vorgeschlagenen Reaktionen bei einem Streit sinnvoll sind. Welche Probleme seht ihr darin?
Überlegt euch in Gruppen Möglichkeiten, wie man diese Vorschläge im Unterricht einüben kann.

6 Nur Mut?!

Wer nicht einschreitet, lässt das Opfer allein und stärkt dem Täter den Rücken!

M1 Zivil-Courage

Til Mette

M2 Zivilcourage

Fußballfans demonstrieren gegen Rassismus gegenüber farbigen Fußballspielern

M3 Preis für Zivilcourage

Als Sebastian Moser im Mai 2003 zum Bahnhof in Lambrecht kommt, sieht er einen älteren Herrn auf dem Boden liegen. Der Mann ist schon leicht blau im Gesicht, weil er keine Luft mehr bekommt. Er hat sich erbrochen. Zuerst versucht Sebastian, den Mann auf die Seite zu drehen, damit er besser atmen kann. Als das nicht funktioniert, läuft der damals 16-jährige Schüler ins Bahnhofsbistro und bittet einen Mann um Hilfe. Nach langem Zögern kommt er mit. Doch als der Mann den Kranken sieht, weigert er sich, ihn anzufassen und geht wieder weg. Reisende kommen vorbei, doch keiner hilft. Sebastian ruft mit seinem Handy die Polizei. Ein Rettungshubschrauber bringt den Mann ins Krankenhaus. Dort stellen die Ärzte einen Gehirntumor fest. Sebastian hat ihm das Leben gerettet. Für seinen Einsatz bekommt er den Preis für Zivilcourage des Landes Rheinland-Pfalz.

Daniela Engelhardt, www.swr.de

M4 Zehn „gute Gründe", nichts zu tun

1 Ich kann ja doch nichts ausrichten ...

2 Es sind noch genügend andere da ...

3 Ich weiß doch gar nicht, was ich tun soll ...

4 Was geht das mich an ...

5 Das Opfer ist doch selbst schuld ...

6 Hierfür sind andere zuständig ...

7 Nur nicht auffallen ...

8 Da bekomme ich nur Ärger ...

9 Ich habe sowieso keine Zeit ...

10 Es könnte eventuell gefährlich sein ...

M5 Was tust du?

Schikane auf dem Schulhof

Dein Schulfreund Christoph hat einem jüngeren Schüler unbemerkt einen Zettel auf den Rücken geklebt. Darauf steht: „Ich piss mir in die Hosen".

Rassismus auf dem Rasen

In deiner Fußballmannschaft ist seit kurzem ein afrodeutscher Spieler aktiv. Immer wenn ihr ein Spiel habt und Anthony am Ball ist, buht das gegnerische Publikum.

Prügelnde Partygänger

Auf einer Party fangen zwei ziemlich besoffene Jungs an, sich zu prügeln. Erst sieht es aus wie Spaßkloppe, doch dann fällt einer von ihnen gegen die Kante eines Tisches. Es fließt Blut.

Surfen im Netz
Beim Surfen im Internet stößt du schon mal auf Texte mit rassistischen oder rechtsextremistischen Inhalten. Was machst du?

M6 Was kann jeder tun?

Ich mache auf die Situation aufmerksam
Eine große Öffentlichkeit schreckt die Täter meist ab. Sie erwarten nämlich gleichgültiges Verhalten. Mach andere darauf aufmerksam, was gerade passiert.

Ich fordere andere zur Mithilfe auf
Und das möglichst konkret, zum Beispiel: „Sie in der grünen Jacke! Finden Sie okay, was hier gerade passiert?" oder „Könnten Sie bitte dem Fahrer/dem Wirt Bescheid sagen, er soll die Polizei rufen?" Denn sonst fühlen sich viele nicht angesprochen und ignorieren die Situation.

Ich spreche den Täter oder die Täterin an
Aber Vorsicht, höflich bleiben und Erwachsene immer siezen. Das verhindert, dass andere denken, es wäre ein privater Konflikt. Also heißt es: „Sie mit den blonden Haaren, lassen Sie diesen Mann in Ruhe. Wenn Sie ihn noch einmal beleidigen, rufe ich die Polizei." Da Täter Angst davor haben, wiedererkannt zu werden, mach ihm oder ihr deutlich, dass du dir Äußerlichkeiten gemerkt hast. Wenn dir der Täter oder die Täterin antwortet, versuche ruhig zu sprechen und ihn oder sie nicht mit Beleidigungen zu provozieren oder gar anzufassen.

Ich rede mit dem Opfer
Du kannst zum Beispiel sagen: „Ich helfe Ihnen/dir." „Kommen Sie/Komm zu uns herüber." Das stärkt die angegriffene Person. Dann kannst du fragen: „Was ist denn passiert?" „Kann ich Ihnen/dir helfen?"

Ich rufe die Polizei
Wenn du dir nicht sicher bist, ob andere die Polizei gerufen haben, dann tu es selbst. Die Notrufnummer lautet 110 und kostet nichts. Die Feuerwehr hat die Notrufnummer 112, ebenfalls kostenfrei. Wenn du dich dann noch als Zeuge oder Zeugin zur Verfügung stellst, ist die Wahrscheinlichkeit größer, dass eine Anzeige aufgenommen wird und die Täter verurteilt werden können. *www.aktion-tu-was.de*

Tipps und Infos

http://www.eingreifen.de/
gute Seite mit Tipps und Übungen

http://www.polizei-beratung.de/aktionen/zivilcourage/hintergrundinfos/
gute Verhaltens-Tipps

http://www.friedenspaedagogik.de/index.php?/ift/themen/zivilcourage
hier findet ihr die Themenblätter zur Zivilcourage, ein Webquest, eine gute Zusammenfassung auf einem Plakat und vieles mehr

http://www.eingreifen.de/htm /was-ist-zivilcourage-zivilcourage-eingreifen.de.html
http://www.augenauf.net
Seite gegen rechte Gewalttäter

http://www.demballegal.de/index.php
Fanprojekt gegen Rassismus

Buch-Tipp: Ulrich Kühne (Hrsg.): Mutige Menschen. Frauen und Männer mit Zivilcourage. München 2007

Aufgaben

1. Erklärt, ob die Fälle Beispiele für Zivilcourage sind. ➜ M1-3
2. Nennt mögliche Gründe, weshalb der Mann nicht hilft. ➜ M3
3. Stellt den guten Gründen, nicht zu tun, mindestens 5 gute Gründe, etwas zu tun, gegenüber. ➜ M4
4. Nennt Beispiele:
   Zivilcourage ist für mich, wenn ...
5. Sammelt in Gruppen Reaktionen auf die vier Fälle, vergleicht eure Ergebnisse und beurteilt sie. ➜ M5/6
6. Sammelt weitere Beispiele für Zivilcourage und stellt euch die Ergebnisse vor (siehe Infos und Tipps).
7. Seht euch den Film „Dienstag – Gewalt in der U-Bahn" (KMZ Nr. 42 59795) an, der (als alltägliche Situation) zeigt, wie zwei jugendliche Rechtsradikale einen schwarzen Fahrgast mit Worten und Tätlichkeiten belästigen: Wie reagieren die Fahrgäste? Welche Gründe nennen sie für ihr Verhalten? Wer hilft, warum? Welches Verhalten ist erfolgreich?
   Vergleicht eure Ergebnisse mit den Ratschlägen aus ➜ M6.

▶ Glossar: Zivilcourage

Was wir wissen – was wir können

Anthropologie – die Lehre vom Menschen

Was das Wesen eines Menschen ausmacht, lässt sich von außen nur schwer feststellen. Auch wenn die Person sich aus vielen Facetten zusammensetzt, hat jeder Mensch eine Identität, einen unverwechselbaren Kern, der sich in dem Selbst-Bewusstsein zeigt, das jeder hat. Die Menschen sind in ihrem Körper, ihren Gefühlen, ihren Bedürfnissen ganz unterschiedlich. Sie haben verschiedene Wünsche und Interessen und doch gibt es etwas, über das alle Menschen nachdenken, Fragen, mit denen sich alle beschäftigen:

- Nur der Mensch fragt nach seinem Wesen und dem Sinn des Lebens.
- Nur der Mensch plant sein Leben.
- Nur der Mensch ist ein moralfähiges Wesen.

Was den Menschen zum Menschen macht

Der Mensch heißt Mensch,
weil er vergisst, weil er verdrängt,
weil er schönt und schwärmt,
er wärmt, wenn er erzählt,
weil er lacht, weil er lebt, [...].

Der Mensch heißt Mensch,
weil er irrt und weil er kämpft,
weil er hofft und liebt,
weil er mitfühlt und vergibt,
weil er lacht, weil er lebt, [...].

Der Mensch heißt Mensch,
weil er vergisst, weil er verdrängt,
weil er schwärmt und glaubt,
sich anlehnt und vertraut,
weil er lacht, weil er lebt, [...].

Der Mensch heißt Mensch,
weil er erinnert, weil er kämpft,
weil er schwärmt und liebt,
weil er mitfühlt und vergibt,
weil er lacht, weil er lebt, [...].

Der Mensch heißt Mensch,
weil er ...

Herbert Groenemeyer, Mensch

1. Arbeite aus dem abgedruckten Ausschnitt des Songs *Mensch* von Herbert Groenemeyer die Aspekte heraus, die für ihn Mensch-Sein ausmachen, und erläutere diese. Bringe die genannten Aspekte in eine Rangfolge.
2. Welche Aspekte fehlen dir? Ergänze den Text.

Gefühle – Emotionen – Stimmungen

1. Erstelle eine Tabelle mit den drei Oberbegriffen und ordne folgende Begriffe zu:
   Angst und Furcht, Trauer und Glück, Freude und Leid, Liebe und Hass und Aggressionen ...
   Ergänze diese Tabelle.
2. Entwirf ein Tafelbild, mit dem du die oben genannten Begriffe voneinander abgrenzt.
3. Erörtere, ob auch Tiere Gefühle haben können.
4. Erkläre, welche Rolle Gefühle bei der moralischen Entwicklung spielen und welche Bedeutung sie bei der Wahrnehmung und Entscheidung moralischer Probleme und Konflikte haben können.

Lebenskonzepte

1. Sammelt Aussagen von Prominenten (aus Politik, Sport, Kunst und Showgeschäft), in denen diese sich zu den folgenden Themen äußern:
   - persönliche Lebensgestaltung,
   - Einstellung zur eigenen Familie,
   - soziale Verantwortung,
   - Fragen der sexuellen Orientierung.

   Stellt diese Auffassungen auf Plakaten zusammen und vergleicht sie mit euren Auffassungen.
2. a) Schreibe einen kurzen Ratgeber für Eltern: Fünf Punkte, auf die ich achten muss, damit mein Kind sich gut entwickelt und sich in der Welt orientieren kann. Begründe dabei auch, warum diese Aspekte deiner Meinung nach so wichtig sind.

   b) Welchen Rat könnte ein Psychologe den Eltern von Rudolf Höß geben? (➜ S. 192f. Gewalttäter – gewaltige Täter)
3. Begründe aus der Sicht eines Entwicklungspsychologen, inwiefern es einen Zusammenhang zwischen der Ich-Entwicklung und der moralischen Entwicklung des Kindes gibt.
4. Der Mensch in seiner Welt
   Das Wissen über die Welt eignen wir uns im Laufe unseres Lebens an. Eltern und Schule spielen dabei eine wichtige Rolle.

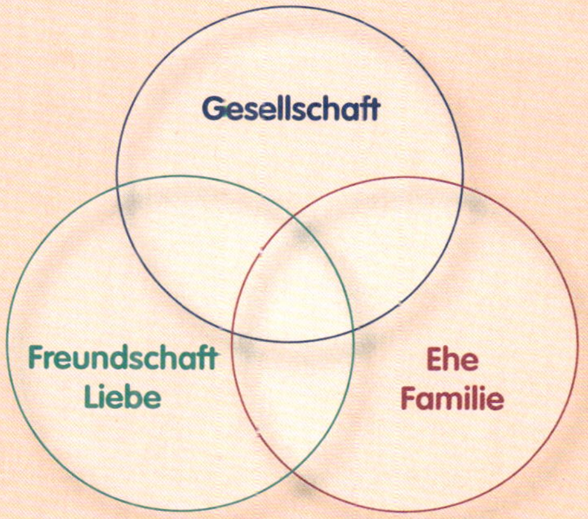

Gestaltet Kreise nach diesem Muster – setzt unter anderem Werte ein, die in den Kreisen verwirklicht werden sollen: Empathie, Verstehen, Rücksichtnahme, Verantwortung usw.
Welche Werte gelten nur für einen Kreis, welche gehören in die Schnittmenge?

Konflikte

1. Beschreibe die Karikatur genau. Welche Formen von Aggressionen sind hier dargestellt? Welche Ziele, welchen Zweck haben diese?
2. Erörtere, inwiefern hier Gewalt ausgeübt wird. Wer bzw. was erleidet Schaden? Welche Formen von Gewalt werden dargestellt?
3. Erläutere mögliche Ursachen für diese Aggression.
4. Erkläre das dargestellte Verhalten mithilfe von zwei unterschiedlichen Aggressionstheorien.
5. Erarbeite verschiedene Möglichkeiten, Gewalt, wie sie in der Karikatur dargestellt wird, einzudämmen, und prüfe deren Chancen und Grenzen.

6. Entwickelt in Gruppen Grundvoraussetzungen für ein Zusammenleben in Frieden in verschiedenen Lebensbereichen (Nachbarschaft, Familie, Klasse, Verein, und andere).

Mester / Baaske Cartoons

1 Wie will ich leben?

M1 Schönheit reicht nicht

Models sind oft unglücklich, weil psychische Grundbedürfnisse unbefriedigt bleiben.

„Wenn ich nur schöner und schlanker wäre, dann wäre ich glücklich." So denken viele und glauben deshalb, dass Models besonders zufriedene Menschen sein müssen. Doch amerikanische Wissenschaftler sehen das anders. [...] Ein Test zu verschiedenen Persönlichkeitseigenschaften ergab, dass Models zu Misstrauen neigen, sich weniger anpassen, sehr gefühlsbetont reagieren und eher exzentrische und ichbezogene Einzelgänger sind. Gleichzeitig waren Models weniger perfektionistisch, aber genauso schüchtern und aufmerksamkeitssuchend wie die anderen. Trotz ihrer höheren Attraktivität – die ihnen einige Vorteile im Leben verschafft – fühlten sich Models insgesamt nicht zufriedener als andere.

Susie Reinhardt, S. 16

M2 Gar nicht so einfach ...

Zu wissen, wie man leben soll, erweist sich als nicht so einfach, weil es verschiedene entgegengesetzte Kriterien für das gibt, was wir tun müssen. [...] Will jemand ein aufregendes Leben führen, kann er bei Formel-1-Rennen mitmachen oder sich dem Bergsteigen widmen. Wenn man hingegen ein sicheres und ruhiges Leben vorzieht, ist es besser, die Abenteuer im Videoclub an der Ecke zu suchen. Einige versichern, das Tollste sei, für die anderen zu leben, und andere sind der Ansicht, am besten sei es zu erreichen, dass die anderen für einen leben. Für bestimmte Leute zählt nur Geld verdienen und sonst nichts, während andere argumentieren, dass Geld ohne Gesundheit, Freizeit, tiefe Zuneigung oder ein heiteres Gemüt nichts wert sei. [...]

Es gäbe noch unzählige Beispiele. Das Einzige, worin wir auf den ersten Blick alle einer Meinung sind, ist, dass wir nicht mit allen einer Meinung sind. Aber beachte, dass diese verschiedenen Meinungen in einem anderen Punkt übereinstimmen: dass das, was unser Leben werden soll, zumindest teilweise das Ergebnis dessen ist, was jeder will.

Fernando Savater, S. 22

M3 Im Labyrinth der Werte

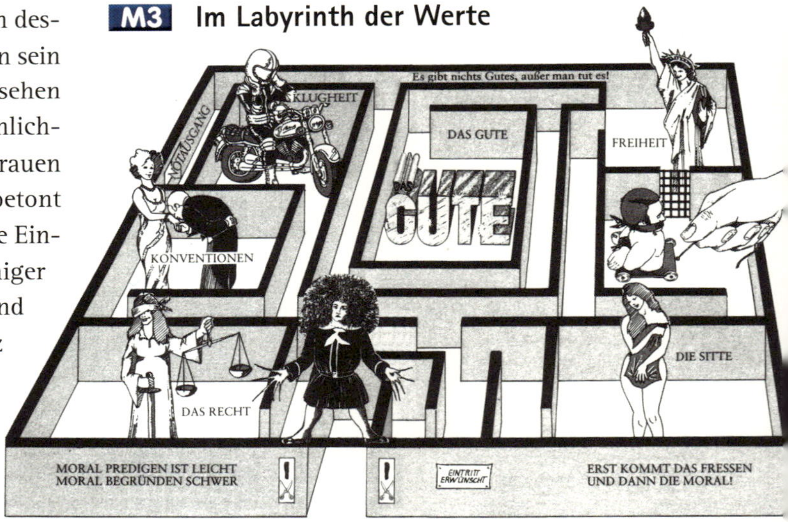

Michael Wittschier, S. 6f.

M4 Philosophie – eine Antwort?

„Philosophie" ist ein Wort, das häufig Angst macht. Wir erwarten schrecklich komplizierte Fragen, ein unverständliches Vokabular, Bücher, deren Titel wir nicht einmal verstehen. Ein ganz eigenes Universum, das ein paar abgehobenen, fast schon außerirdischen Spezialisten vorbehalten ist. Kurzum, nach dieser verbreiteten Ansicht handelt es sich um keine Beschäftigung für die Allgemeinheit. Doch wer das glaubt, täuscht sich. Denn wir alle, insbesondere wenn wir Kinder oder Jugendliche sind, fragen uns nach dem Sinn des Lebens, des Todes, der Gerechtigkeit, der Freiheit und anderer wichtiger Dinge. Im Übrigen ist jeder in der Lage, nachzudenken, zu urteilen, seine Ideen zu organisieren. Und mehr ist nicht erforderlich, um mit der Philosophie zu beginnen: die Fähigkeit, zu fragen und nachzudenken.

Wenn wir jedoch allzu rasch beruhigt sind, laufen wir Gefahr, in eine andere Falle zu tappen. Die Philosophie wird dann so einfach, so leicht verfügbar, so banal, dass sie jeden Reiz verliert. Dann treiben alle Philosophie, wie sie atmen, von morgens bis abends, ohne sich darüber im Klaren zu sein.

Roger-Pol Droit, S. 9

M5 Philosophie – ren lernen

Der berühmte Philosoph Immanuel Kant (1724-1804) vertrat die Ansicht, dass man nicht die Philosophie, wohl aber philosophieren lernen könne, wenn man drei Regeln beachtet:

1) *Selbst denken.*
2) Sich (in der Mitteilung mit Menschen) an die Stelle jedes anderen denken.
3) Jederzeit *mit sich selbst einstimmig* denken.

Das Gebiet der Philosophie teilte er nach den Grundfragen ein, die jeden Menschen betreffen:

Was kann ich wissen?	(beantwortet die Erkenntnistheorie)
Was soll ich tun?	(beantwortet die Ethik)
Was darf ich hoffen?	(beantwortet die Metaphysik)
Was ist der Mensch?	(beantwortet die Anthropologie)

Die vierte Frage nach dem Wesen des Menschen, seinen Gedanken, Hoffnungen, Ängsten und Tätigkeiten, ist dabei die wichtigste, da wir immer vom Menschen ausgehen müssen, um ihn und die Welt verstehen zu können.

Portfolio

In einem Portfolio kannst du deine eigenständige Arbeit zu einer selbst gesetzten Fragestellung dokumentieren und schriftlich reflektieren.

1. Wähle dir ein Thema (z. B. Freundschaft) und formuliere zunächst 1-4 begründete Ziele, die du in einer begrenzten Zeit (1-3 Monate) erreichen willst.
2. Eine Einleitung und ein Schlussteil bilden den Rahmen des Portfolios.
3. Erstelle eine Mappe mit Materialien (Texte, Bilder, Grafiken, Tabellen etc. aus verschiedenen Quellen) zu bestimmten Fragestellungen oder Themen, die du selbst recherchiert hast. Sie sollen so ausgesucht und bearbeitet (markiert, gekürzt, visualisiert, zusammengefasst usw.) werden, dass sie eine Antwort auf die Fragestellung ermöglichen.
4. Stelle die Antwort in einer selbstgewählten Form (Argumentationsstruktur, Mindmap, Thesenkatalog usw.) dar.
5. Beschreibe und reflektiere die jeweilige Vorgehensweise in einem Kommentarteil: War die Arbeit zur Beantwortung der Frage erfolgreich/nicht erfolgreich? Welche Gründe könnte dies haben?

Aufgaben

1 Sammelt aus den Medien verschiedene Äußerungen, die etwas mit dem „guten Leben" zu tun haben, und erstellt ein Wandplakat. ➜ M1

2 Skizziere deine Vorstellung von einem guten Leben (Thesen, Mindmap). Vergleicht eure Ergebnisse. ➜ M2

3 Erläutere die Stationen im Labyrinth der Werte (Konventionen, Freiheit usw.) an Beispielen. Welche sind für deine Lebensgestaltung besonders wichtig? ➜ M3

4 Fasse die Aufgabe der Philosophie kurz zusammen und erörtere die Rolle, die sie bei einer Lebensgestaltung spielen könnte. ➜ M4/5

5 Auf dieser und den folgenden Seiten findest du grundlegende Themen des Lebens und der Lebensgestaltung – erarbeite dir ein Portfolio zu einem Thema deiner Wahl, z. B.: Ein gelingendes Leben./Gibt es noch wahre Freundschaft?/Lebe die Gegenwart.

▶ Glossar: Anthropologie, Erkenntnistheorie, Ethik, Metaphysik, Philosophie, Werte

2 Mach dir ein schönes Leben

M1 Liebe? Freundschaft?

Escher, Band ohne Ende, 1956

M2 Ein schönes Leben

Liebe (griech. Eros) und Freundschaft (griech. Philia) sind seit der Antike die Bedingungen eines guten gelingenden Lebens und grundlegende Formen menschlicher Beziehungen. Über die genaue Bestimmung und Abgrenzung aber waren sich die Philosophen unsicher: Ist die Liebe nur eine intensivere Form der Freundschaft oder ist sie doch eine andere Art der Beziehung? Die Liebe, verstanden als körperliches Verlangen und unkontrollierbare Leidenschaft, taucht in ihrer heftigsten Form, die die Griechen *EROS* nannten, aus heiterem Himmel auf und trifft ihr ahnungsloses Opfer wie der Pfeil des verspielten Gottes Amor. Ihr wird oft die Freundschaft gegenübergestellt, die als eine freiwillige und weniger ausschließende Beziehung betrachtet wird. Wir suchen uns die Freunde aus, die Dauer einer Freundschaft kann davon abhängen, wie lange der Freund weiterhin den Vorstellungen genügt, die das freundschaftliche Verhältnis einmal stifteten.

M3 Wahre und falsche Freundschaft

Die Bedeutung der Freundschaft für die Lebensgestaltung und der Unterschied zwischen wahrer und falscher Freundschaft beschäftigten viele Philosophen:

Bei dem, was wir gewöhnlich Freunde und Freundschaft nennen, handelt es sich allenfalls um nähere Bekanntschaften, die bei gewissen Anlässen oder um irgendeines Vorteils willen geknüpft wurden und uns nur insoweit verbinden. Bei der Freundschaft hingegen, von der ich spreche, verschmelzen zwei Seelen und gehen derart ineinander auf, dass sie sogar die Naht nicht mehr finden, die sie einte.

Michel de Montaigne, S. 287, 293

Freundschaft (in ihrer Vollkommenheit betrachtet) ist die Vereinigung zweier Personen durch gleiche wechselseitige Liebe und Achtung. – [...]
Moralische Freundschaft ist das völlige Vertrauen zweier Personen in wechselseitiger Eröffnung ihrer geheimen Urteile und Empfindungen, so weit sie mit beiderseitiger Achtung gegen einander bestehen kann.

Immanuel Kant, § 46-47

Wie Papiergeld statt des Silbers, so kursieren in der Welt, statt der wahren Achtung und der wahren Freundschaft, die äußerlichen Demonstrationen [...]. Wahre, echte Freundschaft setzt eine starke, rein objektive und völlig uninteressierte Teilnahme am Wohl und Wehe des Anderen voraus, und diese wieder ein wirkliches Sich-mit-dem-Freunde-identifizieren. Dem steht der Egoismus der menschlichen Natur so sehr entgegen, dass wahre Freundschaft zu den Dingen gehört, von denen man, wie von den kolossalen Seeschlangen, nicht weiß, ob sie fabelhaft sind oder irgendwo existieren. [...]
Freunde in der Not wären selten? – Im Gegenteil! Kaum hat man mit einem Freundschaft gemacht; so ist er auch schon in der Not und will Geld geliehen haben.

Arthur Schopenhauer, S. 449ff.

M4 Freundschaftsvertrag

Bill Watterson, Calvin und Hobbes

M5 Eines Freundes Freund zu sein ...

Für den antiken Philosophen Aristoteles (384-323 v. Chr.) steht nicht die Liebe, sondern die Freundschaft im Zentrum menschlicher Interessen; sie ist ein wesentliches Moment eines glücklichen Lebens. Seine Antworten auf unsere Fragen sind auch heute noch interessant.

Warum beschäftigen Sie sich in Ihrer Nikomachischen Ethik so ausführlich mit der Freundschaft?

Aristoteles: Sie ist eine Tugend oder doch mit der Tugend verbunden; außerdem gehört sie zum Notwendigsten im Leben. Denn keiner möchte ohne Freunde leben, auch wenn er alle übrigen Güter besäße. Auch der Reiche, der Regierende und der Fürst scheinen der Freunde ganz besonders zu bedürfen.

In welchem Alter ist Freundschaft wichtig?

Aristoteles: Dem jungen Menschen ist die Freundschaft eine Hilfe, damit er keine Fehler begeht, dem Greis verhilft sie zur Pflege und ergänzt, wo er aus Schwäche nicht zu handeln vermag, den Erwachsenen unterstützt sie zu edlen Taten; denn „zwei miteinander" sind tauglicher zu denken und zu handeln.

Welche Arten der Freundschaft gibt es?

Aristoteles: Wer um des Nutzens willen liebt, tut es um seines eigenen Gewinns willen, und wer um der Lust willen, tut es um seiner eigenen Lust willen, und nicht sofern der Freund ist, was er ist, sondern nur soweit er nützlich oder angenehm ist. Dies sind also zufällige Freundschaften. Denn der Freund wird da nicht geliebt in dem, was er ist, sondern nur soweit der eine einen Gewinn, der andere Lust verschafft.

Worin besteht die wahre Freundschaft?

Aristoteles: Jene aber, die den Freunden das Gute wünschen um der Freunde willen, sind im eigentlichen Sinne Freunde; denn sie verhalten sich an sich so, und nicht zufällig. Ihre Freundschaft dauert, solange sie tugendhaft sind.

Und was springt für mich dann dabei heraus?

Aristoteles: Indem man den Freund liebt, liebt man, was einem selbst gut ist. Denn der Tugendhafte, der zum Freund geworden ist, wird zu einem Gut für den, dessen Freund er geworden ist. Also liebt jeder von beiden das, was für ihn gut ist, und gibt das Gleiche zurück durch die Gesinnung und indem er dem andern angenehm ist. Denn Freundschaft gilt als Gleichheit.

Aristoteles, S. 231-239

Aufgaben

1. Beschreibe das Bild: Drückt es eine Liebes- oder Freundschaftsbeziehung aus? ➜ M1
2. Recherchiere verschiedene Bedeutungen von Liebe in der Geschichte und Gegenwart (z. B. Nächstenliebe) . Vgl. auch Kapitel 3 und 4 (S. 145, 155 und 214). ➜ M2
3. Fasse die Aussagen von Montaigne, Kant und Schopenhauer in einer Tabelle (wahre Freundschaft – falsche Freundschaft) zusammen und ergänze sie. ➜ M3
4. Es gibt Eheverträge. Was spricht gegen Liebes- oder Freundschaftsverträge? ➜ M4
5. Erarbeite aus dem Interview mit Aristoteles die Merkmale guter Freundschaft. Nimm zu den einzelnen Aussagen Stellung. Wo stimmst du ihm zu, wo würdest du ihm widersprechen? ➜ M5

▶ Glossar: Eros, Philia

3 Nutze die Gegenwart

M1 Immer schneller …

Wer nicht von
dreitausend
Jahren
Sich weiß
Rechenschaft
zu geben,
Bleibt im
Dunkeln
unerfahren,
Mag von Tag
zu Tage leben.

Johann Wolfgang Goethe, S. 278

M2 Neun Zeitsünden

1. Ich will überall unbedingt dabei sein.
2. Ich will alle Fakten wissen.
3. Ich will es anderen immer recht machen.
4. Ich packe alles spontan und sofort an.
5. Ich will alles noch nebenbei erledigen.
6. Ich bin jederzeit für alle ansprechbar.
7. Ich will alle Unterlagen immer parat haben.
8. Ich will auch Unwichtiges immer selber erledigen.
9. Ich greife alle Ablenkungen dankbar auf.

Die Zukunft denken, S. 81

M3 Zeit gewinnen

Am 31. Dezember 1976 stiegen vierzig Amerikaner in Paris aus dem Flugzeug, „eigens um da Silvester zu feiern, dann die *Concorde* zu besteigen und dort an Bord Silvester zu feiern, in Washington zu landen und in der französischen Botschaft Silvester zu feiern …“. Diese Amerikaner führen uns vor, wie viel zu gewinnen ist bei der Abschaffung der Entfernung. Sie bedienten sich eines überschallgeschwinden Vehikels, das imstande ist, die Erde zu überrunden, und bewerkstelligten eine wirklich wundersame Vermehrung der Zeit.

Marianne Gronemeyer, S. 108

M4 Zeitvertrauen

„Ich habe keine Zeit.“ Das ist zweifellos gegenwärtig eine der häufigsten Redewendungen. Dabei entspricht diese Aussage nicht einmal der Wahrheit, denn im Grunde genommen hat jeder von uns Zeit. Außerdem ist Zeit sogar gerechter verteilt als vieles andere im menschlichen Leben. Begabungen, körperliches Erscheinungsbild, materielle Rahmenbedingungen – um nur einige Merkmale herauszugreifen – sind schon von Geburt an bei den verschiedenen Menschen unterschiedlich vorhanden. Zahlreiche Privilegien, beziehungsweise Benachteiligungen, sind von den jeweiligen Altersstufen, der Geschlechtszugehörigkeit, der Bevölkerungsschicht etc. abhängig. Doch alle Menschen auf der ganzen Welt haben täglich 24 Stunden Lebenszeit zu ihrer Verfügung.

Deshalb ist es angebracht, die allgemeine Redewendung genauer unter der Fragestellung unter die Lupe zu nehmen: Keine Zeit – wofür? Womit wird der Löwenanteil des Zeitbudgets verbracht, sodass schließlich für anderes tatsächlich keine Zeit mehr übrigbleibt?

Keine Zeit bedeutet im Grunde genommen, dass die Zeit zwar durchaus vorhanden ist, jedoch für Wichtigeres verwendet wird. Was jeder Einzelne unter diesem Wichtigeren versteht, ist individuell verschieden. Es ist jedoch ausschlaggebend für die gesamte Lebensgestaltung; denn die täglichen, oft minimalen Weichenstellungen ergeben schließlich die Richtung, in der sich das ganze Leben bewegt.

Ruth Martin, S. 75

M5 Carpe diem – einige Regeln

Der zeitgenössische Philosoph Hans Krämer entwirft in seiner „Zeitethik“ folgende Regeln:

1. Nutze die Gegenwart und lebe sie um ihrer selbst willen.
2. Nutze vor allem das, was unwiederholbar erscheint, und halte dabei vieles, was sich als wiederholbar darstellt, für unwiederholbar.

3. Handle lieber zu viel als zu wenig und lieber zu früh als zu spät (Es ist immer schon später als du denkst!).
4. Halte dich an die zweit- und drittbesten Lösungen, solange die erstbesten nicht zur Verfügung stehen.
5. Wenn die Gegenwart unerträglich oder nicht akzeptabel erscheint, dann erinnere dich der besseren Vergangenheit und hoffe auf eine bessere Zukunft.
6. Bilde Verfahren der Zeiteinteilung und -rechenschaft aus, erprobe sie und übe sie ein (Tagesprogramme, Terminkalender, Tagebücher u. a.)

nach Hans Krämer, S. 312

M6 Zeitbewusstsein ist Geschichtsbewusstsein

Wir Menschen sind endliche Wesen, für uns gewöhnlich Sterbliche sind die Tage gezählt und wir sind die einzigen Lebewesen auf der Welt, die sich dessen voll bewusst sind.

Die Menschen sind im Unterschied zu den Tieren mit dem begabt, was man die *doppelte Geschichtlichkeit* nennen könnte. Zum einen gibt es die Geschichte des Individuums, der Person, das, was man gewöhnlich unter Erziehung oder *Bildung* versteht. Daneben gibt es die Geschichte der menschlichen Gattung, oder wenn dir das lieber ist, die Geschichte der menschlichen Gesellschaften, das, was wir normalerweise als *Kultur und Politik* bezeichnen. Mit den Tieren hingegen verhält es sich ganz anders, wie du sehen wirst. Seit der Antike haben wir Beschreibungen von „Tiervölkern“, zum Beispiel von Termiten, Bienen oder Ameisen. Alles weist darauf hin, dass das Verhalten dieser Tiere seit Tausenden von Jahren dasselbe, ganz und gar dasselbe ist: Ihre Siedlungsform hat sich um kein Jota geändert, genauso wenig die Art und Weise, wie sie den Honig sammeln, die Königin ernähren, die Rollen untereinander aufteilen usw. Im Gegensatz dazu sind die menschlichen Gemeinschaften einem ständigen Wandel unterworfen: Gingen wir zweitausend Jahre zurück, würden wir Paris, London oder New York nicht wiedererkennen. Hingegen hätten wir überhaupt keine Mühe, einen Ameisenhaufen zu bestimmen, und wären mit Sicherheit genauso wenig überrascht zu sehen, dass die Katzen bereits damals Mäuse jagten oder auf dem Schoß ihrer Herrchen schnurrten ...

Luc Ferry, S. 135–136

M7 Zeitvorstellungen

Es gibt eine große Zahl von Zeitkonzepten. Sie sind nicht an sich „richtig“ oder „falsch“, aber sie haben Konsequenzen für das tägliche Leben. Ich möchte zwei herausgreifen: das lineare und das zyklische Zeitmodell. Das lineare Zeitkonzept entstammt der christlich-jüdischen Tradition, von der wir sehr stark geprägt sind: Die Vergangenheit führt über die Gegenwart wie ein Zeitstrahl oder eine Linie gerade in die Zukunft. Aus dieser Vorstellung ergibt sich die Konsequenz, dass ich Zeit gut nutzen muss, um Ziele „rechtzeitig“ zu erreichen. Ich sollte in vielem auch schneller sein als andere.

Wenn ich dagegen ein zyklisches Zeitmodell habe, gibt es kein Ziel mehr, das es in einer bestimmten Zeit zu erreichen gilt. Ob mich andere überholen und schneller ihre Runden drehen, kann mir ziemlich egal sein. Kulturen, die stark an Naturprozessen orientiert sind, denken eher zyklisch. Der Tag kommt und geht, die Jahreszeiten kommen und gehen. [...] Morgen ist auch noch ein Tag. Es gibt nächstes Jahr eine neue Chance. Es ist sinnvoller, den Augenblick zu genießen, als ständig an die Zukunft zu denken.

Olaf Georg Klein, S. 26

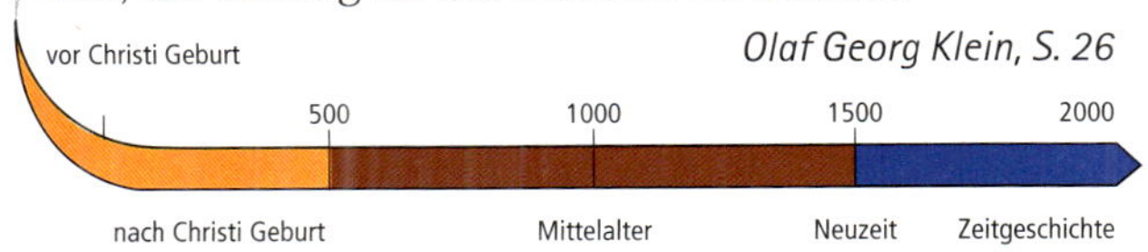

Aufgaben

1 Ergänze die 9 Zeitsünden mit eigenen Vorschlägen. ➜ M2

2 Erläutere den Spruch „Ich habe keine Zeit“? Wann verwendest du ihn? ➜ M4

3 Welche Bedeutung hat die Zeit für deine Lebensplanung? ➜ M4/5

4 Übertrage Krämers Regeln in deine Sprache. Veranschauliche sie durch eigene Beispiele und formuliere eine „Zeitethik“. Beziehe auch M2 mit ein. ➜ M5

5 Du bist schon „Geschichte“. Schreibe ein „Geschichtsbuch“ über dein bisheriges Leben. Welche Ereignisse in der Vergangenheit waren besonders wichtig? ➜ M6

6 Erstelle einen Zeitstrahl und trage wichtige Ereignisse aus deinem Leben ein.

7 Wie würdest du ein zyklisches Zeitkonzept darstellen? ➜ M7

▶ Glossar: Zeit

4 Tu, was du willst

M1 Ich will ...

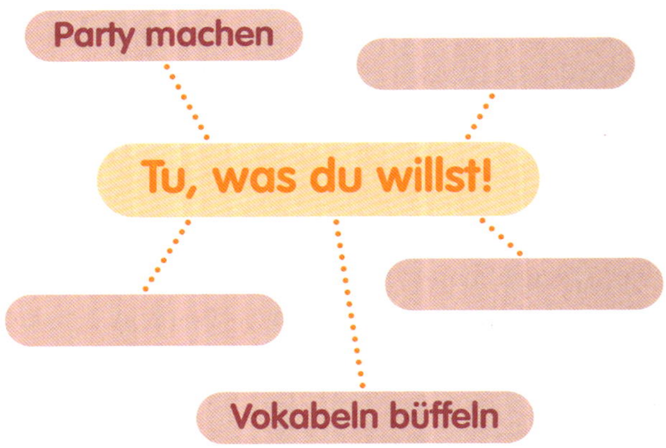

M2 Freiheit als Selbstverantwortung

Was will ich dir sagen mit dem „Tu, was du willst“ als grundlegendem Motto dieser Ethik, an die wir uns herantasten wollen? Ganz einfach – auch wenn es dir schwerfallen wird: Du musst dich befreien von Befehlen und Gebräuchen, von Belohnung und Strafe, kurz von allem, was dich von außen lenken will, und du musst diese ganze Angelegenheit aus dir selbst heraus, aus deinem Gewissen und freien Willen entwickeln. Frage niemanden, was du mit deinem Leben anfangen sollst: Frage dich selbst. [...]
Niemand kann dich von der schöpferischen Verantwortung lossprechen, deinen eigenen Weg zu wählen. Quäle dich nicht mit der Frage, ob dieses ganze Theater um die Freiheit „die Mühe lohnt“, weil du, ob du es willst oder nicht, frei bist; und ob du es willst oder nicht, wollen musst.

Fernando Savater S. 57f.

M3 Wie man seine Freiheit nutzt, bestimmt, welche Art von Leben man führt

Die meisten von uns glauben, dass sie ihre eigenen wichtigen oder unwichtigen Handlungen während des Tages selbst bestimmen können. Wir sind jeweils in der Lage, zwischen verschiedenen Handlungsmöglichkeiten zu wählen. Was wir letztlich tun, ist uns überlassen. Anders als ein Zug bewegen wir uns nicht auf festgelegten Bahnen, die uns schicksalhaft auf einen schon festgelegten Kurs zwingen. Wir können jederzeit aus der Spur treten und uns unseren eigenen Weg bahnen. [...]
Andere Menschen können uns zwar dazu bringen, uns sozial anzupassen, oder bestimmte Umstände können dazu führen, dass es schwieriger ist, in einer gegebenen Situation Handlung A als Handlung B zu tun – dennoch aber sind wir es, die dafür verantwortlich sind, wie wir leben und was wir tun. Unsere Freiheit ist außerordentlich umfassend und von großer Wichtigkeit für uns.

Tom Morris, S. 173–174

M4 Riskante Freiheit

M5 Freiheit von und Freiheit zu

Die Freiheit hat eine zweifache Dimension: frei zu sein *von* etwas und frei zu sein *zu* etwas. Sich von etwas zu befreien, wird dann wichtig, wenn unser Entscheidungsspielraum eingeschränkt ist. Die gegenwärtige Gesellschaft legt sehr großen Wert auf die *Freiheit von* und versteht Freiheit meist nur unter dem Gesichtspunkt der Befreiung: Befreiung von Vorurteilen, von Autoritäten, von Traditionen, von Verboten und Geboten.

Grundlegender als die *Freiheit von* jedoch ist die *Freiheit zu*. Die Befreiung ist nur ein erster Schritt bei der Verwirklichung eines größeren Projekts, eines ganzen Lebensentwurfs. Wir müssen uns in einem ersten Schritt *befreien* von, um *frei* zu werden *zu*: zu dem Lebensentwurf, den wir verwirklichen wollen. Sich aufzulehnen, ohne dabei ein größeres Projekt zu verfolgen, ergibt keinen Sinn. Der Kern der Freiheit ist der Lebensentwurf.

M6 Freiheit als Selbstbestimmung

Freiheit ist Selbstbestimmung auf etwas hin, das bedeutet, sie ist die Fähigkeit des Menschen, sich selbst ein Ziel zu setzen und zu versuchen, es zu erreichen.

Wenn ich mich unter den 1,8 Milliarden heiratsfähigen Frauen, die es auf der Welt gibt, für eine entscheide, dann verzichte ich damit auf die übrigen 1,799999999 Milliarden. Aber dadurch, dass ich mich an die eine binde, durch mein Engagement für nur eine von ihnen, wird meine Freiheit nicht gemindert; sondern erst so verwirkliche ich meine Freiheit. Den Zweck meiner Freiheit erreiche ich nur, wenn ich mich festlege, wenn ich mich für einen Lebensentwurf entscheide: wenn ich mich im Leben engagiere. Frei sein kann ich nur, indem ich meine Freiheit ausübe. Jede Entscheidung ist Verpflichtung, und ohne Entscheidung gibt es keine Freiheit. [...]

Die wichtigste derartige Entscheidung ist natürlich die Wahl eines bestimmten Lebensentwurfs: Denn dort steht unsere ganze Existenz auf dem Spiel. Ein Mensch ohne Lebensentwurf ist ein Mensch ohne Freiheit. Und ein Mensch mit einem fehlgeleiteten Lebensentwurf ist dazu verurteilt, in seinem Menschsein zu scheitern. *M5/6: Héctor Zagal, S. 70–77*

M7 Wie sollen wir leben?

In unseren persönlichen Beziehungen stehen wir ständig vor ethischen Entscheidungen. Wir können Menschen ausnutzen und fallen lassen, oder wir können zu ihnen stehen. [...]

Jeder und jede Einzelne von uns sollte sich fragen: Welchen Platz hat die Ethik in meinem täglichen Leben? Und dabei sollten wir auch fragen: Was stelle ich mir als ein gutes Leben im besten Sinne vor? Das ist eine grundlegende Frage. Sie bedeutet: was für eine Lebensweise bewundere ich wirklich, und auf was für ein Leben möchte ich zurückblicken können, wenn ich älter bin und darüber nachdenke, wie ich gelebt habe? Wird es genügen, wenn ich mir sagen kann: es hat Spaß gemacht? Werde ich überhaupt ehrlicherweise sagen können, dass es Spaß gemacht hat? Welche Position, welchen Status wir auch haben, wir können uns fragen, was wir – im Rahmen unserer Möglichkeiten – aus unserem Leben machen möchten. *Peter Singer, S. 17–18*

Aufgaben

1. Der Satz: „Tu, was du willst" ist tückisch; sammelt in Mindmaps verschiedene Bedeutungen und vergleicht sie untereinander. ➜ M1/2
2. Schreibe einen weiterführenden Dialog zwischen den Schweinen (M4), bezieht auch M3 mit ein. ➜ M3/4
3. „Schienen" und „Stall" geben Sicherheit. Diskutiert, ob der Ausbruch sich lohnt. ➜ M3/4
4. Erstelle eine Tabelle in deinem Heft, ordne zu und ergänze: ➜ M5

Freiheit

von	zu
Autoritäten	Selbstbestimmung
Vorurteilen	eigener Meinung usw.
...	...

5. Formuliere Ziele, die du dir als freies Wesen bei deiner Lebensplanung setzen willst. Inwiefern zeigt sich in diesen ein Lebensentwurf? Lässt er sich von anderen abgrenzen? ➜ M6
6. Freiheit ist Bindung – erkläre an einem Beispiel diesen scheinbaren Widerspruch. ➜ M6
7. Erörtere die These: Ein Mensch ohne Lebensentwurf ist ein Mensch ohne Freiheit. ➜ M6
8. Entwickle aus den Fragen ethische Grundsätze für deine persönliche Lebensgestaltung. ➜ M7

▶ Glossar: Freiheit, Selbstbestimmung

5 Es liegt an dir

M1 Es gibt zwei Wege ...

Denke dir, du befindest dich vor einer Weggabelung. Der eine Weg ist der des Egoismus. Der konsequente Egoist handelt ausschließlich nach der Maxime ich tue nur, was mir gefällt. Die genau entsprechende Alternative – der andere Weg – ist, dass wir auch auf andere Rücksicht nehmen, und nicht nur, wenn es uns gefällt (Altruismus). Der Egoist hat nicht etwa kein Verhältnis zu seinen Mitmenschen, aber das Verhältnis ist ein rein instrumentelles: sie dienen ihm als Mittel zur Befriedigung seiner Bedürfnisse, und das heißt, er versteht sich, im Verhältnis zu den anderen, ausschließlich als Machtmensch. [...] In dem Maße nämlich, in dem du es bist, der bestimmt, welche deiner Mitmenschen du berücksichtigen wirst und welche nicht, würdest du ja nach Gutdünken, also aus deiner egoistischen Perspektive, aus deiner Machtvollkommenheit heraus, den Kreis derer festlegen, die zu achten sind. Deswegen kann die Alternative zum Egoismus nur lauten: Rücksicht auf beliebige andere. [...]
Wer die Frage „Will ich zur moralischen Gemeinschaft gehören?“ stellt, muss sich also fragen: „Wer will ich überhaupt sein, woran liegt mir im Leben, und was hängt für mich davon ab, ob ich mich als zugehörig zur moralischen Gemeinschaft verstehe?

Ernst Tugendhat, S. 93, 96

Verantwortung

Die Verantwortungsarten ergeben sich daraus, dass ein Handelnder (Täter) für die Folgen seiner Taten von einer Instanz zur Verantwortung gezogen wird.

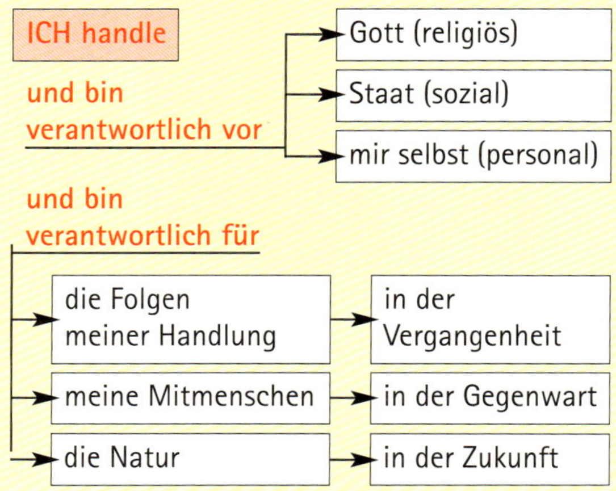

M2 Freiheit ist Verantwortung

Wenn wir Menschen uns als freie Wesen ansehen, dann behaupten wir, dass wir nicht durchgängig bestimmt sind durch natürliche Gesetze und soziale Zwänge. Denn wie sollten wir uns gute oder schlechte Taten zuschreiben, wenn wir nicht in irgendeiner Weise die Freiheit der Wahl hätten? Wenn du eine gute Note in der Mathearbeit bekommst, bist du stolz auf deine Leistung, wenn der Füller deines Banknachbarn auf deinem Heft ausläuft, auf wen bist du sauer? Sicher nicht auf den Füller. Wenn ein Hund ein Kind schwer verletzt, dann wird nicht der Hund zur Verantwortung gezogen, sondern der Hundehalter. Warum? Weil wir nur Menschen, nicht aber Dinge und Tiere moralisch und rechtlich verantwortlich machen für die Wirkungen und Folgen, die sie verursacht haben.
Verantwortung entsteht aus dem Bewusstsein, der wahre Täter der Tat, der wahre Urheber der Handlung zu sein und selbständig, aus eignem Antrieb, aus eignen Wünschen heraus gehandelt zu haben. Unser Verantwortungsgefühl setzt voraus, dass wir frei gehandelt haben. Darum nehmen wir auch einen Tadel für unser Verhalten willig hin oder machen uns selbst Vorwürfe und geben damit zu, dass wir auch anders hätten handeln können.

M3 Projekt Weltethos

Wir tragen die individuelle Verantwortung für alles, was wir tun. All unsere Entscheidungen, Handlungen und Unterlassungen haben Konsequenzen.
Wir müssen andere behandeln, wie wir von anderen behandelt werden wollen. Wir verpflichten uns, Leben und Würde, Individualität und Verschiedenheit zu

achten, sodass jede Person menschlich behandelt wird – und zwar ohne Ausnahme. Wir müssen Geduld und Akzeptanz üben. Wir müssen fähig sein zu vergeben, indem wir von der Vergangenheit lernen, aber es niemals zulassen, dass wir selber Gefangene der Erinnerungen des Hasses bleiben. Indem wir unsere Herzen einander öffnen, müssen wir unsere engstirnigen Streitigkeiten um der Sache der Weltgemeinschaft willen begraben und so eine Kultur der Solidarität und gegenseitigen Verbundenheit praktizieren.

Wir betrachten die Menschheit als unsere Familie. Wir müssen danach streben, freundlich und großzügig zu sein. Wir dürfen nicht allein für uns selber leben, müssen vielmehr auch anderen dienen und niemals die Kinder, die Alten, die Armen, die Leidenden, die Behinderten, die Flüchtlinge und die Einsamen vergessen. Niemand soll jemals als Bürger zweiter Klasse betrachtet oder behandelt oder, in welcher Weise auch immer, ausgebeutet werden. *Hans Küng u. a., S. 17*

M4 In einem Boot sitzen ...

Mester / Baaske Cartoons

M5 Das Rettungsboot

„Gut“, sagte Roger, der selbsternannte Kapitän des Rettungsboots. „Es sind zwölf Leute hier in diesem Boot, in das zwanzig passen. Außerdem verfügen wir über ausreichend Vorräte, bis uns jemand holt, was nicht länger als vierundzwanzig Stunden dauern dürfte. Ich glaube, wir können uns jetzt alle einen Schokoladenkeks und einen Schluck Rum gönnen. Irgendwelche Einwände?“

„Sosehr ich mich natürlich über den Keks freuen würde ...“, meldete sich Mr. Mates zu Wort. „Aber wäre es im Augenblick nicht wichtiger, die Frau an Bord zu holen, die schon seit einer halben Stunde um Hilfe ruft?“ Ein paar der Anwesenden senkten verlegen den Blick, während andere ungläubig den Kopf schüttelten. „Ich dachte, wir hätten uns geeinigt“, meinte Roger, „dass es nicht unsere Schuld ist, wenn sie ertrinkt. [...] Wieso also sollten wir uns die Mühe machen?“ Einige brummten zustimmend. „Weil wir sie retten könnten. Wenn wir es nicht versuchen, ertrinkt sie. Ist das nicht Grund genug?“

„Tja, Pech gehabt“, sagte Roger. „Wenn sie stirbt, liegt's nicht an uns. [...]“

Die Rettungsbootmetapher lässt sich leicht übersetzen: Das Boot steht für die reiche westliche Welt und die ertrinkende Frau für all jene, die in den Entwicklungsländern an Unterernährung und vermeidbaren Krankheiten sterben. Die Haltung der Industrienationen ähnelt der von Roger. Wir haben genug Nahrungsmittel und Medikamente für alle, genießen aber lieber unseren Luxus und lassen andere umkommen, als auf unsere Extraration zu verzichten. Wir sind genauso unmoralisch wie die Leute in dem Rettungsboot.

Julian Baggini, S. 71–72

Aufgaben

1 Unterscheide an Beispielen die beiden Lebensweisen Egoismus und Altruismus voneinander. ➜ M1

2 Entwickle Grundsätze einer moralischen Gemeinschaft, z. B. die Wahrheit sagen, Rücksicht auf andere nehmen. ➜ M1

3 Mit welchen Argumenten würdest du einen Egoisten überzeugen wollen, der moralischen Gemeinschaft beizutreten? ➜ M1

4 Erarbeite die Gründe, warum wir nur Menschen und nicht Dinge oder Tiere verantwortlich machen. ➜ M2

5 „Projekt Weltethos“ fordert eine globale Verantwortung. Erörtert an Beispielen, welche Möglichkeiten wir haben, sie wahrzunehmen (vgl. Projekt, S. 56–59). ➜ M3/4/5

▶ Glossar: Altruismus, Egoismus, Solidarität, Verantwortung, Weltethos

6 Projekt Globales Lernen: Sale – Ausverkauf – Schlussverkauf

M1 Verschiedene Welten ...

Kurz vor der Fußball-WM veröffentlichte die Hilfsorganisation Oxfam einen Bericht über Arbeitnehmerrechte und die Herstellung von Sportbekleidung in Asien. Darin schrieb sie, der deutsche Nationalspieler Michael Ballack habe einen 8-Jahres-Vertrag mit Adidas unterzeichnet, der ihm 1,5 Millionen Euro Werbeeinnahmen pro Jahr garantiert. Die asiatischen Arbeiterinnen, die die Fußballschuhe und Sportkleidung der Spieler herstellen, bekämen aber nur 47 Euro-Cent pro Stunde, also 3,76 €, für einen normalen Arbeitstag.

M2 Wer verdient wie viel beim Jeanskauf?

M3 Sweatshop

Große Einkäufer wie Karstadt/Quelle versteigern Teile ihrer Aufträge international im Internet. Durch den Konkurrenzkampf der Zulieferer lassen sich 10 bis 20% herausholen. Diese Zulieferer vergeben ihrerseits oft wieder Teile des Auftrages an „Unter-Zulieferer“ usw.

Ethische Fälle analysieren

1. **Sachanalyse**
   Woher stammen mein Shirt, meine Jeans, meine Sportschuhe, die Sportbekleidung für die Olympischen Spiele usw.? Wie und von wem werden sie hergestellt, wie sind die Arbeitsbedingungen und Löhne?
2. **Interessen klären**
   Wer verdient daran? Wer hat etwas davon?
3. **Verantwortungen klären**
   Wer ist mitverantwortlich für diese Bedingungen und kann etwas verändern?
4. **Ethische Bewertung**
   Wie bewerte ich diese Bedingungen moralisch? Welche Werte und Normen werden verletzt?
5. **Folgen**
   Was kann ich tun, was können wir ändern?

M4 Fabrikeinsturz in Bangladesch

Kurz nach Mitternacht vom Sonntag auf Montag, den 11. April 2005 krachte in der Nähe von Bangladeschs Hauptstadt Dhaka ein achtgeschossiges Fabrikgebäude zusammen. Traurige Bilanz der Katastrophe: 64 Tote, 74 Schwerverletzte und unzählige Menschen, die ihre Arbeit verloren.

Wahrscheinlich wurden aus Kostengründen beim Bau der Strickwarenfabrik Spectrum Sweater in der Exportproduktionszone von Savar die Vorschriften missachtet. Der Fabrikeinsturz war die Folge von Nachlässigkeit und Ignoranz. Wären die gesetzlichen Arbeitszeiten und das Recht auf einen arbeitsfreien Tag pro Woche eingehalten worden, hätten zu dieser Zeit nicht über 400 Personen gearbeitet. Sie wurden unter dem Schutt der Firma Spectrum Sweater begraben. Rund hundert Menschen konnten gerettet werden, die übrigen gelten auch Wochen danach als vermisst.

Spectrum Sweater ist u. a. Lieferant von Neckermann (Karstadt/Quelle), Zara (Inditex), der Steilmann-Gruppe, Broadway Fashion und vieler anderer großer Textilhändler und Boutiquen in Europa.

www.evb.ch/spectrum

M5 Arbeitsbedingungen

Dass ganze Fabriken einstürzen ist selten, doch unter fehlendem Arbeitsschutz, überlangen Arbeitszeiten, Hungerlöhnen und dem Verbot, einer Gewerkschaft beizutreten, leidet die große Mehrheit der Textilarbeiterinnen in den Billiglohnländern. „Die Frauen arbeiten so lange, dass sie keine Möglichkeiten haben, sich um ihre Kinder zu kümmern. Viele müssen sie bei Großeltern auf dem Land zurücklassen und leiden unter der Trennung“, berichtet Ingeborg Wick. [...] Im September 2004 brachte die CCC ans Licht, dass die Fabrik Basic Apparels in Bangladesch 230 Arbeiterinnen entlassen hatte, nur weil herausgekommen war, dass sie Mitglieder einer Gewerkschaft waren. Die Kampagne für Saubere Kleidung druckte 20000 Protestpostkarten, die innerhalb von einem halben Jahr vergriffen waren, und brachte Tchibo dazu, Druck auf seinen Lieferanten auszuüben. Der stellte die Entlassenen schließlich wieder ein oder entschädigte sie und gab an, künftig Gewerkschaftsmitgliedschaften zu erlauben.

M1/5: Tanja Busse, S. 36, 50

M6 Freiwillige Selbstverpflichtungen als Lösung?

Seit den Protesten und Kampagnen der neunziger Jahre haben sich zahlreiche Textilunternehmen Verhaltenskodizes gegeben. Die meisten Firmen kontrollieren, ob ihre Lieferanten diese Kodizes auch einhalten. Oft übernehmen Mitarbeiter des Unternehmens selbst diese Kontrollen, aber sie sprechen nur selten alleine mit den Arbeiterinnen, sodass die sich auch trauen würden, auf Missstände hinzuweisen.

Aufgaben

1 Berechne, wie lange die Näherin arbeiten muss, bis sie auf das jährliche Werbeeinkommen von Michael Ballack kommt, wenn sie sechs Tage die Woche ohne Urlaubszeiten arbeitet. Um wie viel teuerer wäre eine Jeans, die jetzt 90 € kostet, wenn die Arbeiterin den dreifachen Lohn bekäme? ➜ M1/2

2 Sammelt weiteres Material und informiert euch über die Arbeitsbedingungen und Arbeitszeiten in den sogenannten Sweat-shops. ➜ M2-5

3 Informiert euch über verschiedene Verhaltenskodizes von z. B. Tchibo, H&M, Karstadt/Quelle, C&A, Adidas, Puma, Otto usw. und vergleicht diese mit den Forderungen von CCC *(Clean Clothes Campaign)*.

4 Erörtert, inwiefern diese freiwilligen Selbstverpflichtungen zur Lösung der Probleme beitragen. ➜ M6

5 „Bei uns entscheiden die Kunden, welche Preise angemessen sind“, meint ein Sprecher einer großen Kaufhausgruppe. Schreibe eine kurze Antwort auf seine Äußerung.

6 Erstellt in Gruppen anhand der Leitfragen im Infokasten von S. 56 Plakate zu z. B. der Herstellung von Sportschuhen, Lederfußbällen, T-Shirts usw.

Nützliche Internet-Adressen

http://www.saubere-kleidung.de/
http://www.umweltzeichen.de/
http://www.cleanclothes.ch/l
http://www.oxfam.de
http://www.transfair.org
http://www.suedwind-institut.de
http://www.oneworld.at/
http://www.ci-romero.de/ccc/
http://www.epo.de
http://www.behindthelabel.org/
http://www.inkota.de/
http://www.coopamerica.org/

7 Projekt Globales Lernen: **Dürfen Kinder arbeiten?**

M1 Kinderarbeit

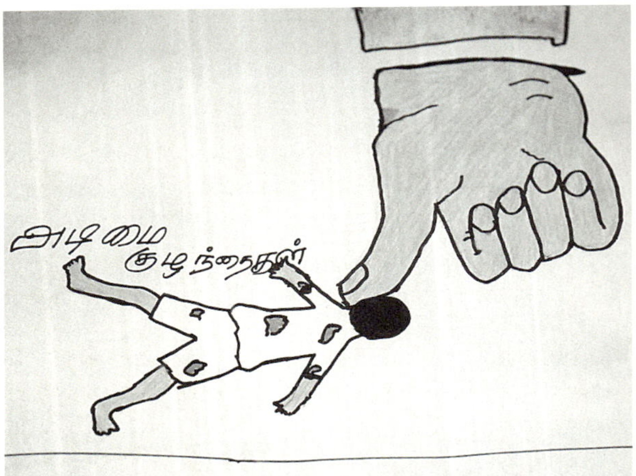

Zeichnung eines ehemaligen Kinderarbeiters

M2 Mit Kinderarbeit produziert

Lebensmittel

Kinderarbeit bei Anbau, der Ernte und zum Teil bei der Weiterverarbeitung:

- Bananen, Gewürze, Kaffee, Kakao, Orangensaft, Reis, Schokolade, Süßigkeiten, Tee, Tropische Früchte, Zucker (aus Zuckerrohr)

Konsumgüter und Dienstleistungen

- Bekleidung und Berufsbekleidung: Anbau von Baumwolle, Seidengewinnung, spinnen, färben, nähen, verpacken
- Bleistifte und Radiergummis

Gewinnung der Rohstoffe (Holz, Gesteinsmehl, Kautschuk)

- Blumen: Anbau und Ernte
- Diamanten, Edelsteine: Schneiden und schleifen
- Feuerwerkskörper: Fertigung
- Fußbälle und andere Lederbälle: Nähen
- Handys und Telekommunikation: Gewinnung von Coltan
- Heimtextilien (Tischwäsche, Gardinen, etc.): Anbau von Baumwolle, Seidengewinnung, spinnen, färben, nähen, verpacken
- Kosmetik: Rohstoffgewinnung
- Kunstgewerbe: Rohstoffgewinnung, Fertigung
- Sportbekleidung: Anbau von Baumwolle, spinnen, färben, nähen, verpacken
- Schuhe/Sportschuhe: Gerbereien, Fertigung, verpacken
- Natursteine (Bau und Grabsteine): Arbeit in Steinbrüchen, schneiden und polieren
- Tabak: Anbau und Ernte
- Teppiche (handgeknüpft): Wolle spinnen, Teppiche knüpfen, waschen

Tourismus/Gastronomie:

Putzen, Gepäck tragen, kellnern, kochen, spülen

Terre des Hommes (Hg.), S. 6

M3 Kinderarbeit weltweit

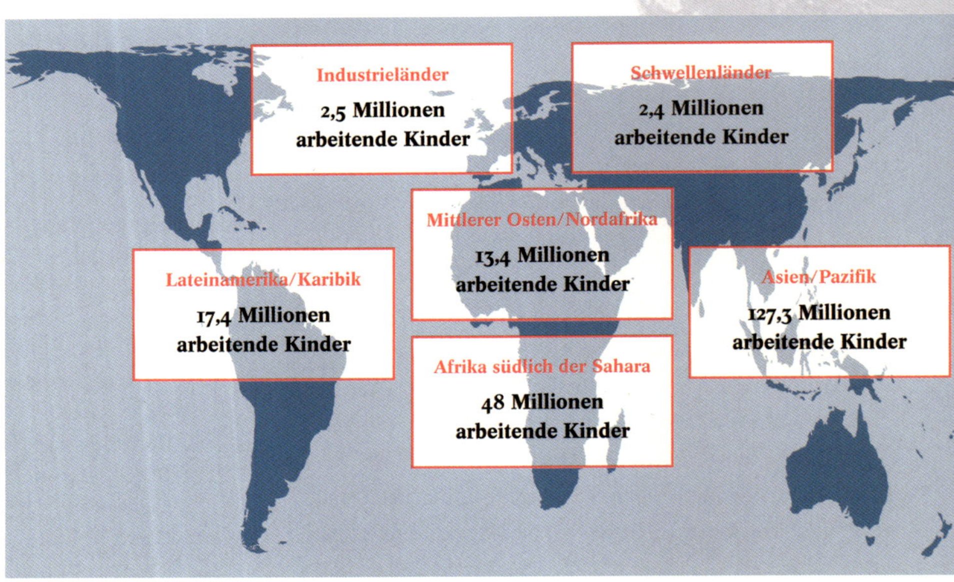

M4 Ausbeutung durch Arbeit

Gemäß den Dokumenten der Internationalen Arbeitsorganisation (ILO) gehören zur Kinderarbeit folgende Merkmale:

- Fabrikarbeit von zu jungen Kindern, häufig bereits im Alter von sechs oder sieben Jahren;
- lange Arbeitszeiten von zwölf bis zu sechzehn Stunden am Tag;
- Arbeit unter körperlicher wie psychischer Überanstrengung oder Überforderung;
- monotone, die seelische und soziale Entwicklung des Kindes behindernde Arbeiten;
- Arbeit auf der Straße unter ungesunden und gefährlichen Bedingungen;
- Arbeit unter unfreien, menschenrechtsverletzenden Bedingungen, wie zum Beispiel in Schuldknechtschaft oder durch sexuellen Missbrauch.

M5 Arbeit in Würde

Aus der Abschlusserklärung des 2. Welttreffens der Weltbewegung arbeitender Kinder und Jugendlicher in Berlin, 2004:

JA ZUR ARBEIT IN WÜRDE – NEIN ZUR AUSBEUTUNG

In unserer Bewegung sind arbeitende Kinder und Jugendliche aus Afrika, Asien und Lateinamerika zusammengeschlossen. Wir leben auf dem Land und in der Stadt, wo wir verschiedene Arbeiten ausüben. So arbeiten wir z. B. als Schuhputzer, als HändlerInnen oder VerkäuferInnen, wir sammeln Abfälle und führen sie dem Recycling zu, wir arbeiten in fremden Haushalten, in der Landwirtschaft, in Fabriken, in Werkstätten, oder wir verrichten bei uns zu Hause die tägliche Hausarbeit. Ebenso schaffen wir mit Hilfe unserer eigenen Organisationen Formen würdiger Arbeit, die uns ermöglichen, der Gesellschaft politische, ökonomische und soziale Beziehungen aufzuzeigen, die gerecht und solidarisch sind.

Wir schätzen unsere Arbeit und betrachten sie als ein wichtiges Menschenrecht für unsere persönliche Entwicklung. Wir wenden uns gegen jede Art von Ausbeutung und weisen ebenso alles zurück, was unsere körperliche und moralische Integrität verletzt. In unserem Leben ist es unsere Arbeit, die uns erlaubt, uns mit Würde dem ökonomischen, politischen und repressiven Modell zu widersetzen, das uns kriminalisiert und ausschließt und das unsere Lebensbedingungen und die unserer Familien und Gemeinden immer mehr verschlimmert.

ProNATs, www.pronats.de

Aufgaben

1. Recherchiert in Gruppen, wo Kinder arbeiten, welche Produkte sie mit herstellen, warum sie arbeiten, wie ihre Arbeitsbedingungen und ihre Einkünfte sind. → M2/3
2. Sammelt Argumente, in welchen Fällen Kinderarbeit verboten werden sollte. → M1/4
3. Erstellt eine Umfrage in der Schule: Wie viele Jugendliche arbeiten in ihrer Freizeit, was verdienen sie, wo arbeiten sie, wie sind die Arbeitsbedingungen, usw. Wodurch unterscheidet sich diese Arbeit von der Kinderarbeit in z. B. Afrika, Asien oder Südamerika? Inwiefern unterscheidet sich das Leben dieser Kinder vom Alltag von Elias (siehe S. 15)?
4. Recherchiert in Gruppen unterschiedliche Hilfsprojekte (wie z. B. Manthoc, ProNATs, ILO, UNICEF, Global March, Deutsche Welthungerhilfe, terre des hommes usw.), die sich um Kinderarbeit kümmern. Welche Ziele haben sie, was unternehmen sie, welche Forderungen werden erhoben usw.? Präsentiert eure Ergebnisse oder erstellt ein Plakat oder eine ein- bis zweiseitige Broschüre.
5. Informiert euch über grundlegende Kinderrechte.

Nützliche Internet-Adressen

http://www.tdh.de/content/index.htm
http://www.kindernothilfe.de
http://www.kinderkulturkarawane.de
http://www.epo.de/
http://www.globalmarch.de/
http://www.unicef.de/
http://www.rugmark.org/home.php
http://www.welthungerhilfe.de
http://www.forum-kinderarbeit.de/
http://www.ci-romero.de/
http://www.saubere-kleidung.de/
http://www.ilo.org

1 Sokrates und seine Zeit

M1 Vom Mythos zum Logos

Die abendländische Wissenschaft und Philosophie und damit auch die Ethik beginnt im 6./5. Jh. v. Chr. in den griechischen Kolonien an der Küste Kleinasiens. Der rege Handel mit anderen Völkern erweiterte das Wissen und vor allem den geistigen und kulturellen Horizont der Griechen. Eine Fülle von geographischen, meteorologischen und nautischen Kenntnissen strömte aus dem Osten und Süden an die kleinasiatische Küste, z. B. die Arzneikunde, die Astronomie und Astrologie, die Rechen- und Messkunst. Die Auseinandersetzung mit den fremden Kulturen führte auch zu einer Neuorientierung in Denken und Handeln. Athen wurde nach den Perserkriegen (500-479 v. Chr.) führende politische, wirtschaftliche und kulturelle Macht und entwickelte sich zur ersten Demokratie. In ihrer Weltanschauung hielten die überwiegend konservativen Athener jedoch noch an ihrem mythisch-religiösen Weltbild fest, wie es Homer überliefert hatte. Wie ihre Ahnen glaubten sie an die Existenz der Götter, die auf olympischen Höhen lebten und dem Dasein der Menschen Zweck und Sinn und Ordnung gaben. Das Wirken der Götter in der Welt war für sie so selbstverständlich wie die Existenz von Sonne und Mond, sie waren die Ursache der Naturereignisse; Asebie (Gottlosigkeit) war ein todeswürdiges Vergehen.

Dennoch gab es einige Denker, die sich nicht mehr mit der Welterklärung in den Göttererzählungen zufrieden gaben, sondern nach verstandesmäßigen Erklärungen für die Erscheinungen in der Natur und der Stellung des Menschen suchten: Das Sterben der olympischen Götter begann.

M2 Thales und Co.

Die Philosophie wurde in dem Augenblick geboren, als ein großer Denker grübelnd über den Sinn des Daseins die Frage nach dem Ursprung der Erde, des Himmels und des Menschen stellte und mit dem Verstand beantworten wollte. Dieser Mann war Thales von Milet (ca. 624-545 v. Chr.), ein gefeierter Mathematiker (der Satz des Thales!) und Astronom, vielgereister Kenner des Orients und Ägyptens. Er soll am 28.5.585 v. Chr. eine Sonnenfinsternis vorhergesagt haben. Anders als seine Zeitgenossen führte er das Naturereignis nicht mehr auf das Wirken der Götter zurück, sondern suchte nach Ursachen, die er in Naturgesetzen fand, die man erforschen, erkennen und erproben kann. So erklärte er auch die Erdbeben nicht mehr durch den Meeresgott Poseidon, sondern dadurch, dass die Erde wie ein Schiff auf dem Wasser schwimme und wenn das Schiff schwanke, dann entstehe ein Erdbeben. Einen Beweis fand er in den heißen Quellen, die nach einem Erdbeben aus dem Boden hervorbrechen. Das war ein revolutionärer Gedanke: Der Mensch war nicht länger von den Launen der Götter abhängig, sondern lernte, die Natur zu begreifen und zu beherrschen.

M3 Die bekannte Welt

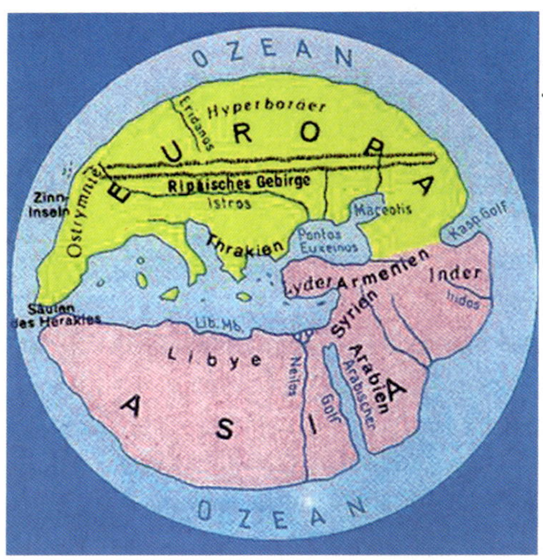

Weltkarte von Hekataios aus Milet im 6. Jahrhundert v. Chr.

M4 Woraus besteht die Welt?

Der antike Philosoph Aristoteles berichtet:

Von denen, die zuerst philosophiert haben, haben die meisten geglaubt, dass es nur stoffliche Urgründe der Dinge gebe. […] Über die Anzahl und die Art eines solchen Urgrundes haben freilich nicht alle dieselbe Meinung, sondern Thales, der Begründer von solcher Art Philosophie, erklärt als den Urgrund das Wasser […].

Empedokles (490-430) nimmt als Prinzip die vier Elemente an, indem er zu den genannten (Wasser, Luft und Feuer) die Erde als viertes hinzufügt […].

Demokrit (460-370) behauptet, dass kein Atom aus dem anderen entstünde. Aber trotzdem ist die gemeinsame Substanz aller der Urstoff, nur, dass sich die einzelnen an Größe und Gestalt unterscheiden.

Wilhelm Capelle, S. 70-71, 189, 396

M5 Woher kommen die Gesetze?

Diese kühnen Theorien der Naturphilosophen leiteten eine Epoche ein, in der es auch zu einem radikalen Wandel der moralischen Werte und Normen kam. In der griechischen Aufklärung entstand die Überzeugung, dass man auch die überlieferte Kultur, also Religion, Staat, Recht und Moral nicht mehr einfach hinzunehmen brauche, sondern ebenfalls einer vernünftigen Kritik unterziehen könnte.

Diese Aufgabe übernahmen die Sophisten (die Wissenden, die Gelehrten), die als professionelle Wanderlehrer gegen Entgelt wissenschaftliche und politische Bildung und Beredsamkeit lehrten. Wie die Naturphilosophen betrachteten sie kritisch die überlieferten Mythen; sie interessierten sich aber weniger für die Rätsel der Natur als für den Menschen und seinen Platz in der Gesellschaft. Sie lehrten, dass Recht und Gesetz, Werte und Normen, nicht von Natur aus gültig oder göttlichen Ursprungs sind, sondern Menschenwerk, d. h. Setzung und Vereinbarungen. In der athenischen Stadtgesellschaft lösten sie mit ihren Theorien heftige Diskussionen aus.

M6 Der Mensch als Maßstab

Aller Dinge Maß ist der Mensch,
der seienden, wie sie sind, der
nichtseienden, wie sie nicht sind.

Protagoras

Dieser bedeutende Satz der griechischen Aufklärung stammt von dem Sophisten Protagoras, einem gefeierten Redner und Lehrer, der wegen Gottlosigkeit angeklagt die Stadt Athen verließ und auf der Überfahrt nach Sizilien ertrank. Protagoras übte seinen Beruf 40 Jahre lang aus, es wird berichtet, dass er als Erster ein ziemlich hohes Honorar für seinen Unterricht in der Redekunst gefordert habe. Er wurde verbannt, weil er zu Beginn seiner Schrift *Über die Götter* erklärt hatte: „Von den Göttern vermag ich nicht zu erkennen, ob sie existieren oder nicht und wie sie etwa gestaltet sind." Berühmtheit erlangte er vor allem durch den oben zitierten „homo-mensura-Satz", der besagt, dass der Mensch das Maß aller Dinge sei. Damit tritt der Mensch in den Mittelpunkt und wird alleiniger Maßstab für die Erkenntnis der Natur und die Beurteilung menschlicher Handlungen. Es gibt keine absolute Wahrheit, die unabhängig von der menschlichen Erfahrung erkannt werden kann, es gibt auch keine absolute, für alle verbindliche Ethik mehr.

Aufgaben

1 Suche in den Mythen anderer Völker nach Welterklärungen durch Wirken der Götter. ➔ M1

2 Erkläre die Lehre des Thales, die das Wasser als Urgrund annimmt anhand der Weltkarte. ➔ M2/3

3 Fertige mithilfe einer Philosophiegeschichte Karteikarten der frühen Philosophen mit den wichtigsten Stichpunkten zu Leben und Werk an. ➔ M2-6

4 Der homo-mensura-Satz hat unsere Kultur wesentlich geprägt. Finde Beispiele, in denen er im Mittelpunkt steht. ➔ M6

▶ Glossar: Aufklärung, Logos, Mythos, Thales

2 Der Marktplatz von Athen

M1 Der öffentliche Gebrauch der Vernunft

In Friedenszeiten war Athen eine Stadt, in der man sich zu Tode langweilte: die Arbeit war den Sklaven vorbehalten, und wer das Glück gehabt hatte, als Bürger Athens geboren zu werden, wusste nicht, wie seine Zeit totschlagen. Wie sollte man nur den Tag bis zum Abend ausfüllen? Gerichtsverhandlungen waren da, wie man sich vorstellen kann, eine angenehme Abwechslung und wurden mit Spannung verfolgt. Es war etwa so, wie wenn heute den ganzen Tag immer nur „Dallas" im Fernsehen liefe.

Luciano de Creszenzo, S. 205

M2 Auf dem Marktplatz

M3 Sophisten diskutieren

Es gab noch eine weitere Möglichkeit, sich die Zeit zu vertreiben: die öffentliche Diskussion. Der Markt war für die Bürger Athens ein wichtiger Ort der politischen Meinungsbildung. Dort diskutierten sie oft über die Tagesereignisse oder hörten den Sophisten zu, die sich in Vorträgen und Schriften an die bildungshungrigen Athener wandten. Dabei kam es immer wieder zu einem offenen Streit zwischen konservativen, der Tradition verhafteten Bürgern und Vertretern des modernen sophistischen Zeitgeistes. Hören wir einige der Sophisten über die Begründung moralischer Normen und Werte:

Jede Handlung ist sowohl gerecht als ungerecht, sowohl tapfer als auch feige, es kommt nur auf die Situation an, in der sie ausgeführt wird. So wie eine Speise von einem gesunden und einem kranken Menschen unterschiedlich beurteilt wird, so ist es auch mit den Begriffen „fromm" und „gerecht". Was als gerecht erkannt wird, kann nützlich oder schädlich sein. Gut ist das, was für mich zweckmäßig, nützlich ist.

Protagoras

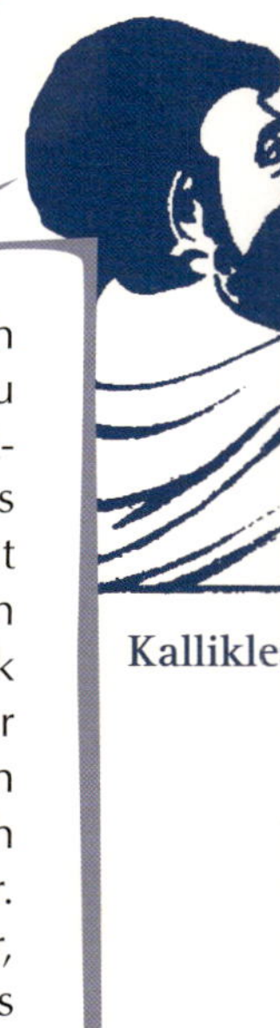

Kallikles

Ich denke, es ist weder möglich noch nötig, die Ethik durch eine Theorie zu begründen oder mit der Vernunft zu rechtfertigen. In der Natur gilt das Recht des Stärkeren, dem zufolge bedeutet gerecht sein nichts anderes als mächtig sein. Von Objektivität oder Universalität der Ethik zu sprechen, ist also völlig abwegig. Der starke Mensch rechtfertigt sein Verhalten nicht, er zwingt es dem Anderen einfach auf und schlägt jeden Widerstand nieder. Darum sage ich: „Die Natur selbst aber, denke ich, beweist dagegen, dass es gerecht ist, dass der Edlere mehr habe als der Schlechtere und der Stärkere mehr als der Schwächere. Sie zeigt aber in vielerlei Weise, dass sich dies so verhält, sowohl an den übrigen Tieren als auch an ganzen Staaten und Geschlechtern der Menschen: dass das Recht so bestimmt ist, dass der Bessere über den Schlechteren herrsche und mehr habe."

Der Meinung des Kallikles kann ich mich anschließen: Gerechtigkeit ist der Vorteil des Stärkeren, denn sie ist ihm nützlich. Gibt doch jede Regierung die Gesetze nach dem, was ihr nützlich ist, und dadurch zeigt sie, dass das für sie Nützliche gleichzeitig das Gerechte für die Regierten ist. Ich denke, dass die Regierenden nur das bedenken, als auf welche Art und Weise sie sich selbst den meisten Vorteil verschaffen können. Die Regierung nun hat die Gewalt, sodass sich daraus ergibt, dass überall dasselbe gerecht ist, nämlich das für den Stärkeren Nützliche.

Trasymachos

Sehr richtig und dazu kommt, dass eben das das von Natur Schöne und Rechte ist, was ich dir nun ganz freiheraus sage, dass, wer richtig leben will, seine Begierden muss so groß werden lassen als möglich und sie nicht einzwängen; und diesen, wie groß sie auch sind, muss er dennoch Genüge zu leisten vermögen durch Tapferkeit und Einsicht und befriedigen, worauf seine Begierde jedes Mal geht. [...] Üppigkeit und Ungebundenheit und Freigebigkeit, wenn sie nur Rückhalt haben, sind eben Tugend und Glückseligkeit; jenes andere aber sind Zierereien, widernatürliche Satzungen, leeres Geschwätz der Leute und nichts wert.

nach Platon, Politeia, 338c und Héctor Zagal, S. 113

Der Relativismus

Schon früh stellte man in menschlichen Gesellschaften eine Verschiedenheit von Normen und Werten fest. Daraus folgerten einige, in der Moral dürfe man darum keine verbindlichen Aussagen über die Gültigkeit von moralischen Normen machen, was gut sei, sei relativ. Die Vertreter dieser Denkweise stützten sich auf folgende Tatsachen:

1. Es ist allgemein bekannt, dass die moralischen Regelsysteme (z. B. Ehe) von Gesellschaft zu Gesellschaft verschieden sind; da es Berichte über die unterschiedlichen Götterkulte, Sitten und Rechtsvorschriften bei verschiedenen Völkern gibt, kann es kein für alle gültiges Recht geben.
2. Es gibt unterschiedliche moralische Überzeugungen von verschiedenen Gruppen und Klassen innerhalb ein und derselben Gesellschaft; wenn z. B. die Athener und die Korinther oder auch die Spartaner sich gegenseitig widersprechende Auffassungen von Gerechtigkeit haben, dann gibt es keine für alle gültige Konzeption von Gerechtigkeit.
3. Viele sind der Ansicht, dass die moralischen Werte (nomoi) nicht mehr Ausdruck einer göttlichen Ordnung sind, sondern aufgrund von Vereinbarung (thesei) gelten und darum auch unterschiedliche Gültigkeit an verschiedenen Orten und Zeiten haben.

Daraus folgt, dass unterschiedliche **Wertmaßstäbe** für das Gute gelten, es ist z. B. das **Lustvolle**, das **Recht des Stärkeren**, das **Naturhafte** oder das **Nützliche**; Maßstab des Guten ist jeweils die menschliche Natur (physis).

Aufgaben

1. Schreibe die verschiedenen Aussagen der Sophisten zur Gerechtigkeit auf Karteikarten, z. B.:
   Es kommt auf die Situation an, was gerecht ist.
   Gerecht sein ist mächtig sein. ... ➜ M3
2. Erarbeitet in Gruppen zu den einzelnen Behauptungen Gegenargumente. ➜ M3
3. Finde für jedes Argument des Relativismus (s. Kasten) aktuelle Beispiele.
4. Überlegt gemeinsam, welche Folgen der ethische Relativismus für die Gesellschaft haben kann.

3 Der Philosoph auf dem Marktplatz

M1 Sokrates tritt auf

In Athen erschien auf dem Marktplatz ein Philosoph, der die Aussagen und Beweisführungen der Sophisten in Frage stellte und den Athenern durch seine ständigen Fragen gehörig auf die Nerven ging. In seinen „Erinnerungen an Sokrates" schreibt der antike Philosoph Xenophon:

Sokrates hielt sich immer in der Öffentlichkeit auf: Am Morgen ging er in die Wandelhallen und zu den Turnplätzen, und wenn der Markt voller Leute war, konnte man ihn dort sehen, auch während der übrigen Tageszeiten war er dort, wo er hoffte, mit der größten Gesellschaft zusammen sein zu können.
Er sprach dann auch meistens, und wer wollte, der hatte die Möglichkeit, ihn anzuhören. Keiner aber sah jemals bei Sokrates eine dem menschlichen oder göttlichen Recht zuwiderlaufende Handlung, noch hörte er ihn etwas Derartiges sagen. [...] Er selbst aber unterhielt sich immer über die menschlichen Dinge, indem er untersuchte, was fromm, unfromm, schön, hässlich, gerecht, ungerecht, was Besonnenheit, Raserei, Tapferkeit, Feigheit, Staat, Staatsmann, Herrschaft über Menschen und ein Herrscher über Menschen sei. [...] Es scheint mir aber auch sonderbar, dass einige zu der Überzeugung gebracht worden sind, Sokrates verderbe die jungen Leute. Er, der außer dem Gesagten zuerst einmal die größte Selbstbeherrschung von allen Menschen hinsichtlich Geschlechtstrieb, Essen und Trinken zeigte, der zudem sehr widerstandsfähig war gegenüber Winterkälte und Sommerhitze und allen Anstrengungen, der ferner zu maßvollen Bedürfnissen erzogen war, sodass er sich auch mit dem Besitz von ganz wenigen Dingen ganz leicht zufriedengab!

Xenophon, S. 5, 8

Sokrates – Leben und Wirken

- geb. 469 v. Chr. in Athen
- sein Vater war Bildhauer, seine Mutter Hebamme;
- lernte selbst das Bildhauerhandwerk;
- nahm als Hoplit (ein mit Rüstung versehener Fußsoldat) an den Feldzügen nach Poteidaia (432 v. Chr.), Delion (424 v. Chr.) und Amphipolis (422 v. Chr.) teil, wurde wegen Tapferkeit ausgezeichnet;
- versuchte 406 v. Chr. in der Ratsversammlung vergeblich, ein illegales Todesurteil gegen Athener Feldherren zu verhindern;
- widersetzte sich unter dem Regime der „Dreißig" dem Befehl, bei der Festnahme des Leon von Salamis mitzuhelfen;
- wurde 399 v. Chr. wegen Abfall von den alten Staatsgöttern und Gefährdung der Jugend zum Tode durch einen Giftbecher (Schierling) verurteilt;
- war mit Xanthippe verheiratet und hatte von ihr drei Söhne; der jüngste muss 399 v. Chr. noch ein kleines Kind gewesen sein.

Er wirkte durch seine in der Öffentlichkeit geführten Dialoge, die teilweise von seinen Schülern Xenophon (430-354 v. Chr.) und Platon (427-347 v. Chr.) aufgezeichnet wurden. Sokrates hat nichts Schriftliches hinterlassen. Die wichtigsten Quellen für seine Philosophie sind die platonischen Frühdialoge *Apologie* (die Verteidigungsrede vor Gericht), *Kriton*, *Eutyphron* und *Phaidon*, die sich mit Prozess und Hinrichtung des Sokrates befassen.

M2 Einheit von Leben und Werk

Sokrates' Leben und Denken waren eins. Er hat eigentlich unablässig in jedem Menschen, mit dem er in Berührung kam, die Wahrheit gesucht. Er hat den Menschen nachgespürt wie ein Jagdhund, hielt sie an den Straßenecken auf, überfiel sie mit Fragen und zwang sie, in ihr Innerstes, in ihre tiefste Seele zu blicken. Bei allem Respekt vor der moralischen Größe des Philosophen – viele Athener haben ihn gewiss gemieden wie die Pest. Ich kann mir schon vorstellen, wie alle *„Oilloco oilloco, fuitavenne!" [Da kommt er, da kommt er, haut ab!]* schrieen und davonliefen, sobald sie seine untersetzte Gestalt an der Heiligen Pforte auftauchen sahen. Platon berichtet im *Laches*, „dass es dem, der in eine Unterredung sich mit ihm einlässt, zwangsläufig geschieht, dass er hineingerät in das Redestehen über sich und dass Sokrates ihn nicht loslässt, bevor er alles gut und schön geprüft hat."

Luciano de Crescenzo, S. 267

M3 Die sokratische Ironie

Besonders gefürchtet war die Ironie, die Behauptung der Unwissenheit (ich weiß, dass ich nichts weiß) mit der Sokrates dem Gesprächspartner begegnete. Damit entlarvte er den Dünkel der Scheinphilosophen, der Sophisten, die oft nur auf eine eitle, unsachliche Effekthascherei aus waren, ein Vorgehen, das ihm keine Freunde verschaffte. So ruft Trasymachos: „Beim Herakles, da ist sie wieder, die gewohnte Verstellung des Sokrates; ich wusste ja und sagte es den Anwesenden voraus, dass du wieder den Unwissenden spielen und alles andere eher tun als beantworten würdest, was wir dich fragen." *Platon, Politeia 337a*

M4 Der Orakelspruch

In seiner Verteidigungsrede vor Gericht berichtet Sokrates, wie er zu dieser Tätigkeit kam und was es mit seinem „Nichtwissen" auf sich hat.

Ihr kennt ja wohl den Chairephon. Der war von Jugend an mein Freund, und er ist, als euer, des Volkes, Freund, mit vielen von euch in die Verbannung gegangen und von dort wieder zurückgekehrt. Und ihr wisst auch, was der Chairephon für ein Mann war, wie energisch bei allem, was er sich vorgenommen hatte. Ja, und als er nun einmal nach Delphi kam, da scheute er sich nicht, das Orakel zu befragen, [...] ob wohl jemand weiser sei als ich. Da gab ihm die „Pythia" den Bescheid, niemand sei weiser. [...] Was mag der Gott wohl meinen? Ich weiß nämlich ganz genau, dass ich nicht weise bin, weder viel noch wenig. Der Gott wollte wohl sagen: „Der, ihr Menschen, ist unter euch der weiseste, der wie Sokrates erkannt hat, dass er, recht betrachtet, nichts wert ist, was seine Weisheit betrifft." *Platon, Apologie 8-11*

Aufgaben

1. Fertigt ein Porträt von Sokrates an: Wandzeitung, Power-point, ...
2. Sokrates begegnet der Sophisten – was würde er an ihrem Lebensstil kritisieren? Entwerft eine kleine Gegenrede. ➜ M2/3
3. Stell dir vor, Sokrates tritt im heutigen Fernsehen in einer Talk-Show auf. Wie wäre die Reaktion der Teilnehmer? ➜ M2/3
4. Erkläre deinem Banknachbarn, was der Satz meinen könnte: Ich weiß, dass ich nichts weiß. Beachte dabei, dass Sokrates ja durchaus etwas weiß. ➜ M3/4
5. Das Orakel von Delphi war berühmt wegen seiner mehrdeutigen Aussagen. Recherchiert einige Beispiele. ➜ M4

▶ Glossar: Orakel

4 Die Frage nach der Tugend

M1 Was ist Tapferkeit?

Wir schreiben das Jahr 381 v. Chr. und sehen Sokrates im Gespräch mit zwei Feldherren der Athener, mit Laches und Nikias. Zwei vornehme Athener Bürger hatten die beiden um Rat in einer Erziehungssache gefragt. Ist der Unterricht im Waffenkampf für Jugendliche ein passender Unterrichtsgegenstand? Die beiden Generäle müssten als Experten doch eine Antwort wissen. Man ist sich nicht einig und zieht Sokrates hinzu. Der jedoch stellt seinerseits Fragen: Worum geht es bei der Ausbildung der Jugendlichen letzten Endes? Doch wohl um die Bildung ihres Geistes, darum, sie zu moralisch tüchtigen Menschen zu erziehen. Wer also Jugendliche erziehen will, sollte etwas von den Tugenden und somit auch von der Tugend der Tapferkeit verstehen. So stellt nun Sokrates die Frage: Was ist die Tapferkeit? Es kann nicht schwierig sein, diese Frage zu beantworten, denn alle Teilnehmer des Gesprächs verstehen sich ja auf die Tapferkeit.

Der folgende Text gibt zentrale Argumentationsschritte wieder. Die Anmerkungen in der Randspalte sollen dir bei der Lektüre helfen und Hinweise geben, wie man einen solchen Text inhaltlich gliedern kann.

Sokrates: Wir behaupten also, Laches, zu wissen, was Tapferkeit sei?

Laches: Das behaupten wir freilich. [...]

Sokrates: Wohlan, versuche es einmal, wie ich sage, auszusprechen, was Tapferkeit ist!

Laches: Beim Zeus, Sokrates, das auszusprechen ist nicht schwierig: Wenn einer entschlossen ist, in Reih und Glied standzuhalten, die Feinde abzuwehren und nicht zu fliehen, der wird, wie du wohl weißt, ein Tapferer sein.

Laches' erster Versuch: Er gibt Sokrates ein Beispiel für Tapferkeit. Man kann einen Begriff erläutern, indem man ein Beispiel anführt.

Sokrates muss Laches enttäuschen: Einfach nur ein Beispiel anzuführen, reiche nicht aus, um eine Sache zu definieren. Tapferkeit trete doch sicher auch in anderen Zusammenhängen auf. Tapfer könne man nicht nur in einer Schlacht sein. Es gebe auch den Kranken, der sein Leiden tapfer erträgt.

Sokrates: Nicht wahr, tapfer sind diese alle? Aber die einen besitzen die Tapferkeit in der Lust, andere in Schmerzen, einige bei Begierden, andere bei Befürchtungen, [...] versuche es also noch einmal, zu bestimmen, was das in allen diesen Umständen gleichartige Wesen der Tapferkeit sei! [...]

Laches' erste Definition ist zu eng gefasst!

Laches: Nun, so scheint sie mir eine gewisse Beharrlichkeit der Seele zu sein, wenn ich also von der Tapferkeit, was sie in allen ihren Fällen ihrem Wesen nach ist, angeben soll.

Sokrates: Das sollst du allerdings [...]. So viel indessen wird einleuchten, dass dir, denke ich, nicht jede Beharrlichkeit Tapferkeit zu sein scheint. Ich schließe dies hieraus: Soviel ich nämlich ziemlich gewiss weiß, Laches, bist du überzeugt, dass die Tapferkeit unter die besonders schönen Gegenstände gehöre.

Laches' zweiter Versuch: Tapferkeit ist die Beharrlichkeit der Seele. Die Definition ist noch zu weit gefasst!

Laches: Ja, unter die schönsten, musst du wohl wissen.

Sokrates: Und nicht wahr, die mit Klugheit verbundene Beharrlichkeit ist etwas Schönes und Gutes?

Laches: Allerdings.

Sokrates und Laches sind sich darüber einig, dass die Tapferkeit zu den schönen und guten Dingen zählt.

Sokrates: Wie aber die mit Unklugheit verbundene? Ist sie nicht im Gegensatz zu jener schädlich und verderblich?

Laches: Ja.

Sokrates: Wirst du nun behaupten, das etwas schön sei, was verderblich und schädlich ist?
Laches: Gewiss mit Recht nicht, Sokrates!
Sokrates: Du wirst also nicht zugeben, dass eine solche Art von Beharrlichkeit Tapferkeit sei, da sie ja nicht schön ist, die Tapferkeit aber etwas Schönes ist.
Laches: Ganz wahr!
Sokrates: Die kluge Beharrlichkeit also wird wohl nach deiner Behauptung Tapferkeit sein.
Laches: Es scheint so.
Laches muss ihm zustimmen. Beharrlichkeit kann auch ein Ausdruck von Dummheit sein. Man müsste also irgendwie Beharrlichkeit mit Klugheit kombinieren. Das ist es! Aber was bedeutet hier Klugheit?
Sokrates: Wir wollen nun sehen, in welcher Beziehung diese Tapferkeit klug ist [...]. Zum Beispiel, wenn einer in kluger Verwendung seines Geldes beharrlich ist, da er weiß, dass er durch diese Verwendung gewinne, – würdest du diesen tapfer nennen?
Laches: Nein, beim Zeus!
Sokrates: Wie aber, wenn ein Arzt, der seinen Sohn oder einen anderen an der Lungenkrankheit zu behandeln hat und nun gebeten wird, ihm zu essen und zu trinken zu geben, sich mit Beharrlichkeit nicht erbitten ließe?
Laches: Auch diese Art in keinerlei Weise.
Sokrates: Aber ein Mann, der im Kriege beharrlich und zu kämpfen entschlossen ist, weil er mit Klugheit berechnet, indem er weiß, dass ihm andere helfen werden, seine Gegner aber weniger und schlechter sind als seine Mitkämpfer, außerdem auch, dass er noch das bessere Terrain hat, – würdest du wohl behaupten, dass dieser, der mit solcher Klugheit und solchen Hilfsmitteln sich beharrlich zeigt, der Tapfere sei, oder der, welcher in dem entgegenstehenden Heere noch entschlossen ist, standzuhalten und auszuharren?
Laches: Der im entgegenstehenden Heere, wie mir dünkt, Sokrates.
Sokrates: Und doch ist seine Beharrlichkeit unklüger als die des anderen.
Laches: Das ist wahr.

Gerhard Heim in: ZDPE 3/2003, S. 243ff.

Dritter Versuch: Tapferkeit ist kluge Beharrlichkeit.

Erneute Prüfung: Ist jedes Beispiel für kluges und beharrliches Verhalten ein Fall von Tapferkeit? Ein aktuelles Beispiel: Ist ein Aktienhändler, der aufgrund seiner Erfahrung und seines Insiderwissens den Verkauf von Aktien beharrlich hinauszögert, um seinen Gewinn zu maximieren, tapfer?

Dieser Feldherr verhält sich eher unklug; trotzdem kann sein Verhalten ein Ausdruck von Tapferkeit sein. Tapferkeit setzt nicht notwendig Klugheit im Sinne von Expertenwissen voraus.

M2 Ein ergebnisloser Disput?

Viele Unterhaltungen über die Tugend und das Gute landen schließlich in der APORIE (Aporia = das in das Unwegsame führende „ich weiß nicht"). Nachdem keine der vorgeschlagenen Bestimmungen sich als stichhaltig erweist, endet das Gespräch ohne Ergebnis und Sokrates stellt zum Schluss ausdrücklich fest: „Wir haben also nicht gefunden, o Nikias, was die Tapferkeit ist." Die Fortsetzung des Gesprächs wird vereinbart. Dieser Schluss ist charakteristisch für alle sokratischen Gespräche. Sokrates weiß nicht, was die Tapferkeit ist. Die anderen wissen es auch nicht, aber Sokrates ist es, der ihnen erst klarmacht, dass sie es nicht wissen.

Gottfried Martin, S. 17

Aufgaben

1 Überlegt in einem kurzen Brainstorming: Was ist Tugend?
2 Erläutere an Beispielen, was für dich Tapferkeit bedeutet. → M1
3 Suche Ergänzungen für die rechte Spalte und schreibe mit ihrer Hilfe eine kurze Zusammenfassung des Textes. → M1
4 Sokrates zeigt, wie man mithilfe von Beispielen eine Definition überprüfen kann. Wendet dieses Verfahren an einem anderen Begriff an, z. B. Gerechtigkeit = für jeden das Gleiche.
5 Der Dialog mit Laches endet in der Aporie – ist er deswegen auch sinnlos? → M2

▶ Glossar: Aporie

5 Die Kunst der Widerlegung

M1 Prüfe dein Wissen

Nicht nur die Feldherren müssen sich von Sokrates in Gesprächen auf die Probe stellen lassen und nicht jeder nimmt die Prozedur so gelassen hin wie Nikias. Staatsmänner und Priester reagieren eher verärgert auf Sokrates. Das ist auch nicht verwunderlich, wenn man seinen Bericht über die Befragung eines Staatsmannes hört:

Als ich ihn nun prüfte, da gewann ich den Eindruck, dass dieser Mann wohl weise zu sein schien – nach dem Urteil vieler anderer Leute und vor allem nach seinem eigenen –, ohne es wirklich zu sein, und ich versuchte ihm klarzumachen, dass er sich zwar einbildete, weise zu sein, dass er es jedoch gar nicht war. So kam es, dass ich mich bei ihm und bei vielen der Anwesenden verhasst machte; bei mir selbst aber bedachte ich, als ich wegging: „Im Vergleich zu diesem Menschen bin ich der Weisere. Denn wahrscheinlich weiß ja keiner von uns beiden etwas Ordentliches und Rechts; er aber bildet sich ein, etwas zu wissen, obwohl er nichts weiß, während ich, der ich nichts weiß, mir auch nichts zu wissen einbilde. Offenbar bin ich im Vergleich zu diesem Mann um eine Kleinigkeit weiser, eben darum, dass ich, was ich nicht weiß, auch nicht zu wissen glaube."

Platon, Apologie, S. 21

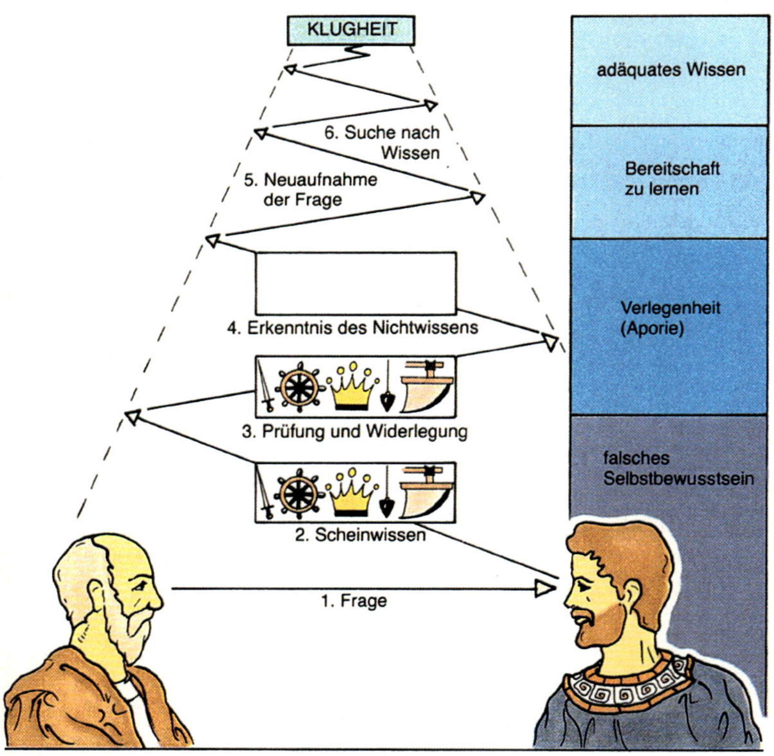

Die sokratische Elenktik (Widerlegungskunst)

M2 Der sokratische Dialog

Sokrates war weder ein Bücherschreiber noch ein einsamer Grübler noch ein dozierender Professor. Er geht auf den Markt und die Straßen. Es war ihm Bedürfnis, die Wahrheit im Zwiegespräch mit anderen zu finden. Wo sich ihm nur die geringste Aussicht auf Erfolg bietet, knüpft er es an. Dabei ging er von dem, was dem Betreffenden am nächsten lag, seiner Arbeit oder Beschäftigung, aus und bat ihn um Aufschluss über Wesen und Zweck seiner Tätigkeit.

Dann aber zeigte er dem also Befragten durch geschickte Kreuz- und Querfragen, dass er im Grunde nicht wisse, was er zu wissen vorgegeben habe, und deshalb noch weniger wisse als er (Sokrates selbst), der doch wenigstens von sich gewusst habe, dass er das, wonach er gefragt, in der Tat nicht wisse. Das ist die sogenannte Ironie des Sokrates.

Wer sich aber durch die beschämende Einsicht in die eigene Unwissenheit nicht von der weiteren Unterhaltung abschrecken ließ, den führte er in ernsthaftem Gespräche, indem er die in dem Mitunterredner noch schlummernden Gedanken aus ihm herauszulocken suchte, Schritt für Schritt weiter, durch Vergleichung der Tatsachen, bis zum festen Ausdruck des Gesuchten im Begriff.

Karl Vorländer

M3 Warum ist dein Tennisklub der beste?

Sokrates: Wohin so eilig?

Fred: Zum Tennis!

Sokrates: Wo spielst du denn?

Fred: Nun, doch natürlich in dem besten Klub der Stadt.

Sokrates: So, du weißt also, welcher der beste ist?

Fred: Natürlich!

Sokrates: Das interessiert mich. Bei so vielen Dingen habe ich vergeblich gefragt, was das ist, was etwas gut sein lässt. Ich bin glücklich, jemanden gefunden zu haben, der es weiß, wenn auch nur im Tennis ... Sag mir, warum ist dein Klub der beste?

Fred: Weil man die besten Verbindungen bekommt.

Sokrates: Was für Verbindungen? Zum Tennisspielen?

Fred: Ach wo, halt Verbindungen.

Sokrates: Aber [...] gehst du nicht in den Klub, um Tennis zu spielen?

Fred: Oh ja, das auch.

Sokrates: Nun, dann sage mir, warum dein Klub für dein Tennisspielen der beste ist.

Fred: Weil da die besten Spieler sind.

Sokrates: Das ist eine überzeugende Antwort. Und dennoch: Sag mir, [...] wenn es nun alles viel bessere Spieler sind als du – hast du schon einmal erlebt, dass bessere Spieler mit viel schlechteren spielen wollen?

Fred: Gewiss nicht.

Sokrates: Ist es dann nicht richtiger, in einen Klub zu gehen, wo die Spieler schlechter sind als du?

Fred: So könnte es scheinen, aber dann lerne ich ja nichts.

Sokrates: Das ist wahr. Also ist es wohl das Beste, in den zu gehen, wo man gleich gute Spieler findet?

Fred: Offenbar.

Sokrates: Aber was heißt: gleich gute Spieler? Solche, die es glauben zu sein, oder auch solche, die es sind, wenn sie sich auch selber für besser halten?

Hans-Georg Gadamer, S. 32f.

M4 Die Mäeutik oder Hebammenkunst

Versuchen wir, den menschlichen Geist so zu beschreiben, wie Sokrates ihn sich wohl vorgestellt hat: in der Mitte ein großer Haufen Unkraut, unter dem gut versteckt die Wahrheit oder vielmehr die richtige Einschätzung der Verhältnisse, der „Sinn der Dinge" verborgen liegt. Was soll man tun, fragt sich Sokrates, um zur Erkenntnis zu gelangen? Zunächst einmal muss man das Unkraut wegschaffen und dann die Wahrheit ans Licht bringen. Für die erste Phase, die wir „Unkrautjäten" nennen könnten oder pars destruens für die Freunde des Lateinischen, bedient sich Sokrates der Ironie. Dieses Wort kommt aus dem Griechischen und bedeutet „verhüllend befragen". Diese Kunst beherrscht der Meister unvergleichlich gut. Er stellt sich immer vollkommen unwissend und ahnungslos und gibt vor, von seinem Gesprächspartner lernen zu wollen. Seine Fragen werden immer bohrender, und am Ende konfrontiert er ihn mit seinen eigenen Widersprüchen. Das Unkraut nämlich, von dem wir oben sprachen, sind all die Vorurteile, falschen Ideale und abergläubischen Vorstellungen, die unseren Geist umnebeln. Sobald also diese Schlacken beseitigt sind, kann man zur wahren Erkenntnis gelangen, und dafür ist nun die Geburtshilfe nötig, nämlich die „Kunst, den Geist hervorzubringen". Sokrates beschreibt sie im Theaitetos in Erinnerung an seine Mutter: „Von meiner Hebammenkunst nun gilt im Übrigen alles, was von der ihrigen; sie unterscheidet sich aber dadurch, dass sie Männern die Geburtshilfe leistet und nicht Frauen und dass sie für ihre gebärenden Seelen Sorge trägt und nicht für Leiber."

Luciano de Crescenzo, S. 268-269

Aufgaben

1 Nenne Gründe, warum führende Persönlichkeiten des öffentlichen Lebens (s. Symbole in der Abbildung in M2) so verärgert auf Sokrates reagieren. ➜ M1

2 Beschreibe die Sokratische Methode der Elenktik und Mäeutik. Was unterscheidet sie von einem „Hereinlegen" oder „an-der-Nase-Herumführen"? ➜ M2/4

3 Schreibe den Dialog weiter. ➜ M3

4 Fred geht nach Hause und berichtet seinem Freund von einer merkwürdigen Begegnung. ➜ M3

5 Einigt euch auf ein Thema (z. B. Autofahren) und entwerft einen sokratischen Dialog.

6 Sammelt Beispiele für das „Unkraut" im menschlichen Geist aus dem Alltag, vor allem den Medien. ➜ M4

▶ Glossar: Elenktik, Mäeutik

6 Die Macht des Logos

M1 Logos als Lebensprinzip

Auf einer antiken Bildsäule des Sokrates, die im Nationalmuseum in Neapel steht, befindet sich die Inschrift:

EGO OY NYN PRO
TON ALA KAI AEI TOI
OYTOS OIOS TO(N
EMON MEDIE(NI AL
LO PEITHES(THAI
E TO LOGO (OS AN
MOI (LOGIZOMENO
BELTISTOS PHAINETAI

Nicht nur in diesem Augenblick, sondern mein ganzes Leben lang halte ich es so, dass ich nichts anderem gehorche als dem Logos, der sich mir in der Untersuchung als der beste erweist.

M2 Logos als Maßstab

Sokrates verwickelt seine Mitbürger in Gespräche, um mit ihnen im Logos dieser Gespräche das Wesen der Tugend, das Wesen des Guten zu erkennen. Das Wort Logos hat verschiedene Bedeutungen. [...] Logos im Sinne Sokrates' bedeutet das, was aus einem gemeinsamen Gespräch an vernünftiger Einsicht herauskommt. Dabei umfasst der Logos einerseits den lebendigen Dialog selbst, das unmittelbare Sprechen, und andererseits das im Dialog richtig Gedachte.

Das Gute besteht nicht in dem, was die Leute meinen und tun, sondern das Gute hat einen Logos, einen Sinn. Ihn gilt es zu erkennen und zu befolgen. Der Logos, der sich in den Gesprächen als der beste erweist, weil er jeder kritischen Überprüfung standhält, ist der objektive Maßstab der Moral.

Volker Spierling, S. 45-46

M3 Tugend ist Wissen

Sokrates ist überzeugt, dass der, welcher das Schöne und Gute erkennt, auch danach handelt und der, welcher das Hässliche kennt, sich auch davor in acht nimmt, dass er durch das Wissen weise und besonnen ist. Also muss man die sittlichen Begriffe untersuchen und das wahre Wissen von diesen Begriffen den Menschen übermitteln.

In der Praxis erweist sich der Wissende als der Tüchtigere. Der Handwerksfachmann weiß genau, welchen Zweck er befriedigen soll und welche Methoden dazu führen. Vielleicht hat Sokrates gerade aus dem fachmännischen Wissen und dessen Auswirkung die Notwendigkeit gefolgert, die Technik des sittlichen Wissens zu erlernen. So formuliert Sokrates sehr scharf: Die wahre Tugend besteht im Wissen = Episteme. Wer die wahre Episteme beherrscht – wie der Tischler den Begriff des Tisches kennen muss, um richtige Tische zu schaffen –, der wird von selbst zum sittlichen-richtigen Handeln geführt.

Wer das Wesen des Guten wirklich erkannt hat, kann gar nicht anders, als das Gute auch in der Praxis zu verwirklichen: niemand fehlt freiwillig.

Damit war das Wissen vom Guten zum Wesen der Sittlichkeit, zum Lebensprinzip erhoben.

Franz Eckstein, S. 57

Logos

Der Grundbegriff der antiken Philosophie hat viele Bedeutungen:
- Er meint alles, was gesagt und geschrieben wird: Rede, Wort, Erzählung.
- Übertragen meint er Gedanke, Begriff, Grundsatz, Sinn, Weltgesetz.
- Sokrates verwendet ihn für Vernunft, Einsicht, Grund, Rechtfertigung; Logos ist für ihn ein Mittel der Selbsterkenntnis und ein Prüfstein für seine Handlungen und Überzeugungen.

M4 Bedeutung moralischer Begriffe

Das Attribut „gut“ verwenden wir im Alltag in Werturteilen sehr häufig. Wir sagen: gutes Essen, ein gutes Auto, ein gutes Messer, gute Musik, ein guter Dieb, eine gute Handlung, ein guter Mensch. Mit dem Attribut „böse“ dagegen gehen wir sehr viel sparsamer um. Wir sagen zwar: eine böse Absicht, aber statt „ein böser Mensch“ sagen wir eher „ein schlechter Charakter“, und statt „eine böse Tat“ eher „eine schlechte Handlung“. Das Attribut „schlecht“ aber ist wiederum auch auf alle oben genannten Beispiele anwendbar. „Gut“ und „schlecht“ gebrauchen wir somit sowohl in moralischer als auch in außermoralischer Bedeutung, wohingegen „böse“ (auch „böswillig“, „bösartig“) eine ausschließlich moralische Bedeutung hat. Mit *gut, böse, schlecht* bezeichnet man in der Regel eine bestimmte Qualität einer Sache bzw. das Fehlen dieser Qualität oder das qualitative Gegenteil. Die Ethik interessiert sich dabei vorwiegend für die *moralische* Bedeutung dieser Wörter. In *außermoralischer* Bedeutung heißt etwas gut, wenn es im instrumentellen Sinn gut, d. h. gut zu etwas ist.:

„Also, lassen Sie uns die Sache hier einmal etwas theoretischer betrachten.“

Ein Essen ist gut, wenn es lecker schmeckt und verdaulich ist, d. h. wenn es gut zur Befriedigung des Appetits ist; ein Auto ist gut, wenn es schnell und sicher, d. h. gut zum Fahren ist; eine Musik ist gut, wenn sie gefällt, d. h. gut zum akustischen Kunstgenuss ist; ein Dieb ist gut, wenn er geschickt und fingerfertig, d. h. gut zum Stehlen ist.

Alles, was im instrumentellen Sinn als gut bezeichnet wird, ist nicht gut in sich selber, sondern um eines anderen willen gut, das den Maßstab der Güte enthält. Moralisch gut dagegen heißt etwas, das nicht im Hinblick auf etwas anderes oder um eines anderen willen, sondern in sich selbst gut ist.

Annemarie Pieper, S. 171f.

Aufgaben

1. Übersetze den Begriff Logos in den heutigen Sprachgebrauch. Zeige an einem Beispiel (z. B. Tempolimit), inwieweit er für unser Handeln Bedeutung hat. ➜ M1/2/3
2. Überlege, ob der Satz „In meinen Handlungen folge ich nur dem Logos." für dich ein Handlungsgrundsatz sein könnte. Welche Probleme tauchen bei seiner strikten Befolgung auf? ➜ M 2/3
3. Zeige an weiteren Beispielen, dass Wissen (Episteme) Vorraussetzung für richtiges Handeln ist (z. B. Skifahren, Kuchenbacken, gerecht handeln). ➜ M3
4. Finde für die einzelnen Textabschnitte Zwischenüberschriften und bestimme ihre Funktion (= Definition, Beispiel usw.). ➜ M4
5. Unterscheide die Begriffe anhand von Beispielen: ➜ M4
   - Ein guter Schüler/Lehrer ist ...
   - Ein böser Schüler/Lehrer ist ...
   - Ein schlechter Schüler/Lehrer ist ...

   Achte bei „gut" auf die moralische und außermoralische Verwendung.
6. Erstellt in Gruppen eine Tabelle mit außermoralisch guten und moralisch guten Handlungen: ➜ M4

außermoralisch gut	moralisch gut
guter Dieb = stiehlt geschickt und fingerfertig	guter Bürger = stiehlt nicht, achtet das Eigentum

7. Vergleicht eure Tabellen und diskutiert die Schwierigkeiten, die bei der Zuordnung entstehen.

▶ Glossar: Episteme

7 Der Standpunkt der Moral

M1 Eine neue Methode

Mit Sokrates beginnt eine neue Art und Weise des Nachdenkens über moralische Probleme. Er lässt sich in seinen Überlegungen nicht mehr von der Tradition und von herkömmlichen Regeln leiten und begibt sich auf die Stufe des kritischen und selbständigen Denkens, indem er danach fragt, was prinzipiell gut und moralisch geboten ist. Er sucht sein Handeln nicht danach auszurichten, was die anderen sagen, was ihm seine Gefühle raten oder was seinem eigenen Wohl dient. Die Methode der Prüfung ist das argumentierende Gespräch, das gemeinsame vernünftige Überlegen. Das gemeinsame Bemühen und die kritische selbständige Reflexion über das sittlich Gebotene führen dann zu dem, was man heute den „Standpunkt der Moral" nennen würde, den alle rationalen Menschen, würden sie in der sokratischen Weise argumentieren, akzeptieren und öffentlich befürworten können.

M2 Moralisches Argumentieren

Sokrates: Haben wir mit Recht immer wieder gesagt oder nicht, dass man bestimmte Meinungen beachten solle, andere hingegen nicht? [...] Brauchbar sind die der Vernünftigen, verkehrt die der Unvernünftigen, nicht wahr?

Kriton: So ist es.

Die Meinung der Menge (was die Leute im Allgemeinen darüber denken) zählt nicht, sie könnten sich irren.

Sokrates: Gut, und was bedeutete es, wenn wir Folgendes sagten: Wird jemand, der Sport treibt, und zwar ernsthaft, jedermanns Lob und Tadel und Meinung beachten, oder nur die des einen, der Arzt oder Sportlehrer ist?

Kriton: Nur die des einen. [...]

Sokrates: [...] Verhält es sich nicht auch bei den anderen Dingen so, Kriton, damit wir nicht alles einzeln durchgehen müssen: beim Gerechten und Ungerechten, beim Hässlichen und Schönen, beim Guten und Schlechten, worüber wir jetzt nachdenken: Sollen wir auf die Meinung der Menge hören und uns vor ihr fürchten oder auf die des einen, wenn jemand etwas davon versteht – vor dem man sich mehr schämen und fürchten muss als vor allen anderen? [...]

Kriton: Ich meine schon, Sokrates. [...]

Sokrates: Folglich, mein Bester, haben wir uns durchaus nicht so sehr um die Menge zu kümmern, was sie von uns sagen wird, sondern vielmehr um den Sachverständigen für das Gerechte und das Ungerechte, um den einen und um die Wahrheit selber. [...] Prüfe nun auch den folgenden, ob er uns noch bestehen bleibt oder nicht: dass man nicht einfach dem Leben den größten Wert beimessen soll, sondern dem Recht-Leben.

Kriton: Ja, der bleibt bestehen. [...]

Nicht das Leben, sondern das gute Leben ist lebenswert. Der Ausgangspunkt wird festgelegt: gemeinsame Wahrheitssuche im Dialog.

Sokrates: Wir wollen die Sache gemeinsam untersuchen, mein Bester, und wenn du etwas widerlegen kannst von dem, was ich sage, dann widerlege es, und ich werde dir folgen [...] Wir behaupten doch, man dürfe in keinem Falle willentlich Unrecht tun, oder darf man's in dem einen Falle wohl, in dem andern nicht? Oder ist das Unrechttun unter keinen Umständen etwas Gutes oder Schönes, wie wir in der früheren Zeit schon oft übereinstimmend festgestellt haben? [...] Ob die Menge nun ja dazu sagt oder nicht und ob wir noch Schlimmeres erleiden müssen als dies hier oder auch weniger Schlimmes: Das Unrechttun ist trotzdem für den, der es tut, in jedem Falle etwas Schlechtes und Hässliches – ja oder nein?

Kriton: Ja.

Sokrates: Man darf also unter keinen Umständen Unrecht tun.

Kriton: Ganz gewiss nicht.

Sokrates: Man darf also auch nicht erlittenes Unrecht mit Unrecht vergelten, wie die Menge glaubt: da man ja unter keinen Umständen Unrecht tun darf.

Kriton: Allem Anschein nach nicht.

Sokrates: Wie denn? Darf man Böses tun, Kriton, oder nicht?

Kriton: Keineswegs, Sokrates.

Sokrates: Wie nun: Mit Bösem zu vergelten, was man Böses erlitten hat, wie's die Menge will, ist das gerecht oder ungerecht?

Kriton: Ganz gewiss ungerecht.

Sokrates: Denn den Menschen Böses tun heißt nichts anderes als ihnen Unrecht tun.

Kriton: Das ist wahr.

Sokrates: Man darf also kein Unrecht vergelten noch einem Menschen Böses tun, und wenn man noch so schwer von ihm zu leiden hatte. Und sieh dich vor, Kriton, wenn du hierin mit mir übereinstimmst, dann darfst du das nicht gegen deine Überzeugung tun; denn ich weiß, dass nur wenige hiervon überzeugt sind, jetzt und in Zukunft. Zwischen denen aber, die diese Überzeugung haben, und denen, die sie nicht haben, gibt es keine Gemeinsamkeit des Standpunktes, und mit Notwendigkeit verachten sie einander, wenn sie ihre beiderseitigen Standpunkte betrachten. Sieh also ganz genau zu, ob du hier mitmachen kannst und derselben Meinung bist wie ich und wir bei unserer Beratung davon ausgehen dürfen, dass es niemals richtig ist, Unrecht zu tun oder Unrecht zu vergelten oder sich, wenn man Böses erlitten hat, zur Wehr zu setzen, indem man selbst wieder Böses tut – oder wirst du abtrünnig und machst du schon bei diesem Ausgangspunkt nicht mit? Denn ich war schon immer davon überzeugt und bin es auch jetzt noch, doch du, wenn du eine andere Überzeugung hast, sprich und gib Auskunft.

Platon, Kriton, 46–49 (m. A.)

Wir sollten nie etwas tun, was moralisch falsch ist, egal ob es zu unserem Vorteil oder Nachteil ist. Oberster moralischer Grundsatz ist die Basis für Entscheidungen.

Jeder muss die Frage für sich beantworten und den Standpunkt der Moral selbst einnehmen.

Musterbeispiel moralischer Argumentation

- Nicht kritiklos der Meinung der Menge folgen, sondern einen unabhängigen Standpunkt einnehmen.
- Prinzipiell nach dem moralisch Richtigen ohne Rücksicht auf sich und andere fragen.
- In der Argumentation nicht Gefühlen folgen, sondern der Vernunft (Logos).
- Den obersten moralischen Grundsatz anerkennen, dass Unrecht weder zu tun noch zu vergelten ist.
- Unabhängig von den Konsequenzen dem Gewissen folgen, das die unbedingte Verpflichtung zum moralisch richtigen Handeln auferlegt.

Aufgaben

1 Suche mit eigenen Kommentaren oder Fragen zum Text in deinem Heft Ergänzungen für die rechte Spalte. → M2

2 Überprüfe die Behauptung, dass man stets einen Fachmann zu Rate ziehen sollte, an Beispielen (Doping im Sport). → M2

3 Überlege, wer ein Fachmann für das Gute und Gerechte sein könnte. → M2

4 „Unrecht ist weder zu tun noch zu vergelten". Finde Beispiele, in denen die Anwendung dieses Grundsatzes zu untragbaren Konsequenzen führen kann. → M2

5 Die Klasse ist einhellig der Meinung, dass Paul aus der Gemeinschaft ausgeschlossen werden soll, weil viele ihn wegen seines oft merkwürdigen Verhaltens nicht leiden können. Gestaltet ein Gespräch, in dem ihr die Grundregeln der moralischen Argumentation beachtet.

8 Das Dilemma

M1 Der Prozess

Der Prozess gegen Sokrates fand 399 v. Chr. statt. Ankläger waren Meletos, Lykon und Anytos, ein angesehener Athener Bürger und typischer Vertreter der konventionellen religiösen Werte, mit denen Sokrates in Konflikt geraten war. Sie klagten ihn wegen „Verderbung“ der Jugend und Gottlosigkeit (Asebie) an und warfen ihm vor, über die Natur der „göttlichen“ Gestirne rein physikalische Lehren zu verbreiten und die Existenz der Götter zu leugnen.

Die Hauptverhandlung fand vor einem Geschworenengerichtshof (dikasterion) mit 501 Richtern statt; diese wurden aus einer Liste von 6000 freiwilligen, von der Volksversammlung gewählten Bürgern Athens durch das Los bestimmt. Sokrates wurde mit einer knappen Mehrheit von 281 zu 220 Stimmen schuldig gesprochen.

Sokrates vor Gericht

Die Hinrichtung des Sokrates fand erst lange nach seiner Verurteilung statt; erst musste das Schiff zurückkehren, das jährlich zur Insel Delos geschickt wurde, um Apollon Dank zu sagen, dass er Theseus bei der Errettung der athenischen Geiseln aus dem Labyrinth des Minotauros geholfen hatte. Während der Festgesandtschaft durfte die Stadt Athen durch keine Hinrichtung „befleckt“ werden.

M2 Flucht als Ausweg?

Zwanzig Tage nach dem Todesurteil treffen wir Sokrates mit seinem Landsmann und Altersgenossen Kriton im Gefängnis an. Der Freund will ihn überreden, durch eine Flucht aus dem Gefängnis sein Leben zu retten. Freunde haben Geld besorgt und sich um einen Zufluchtsort im Exil gekümmert, die Wächter sind bereits bestochen.

Kriton hat gute Argumente für die Flucht:

- Er und seine Gefährten wollen Sokrates als Freund nicht verlieren, und es ist bereits alles für die Flucht vorbereitet.
- Kriton sorgt sich auch um seinen guten Ruf, denn die Meinung der Menge würde ihn verurteilen, wenn er einem Freund nicht hilft.
- Die Flucht hätte die besten Folgen für alle Beteiligten: für Kriton und seine Freunde, für Sokrates' Söhne und auch für Sokrates selbst – denn er könnte noch weiterleben und lehren.

M3 Sokrates' Prüfverfahren

Sokrates: Ich bin bereit zur Flucht. Vorher aber sollten wir gemeinsam überlegen, ob es wirklich richtig ist, dass ich gegen den Willen der Athener versuche, aus dem Gefängnis zu fliehen. Wenn es richtig ist, werden wir es tun, wenn es aber nicht richtig ist, werden wir es nicht tun.

Kriton: Wohl gesprochen, o Sokrates.

Sokrates: Glaubst du nicht, o Kriton, dass man im Leben niemals, aus welchem Grund auch immer, eine Ungerechtigkeit begehen darf?

Kriton: Aus keinem Grund.

Sokrates: Auch nicht, wenn vorher eine Ungerechtigkeit begangen worden ist?

Kriton: Auch dann nicht.

Sokrates: Und wenn wir nun annehmen, dass genau in dem Augenblick, in dem ich mich davonmachen will, die Gesetze kämen und uns fragen würden: „Sag mal, o Sokrates, was hast du denn vor? Du willst doch wohl nicht uns, die wir die Gesetze sind und damit die ganze Stadt, zerstören?“ Was könnten wir dann auf solche Worte antworten? Werden wir dann antworten, dass uns vor der Flucht eine ungerechte Strafe auferlegt worden ist?

Kriton: Gewiss, so werden wir antworten.

Sokrates: Und wenn die Gesetze mir dann sagten: „Wisse, o Sokrates, dass man alle Urteile annehmen muss, gerechte wie ungerechte, da die ganze Existenz des Menschen durch die Gesetze geregelt ist. Verdankst du dein Leben vielleicht nicht uns? Hat dein Vater deine Mutter vielleicht nicht kraft Gesetzes geheiratet und dich gezeugt? Und haben nicht wir dich stets gelehrt, das Vaterland zu ehren und vor dem Feind nicht zurückzuweichen?“ Wenn sie solche Fragen stellen würden, was könnten wir dann antworten: dass sie die Wahrheit sagen oder die Unwahrheit?“

Kriton: Dass sie die Wahrheit sagen.

Sokrates: Und dennoch möchtest du, dass ich mich mit einem komischen Umhang, womöglich sogar mit Frauensachen, verkleide und aus Athen fliehe, um vielleicht nach Thessalien zu gehen, wo die Menschen gemeinhin in Unordnung und Ausschweifungen leben, nur um ein Leben, das sich ohnehin dem Ende zuneigt, um ein paar Jährchen zu verlängern! Wie könnte ich, nachdem ich damit gegen die Gesetze verstoßen habe, noch über Tugend und Gerechtigkeit reden!

Luciano de Crescenzo, S. 259

M4 Das Daimonion

Sokrates weiß, dass uns das Leben oft unvorhergesehen vor Entscheidungen stellt, die rasch getroffen werden müssen und deshalb nicht immer gründlich durchdacht und genau begründet werden können. In solchen Fällen hört er auf die warnende Stimme seines Daimonions. Damit ist die Stimme des Gewissens gemeint, aber nicht als die Stimme einer nach innen verlegten äußeren Autorität, sondern als Ausdruck einer genauen Wahrnehmung und Kenntnis seiner selbst. Ein solches Gewissen weiß intuitiv, was der eigenen Persönlichkeit entspricht und was ihr widerspricht. [...] Sokrates fasst die warnende innere Stimme als göttlich auf.

Klaus Disselbeck, S. 11

M5 Sokrates' Dilemma

Sokrates befindet sich offensichtlich in einer Zwickmühle, einem Dilemma:

Soll ich

Aufgaben

1 Informiere dich über das Gerichtsverfahren in Athen im 4. Jahrhundert vor Christus. → M1

2 Beschreibe das Bild und erfinde Sprechblasen zu Sokrates und den Athenern. → M1

3 Welche Wertvorstellungen (z. B. Freundschaft) liegen den Argumenten Kritons zugrunde? Was könnte Kriton noch anführen? → M2

4 Welche Bedeutung haben für Sokrates die Gesetze? Lies hierzu Platon: Apologie des Sokrates – Kriton, S. 48–57.
Erläutere, inwiefern eine Flucht die Gesetze „zerstören“ würde. Ist diese Haltung heute noch nachvollziehbar? → M3

5 Führt eine Dilemmadiskussion (s. S. 11) in eurer Klasse durch: Soll Sokrates fliehen? → M4

▶ Glossar: Daimonion

9 Der Tod des Sokrates

M1 Sterben im Kreis der Freunde

Jacques-Louis David: Der Tod des Sokrates (1787)

M2 Sokrates leert den Schierlingsbecher

Als die Schüler die Zelle betreten, finden sie den Meister in Gesellschaft von Xanthippe und seinem jüngsten Sohn vor. Als sie die Neuankömmlinge sieht, fängt die Frau verzweifelt zu schreien an. „Oh Sokrates, nun reden diese deine Freunde zum letzten Mal mit dir und du mit ihnen!“ Worauf sich der Philosoph an Kriton wendet und sagt: „O Kriton, lass doch jemand die Frau nach Hause führen.“ [...] Sokrates umarmt sie alle zärtlich und fordert sie dann auf, wieder hinauszugehen.

Nun kommt der Mann mit dem Schierlingsbecher herein. [...] „Glaubst du, dass man mit einem solchen Trank auf irgendeinen Gott anstoßen kann?“, fragt Sokrates. „Um solche Fragen kümmern wir uns nicht, wir bereiten nur die Menge zu, die gerade nötig ist.“ Mit diesen Worten hält der Sklave Sokrates das Gift entgegen, der es ohne das leiseste Zögern in einem Zug austrinkt. Eine unerwartete, endgültige Geste, die alle Anwesenden bestürzt, auch diejenigen, die bis jetzt ihre Tränen zurückgehalten haben. Kriton ist verzweifelt. Er steht auf und verlässt die Zelle. Apollodoros, über dessen Wangen schon vorher die Tränen geflossen waren, fängt jetzt an, verzweifelt zu schluchzen. Phaidon vergräbt das Gesicht in die Hände. Der arme Sokrates weiß nicht, was er tun soll: Er geht von einem zum andern, versucht, jeden ein wenig zu trösten.

„Aber was ist denn los mit euch?“, protestiert Sokrates, während er diese Tröstungsversuche macht. „Ich habe Xanthippe weggeschickt, um solche unerfreulichen Szenen zu vermeiden. Nie hätte ich gedacht, dass ihr euch noch schlimmer verhaltet. Seid stark und heiter, o Freunde, wie es sich für Philosophen und gerechte Menschen ziemt.“ Bei diesen Worten schämen sich die Schüler ein wenig, dass sie sich so haben gehen lassen.

M3 Was ist der Tod, was kommt danach?

Sokrates antwortet auf diese Frage:

Es muss wohl etwas Gutes sein, was mir zustieß, und unmöglich können wir richtig vermuten, wenn wir glauben, das Sterben sei ein Übel. [...]

Entweder ist es ein Nichts-Sein, und keinerlei Empfindung mehr haben wir nach dem Tode – oder es ist, wie die Sage geht, irgendeine Versetzung und eine Auswanderung der Seele aus dem Orte hier an einen andern. Und wenn es keinerlei Empfindung gibt, sondern Schlaf, wie wenn einer schläft und kein Traumbild sieht, dann wäre der Tod ein wundervoller Gewinn. [...] Wenn dagegen der Tod wie eine Auswanderung ist von hier an einen andern Ort und wenn die Sage wahr ist, dass dort alle Gestorbenen insgesamt weilen, welches Gut wäre dann größer als dieses?

M4 Sokrates' Vermächtnis

Im letzten Teil seiner Verteidigungsrede warnte Sokrates die Athener vor den Folgen ihres Handelns:

Ich verkünde euch, ihr Männer, die ihr mich zum Tode verurteilt habt, über euch wird alsbald nach meinem Hingang eine bei Zeus viel schwerere Strafe kommen als die Hinrichtung, die ihr an mir vollzogt. Jetzt nämlich tatet ihr so in der Meinung, euch der Rechenschaft über eure Lebensführung zu entledigen, aber ich sage, gerade das Gegenteil wird euch geschehen. Noch mehr werden kommen, euch zu prüfen, die ihr bisher nicht bemerkt habt, weil ich sie zurückhielt. Umso mehr werden sie euch peinigen, als sie jünger sind, und ihr werdet umso mehr grollen. Denn wenn ihr glaubt, durch Hinrichtungen dem Einhalt zu tun, dass man euch schilt, ihr lebtet nicht recht – so denkt ihr nicht recht. Eine solche Abwehr ist nämlich weder ganz durchführbar, noch ist sie edel, sondern die schönste und leichteste ist die, nicht andere zu hindern, sondern sich selbst zu fördern, dass man so gut wie möglich wird.

M3/4: Platon, Apologie 40 d, S. 50–51/39 c–e, S. 49

M5 Die Folgen für Athen

Nun weilte er nicht mehr unter den Menschen. Die Athener aber wurden alsbald von Reue befallen. Sie schlossen die Ringschulen und die Gymnasien, bestraften einige durch Verbannung und verurteilten den Meletos zum Tode. Den Sokrates aber ehrten sie durch Errichtung einer ehernen Bildsäule [...]. Und was den Anytos anlangt, der damals verreist war, so verwiesen sie ihn gleich am Tage seiner Ankunft des Landes. Dieser Vorgang mit Sokrates und den Athenern steht übrigens nicht vereinzelt in der Geschichte da, es gibt viele ähnliche Fälle. *Diogenes Laertius, S. 95*

M6 Gefahr beseitigt!

Warum ist Sokrates zum Tode verurteilt worden? Dies ist eine Frage, die man sich nach 2400 Jahren noch stellen kann. Die Menschen brauchen Gewissheiten, um leben zu können, und weil es diese nicht gibt, tritt immer irgendeiner auf und erfindet solche Gewissheiten zum allgemeinen Wohl. Ideologen, Propheten, Astrologen verkünden manchmal in gutem Glauben, manchmal aber auch nur aus Berechnung Wahrheiten, um die Ängste der Gesellschaft zu besänftigen. Wenn aber einer kommt und behauptet, dass niemand wirklich etwas wissen könne, wird dieser Mann ganz schnell zum öffentlichen Feind Nummer eins der Politiker und Priester. Ein solcher Mann muss sterben!

M2/6: Luciano de Crescenzo, S. 261, 265–266/S. 257

Aufgaben

1 Der französische Maler hat in seinem berühmten Gemälde die letzten Momente vor dem Tod des Sokrates dargestellt – fertigt eine Bildanalyse (s. S. 160) an. ➜ M1

2 Sokrates geht mit großer Gelassenheit in den Tod. Erarbeite die Gründe für seine Haltung. ➜ M1/2/3

3 Fasse das Vermächtnis Sokrates' thesenartig zusammen. ➜ M4

4 Spielt eine Szene auf dem Athener Marktplatz: Ein jugendlicher Anhänger des Sokrates stellt zwei Richter zur Rede, die für Sokrates Tod gestimmt haben. ➜ M4

5 Finde historische oder zeitgenössische Beispiele für den Satz: „Es gibt viele ähnliche Fälle." ➜ M5

6 Erörtere an einem Beispiel, dass es gefährlich sein kann, allgemeine „Gewissheiten", die den Menschen Sicherheit versprechen, zu entlarven. ➜ M6

10 Sokrates kontrovers

Wie verwenden die Menschen heute den Satz „Ich weiß, das ich nichts weiß.“? Viele kokettieren mit ihm, denn im Grunde wollen sie damit sagen, dass sie sehr wohl etwas wissen. Aber wenn wir uns selbst prüften, streng und scharfsinnig wie Sokrates sich und andere – wohin würde uns dieser Satz führen? Vielleicht an die Grenzen unseres Denkens. Vielleicht würden wir merken, wie wenig wir wissen, und vor allem: wie wenig wir wissen können.

Volker Friedrich, S. 3, 16

Es ist besser, ein unzufriedener Mensch zu sein, als ein zufriedengestelltes Schwein; besser, ein unzufriedener Sokrates als ein zufriedener Narr.

John Stuart Mill, S. 18

Was ist das „ungeprüfte Leben“? Leider ist es genau die Art Leben, das viel zu viele Menschen leben: Aufstehen, anziehen, essen, zur Arbeit fahren, Mittagspause einlegen, noch etwas mehr arbeiten, nach Hause fahren, wieder essen, fernsehen, Zeitschriften durchblättern, sich mit Familienmitgliedern oder Freunden am Telefon unterhalten, Schlafanzug anziehen und schließlich einschlafen – nur um dann dasselbe immer und immer wieder und Tag für Tag zu wiederholen, ohne jemals darüber nachzudenken, was das Ganze soll oder wie das Leben eigentlich gelebt werden soll.

Tom Morris, S. 33

Wenn man nötig hat, aus der Vernunft einen Tyrannen zu machen, wie Sokrates es tat, so muss die Gefahr nicht klein sein, dass etwas anderes den Tyrannen macht. [...] Der Fanatismus, mit dem sich das ganze griechische Nachdenken auf die Vernünftigkeit wirft, verrät eine Notlage: man war in Gefahr, man hatte nur eine Wahl: entweder zugrunde zu gehn oder – absurd-vernünftig zu sein [...]. Der Moralismus der griechischen Philosophen von Plato ab ist pathologisch bedingt: Vernunft = Tugend = Glück heißt bloß: man muss es dem Sokrates nachmachen und gegen die dunklen Begehrungen ein Tageslicht herstellen – das Tageslicht der Vernunft. Man muss klug, klar, hell um jeden Preis sein: jedes Nachgeben an die Instinkte, ans Unbewusste führt hinab.

Friedrich Nietzsche, S. 955

Sokrates war der Erste, der die Philosophie vom Himmel herabholte, sie in den Städten einbürgerte und sogar in die Häuser eintreten ließ. Er zwang sie, dem Leben, der Moral, dem Guten und Bösen nachzuspüren.

Cicero, S. 163

Tatsächlich tritt Sokrates als ein Wissender auf, wenn er sich gegen jene wendet, die alles zu wissen glauben. Er ist nur scheinbar ein Nichtwissender, der in Wahrheit mehr weiß als seine Gesprächspartner. Er verstellt sich gegenüber den Befragten als der Geringere, der vorgibt, nichts zu wissen und mimt bloß den Unwissenden. Wie ein Tiefstapler zeigt er Überlegenheit im Schein des Unterlegenen.

Johannes Rohbeck in: ZDPE 2/07, S. 85

Was ich also zu tun habe, damit mein Wollen sittlich gut sei, dazu brauche ich gar keine weit ausholende Scharfsinnigkeit. Unerfahren in Ansehung des Weltlaufs [...] frage ich mich nur: Kannst du auch wollen, dass deine Maxime [subjektiver Handlungsgrundsatz] ein allgemeines Gesetz werde? [...] Es wäre leicht zu zeigen, wie sie [die menschliche Vernunft], mit diesem Kompass in der Hand, in allen vorkommenden Fällen sehr gut Bescheid wisse, zu unterscheiden, was gut, was böse, pflichtmäßig oder pflichtwidrig sei, wenn man, ohne sie im mindesten etwas Neues zu lehren, sie nur, wie Sokrates tat auf ihr eigenes Prinzip aufmerksam macht.

Immanuel Kant, BA 22

Die Verteidigungsrede und der Tod des Sokrates haben die Idee des freien Menschen zu einer lebendigen Wirklichkeit gemacht. Sokrates war frei, weil sein Geist nicht unterjocht werden konnte; er war frei, weil er wusste, dass man ihm nichts anhaben kann. Dieser sokratischen Idee des freien Menschen, die ein Erbgut unseres Abendlandes ist, hat Kant auf dem Gebiete des Wissens wie auf dem der Ethik eine neue Bedeutung gegeben. Und weiter hat er ihr die Idee einer Gesellschaft freier Menschen hinzugefügt – einer Gesellschaft aller Menschen.

Karl Raimund Popper, S. 19

Sokrates ist ein weltgeschichtliches Ereignis, und Sokrates ist das Wappenschild über dem Eingangstor zur Wissenschaft. Sokrates hat die Bedeutung und die Tragweite des Logos entdeckt [...].
Sokrates war es, der diesen Weg der Menschheit eröffnet hat, mag dieser Weg sich nun als das größte Unheil der Menschheit erweisen oder ihr größtes Glück.

Gottfried Martin, S. 146

Wie rühmt man nicht Sokrates über seine Gewissenhaftigkeit, die ihn dem Rate, aus dem Kerker zu entweichen, widerstehen lässt. Er ist ein Tor, dass er den Athenern ein Recht einräumt, ihn zu verurteilen. Darum geschieht ihm allerdings Recht; warum bleibt er auch mit den Athenern auf gleichem Boden stehen! Warum bricht er nicht mit ihnen? Hätte er gewusst und wissen können, was er war, er hätte solchen Richtern keinen Anspruch, kein Recht eingeräumt. Dass er nicht entfloh, war eben seine Schwachheit, sein Wahn, mit den Athenern noch Gemeinsames zu haben, oder die Meinung, er sei ein Glied, ein bloßes Glied dieses Volkes.

Max Stirner, S. 235-236

Sokrates hatte den Tod nicht verdient. Aber er hat ihn ein wenig gesucht. [...] Ein bewundernswerter Tod? Nein! [...] Eine Erbauungsgeschichte für die Jugend und für Naive. [...] Die Wahrheit ist: Wäre er friedlich an Altersschwäche gestorben, erinnerte man sich seiner nur als des Helden der platonischen Dialoge und damit genug. Aber der Schierling hat ihn gerettet [...]. Ein Märtyrer der Philosophie und des kritischen Geistes! Der Mythos hält sich seit zweitausendvierhundert Jahren.

Frederic Pages, S. 32-33

Das sokratische Gespräch

Die von Platon überlieferten argumentativen Dialoge sind Vorbild für das sokratische Gespräch, eine philosophische Unterrichtsmethode, die zur Selbstbesinnung, zu eigenverantwortlichem Denken und zu gut begründeten Urteilen anleiten soll.

1. Jeder vernünftige Mensch, der sich auf die Gesprächsregeln einlässt, kann teilnehmen.
2. Ziel ist die gemeinsame Wahrheitsfindung und Problemlösung im Gespräch.
3. Gegenstand ist ein aktuelles ethisches Problem, eine existenzielle Frage, ein selbst erlebtes Beispiel.
4. Grundlage ist die gegenseitige Achtung der Teilnehmer, Geduld, Rücksichtnahme, Unvoreingenommenheit.
5. Die Methode des gegenseitigen Fragens (Hebammenkunst) soll dabei helfen, eigene Gedanken oder Ansichten zu formulieren und zu prüfen.
6. Die Teilnehmer streben nach einem Konsens, d. h. suchen nach Antworten und Urteilen, denen alle zustimmen können.

Aufgaben

Philosophie ist vor allem wichtig durch ihre Wirkungsgeschichte. Sokrates wird bis in die heutige Zeit immer wieder diskutiert, wie du an den einzelnen Aussagen sehen kannst. Diese Doppelseite ist zur Wiederholung, Vertiefung und Diskussion gedacht. Du kannst folgende Aufgaben bearbeiten:

1 Lies die einzelnen Aussagen sorgfältig durch und ordne sie in Gruppen (positive/negative Beurteilung).

2 Überlege, welche Teile von Sokrates' Leben und Lehre sie in den Mittelpunkt stellen.

3 Schreibe zu einzelnen, dir wichtigen Aussagen einen Kommentar, indem du ihnen zustimmst oder sie kritisch diskutierst.

4 Bearbeitet in Gruppen einzelne Stellungnahmen, indem ihr auf die vorherigen Doppelseiten Bezug nehmt und sie evtl. ergänzt.

5 Führt ein sokratisches Gespräch zu einem euch wichtigen Thema durch, z. B.: Was ist Unrecht? Gibt es Werte, die unser Leben bestimmen sollen? Was macht ein Leben zu einem guten Leben? Hat die Natur auch Rechte?

1 ICH und ICH und ICH

M1 Egoist

Die ganze Welt dreht sich um mich
Denn ich bin nur ein Egoist
Der Mensch, der mir am nächsten ist
Bin ich, ich bin ein Egoist
Ein Egoist, ein Egoist ...

Ganz oben auf der Liste, ja, da stehe ich
Du musst mir schon verzeih'n, aber ich liebe mich
Das obwohl ich überaus und durchaus kritisch bin
Hab ich den ganzen lieben langen Tag nur mich im Sinn

Ich habe über meinem Bett 'nen Spiegel angebracht
Damit mein eignes Spiegelbild mir meinen Schlaf bewacht
Ich will niemanden wollen, nein, ich will, dass man mich will
Bis ich kriege, was ich brauche, halt ich niemals still

Die ganze Welt dreht sich um mich
Denn ich bin nur ein Egoist ...

Liebe kommt von Lieben und ich fange bei mir an
Mit ein bisschen Glück bist eines Tages du 'mal dran
Ich gebe meinem Ego täglich die spezielle Kur
Nur meistens geb ich mir gleich alles und am
liebsten pur – sure

An jedem Tag, an dem es mein Weltbild länger gibt
Erkenne ich mich selbst und ich bin neu verliebt
Die Sterne schreiben meinen Namen in das Firmament
Damit er hell in euren Augen brennt

Die ganze Welt dreht sich um mich
Denn ich bin nur ein Egoist ...

Falco

M2 Einzigartig und ungebunden

Aus dem Tagebuch eines Egoisten:

M3 Konsumkids

Nachmittags sieht man sie in Rudeln durch die Stadt ziehen, in den Passagen Schaufenster betrachten oder im Bistro sitzen, lässig-locker. [...]. Am Wochenende toben sie sich in der Disko aus, in schicken und teuren Benetton- oder Saint-Laurent-Klamotten, die Haare mit Spray und Gel in Fasson getrimmt, im Gesicht die Farben von Astor und Betrix, umweht von Jil-Sander- und Boss-Düften – voll durchgestylt, perfektes Outfit. Junge Kids wie aus dem Modejournal, so zwischen 17 und 20, Kinder unserer Zeit.
Morgens hocken sie dann wieder in der Schule, leidenschaftslos und brav. Vor ihnen auf den Bänken stapeln sich diverse Schoko-Riegel und Müsli-Schnitten, Cola- und Fanta-Dosen. Sie sind lebensfroh, konsumfreudig, genusssüchtig und anspruchsvoll. Echt muss es sein, das Original, alles möglichst vom Besten. Mit exhibitionistischer Freude pflegen sie ihr Image, jeder ein Selbstdarsteller. Individualismus ist „in".
[...] So sind sie, die Konsumkinder, lieb und nett, verwöhnt und egozentrisch, ohne Schuldbewusstsein und nur auf eines aus: Genuss ohne Reue. Nach dem Preis wird nicht gefragt. [...]
„Tempo-Limit? Ich glaub', ich spinne. Jetzt wo ich den Führerschein mache?"

Joachim Kutschke in: Der Spiegel, 13/1989

M4 Von Sokrates zu Hobbes

Der Philosoph Peter Singer entwirft in seinem Buch „Wie sollen wir leben?" eine Ethik in einer egoistischen Zeit. Er zeigt, dass die gängige westliche Vorstellung vom Eigeninteresse seine Wurzeln in der griechischen Antike hat.

Sokrates steht für das seiner selbst bewusste Denken. Von diesem Punkt an führte der Weg der abendländischen Geschichte weg von der traditionellen Gesellschaft und hin zu einem ausgeprägteren individuellen Bewusstsein. [...]

Wenn es keine Bindungen durch Brauch und Gemeinschaft gibt, welchen Grund hat dann der einzelne Mensch, ethisch zu handeln?

Die erste und in mancher Hinsicht immer noch frappierendste Antwort auf diese Frage gab Thomas Hobbes in seinem bedeutendsten Werk, dem *Leviathan*. Er erschien 1651, nach dem englischen Bürgerkrieg und dem Sturz der Stuartkönige, die ihre Herrschaft aus dem göttlichen Recht abgeleitet hatten. Angesichts des Zusammenbruchs der traditionellen Autorität ging Hobbes von der Annahme aus, alle Menschen hätten ein tiefverwurzeltes Bedürfnis, nämlich „ein fortwährendes und rastloses Verlangen nach immer neuer Macht", das „nur mit dem Tode endet". Daher würden die Menschen im Naturzustand alle miteinander im Kampfe liegen, „wo jeder eines jeden Feind ist [...], [ist] das menschliche Leben einsam, armselig, ekelhaft, tierisch und kurz." Daraus ergab sich sofort das Problem, wie sich aus derart ungehemmt egoistischen Wesen, die unter so widerwärtigen Verhältnissen lebten, jemals eine Gesellschaft bilden und erhalten konnte. Hobbes' Antwort war so derb wie seine Sicht der menschlichen Natur: Die Gesellschaft kann nur von einer übergeordneten Gewalt geschaffen werden. Sie besteht, weil der Friede im Interesse aller liegt, und der Friede kann sich nur dann behaupten, wenn ein Herrscher mit unbeschränkter Autorität und ausreichender Macht eingesetzt wird, um alle zu bestrafen, die den Frieden brechen.

Peter Singer, S. 42–43

M5 Schmarotzer

Eleanor war höchst zufrieden mit ihrer neuen Breitbandverbindung, durch die das Surfen und Herunterladen sehr viel schneller vonstatten ging. Und, noch besser: Das Ganze kostete sie nichts.

Nun, sie kostete es nichts, weil sie per Wireless LAN die Verbindung ihres Nachbarn nutzte, die es jedem ausreichend ausgestatteten Computer innerhalb eines gewissen Radius ermöglichte, ohne Kabel ins Internet zu kommen. Und zufällig befand Eleanors Wohnung sich in ebendiesem Radius.

Eleanor erachtete das nicht als Diebstahl, denn der Nachbar hatte den Anschluss ja so oder so. Eine Software mit dem hübschen Namen „Good Magpie" sorgte dafür, dass ihre parasitäre Nutzung den Computer ihres Nachbarn nie über Gebühr verlangsamte. Folglich konnte sie den Vorteil seines Anschlusses nutzen, ohne dass es ihm schadete. Was sollte daran falsch sein?

Julian Baggini, S. 254

Aufgaben

1. Erarbeite aus dem Falco-Song die Merkmale eines Egoisten und verfasse ein kurzes Statement: „Ein Egoist ist ein Mensch, der ..." ➔ M1/2
2. Der Artikel „Konsumkids" stammt aus dem Jahre 1989. Schreibe einen Artikel: „...kids" aus heutiger Sicht. ➔ M3
3. In einem Vortrag über Konsumtrends formulierte ein Werbe-Experte das erste Gebot der jungen Generation so: „Nimm deine eigenen Bedürfnisse wichtiger als alles andere und erfülle deine Wünsche konsequent. Egal, wer darunter zu leiden hat. Hauptsache, du entbehrst nichts." *(Der Spiegel 22/1994, S. 58)*
   Verfasse eine Stellungnahme zu dieser Behauptung.
4. Welche Bedeutung hat das eigene „ICH" für deine Handlungen und Lebensplanungen? ➔ M2/3
5. Beantwortet in einem Schreibgespräch die Frage von Peter Singer: Wenn es keine Bindungen durch Brauch und Gemeinschaft gibt, welchen Grund hat dann der einzelne Mensch, ethisch zu handeln? ➔ M4
6. Findet weitere Beispiele für Schmarotzertum (z. B. illegal einen Song aus dem Internet laden) und beantwortet die Frage: Was ist falsch daran? ➔ M5
7. Notiere kurz: An Hobbes würde mich besonders interessieren ... ➔ M4

2 Aufbruch in die neue Zeit

M1 Die Entdeckung des Ich

Ich denke, also bin ich (Cogito ergo sum) – mit diesem Satz stellte René Descartes (1596-1626) ein radikal neues Prinzip der Philosophie auf, das von nun an unwiderruflich neuzeitliches Denken prägte. Er ging von der unerschütterlichen Tatsache aus, dass er sich selbst bewusst ist, dass er es ist, der denkt und zweifelt, dass er diese Gewissheit allein in seinem Ich findet. Von Sokrates führt eine direkte Linie bis zu Descartes; beide waren ausgeprägte Rationalisten. Sie hielten die menschliche Vernunft für die einzige sichere Quelle der Erkenntnis. Nach rationalistischer Auffassung ist die Welt mit dem Verstand berechenbar und beherrschbar; ebenso sind alle geschichtlichen Erscheinungen aus vernunftgeleiteten Erwägungen und Entschlüssen der handelnden Menschen entstanden. In dieser neuen Sicht erscheint der vernunftbegabte Mensch als freies und selbstbewusstes Wesen, das von seinen geistigen und körperlichen Fähigkeiten uneingeschränkt Gebrauch machen kann.

M2 Die neue Sichtweise

Der kolorierte Holzschnitt im Stil des 16. Jahrhunderts (aus: Camille Flammarion, L'atmosphère météorologique populaire, Paris 1888) zeigt in symbolischer Darstellung die Durchbrechung des mittelalterlichen Weltbildes.

M3 Das neue Weltbild

Mit dem Beginn der Neuzeit gerät das von der Antike übernommene mittelalterliche Weltbild ins Wanken. Bis zur Zeit von Kopernikus und Galilei zweifelte niemand daran, dass die Erde Mittelpunkt des Universums ist und die Himmelskörper um sie kreisen. Kopernikus behauptete dagegen, dass die Sonne den Mittelpunkt einnimmt und dass sich die Erde und die anderen Planeten in kreisförmigen Bahnen um die Sonne bewegen. Diese kopernikanische Wende im 16. Jahrhundert stürzte nicht nur ein ganzes Weltbild um, sondern stellte auch die Sonderstellung des Menschen als Mittelpunkt der Schöpfung in Frage.

Überdies machte die Physik die große Entdeckung, dass sich die unübersehbare Vielfalt der natürlichen Erscheinungen auf Gesetzmäßigkeiten zurückführen lässt, die mathematisch darstellbar sind. Die Welt im Ganzen wird nun vorgestellt als große Maschine, die man berechnen und sich zunutze machen kann. Der Mensch lernt zunehmend, die Kräfte und Bewegungen der Natur durch Übersetzung in die Sprache der Mathematik und durch Gleichungen der Physik durchschaubar, beherrschbar und voraussagbar zu machen.

Diese Weltanschauung heißt „Materialismus“, weil sie alle Phänomene, auch die menschliche Vernunft und Seele auf materielle Ursachen zurückführt. Der Materialismus steht im Gegensatz zum „Idealismus“, der behauptet, dass die geistige und seelische Natur unabhängig von der materiellen sei. Idealismus und Materialismus ziehen sich wie rote Fäden durch die Geschichte der Philosophie. Zu den zentralen Gegenständen des Streites zwischen materialistischen und idealistischen Denkern gehören bis heute u. a. die Entstehung des Bewusstseins, die Frage nach der Seele, die Herkunft menschlicher Erkenntnisinhalte, die Ursachen menschlicher Handlungen, die Frage nach der Freiheit.

M4 Sir Isaac Newton

M5 Wissen statt Glauben

Der Dramatiker Bertolt Brecht (1898-1956) zeigt in seinem Drama „Das Leben des Galilei" die Folgen dieser neuen Weltsicht:

Galilei: Die alte Zeit ist herum, und es ist eine neue Zeit. Bald wird die Menschheit Bescheid wissen über ihre Wohnstätte, den Himmelskörper, auf dem sie haust. Was in den alten Büchern steht, das genügt ihr nicht mehr. Denn wo der Glaube tausend Jahre gesessen hat, eben da sitzt jetzt der Zweifel. Alle Welt sagt: ja, das steht in den Büchern, aber laßt uns jetzt selbst sehn. Den gefeiertsten Wahrheiten wird auf die Schulter geklopft; was nie bezweifelt wurde, das wird jetzt bezweifelt. Dadurch ist eine Zugluft entstanden, welche sogar den Fürsten und Prälaten die goldbestickten Röcke lüftet, so daß fette und dürre Beine darunter sichtbar werden, Beine wie unsere Beine. Die Himmel, hat es sich herausgestellt, sind leer. Darüber ist ein fröhliches Gelächter entstanden. [...]
Es hat immer geheißen, die Gestirne sind an einem kristallenen Gewölbe angeheftet, daß sie nicht herunterfallen können. Jetzt haben wir Mut gefaßt, und lassen sie im Freien schweben, ohne Halt, und sie sind in großer Fahrt, gleich unseren Schiffen, ohne Halt und in großer Fahrt. Und die Erde rollt fröhlich um die Sonne, und die Fischweiber, Kaufleute, Fürsten und die Kardinäle und sogar der Papst rollen mit ihr. Das Weltall hat über Nacht seinen Mittelpunkt verloren, und am Morgen hatte es deren unzählige. So daß jetzt jeder als Mittelpunkt angesehen wird und keiner. Denn da ist viel Platz plötzlich.

Bertolt Brecht, S. 9-10

M6 Das Buch der Natur

Galileo Galilei (1564-1642), italienischer Mathematiker und Philosoph, geriet in Konflikt mit der Kirche, als er öffentlich für das kopernikanische System eintrat. In einem Prozess widerrief Galilei seine Lehre; er wurde zu unbefristeter Haft verurteilt, in der er sein für die weitere Entwicklung der Physik wichtigstes Werk „Il Saggiatore" schrieb.

Die Philosophie steht in diesem großen Buch geschrieben, dem Universum, das unserem Blick ständig offen liegt. Aber das Buch ist nicht zu verstehen, wenn man nicht zuvor die Sprache erlernt und sich mit den Buchstaben vertraut gemacht hat, in denen es geschrieben ist. Es ist in der Sprache der Mathematik geschrieben, und deren Buchstaben sind Dreiecke, Kreise und andere geometrische Figuren, ohne die es den Menschen unmöglich ist, ein einziges Wort davon zu verstehen; ohne diese irrt man in einem dunklen Labyrinth umher.

nach: Spektrum 1/1998, S. 87. 84 (Enrico Bellone)

Wichtige Entdeckungen und Erfindungen

1445	Gutenberg entwickelt den Buchdruck
1492	Kolumbus entdeckt Amerika
1543	Kopernikus begründet das heliozentrische Weltbild
1609	Galilei entdeckt die Fall- und Pendelgesetze
1628	Harvey revolutioniert die Medizin mit der Beschreibung des Großen Blutkreislaufs
1637	Fermat und Descartes begründen die Analytische Geometrie
1666	Newton entwickelt die Allgemeine Gravitationslehre
1674	Leibniz erfindet eine Multiplikationsmaschine

Aufgaben

1. Erstellt eine Collage/Wandzeitung: Die neue Zeit ist da! → M1-3
2. Sammelt Informationen über die Entwicklung der Mathematik und der Naturwissenschaften im 16. und 17. Jahrhundert (Kooperation mit Physik, Biologie). → M4-6
3. Erstellt mithilfe einer Philosophiegeschichte eine Zeitleiste: Antike (Sokrates usw.) – Mittelalter (Augustinus usw.) – Neuzeit (Descartes usw.).

▶ Glossar: Descartes, Galilei, Idealismus, kopernikanische Wende, Materialismus

3 Hobbes' mechanistisches Weltbild

M1 Schreckenszeit

Die Bartholomäusnacht: Ermordung von ca. 2000 Hugenotten am 23./24. August 1572 in Paris

M2 Der Philosoph und seine Zeit

Der große englische Philosoph Thomas Hobbes gehört zu den Begründern der Philosophie der Neuzeit. Seine Gedanken zeigen eine neue Sicht der Welt und damit eine neue Sicht des Menschen.

In seiner Autobiographie berichtet Hobbes: „My mother did bring forth Twins at once, both Me and Fear" – voller Schrecken über den Angriff der spanischen Armada soll seine Mutter ihn vorzeitig zur Welt gebracht haben. 1588 als Sohn eines Landvikars geboren, erhielt Hobbes schon sehr früh durch ein Studium an der Universität Oxford eine gründliche pietistisch-humanistische und naturwissenschaftliche Bildung. Als Hauslehrer in einer vermögenden adligen Familie unternahm er mit den Söhnen umfassende Bildungsreisen auf dem Kontinent. Auf diesen Reisen sammelte er nicht nur Welterfahrung, sondern wurde auch bekannt mit der neuen rationalistischen Philosophie (Descartes) und den aufsteigenden Naturwissenschaften (Galilei). In diesen Jahren reifte sein Plan, die gesamte Philosophie auf naturwissenschaftliche Grundlagen zu stellen und systematisch darzulegen. Von 1640-1651 lebte er im selbstgewählten Exil in Paris. Durch seine scharfe Kritik an der Kirche und der theokratischen Rechts- und Staatslehre machte sich Hobbes die Geistlichkeit zum Feind, deren erbitterter Widerstand gegen den „Vater des Atheismus" in England bis zu seinem Tode nicht verstummte. Als er mit 91 Jahren am 4.12.1679 starb, betrauerten ihn zwar seine Freunde, für viele aber war ein Monstrum des Unglaubens und des Materialismus dahingegangen. Berühmt geworden ist sein Menschenbild (homo homini lupus), das zwar sehr realistisch, aber wenig schmeichelhaft ist. Im Gegensatz zu antiken Philosophen, die den Menschen als Gemeinschaftswesen begriffen haben, kommt Hobbes zu dem Ergebnis, dass der Mensch nicht von Natur aus gesellig ist, sondern die gesellschaftliche Kooperation nur insoweit sucht, als sie seinen egoistischen, individuellen Zielen nützt.

M3 Eine alltägliche Erfahrung

Die Entwicklung dieses Menschenbildes und der daraus folgenden Philosophie war geprägt von den Bürger- und Revolutionskriegen in England und Frankreich, die die menschliche Gesellschaft in ihren Grundfesten erschütterten und zu tiefen Umbrüchen führten. Hobbes stützt sich aber auch auf persönliche Erfahrungen:

Manchem, der sich diese Dinge nicht gründlich überlegt hat, mag es seltsam vorkommen, dass die Natur die Menschen so sehr entzweien und zu gegenseitigem Angriff und gegenseitiger Vernichtung treiben sollte, und vielleicht wünscht er deshalb, da er dieser Schlussfolgerung aus den Leidenschaft nicht traut, dies durch die Erfahrung bestätigt zu haben. Er möge deshalb bedenken, dass er sich bei Antritt einer Reise bewaffnet und darauf bedacht ist, in guter Begleitung zu reisen, dass er beim Schlafengehen seine Türen und sogar in seinem Hause seine Kästen verschließt – und dies in Kenntnis dessen, dass es Gesetze und bewaffnete Beamte gibt, um alles Unrecht zu verfolgen, das ihm angetan wird. Welche Meinung hat er also von seinen Mit-Untertanen, wenn er bewaffnet reist, welche von seinen Mitbürgern, wenn er seine Türen verschließt, und welche von seinen Kindern und Bediensteten, wenn er seine Kästen verschließt?

Thomas Hobbes, Leviathan, S. 94-95

M4 Die Welt als Uhrwerk

Hobbes lebte in einer Epoche, in der nahezu alle Bereiche des Denkens (Logik, Physik, Politik, Seelenlehre) von naturwissenschaftlich geschulten Denkern neu behandelt, kritisch analysiert und umgestaltet wurden. Unter diesem Einfluss konstruierte er ein vollkommen mechanisches Modell des Universums, für das die Uhr exemplarisch ist.

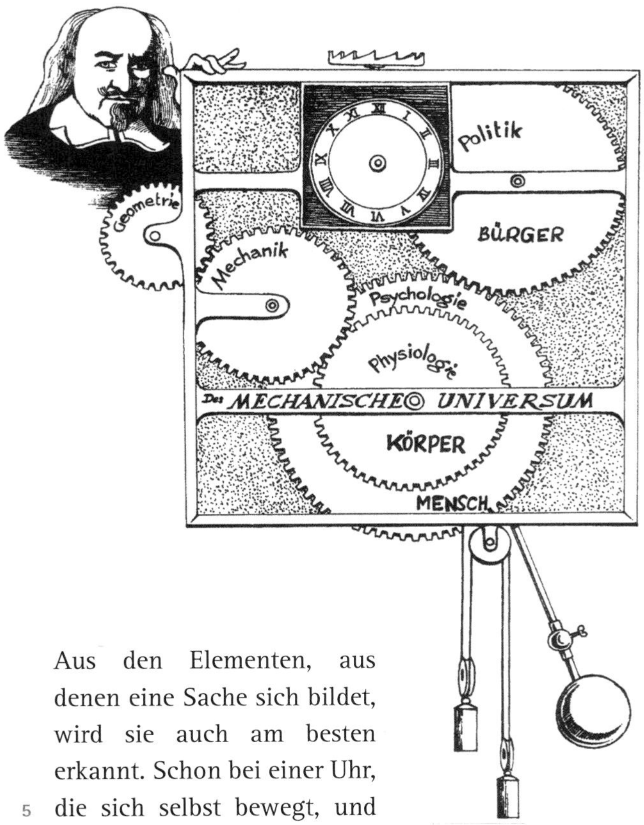

Aus den Elementen, aus denen eine Sache sich bildet, wird sie auch am besten erkannt. Schon bei einer Uhr, die sich selbst bewegt, und bei jeder etwas verwickelten Maschine kann man die Wirksamkeit der einzelnen Teile und Räder nicht verstehen, wenn sie nicht auseinandergenommen werden und die Materie, die Gestalt und die Bewegung jedes Teiles für sich betrachtet wird. Nach dieser Methode bin ich verfahren.

Thomas Hobbes, Vom Bürger, S. 67–70

M5 Der Mensch als Maschine

Thomas Hobbes überträgt das mechanistische Erklärungsmodell auch auf den Menschen. Unter dem Einfluss seines Freundes, des Arztes und Anatomen William Harvey kommt er zu der Überzeugung, dass der menschliche Körper als ein dynamisches System verstanden werden könne.

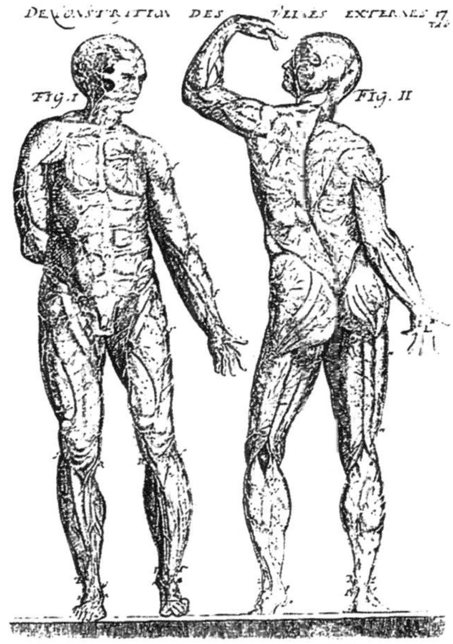

Darstellung der äußeren Venen des Blutkreislaufs, mit dessen Entdeckung William Harvey (1578–1657), englischer Anatom und königlicher Leibarzt, 1628 die Medizin revolutionierte.

So lassen sich das Funktionieren des Geistes und die Emotionen als Bewegungen des Blutes vom und zum Herzen erklären. Vorstellungen, Affekte und Gefühle sind Folgen von Erregungszuständen im Gehirn und Herzen, die auch das Streben, Begehren und Wollen bestimmen. Eine Seele sucht man vergebens, Hobbes betrachtete sie als Gespenst. Alle unsere Urteile, auch die moralischen, gehen auf Empfindungen zurück, die hervorgerufen werden durch äußere Einflüsse, die wiederum in unserem Gefühlshaushalt Wünsche und Leidenschaften hervorrufen.

Aufgaben

1. Erstelle mithilfe eines Geschichtsbuches eine Zeittafel und verbinde sie mit Hobbes' Lebensdaten: ➜ M2
   1588 – Vernichtung der spanischen Armada
   1603–1614 – Regierung der Stuarts
   1642–1646 – Bürgerkrieg usw.
2. Wir leben in einer friedlichen Zeit, warum „verschließen" auch wir unsere Türen? ➜ M3
3. Erkläre, warum gerade die Uhr zum Symbol des mechanistischen Weltbildes wurde. Welches Symbol könnte unser heutiges Weltbild ausdrücken? ➜ M4
4. Inwiefern beeinflusste die damalige medizinische Revolution das Menschenbild? ➜ M5
5. Sammelt Beispiele über vergleichbare Umbrüche im 20./21. Jahrhundert (z. B. Genetik, Hirnforschung).

▶ Glossar: Rationalismus

4 Homo homini lupus

M1 Der Mensch – eine Bestie? Ein Hearing

Moderator: Meine sehr verehrten Damen und Herren, zu unserem heutigen „Philo-Talk" mit dem Thema „Der Mensch – eine Bestie?" begrüße ich den Philosophen Thomas Hobbes, den Begründer der Psychoanalyse Sigmund Freud sowie den Evolutionsbiologen Hans Mohr.

Herr Hobbes, zunächst zu Ihnen. Sie haben im 17. Jahrhundert ein sehr modernes, aber auch umstrittenes Menschenbild entworfen, nach dem der Mensch dem Menschen ein Wolf ist. Können Sie uns kurz erläutern, wie sich dieses menschliche Verhalten erklären lässt? Wonach streben die Menschen?

Hobbes: Das erste Gut ist für jeden die Selbsterhaltung. Denn die Natur hat es so eingerichtet, dass alle ihr eigenes Wohlergehen wünschen. Um das erlangen zu können, müssen sie Leben und Gesundheit wünschen und für beide, soweit es möglich ist, Gewähr für die Zukunft. Auf der anderen Seite steht unter allen Übeln an erster Stelle der Tod, besonders der Tod unter Qualen; denn die Leiden des Lebens können so groß werden, dass sie, wenn nicht ihr nahes Ende abzusehen ist, uns den Tod als ein Gut erscheinen lassen.

Moderator: Wenn alle ihr eigenes Wohlergehen wünschen, warum können dann die Menschen nicht zusammen in Frieden leben?

Hobbes: Die Natur hat die Menschen hinsichtlich ihrer körperlichen und geistigen Fähigkeiten so gleich geschaffen, dass trotz der Tatsache, dass bisweilen der eine einen offensichtlich stärkeren Körper oder gewandteren Geist als der andere besitzt, der Unterschied zwischen den Menschen alles in allem doch nicht so beträchtlich ist, als dass der eine aufgrund dessen einen Vorteil beanspruchen könnte, den ein anderer nicht ebenso gut für sich verlangen dürfte. Denn was die Körperstärke betrifft, so ist der Schwächste stark genug, den Stärksten zu töten – entweder durch Hinterlist oder durch ein Bündnis mit anderen, die sich in derselben Gefahr wie er selbst befinden.

Moderator: Wie entstehen daraus die Konflikte?

Hobbes: Aus dieser Gleichheit der Fähigkeiten entsteht eine Gleichheit der Hoffnung, unsere Absichten erreichen zu können. Und wenn daher zwei Menschen nach demselben Gegenstand streben, den sie jedoch nicht zusammen genießen können, so werden sie Feinde und sind in Verfolgung ihrer Absicht, die grundsätzlich Selbsterhaltung und bisweilen nur Genuss ist, bestrebt, sich gegenseitig zu vernichten oder zu unterwerfen. Daher kommt es auch, dass, wenn jemand ein geeignetes Stück Land anpflanzt, einsät, bebaut oder besitzt und ein Angreifer nur die Macht eines Einzelnen zu fürchten hat, mit Wahrscheinlichkeit zu erwarten ist, dass andere mit vereinten Kräften anrücken, um ihn von seinem Besitz zu vertreiben und ihn nicht nur der Früchte seiner Arbeit, sondern auch seines Lebens und seiner Freiheit zu berauben. Und dem Angreifer wiederum droht die gleiche Gefahr von einem anderen.

Moderator: Herr Freud, Sie haben aus der Sicht der Psychoanalyse im 20. Jahrhundert eine ähnliche Auf-

Zeichnung von Hans Georg Rauch: Der Mörder

fassung vom Menschen vertreten. Wie begründen Sie den Satz „homo homini lupus est"?

Freud: Das gern verleugnete Stück Wirklichkeit ist, dass der Mensch nicht ein sanftes, liebebedürftiges Wesen ist, das sich höchstens, wenn angegriffen, auch zu verteidigen vermag, sondern dass er zu seinen Triebbegabungen auch einen mächtigen Anteil von Aggressionsneigung rechnen darf. Infolgedessen ist ihm der Nächste nicht nur möglicher Helfer und Sexualobjekt, sondern auch eine Versuchung, seine Aggression an ihm zu befriedigen, seine Arbeitskraft ohne Entschädigung auszunutzen, ihn ohne seine Einwilligung sexuell zu gebrauchen, sich in den Besitz seiner Habe zu setzen, ihn zu demütigen, ihm Schmerzen zu bereiten, ihn zu martern und zu töten. Homo homini lupus; wer hat nach allen Erfahrungen des Lebens und der Geschichte den Mut, diesen Satz zu bestreiten?

Moderator: Mir scheint Ihre Sicht die von Hobbes noch zu übertreffen. Wodurch stützen Sie Ihre Thesen?

Freud: Diese grausame Aggression enthüllt den Menschen als wilde Bestie, der die Schonung der eigenen Art fremd ist. Wer die Gräuel der Völkerwanderung, der Einbrüche der Hunnen, der so genannten Mongolen unter Dschingis Khan und Timurlenk, der Eroberung Jerusalems durch die frommen Kreuzfahrer, ja selbst noch die Schrecken des letzten Weltkriegs in seine Erinnerung ruft, wird sich vor der Tatsächlichkeit dieser Auffassung demütig beugen müssen.

Moderator: Die Evolutionsbiologie im 21. Jahrhundert untersucht ebenfalls die Ursachen dieses Verhaltens. Ist es eine evolutionäre Mitgift, die unserer Vernunft und unserem sittlichen Willen Grenzen setzt? Warum können die Menschen nicht in Frieden miteinander leben? Warum ist die Geschichte des Menschen, aller ethischen Reflexion und christlichen Verkündigung zum Trotz, durchsetzt, ja erfüllt von Aggression und Totschlag, von Krieg und Völkermord?

Mohr: Werfen wir einen kurzen Blick auf die Evolutionsbedingungen der Hominiden im späteren Pleistozän! Zwischen etwa 100.000 und 30.000 Jahren vor unserer Zeitrechnung löste allmählich der moderne Homo sapiens die mehr archaischen Vertreter der Gattung Homo ab. [...] Die Ackerbauern und Viehzüchter wurden in Verteidigung ihres Territoriums und ihres Besitzes vermutlich um einiges aggressiver als die Jäger- und Sammlerhorden des Paläolithikums, bei denen territoriale Aggression keine so lebensentscheidende Rolle spielte. Der biblische Brudermord dürfte die Härte und die Tendenz der Konflikte richtig beschreiben: Kain, der Ackerbauer, erschlug Abel, den Viehzüchter.

Der blutige Kampf ums Dasein erfolgte seinerzeit, als unsere „erste Natur" sich herausbildete, zwischen den Sippen und der feindlichen Natur, aber vor allem zwischen den Sozietäten selbst.

Moderator: Und diese Aggressionen haben sich in der Menschheit vererbt?

Mohr: Ja, daraus folgt zwangsläufig eine genetisch vorgegebene (kollektive) Aggressionskompetenz des Menschen. Die kulturelle Überformung dieser Neigungen darf uns nicht darüber hinwegtäuschen, dass sie mühsam gebändigt in uns schlummern und jederzeit losbrechen können. [...] Gnadenlose Grausamkeit, Mord, Totschlag, Folter und Genozid markieren die Kulturgeschichte des Menschen bis zum heutigen Tag.

Thomas Hobbes, Vom Menschen, S. 23–24, Leviathan, S. 94–95; Sigmund Freud, S. 148; Hans Mohr, S. 78–79

Aufgaben

1 Interpretiere die Zeichnung von Rauch in Verbindung mit den letzten Aussagen Mohrs (Z. 117ff.). Suche zur Interpretation aktuelle Beispiele.

2 Fasst in einem Schema (Mindmap) möglichst kurz und prägnant die Grundzüge der menschlichen Natur zusammen, wie sie in dem Hearing entworfen werden. Berücksichtigt dabei auch die psychologischen/biologischen Voraussetzungen, die diesem Menschenbild zugrunde liegen, und nehmt kritisch dazu Stellung.

3 Freud führt die asoziale Natur des Menschen auf Faktoren im menschlichen Triebleben zurück. Vergleiche hierzu die Ursachen der Aggression, S. 36f.

4 Sammle weitere Beispiele für die „gnadenlosen" Grausamkeiten in der Menschheitsgeschichte.

5 Bei den Texten im Interview handelt es sich um Originaltexte. Lies die Aussagen von Hobbes im Zusammenhang. Stelle kurz die wichtigsten Merkmale seines Menschenbildes heraus, z. B.:
– Streben nach Selbsterhaltung.

▶ Glossar: Evolutionsbiologie, Psychoanalyse

5 Der Naturzustand

M1 Ground Zero

Der 11. September 2001 hat ein neues Bedrohungsgefühl geschaffen. Mit den Folgen der „Furcht vor anderen" hat sich Thomas Hobbes schon vor Jahrhunderten beschäftigt.

M2 Bericht aus der Zukunft

Stell dir vor: Menschen, ohne Moral, ohne Recht, ohne Staat – wie würden sie miteinander umgehen? Vielleicht wie in dem Roman „Das Land der letzten Dinge" von Paul Auster (amerikanischer Schriftsteller, geb. 1947), der in einer namenlosen Großstadt spielt, die sich im letzten Stadium des Untergangs befindet.

Wenn du durch die Straßen läufst, fuhr sie fort, musst du jeden einzelnen Schritt sorgfältig bedenken. Andernfalls ist ein Sturz unausbleiblich. Du musst ständig die Augen offen halten, nach unten, nach vorne und nach hinten sehen, stets auf der Hut vor anderen Leuten und auf das Unvorhersehbare gefasst. Ein Zusammenstoß kann tödlich enden. Zwei prallen zusammen und schlagen gleich mit Fäusten aufeinander ein. Oder sie stürzen zu Boden und versuchen gar nicht mehr aufzustehen. Früher oder später kommt der Augenblick, da man nicht mehr aufzustehen versucht. Der Körper ist nun einmal schmerzempfindlich, dagegen hilft nichts. [...]
Wo immer Gebäude eingestürzt sind oder sich Müll angesammelt hat, stehen riesige Barrikaden, mitten auf der Straße und versperren jeglichen Durchgang. Diese Sperren werden von Männern gebaut, wann immer Material dazu vorhanden ist, und dann stehen sie da oben, mit Keulen, Gewehren oder Steinen bewaffnet, und lauern Passanten auf. Sie haben die Straße in ihrer Gewalt. Wenn man vorbei will, muss man den Wächtern geben, was sie verlangen. Manchmal ist es Geld; manchmal ist es Essen; manchmal ist es Sex. Prügel sind an der Tagesordnung, und hin und wieder hört man von einem Mord.

Paul Auster, S. 13f.

M3 Über den Naturzustand

Im 17. Jahrhundert entwarf Thomas Hobbes eine ähnliche Situation. Ausgehend von einem für die damalige Zeit sehr realistischen Menschenbild kam er zu folgenden Ergebnissen:

- Das Überleben ist der naturnotwendige Zweck und damit das natürliche, jedem Menschen zukommende Recht, er darf es mit allen Mitteln durchsetzen.
- Der von Natur aus freie, aber nur auf sich bezogene Mensch strebt danach, seine Bedürfnisse so ungehemmt wie möglich zu befriedigen.
- Da jeder Mensch von Natur aber nicht nur nach seinem eigenen Vorteil, sondern auch nach Ruhm und Anerkennung strebt, steht er zwangsläufig in Konkurrenz zu jedem anderen und jeder andere zu ihm.

M4 Der Krieg eines jeden gegen jeden

So liegen also in der menschlichen Natur drei hauptsächliche Konfliktursachen: erstens Konkurrenz, zweitens Misstrauen, drittens Ruhmsucht. Die erste führt zu Übergriffen der Menschen des Gewinnes, die zweite der Sicherheit und die dritte des Ansehens wegen. Die ersten wenden Gewalt an, um sich zum Herrn über andere Männer und deren Frauen, Kinder und Vieh zu machen, die zweiten, um dies zu verteidigen und die dritten wegen Kleinigkeiten wie ein Wort, ein Lächeln, eine verschiedene Meinung oder jedes andere Zeichen von Geringschätzung, das entweder direkt gegen sie selbst gerichtet ist oder in einem Tadel ihrer Verwandtschaft, ihrer Freunde, ihres Volkes, ihres Berufs oder ihres Namens besteht. Daraus ergibt sich klar, dass die Menschen während der Zeit, in der sie ohne eine allgemeine, sie alle im Zaum haltenden Macht leben, sich in einem Zustand befinden, der Krieg genannt wird, und zwar in einem Krieg eines jeden gegen jeden (bellum omnium contra omnes). [...]

In einer solchen Lage ist für Fleiß kein Raum, da man sich seiner Früchte nicht sicher sein kann; und folglich gibt es keinen Ackerbau, keine Schifffahrt, keine Waren, die auf dem Seeweg eingeführt werden können, keine bequemen Gebäude, keine Geräte, um Dinge, deren Fortbewegung viel Kraft erfordert, hin und her zu bewegen, keine Kenntnis von der Erdoberfläche, keine Zeitrechnung, keine Künste, keine Literatur, keine gesellschaftlichen Beziehungen, und es herrscht, was das Schlimmste von allem ist, beständige Furcht und Gefahr eines gewaltsamen Todes – das menschliche Leben ist einsam, armselig, ekelhaft, tierisch und kurz.

M5 Nur ein gedankliches Konstrukt?

Vielleicht kann man die Ansicht vertreten, dass es eine solche Zeit und einen Kriegszustand wie den beschriebenen niemals gab, und ich glaube, dass er so niemals auf der ganzen Welt bestand. Aber es gibt viele Gebiete, wo man jetzt noch so lebt. (Wie, hat nicht Kain seinen Bruder aus Neid ermordet? Würde er es wohl gewagt haben, wenn schon damals eine allgemein anerkannte Macht, die eine solche Gräueltat hätte rächen können, da gewesen wäre?)

M4/5: Thomas Hobbes, Leviathan, S. 95-97

Gedankenexperiment

Der „Naturzustand" ist philosophisch gesehen die Vorstellung eines fiktiven Zustandes ohne staatliche Gewalt, der für den Einzelnen entweder unerträglich und kriegerisch oder paradiesisch und friedlich ist. Als Gedankenexperiment diente er vielen Staatsphilosophen der Antike und Neuzeit zur Rechtfertigungsgrundlage für die Errichtung einer Staatsgewalt.

Gedankenexperimente sind Ausflüge der Phantasie und des Verstandes in mögliche Welten, um sich über etwas klar zu werden, sich etwas bewusst zu machen und zu neuen Erkenntnissen zu kommen. Man spielt in Gedanken eine Vorstellung oder Annahme durch und testet dabei, ob sie zutrifft oder nicht und welche Folgen dies haben würde.

1. Die Basis von Gedankenexperimenten besteht immer aus einer oder mehreren Annahmen, die real, fiktiv oder völlig irreal sein können.
2. Dann folgt eine Frage, die sich auf die Annahme bezieht.
3. Das eigentliche Experiment besteht aus den daraus folgenden Überlegungen, die zur Beantwortung dieser Frage führen. Wichtig ist, dass die Antwort ausführlich begründet wird.

Aufgaben

1 Setze den Romanauszug von Paul Auster fort, indem du einen positiven oder negativen Lösungsweg entwirfst. ➜ M2

2 Zeige, wie aus dem Menschenbild von Hobbes (S. 86f.) zwangsläufig ein Krieg aller gegen alle erwachsen muss. ➜ M3/4

3 Diskutiert die Folgen, die dieser Zustand für die Selbsterhaltung und das Wohlleben der Menschen hat. ➜ M4

4 Hobbes' letzte Feststellung besitzt auch im 21. Jahrhundert noch ihre Gültigkeit. Suche Beispiele aus jüngster Vergangenheit oder Gegenwart, auf die die Aussagen zutreffen. ➜ M5

5 Gedankenexperimente finden sich besonders in der neuen Literatur oder im Film (z. B. Blueprint, A. I.). Entwirf ein Gedankenexperiment zu einem aktuellen Thema, z. B. Menschen klonen.

6 Regeln einer Friedensordnung

M1 Der Krieg

Pablo Picasso: Guernica, 1937

M2 Suche Frieden und halte ihn ein

Die Leidenschaften, die die Menschen friedfertig machen, sind Todesfurcht, das Verlangen nach Dingen, die zu einem angenehmen Leben notwendig sind und die Hoffnung, sie durch Fleiß erlangen zu können. Und die Vernunft legt die geeigneten Grundsätze des Friedens nahe, auf Grund derer die Menschen zur Übereinstimmung gebracht werden können. Diese Gebote sind das, was sonst auch Gesetze der Natur genannt wird: [...] *Suche Frieden und halte ihn ein.* [...]

Aus diesem grundlegenden Gesetz der Natur, das den Menschen befiehlt, sich um Frieden zu bemühen, wird das zweite Gesetz der Natur abgeleitet: *Jedermann soll freiwillig, wenn andere ebenfalls dazu bereit sind, auf sein Recht auf alles verzichten, soweit er dies um des Friedens und der Selbstverteidigung willen für notwendig hält, und er soll sich mit so viel Freiheit gegenüber anderen zufrieden geben, wie er anderen gegen sich selbst einräumen würde. [...]*

Aus dem Gesetz der Natur, das uns verpflichtet, auf einen anderen solche Rechte zu übertragen, deren Beibehaltung den Frieden der Menschheit verhindert, folgt ein drittes, nämlich: Abgeschlossene Verträge sind zu halten. Ohne dieses Gesetz sind Verträge unwirksam und nur leere Worte, und wenn das Recht aller auf alles bleibt, befinden wir uns immer noch im Kriegszustand.

Naturrecht – Naturgesetz

Der Begriff des **Naturrechts** wird allgemein seit Aristoteles von dem des **positiven Rechts, dem Staatsrecht** unterschieden. Naturrecht ist ein Recht, das unabhängig von den tatsächlich geltenden Gesetzen (positives Recht) gilt. Es enthält die **Idee des Rechts** und damit den Maßstab für die Bestimmung des **gerechten Rechts**. Diese Idee wird in der Tradition oft in einer ewigen Ordnung, einem göttlichen Willen oder der Vernunft begründet.

Bei **Thomas Hobbes** kann das Naturrecht allein aus der menschlichen Natur erkannt werden. Das natürliche Recht besteht daher in dem jedem Menschen von Natur mitgegebenen unumschränkten **Recht auf Selbsterhaltung**. Dieses grundlegende Recht kann durch keine Vorschrift des positiven, also des staatlichen Rechts, aufgehoben werden.

Von dem natürlichen Recht unterscheidet Hobbes aber die **Gesetze der Natur**, die die pragmatische Vernunft als Klugheitsregeln für die Selbsterhaltung formuliert und die ein friedliches Miteinander der Menschen ermöglichen sollen. Sie stellen die Mittel, die zur Friedenssuche notwendig sind, zur Verfügung. Man kann sie auch als Regeln einer Friedensordnung ansehen.

M3 Der Frieden

Pablo Picasso: Der Frieden, 1952

M4 Der Urvertrag

Der alleinige Weg zur Errichtung einer solchen allgemeinen Gewalt, die in der Lage ist, die Menschen vor dem Angriff Fremder und vor gegenseitigen Übergriffen zu schützen und ihnen dadurch eine solche Sicherheit zu verschaffen, dass sie sich durch eigenen Fleiß und von den Früchten der Erde ernähren und zufrieden leben können, liegt in der Übertragung ihrer gesamten Macht und Stärke auf einen Menschen oder eine Versammlung von Menschen, die ihre Einzelwillen durch Stimmenmehrheit auf einen Willen reduzieren können. [...]

Dies ist mehr als Zustimmung oder Übereinstimmung: Es ist eine wirkliche Einheit aller in ein und derselben Person, die durch Vertrag eines jeden mit jedem zustande kam, als hätte jeder zu jedem gesagt: *Ich autorisiere diesen Menschen oder diese Versammlung von Menschen und übertrage ihnen mein Recht, mich zu regieren, unter der Bedingung, dass du ihnen ebenso dein Recht überträgst und alle ihre Handlungen autorisierst.* Ist dies geschehen, so nennt man diese zu einer Person vereinte Menge Staat, auf Lateinisch civitas. Dies ist die Erzeugung jenes großen Leviathan oder besser, um es ehrerbietiger auszudrücken, jenes sterblichen Gottes, dem wir unter dem unsterblichen Gott unseren Frieden und Schutz verdanken. [...]

Wer diese Person verkörpert, wird Souverän genannt und besitzt, wie man sagt, höchste Gewalt, und jeder andere daneben ist sein Untertan.

M2/4: Thomas Hobbes, Leviathan, S. 98, 100, 110/134-136

Aufgaben

1 Mit *Guernica* (1937) schuf Pablo Picasso das Symbolbild des 20. Jahrhunderts: Krieg und Terror zerstören den Frieden und die Geborgenheit der bürgerlichen Welt. Beschreibe anhand des Bildes die Situation der Menschen im Naturzustand. ➜ M1

2 Vergleicht das Bild mit Picassos *Frieden*. Welche Gemeinsamkeiten und welche Unterschiede könnt ihr entdecken? ➜ M1/3

3 Stelle die Motive und Gründe dar, die die Menschen bewegen, den Naturzustand zu verlassen. ➜ M2/4

4 Erläutere, welche Rolle die Vernunft bei diesem Prozess spielt. Beachte vor allem den Unterschied zwischen Naturrecht und Naturgesetz. ➜ M2/4

5 Den Urvertrag könnt ihr in einem Verfassungsspiel selbst erproben, indem ihr folgendes Gedankenexperiment durchführt:
Ihr seid auf einer einsamen Insel gestrandet und wollt gemeinsam überleben. Bildet Gruppen und entwerft eine vernünftige Gesellschaftsordnung. Versetzt euch in die vertragschließenden Personen und haltet dabei schriftlich auf Kärtchen fest:
- Was muss jeder zunächst aufgeben?
- Welchen Entschluss muss jeder für sich fassen?
- Formuliert mit eigenen Worten, was „jeder zu jedem" sagen muss.
- Welche Vorteile ergeben sich für jeden aus dieser Übereinkunft?
- Welche Nachteile gibt es?

Vergleicht nun die Ergebnisse und ordnet sie in einem Wandplakat.

▶ Glossar: Naturrecht, Souverän

7 Die Begründung absoluter Herrschaft

M1 Leviathan

Titelblatt der Erstausgabe des „Leviathan" (1651).
Das Bild zeigt eine aus Menschen zusammengesetzte riesenhafte Gestalt, die die Zeichen weltlicher und geistlicher Macht in den Händen hält. Sie symbolisiert den Staat, der durch sein uneingeschränktes Machtmonopol die Menschen zum Frieden zwingt und gleichzeitig vor inneren und äußeren Feinden schützt.
Der Leviathan erscheint im Alten Testament zunächst als ein mythisches, gottfeindliches und vielköpfiges Meerungeheuer, das von JAHWE überwunden wird. Im Buch Hiob übt er als schlangenähnliches Ungeheuer und Herr der Tiere eine gewalttätige Schreckensherrschaft aus.

M2 Der Staat als künstlicher Mensch

Die Natur wird durch die Kunst des Menschen wie in vielen anderen Dingen so auch darin nachgeahmt, dass sie ein künstliches Tier herstellen kann. Die Kunst geht noch weiter, indem sie auch jenes vernünftige, hervorragendste Werk der Natur nachahmt, den Menschen. Denn durch Kunst wird jener große Leviathan geschaffen, genannt Gemeinwesen oder Staat, auf Lateinisch civitas, der nichts anderes ist als ein künstlicher Mensch, wenn auch von größerer Gestalt und Stärke als der natürliche, zu dessen Schutz und Verteidigung er ersonnen wurde. Die Souveränität stellt darin eine künstliche Seele dar, die dem ganzen Körper Leben und Bewegung gibt, die Beamten und anderen Bediensteten der Jurisdiktion und Exekutive künstliche Gelenke, Belohnung und Strafe, die mit dem Sitz der Souveränität verknüpft sind und durch die jedes Gelenk und Glied zur Verrichtung seines Dienstes veranlasst wird, sind die Nerven, die in dem natürlichen Körper die gleiche Aufgabe erfüllen. Wohlstand und Reichtum aller einzelnen Glieder stellen die Stärke dar, salus populi (die Sicherheit des Volkes) seine Aufgabe; die Ratgeber, die ihm alle Dinge vortragen, die er unbedingt wissen muss, sind das Gedächtnis, Billigkeit und Gesetze künstliche Vernunft und künstlicher Wille; Eintracht ist Gesundheit; Aufruhr, Krankheit und Bürgerkrieg Tod. Endlich aber gleichen die Verträge und Übereinkommen, durch welche die Teile dieses politischen Körpers zuerst geschaffen, zusammengesetzt und vereint wurden, dem „Fiat" oder „Lasst uns Menschen machen", das Gott bei der Schöpfung aussprach.

Thomas Hobbes, Leviathan, S. 5-6

M3 Du sollst nicht töten

Moralische und rechtliche Normen sind – ähnlich wie die Bestimmungen eines Vertrags zum gegenseitigen Vorteil – bloße Konventionen. Sie haben die ganz weltliche und zugleich doch so ungeheuer wichtige Aufgabe, menschliche Interessenkonflikte zu lösen und zu einem friedlichen Zusammenleben beizutragen.

Um von einer Norm sagen zu können, dass sie rational und intersubjektiv begründet ist, müssen wir zeigen, dass ihre Befolgung in unser aller Interesse ist. Von vielen Normen lässt sich dies ohne weiteres zeigen. Nehmen wir beispielsweise die Norm „Du sollst nicht töten!": Jeder mag gelegentlich das Interesse haben, einen anderen zu töten. Weitaus größer als das Interesse, gelegentlich zu töten, ist jedoch unser Interesse, nicht selbst getötet zu werden. Da der Nachteil, nicht töten zu dürfen, von dem Vorteil, nicht getötet zu werden, mehr als aufgewogen wird, hat jeder von uns einen guten Grund, sich für ein allgemeines Tötungsverbot auszusprechen.

Dass ein generelles Tötungsverbot in unser aller Interesse ist, ist freilich noch keine Gewähr dafür, dass es auch tatsächlich von jedem Einzelnen befolgt wird. Schließlich steht immer zu befürchten, dass es einige Menschen geben wird, die sich zwar an dem Nutzen, nicht aber an den Kosten des Tötungsverbots beteiligen wollen. Um sicherzustellen, dass es wirklich von allen befolgt wird, ist es daher in jedermanns Interesse, das Tötungsverbot sowohl mit moralischen als auch mit rechtlichen Sanktionen zu versehen. Denn erst die Sanktionen von Moral und Recht, die von Lob und Tadel bis zu Schuld und Strafe reichen, können für den Regelfall gewährleisten, dass das Tötungsverbot tatsächlich von jedem Einzelnen befolgt wird. Was hier von der Norm „Du sollst nicht töten!" gezeigt wurde, ließe sich auch von einer Reihe weiterer moralischer und rechtlicher Forderungen zeigen: Niemanden zu verletzen, die Wahrheit zu sagen, fremdes Eigentum zu respektieren, gegebene Versprechen zu halten – all dies sind Regeln, deren allgemeine Befolgung in jedermanns Interesse ist und zu deren Rechtfertigung es daher weder „göttlicher Gebote" noch „unwandelbarer Sittengesetze" bedarf.

Edgar Dahl, S. 95-96

Kontraktualismus (engl. contractarianism)

benennt sowohl eine politische Theorie über die Legitimität politischer Autorität als auch eine moralische Theorie über Ursprung und Inhalt moralischer Normen.

- Der politische Kontraktualist behauptet, dass sich die legitime Autorität einer Regierung von der Zustimmung der Regierten herleiten muss.
- Der moralische Kontraktualist behauptet, dass moralische Normen ihre Geltung von der Idee des Vertrages oder wechselseitiger Übereinkunft herleiten. Nach den Kontraktualisten gründen Recht und Moral nicht auf göttlichem Willen oder einer allgemeingültigen idealen Vernunft, sondern in menschlichen Interessen.

Aufgaben

1 Beschreibe das Titelkupfer des *Leviathan* und deute die Darstellung des Homo magnus in der oberen Bildhälfte; beachte die Insignien in seiner Hand und die Haltung der in ihm vereinigten Menschen. ➜ M1

2 Übertrage die Tabelle in dein Heft und ergänze aus dem Text ➜ M2:

natürlicher Mensch	künstlicher Staat
Seele	Souveränität
Vernunft/Wille	
Nerven/Sehnen	
Gedächtnis	
Gelenke	
Gesundheit	
Krankheit	
Tod	

3 Fasse die Funktionen des *Leviathan* zusammen: Welche Vorteile, welche Nachteile entstehen für die einzelnen Bürger?

4 Nach dem von Thomas Hobbes begründeten ethischen Kontraktualismus beruhen moralische und rechtliche Normen einzig und allein auf menschlichen Interessen. Unterscheide Interessen, die staatlich geregelt werden müssen, von anderen, die keiner allgemeinen Regel bedürfen (z. B. Musik machen). ➜ M3

5 Übertrage die Argumentation des Textes auf eine andere Norm, z. B. die Wahrheit sagen. ➜ M3

▶ Glossar: Kontraktualismus, Konventionen, Sanktionen

8 Die Begründung moralischer Normen

M1 Die moralische Maxime

Ausgehend von der Tatsache, dass die egoistischen Wünsche und Bedürfnisse der Menschen nicht harmonieren, sondern die Interessen untereinander kollidieren, findet Hobbes in der Goldenen Regel „Füge einem anderen nicht zu, was du nicht willst, dass man dir zufüge" eine Lösung, da sie rät, das eigene Wünschen und Wollen zugunsten des langfristig gesehenen eigenen Vorteils einzuschränken. Man schadet dem anderen darum nicht, weil man selbst Schaden fürchtet; die Goldene Regel ist so eine Klugheitsregel sozialen Verhaltens, die ein Handeln nahelegt, das sich im Hinblick auf die eigenen und auch die Interessen anderer optimal auszahlt nach dem Grundsatz: Wenn jeder an sich denkt, ist an alle gedacht.

M2 Eine Superregel der Moral

M3 Die Goldene Regel

Die Goldene Regel kommt in verschiedenen Kulturen in mannigfachen Formulierungen vor. Sie ist eines der ältesten Moralprinzipien normativer Art und überwindet das noch ältere Moral- bzw. Rechtsprinzip der Vergeltung (Auge um Auge, Zahn um Zahn), nach dem Gleiches nur mit Gleichem vergolten werden soll. Ihre Popularität und ihre weite Verbreitung unter allen Kulturvölkern baut sicher auf der Erfahrung auf, dass ein gesundes Maß an Selbstliebe eine Ausgangsbasis sein kann, die Interessen anderer zu respektieren, und dass man auf dieser Basis bereits elementare Regeln und Normen für ein zuträgliches menschliches Zusammenleben entwickeln kann. Da sie dem Ich und seinen Bedürfnissen keinen höheren Wert zumisst als den Bedürfnissen der anderen, rechtfertigt sie weder einen radikalen Egoismus, der den anderen lediglich als Mittel zur Befriedigung der eigenen Bedürfnisse betrachtet, noch einen radikalen Altruismus, der das eigene Selbst ganz zurückstellt.

Da die Goldene Regel schon in einer sehr direkten Weise ein Sicheinfühlen oder Sichversetzen in die Lage des anderen nahelegt, bildet sie eigentlich die Voraussetzung moralischen Handelns. Schon im frühen Kindesalter kann man den Standpunkt der Moral gut klarmachen, wenn man dazu auffordert, sich in die Lage des anderen zu versetzen mithilfe der Goldenen Regel: „Was würdest du sagen, wenn man dir das täte?" Man schadet dem anderen nicht, weil man sich in ihn hineinversetzt und seine Interessen berücksichtigt.

M4 Ein überzeugendes Argument

Wo finden wir also einen Grund dafür, dass keiner einem anderen Menschen Schaden zufügen soll, auch dem nicht, den er nicht kennt?

Nun, es gibt ein allgemeines Argument dagegen, anderen Schaden zuzufügen, das jedem zugänglich ist, der Deutsch (oder eine andere Sprache) versteht, und das zu zeigen scheint, dass er auch dann einen Grund hat, auf andere Rücksicht zu nehmen, wenn seine egoistischen Motive so stark sind, dass er auch weiterhin mit anderen schlecht umgehen wird. Sie haben es sicherlich schon einmal gehört. Es lautet ungefähr folgendermaßen: „Würde es dir gefallen, wenn ein anderer dir das antun würde?" Es ist nicht leicht zu erklären, wie dieses Argument funktionieren soll. Angenommen, Sie sind dabei, jemandes Regenschirm mitzunehmen, während Sie bei einem Gewitter ein Restaurant verlassen, und ein Augenzeuge sagt: „Würde es Ihnen Spaß machen, wenn Ihnen jemand das antun würde?" Warum sollten Sie aufgrund dieser Äußerung zögern oder sich schuldig fühlen?

Die direkte Antwort auf diese Frage soll natürlich lauten: „Es würde mir überhaupt nicht gefallen!" Doch wie geht es weiter? Angenommen Sie sagten: „Es würde mir nicht gefallen, wenn mir jemand das antun würde. Doch glücklicherweise tut es mir niemand an. Ich tue es jemand anderem an, und das stört mich nicht im Geringsten!" Diese Antwort geht am Ziel der Frage vorbei. Wenn man Sie fragt, wie es Ihnen gefallen würde, wenn ein anderer Ihnen das antäte, so will man, dass Sie über die Gefühle nachdenken, die Sie hätten, wenn jemand Ihren Schirm stehlen würde. Diese Gefühle beinhalten mehr als ein bloßes „nicht gern haben" – wie Sie es etwa „nicht gern" hätten, sich an der Zehe zu stoßen. Würde jemand Ihren Schirm stehlen, so würden Sie etwas gegen diese Tat haben. Und zwar würden Sie etwas gegen den Dieb haben, nicht bloß gegen den Verlust des Schirms. Sie würden denken, „Wo steckt der Kerl, der mir den Regenschirm geklaut hat, den ich mir mit meinem sauer verdienten Geld gekauft habe und den ich in weiser Voraussicht mitnahm, nachdem ich den Wetterbericht gehört hatte? Warum hat er nicht seinen eigenen Schirm mitgebracht?", und so weiter.

Thomas Nagel, S. 54–56

M5 Was du nicht willst ...

Dik Browne, Hägar

Aufgaben

1 Fasse noch einmal kurz das Menschenbild von Hobbes zusammen und zeige, inwiefern die Goldene Regel eine Grundlage für moralisches Verhalten sein kann. ➜ M1

2 Ist das Verhalten in deinem Verständnis auch dann noch moralisch, wenn ihm eine egoistische Motivation zugrunde liegt? ➜ M1/5

3 Welche Formulierung der Goldenen Regel überzeugt dich am meisten? Überlege Gründe, warum sie in vielen Kulturen so populär ist. ➜ M2

4 Die Goldene Regel ist die Voraussetzung moralischen Urteilens und Handelns. Zeige die Bedeutung der Goldenen Regel für die Entwicklung der moralischen Urteilskraft bei Kindern (s. S. 10f.). ➜ M3

5 Prüfe an Beispielen, was es heißt, die eigenen Interessen nicht mehr und nicht weniger zu berücksichtigen als die der anderen. ➜ M3

6 Würde es dir gefallen, ...? ➜ M4
Spiele die Argumentation des Textes an einem anderen Beispiel durch, z. B.:
- Ina lässt bei deiner Party eine CD mitgehen, die sie sich schon lange gewünscht hat.
- Lars geht mit Freunden ins Kino, obwohl er Dirk versprochen hat, mit ihm Mathe zu lernen.

▶ Glossar: Goldene Regel

9 Ethik der Selbstliebe

M1 Wenn jeder an sich denkt …

Vor einigen Jahren ereignete sich in den Vereinigten Staaten folgende Geschichte. Ein keineswegs wohlhabender Mann fand einen Sack voll Geld, der von einem Transportwagen der Firma Brinks gefallen war. Er brachte das Geld der Firma, die den Verlust noch gar nicht bemerkt hatte. Die Medien feierten ihn als Helden – aber er erhielt unzählige Briefe und Anrufe, in denen es hieß, er sei ein Narr und solle in Zukunft besser für sich selbst sorgen.

Diese Geschichte zeigt, wie weit in unserer Gesellschaft die Vorstellung verbreitet ist, erst einmal für sich selbst zu sorgen sei das einzig Vernünftige, und zu mehr Geld zu kommen sei der Weg dahin. [...]

Das ethische Alltagsleben kennt unzählige kleinere Opfer für die Gemeinschaft, angefangen damit, dass wir den Abfall in den richtigen Behälter tun, bis zur Teilnahme an einer Arbeitsgruppe in der Schule unserer Kinder. Der Lohn ist immateriell: manchmal ist es das Gefühl der Kameradschaft bei gemeinsamer Arbeit für eine gute Sache, oft ist es nicht mehr als die Vermeidung sozialer Missbilligung. Auf welche Weise diese Handlungen auch bestärkt werden, sie zeigen Interesse für andere. [...]

Thomas Hobbes, der im 17. Jahrhundert lebende Autor des Leviathan, war bei seinen Zeitgenossen wegen seiner zynischen Sicht der menschlichen Natur berüchtigt. [...] Hobbes war der Meinung, dass wir immer aus Selbstsucht handeln. Einmal beobachtete sein Freund, wie er einem Bettler Geld gab, und fragte ihn, ob das nicht seine eigene Theorie der menschlichen Motivation widerlege. Hobbes antwortete, er habe dem Bettler nicht Geld gegeben, um ihm zu helfen, sondern weil es ihn, Hobbes, froh mache, zu sehen, wie sich der Bettler über die Spende freut.

Peter Singer, S. 101, 121-122

M2 Na?!

M3 Ehrlich währt am längsten

Der ethische Egoismus ist eine ethische Theorie, nicht eine Verhaltensweise oder eine Charaktereigenschaft; er ist mit selbstlosem Handeln in der Praxis durchaus vereinbar. Und selbst wenn ein ethischer Egoist in seiner Lebensführung seiner Theorie folgt, braucht er doch nicht das zu tun, was wir gewöhnlich als egozentrisch, egoistisch, narzisstisch oder selbstsüchtig bezeichnen. Ob er es tut, wird von seiner Meinung abhängen, ob es ihm auf lange Sicht nützen wird; und vielleicht ist er nicht dieser Meinung, sondern hält Bescheidenheit und Rücksichtnahme auf andere im eigenen Interesse für klüger (vgl. „Ehrlich währt am längsten"), d. h. er ist ein „aufgeklärter" Egoist.

Was sind nun genau die Thesen des ethischen Egoismus? Soweit er den Einzelnen in seiner Rolle als moralisch Handelnden betrachtet, erklärt er, die einzige grundlegende Verpflichtung des Einzelnen bestehe darin, für sich selbst das größtmögliche Übergewicht von guten gegenüber schlechten Folgen herbeizuführen.

William K. Frankena, S. 37-38

M4 Um meinet- oder deinetwillen?

Egoist: Wir sind alle so veranlagt, dass wir stets den eigenen Vorteil oder das eigene Wohlergehen suchen, dass wir stets das tun, wovon wir annehmen, dass es das größtmögliche Übergewicht von guten gegenüber schlechten Folgen für uns hat.

Daraus folgt: Jeder von uns verfolgt stets sein eigenes Wohlergehen, ob dieses nun in Vergnügen, Glück, Erkenntnis, Macht, Selbstverwirklichung oder einer Reihe solcher Güter gesehen wird.

Altruist: Aber können wir nicht auch das Wohl anderer verfolgen, unabhängig von unseren eigenen Interessen? Es gibt Menschen, die sich sogar für andere aufopfern.

Egoist: Es stimmt, wir tun Dinge für unsere Mitmenschen; aber es gibt uns Befriedigung, sie zu tun, und diese Befriedigung ist unser Ziel. Unsere Handlungen sind lediglich Mittel zu dieser Befriedigung.

Altruist: Natürlich gibt es uns Befriedigung, solche Dinge zu tun; aber wir wollen sie nicht der Befriedigung wegen tun, die wir erwarten, sondern die Befriedigung stellt sich deshalb ein, weil wir sie tun wollen.

Egoist: Und trotzdem, ich tue stets das, was ich tun will, selbst wenn ich etwas für einen anderen tue. Und die Befriedigung, die daraus resultiert, ist meine Befriedigung. Ich stehe so oder so im Mittelpunkt. Der Egoismus hat also doch recht.

Altruist: Damit habe ich kein Problem! Denn wenn du sagst, dass wir manchmal den Wunsch haben, etwas für andere zu tun, und dass wir daraus auch eine Befriedigung gewinnen, dann hast du damit nur behauptet, dass es in der menschlichen Natur auch altruistische Antriebe gibt, nämlich den Wunsch, anderen eine Freude zu bereiten.

Egoist: Das ist eine pure Illusion. Du bereitest anderen nur eine Freude, weil du damit dein sogenanntes altruistisches Bedürfnis befriedigst. Wir tun schließlich alles, was wir tun, um unseretwillen und nicht um der anderen willen. *nach William K. Frankena, S. 40ff.*

Egoismus (lat. ego = Ich)

wird allgemein verstanden als Selbstinteresse, als Beweggrund eines Menschen, dem es in allem Tun und Lassen letztlich nur um sich selbst geht.

Der Begriff Egoismus hat viele Bedeutungen:

- als Inbegriff von Trieben, Bedürfnissen, Wünschen richtet er sich auf deren Befriedigung, sucht die Selbsterhaltung, die Erfüllung aller Interessen, das eigene Glück;
- als Handlungsregel legt er ein rationales (langfristig kalkulierendes), aber noch nicht moralisches Handeln zugunsten eigener Interessen nahe; wobei die Interessen und Rechte der Mitmenschen nur im Hinblick auf die eigenen berücksichtigt werden;
- als ethische Position kann ein aufgeklärter Egoismus aus sich heraus viele der sittlichen Pflichten und Rechte anerkennen (Wahrhaftigkeit, Achtung), weil alle Menschen in vielfältiger Form aufeinander angewiesen sind und man sich durch Rücksicht, Ehrlichkeit usw. das Vertrauen anderer erwirbt.

Aufgaben

1 Finde Beispiele, in denen ein selbstloses ehrliches Verhalten ähnlich kontrovers beurteilt wird. ➜ M1

2 Teilt euch in zwei Gruppen und erarbeitet Argumente für die beiden Positionen:
1. Handeln im Interesse anderer
2. Handeln im Eigeninteresse

Führt eine Pro-Contra-Diskussion durch. ➜ M1/3

3 Übertrage Fuchs und Gans auf menschliche Prototypen. Schreibe einen Dialog zu der Karikatur, indem du in direkter Rede den Kommentar „Na?" ausbaust und in indirekter Rede die Bilder in den Denkblasen erläuterst. ➜ M2

4 Erörtere, ob der ethische Egoismus eine tragfähige Basis einer konfliktfreien Gesellschaft bilden kann.

5 Unterscheide die Begriffe Egozentrik, Egoismus, Narzissmus, Selbstsucht anhand von Beispielen. Vgl. S. 80: Ist Falco egozentrisch, narzisstisch, ...?

6 Die These des ethischen Egoismus besagt, dass man so handeln solle, dass man für sich selbst die besten Folgen herbeiführt. ➜ M3/4
Schreibe hierzu einen kleinen Artikel, in dem du die Folgen dieser These in Bezug auf zwischenmenschliche Beziehungen oder den Umgang mit der Natur erörterst (s. hierzu auch S. 126ff.).

▶ Glossar: Egozentrik, Narzissmus

10 Tit for Tat – Wie du mir, so ich dir!

M1 Das Schmarotzer-Dilemma

Stell dir vor, du gehst mit Freunden in ein gutes Restaurant; bezahlt werden soll zu gleichen Teilen. Was würdest du bestellen? Das Tagesgericht zu 5 Euro oder den teuren Lammbraten zu 15 Euro? Du könntest auf diese Weise ein exzellentes Essen fast geschenkt bekommen, wenn du als Einzige/r auf Kosten der anderen speist. Denkt aber jeder so in der Gruppe, gibt es am Ende für alle eine gepfefferte Rechnung. Diese in privater Runde noch relativ harmlose Zwickmühle steht für eine Reihe durchaus ernster und schwieriger Probleme, die immer dann auftauchen, wenn momentaner persönlicher Nutzen gegen dauerhaften sozialen steht.
In der Spieltheorie haben Mathematiker versucht zu beweisen, dass radikaler Egoismus sich nicht auszahlt, sondern langfristig kooperatives Handeln.

M2 Fatale Logik

Angenommen, du willst eine schwer zu beschaffende Ware auf dem Schwarzmarkt tauschen. Du kennst deinen Partner nicht und wirst ihm vermutlich nie begegnen und auch keine weiteren Geschäfte mit ihm machen. Die Ware soll an einem geheimen Ort deponiert werden. Du überlegst: „Wenn der Händler einen vollen Sack bringt, ich aber einen leeren abgestellt habe, bin ich fein raus; denn dann kriege ich das, was ich wollte, umsonst. Aber auch wenn der Händler einen leeren Sack zurücklässt, war es besser, auch einen leeren Sack deponiert zu haben; denn dann bin ich wenigstens nicht übers Ohr gehauen worden. Ich habe zwar nichts bekommen, aber auch nichts verloren. Wie es aussieht, bin ich mit einem leeren Sack in jedem Fall also besser dran, egal wozu sich der Händler entschließt. Folglich deponiere ich einen leeren Sack."
Der Händler, der ja mehr oder weniger im gleichen Boot sitzt (wenn auch am anderen Ende), hat sich mittlerweile dasselbe überlegt. Auch er ist zu dem Schluss gekommen, am besten nichts in den Sack zu tun. Und so deponieren beide aufgrund ihrer (scheinbar) unfehlbaren Logik einen leeren Sack – und gehen beide leer aus. Traurig, traurig: denn wenn sie kooperiert hätten, hätten beide bekommen, was sie wollten.

M3 Nutzenmatrix

		Der Händler	
		kooperiert	mogelt
Du	kooperierst	2, 2	-1, 4
	mogelst	4, -1	0, 0

Nach dieser Matrix trägt beiderseitige Kooperation beiden Beteiligten 2 Punkte ein (für einen vollen Sack des eigenen Gutes erhalten beide einen vollen des erwünschten Gutes). Beiderseitiges Mogeln bringt beiden 0 Punkte. Zu kooperieren, während der Händler mogelt, tut weh: Du erhältst –1 Punkte, während der Schuft 4 Punkte einheimst. Warum so viele? Weil es so angenehm ist, etwas umsonst zu bekommen. Und natürlich: Wenn zufälligerweise du einmal der Schuft bist, während der Händler kooperiert, dann kassierst du die 4 Punkte, und er kriegt –1.

M4 Mogeln oder kooperieren?

Angenommen, sowohl du als auch dein Händler sind sehr daran interessiert, mit dem, was der andere anzubieten hat, regelmäßig beliefert zu werden. Vor der ersten Transaktion verabredet ihr also, auf Lebenszeit einmal pro Monat einen Tausch durchzuführen.
Was nun machst du diesmal beim ersten Tausch? Einen leeren Sack zu deponieren, wäre eine ausgesprochen fiese Art, eine Beziehung anzuknüpfen, und wohl kaum geeignet, eine Vertrauensbasis zu schaffen. Angenommen also, du bringst einen vollen Sack, und der Händler tut das Gleiche. Alles ist eitel Freude – einen Monat lang. Dann beginnt das Spielchen von vorn: leerer oder voller Sack? Jeden Monat musst du neu entscheiden, ob du „mogelst“ (einen leeren Sack bringen) oder „kooperierst“ (einen vollen Sack hinterlassen).

M5 Alles klar?

Angenommen, du erfährst eines Tages insgeheim aus zuverlässiger Quelle, dass der Händler schwer krank ist und voraussichtlich nur noch ein, zwei Monate zu leben hat. Er ahnt nicht, dass du Wind davon bekommen hast. Ist die Verlockung nun nicht übermächtig, auf die jahrelange Kooperation zu pfeifen und urplötzlich die krumme Tour zu versuchen? Schließlich leben wir in einer gnadenlosen Welt, und jeder muss sehen, wo er bleibt. Und da dies gut der letzte Monat sein könnte, den dein Händler noch erlebt, warum solltest du aus deinem geheimen Wissen nicht das größtmögliche Kapital schlagen? Dein Betrug wird vielleicht nie bestraft. Schlimmstenfalls vergilt es dir der sterbende Händler noch eben mit einem leeren Sack vor seinem letzten Atemzug. Aber das kannst du riskieren. Je sicherer du bist, dass der nächste Tausch der letzte ist, desto größer wird die Versuchung zu mogeln. Dem Händler ginge es umgekehrt natürlich genauso.
Das ist es, was „Egoismus“ heißt: Du bringst deinem Gegenüber keinerlei Freundschaft, Wohlwollen oder Mitleid entgegen; du kennst keine Skrupel; du bist auf nichts aus, als Punkte einzuheimsen – je mehr, desto besser.

M6 Regeln des „Tit for Tat“

- Betrüge nie als Erster. Zeige bei der ersten Entscheidung guten Willen und kooperiere.
- Sei provozierbar und schlage zurück. Wenn der andere kooperiert, kooperiere weiter, wenn er mogelt, mogele ebenfalls.
- Sei versöhnlich. Rache hat keinen Sinn; ist der andere wieder kooperativ, reagiere ebenso.
- Versuche nicht zu tricksen. Bleibe für den anderen durchschaubar und berechenbar.

M2-6: nach: Douglas R. Hofstadter in: Spektrum 1/1998, S.60ff.

Aufgaben

1 Diskutiert, ob ihr die Regeln des „Tit for Tat“ zur Grundlage eurer gegenseitigen Beziehungen machen würdet. Welche Vorteile, welche Nachteile ergeben sich daraus? ➔ M2-6

2 Spielt „Tit for Tat“ an folgendem Beispiel in der Klasse nach:
Zwei Gefangene, die in getrennten Zellen untergebracht worden sind und keine Möglichkeit haben, sich miteinander abzusprechen, sind eines gemeinsam begangenen, sehr schwerer Verbrechens angeklagt, das man jedoch keinem von beiden beweisen kann. Beweisen kann man ihnen lediglich ein gemeinsames leichtes Verbrechen. Sie haben folgende Möglichkeiten:
- A gesteht, B nicht: A ist damit Kronzeuge und frei, B erhält die Höchststrafe; umgekehrt gilt das Gleiche. (5/0)
- A und B gestehen. Die Strafe wird wegen Geständigkeit gemildert. (4/4)
- Keiner gesteht. Sie werden nur wegen eines geringfügigen Verbrechens bestraft. (2/2)

3 Gestaltet anhand eines aktuellen Problems, z. B. Abschreiben, Vordrängeln oder Schwarzfahren, eine Podiumsdiskussion zu dem Thema:
Die Ehrlichen sind die Dummen!
Folgende Rollen sind dabei zu besetzen:
- der kurzsichtig handelnde Egoist (Ich betrüge stets!)
- der langfristig planende Egoist (Ich kooperiere, solange es mir Vorteile bringt.)
- der kooperationsbereite Altruist (Ich tue das, was der andere getan hat.)
- der idealistische Moralist (Ich betrüge nie!)

1 Vom Egoismus zum Altruismus

M1 Geben und Nehmen

Angehörige der Amish, einer religiösen Gruppe in den USA, errichten gemeinsam ein Dach. Jedes Mitglied der Gruppe profitiert von der kulturellen Übereinkunft, die solche freiwillige gegenseitige Hilfe für selbstverständlich erklärt.

Spektrum 1/1998, Titelbild, S. 69

M2 Gemeinsam sind wir stark

Der schottische Philosoph David Hume zeigt an zwei Beispielen, wie sich aus eigennütziger Motivation kooperatives Handeln entwickeln kann. Das erste Beispiel handelt von zwei Leuten, die sich entschlossen haben, zusammen zu rudern. Sie wollen ein gemeinsames Ziel erreichen.

Jeder der beiden versucht, den anderen mittels gewisser Vorleistungen zum Mitmachen zu animieren. Einer der beiden beginnt etwa mit einer Überlegung der folgenden Art: „Vielleicht wird der andere dann und nur dann rudern, wenn ich es tue. Es kann nicht von Nachteil sein, wenn ich dies herauszubekommen versuche." Also beginnt er ein bisschen zu rudern, ohne sich besonders anzustrengen. Der andere hat eine ähnliche Einstellung und beginnt ebenfalls, ein wenig zu rudern, wodurch er den Ersten ermutigt. In dem Maße, als jeder der beiden bemerkt, dass seine Leistung durch eine entsprechende Leistung des anderen belohnt wird, kommt es zu einer Stabilisierung der Kooperation zwischen den beiden.

Wolfgang Stegmüller, S. 248

M3 Wechselseitige Hilfeleitung

Dein Korn ist heute reif, das meinige wird es morgen sein. Es ist für uns beide vorteilhaft, dass ich heute bei dir arbeite und du morgen bei mir. Ich habe keine Neigung zu dir und weiß, dass du ebenso wenig Neigung zu mir hast. Ich strenge mich daher nicht um *deinetwillen* an; und würde ich um *meinetwillen*, d. h. in Erwartung einer Erwiderung bei dir arbeiten, so weiß ich, dass ich enttäuscht werden und vergeblich auf deine Dankbarkeit rechnen würde. Also lasse ich dich bei deiner Arbeit allein. Und du behandelst mich in gleicher Weise. Nun aber wechselt das Wetter; wir verlieren beide unsere Ernte vermöge des Mangels an gegenseitigem Vertrauen und der Unmöglichkeit, uns einer auf den anderen zu verlassen. [...] Auf diese Weise nun lerne ich jemandem einen Dienst erweisen, ohne tatsächliche freundliche Gesinnung für ihn; ich sehe voraus, dass er meinen Dienst erwidern wird in Erwartung der Wiederholung eines ähnlichen Dienstes und um das System der wechselseitigen Hilfeleistung mir und anderen gegenüber aufrechtzuerhalten. [...]

Wenn aber ein solcher eigennütziger Verkehr der Menschen beginnt und dazu gelangt, in der Gesellschaft sich einzubürgern, so vernichtet er doch nicht ganz den großmütigeren und edleren Austausch der Freundschaft und Freundschaftsdienste. Ich kann den Menschen, die ich liebe und die ich näher kenne, immer noch Dienste leisten, ohne irgendwelche Aussicht auf einen Vorteil; und sie können dieselben erwidern ganz in derselben Weise, also ohne andere Absicht als die, meine vergangenen Dienste zu belohnen.

David Hume, Traktat, S. 268f.

M4 Hilfst du mir, helf ich dir!

Edinburgh Post, 10.2.1769

Anlässlich der Rückkehr unseres bedeutenden Landsmanns, des Diplomaten, Historikers und Philosophen David Hume, in seine schottische Heimat interviewte unser Mitarbeiter Kent „le bon David" über die Grundgedanken seiner Moralphilosophie.

Kent: Herr Hume, in Ihren Beispielen zeigen Sie, dass Kooperation aus purem Eigeninteresse entstehen kann. Geben Sie hier nicht Ihrem Vorgänger Thomas Hobbes recht?

Hume: Selbstliebe ist ein Prinzip von so umfassender Wirkungskraft in der menschlichen Natur und das Interesse eines jeden Individuums ist im Allgemeinen so eng mit dem der Gemeinschaft verknüpft, dass jene Philosophen zu entschuldigen sind, die der Meinung waren, unsere gesamte Sorge um die Allgemeinheit sei auf die Sorge um unser eigenes Glück und unsere Selbsterhaltung zurückzuführen.

Kent: Wie kamen diese Philosophen zu diesem Ergebnis?

Hume: Sie fragten, ob es möglich sei, dass wir irgendein allgemeines Interesse für die Gesellschaft oder ein uneigennütziges Gefühl für das Wohlergehen oder die ungerechte Behandlung anderer haben könnten; sie fanden es einfacher, alle diese Empfindungen als Modifikationen der Selbstliebe aufzufassen.

Kent: So wie ich es sehe, schließen Sie sich dieser Lösung nicht an. Wie ist Ihre Position?

Hume: Wir haben Beispiele gefunden, bei welchen das persönliche Interesse vom öffentlichen verschieden, [...] ihm sogar entgegengesetzt war; und doch haben wir beobachtet, dass das moralische Gefühl weiterbestand, ungeachtet dieses Auseinanderfallens der Interessen. Und überall dort, wo diese verschiedenen Interessen merklich zusammentrafen, fanden wir stets eine spürbare Zunahme der Empfindungen und eine stärkere Neigung zur Tugend hin und eine Abscheu vor dem Laster, also das, was man passenderweise Gefühl für Dankbarkeit und Vergeltung nennt. Durch diese Beispiele gezwungen müssen wir die Theorie zurückweisen, die jedes moralische Gefühl aus dem Prinzip der Selbstliebe erklärt. Wir müssen eine eher auf die Allgemeinheit bezogene Neigung einführen und zugestehen, dass uns die Interessen der Gesellschaft, sogar um ihrer selbst willen, nicht gänzlich gleichgültig sind.

nach David Hume, Prinzipien der Moral, S. 141

David Hume – Leben und Werk

- geboren am 26. April 1711 als jüngster Sohn eines schottischen Landedelmannes in Edinburgh;
- mit 12 Jahren Studium der Klassischen Sprachen, Ethik, Metaphysik, experimenteller Naturphilosophie und später Jura an der Universität Edinburgh;
- 1734 verlässt Hume Schottland, lebt in London, dann in Frankreich; veröffentlicht *Ein Traktat über die menschliche Natur*, das wenig beachtet wird;
- bewirbt sich erfolglos um einen Lehrstuhl für Ethik an der Universität Edinburgh und später Glasgow;
- unternimmt als Gesandter Reisen durch Europa;
- 1751 erscheint die *Untersuchung über die Prinzipien der Moral*, erfährt internationale Anerkennung;
- Auseinandersetzungen mit der schottischen Kirche wegen seiner freidenkerischen Ansichten;
- Anstellung als Bibliothekar; schreibt die *Geschichte Englands*, die ihn zum bestbezahlten Autor Englands macht; wird Botschafter und Unterstaatssekretär;
- 1769 Rückkehr nach Edinburgh, vollendet sein Meisterwerk *Dialoge über natürliche Religion*; verbringt die Zeit bis zu seinem Tod 1776 hochgeachtet im Kreis seiner Freunde.

Aufgaben

1 Zeige anhand der drei Beispiele (Amish, Ruderer, Bauern), unter welchen Bedingungen Egoismus zwangsläufig zur Kooperation führen muss. ➜ M1/2/3

2 Unterscheide wechselseitige Hilfeleistung aus Egoismus und aus Freundschaft an einem Beispiel. ➜ M3

3 Finde Beispiele für Humes Behauptung, dass wir eine auf die „Allgemeinheit bezogene Neigung" (sympathy) haben. ➜ M4

4 Informiere dich in einer Philosophiegeschichte über David Hume und erarbeite einen ausführlichen Lebenslauf. (GFS) ➜ M5

▶ Glossar: Kooperation

2 Die Fundamente der Gesellschaft

M1 Der Mensch – ein Mängelwesen

Unter allen Tieren, die den Erdball bevölkern, gibt es keines, gegen das die Natur auf den ersten Blick grausam verfahren zu sein scheint; nur gegen den Menschen. Wie zahllos sind die Bedürfnisse und notwendigen Ansprüche, mit denen sie ihn belastet, und wie gering die Mittel, die sie ihm zur Befriedigung derselben gewährt hat. Bei anderen Geschöpfen hält sich dies beides im Allgemeinen das Gleichgewicht. Wenn wir den Löwen als gefräßiges fleischfressendes Tier betrachten, so halten wir ihn leicht für ein sehr bedürftiges Wesen; richten wir aber den Blick auf seinen Bau und sein Temperament, seine Behändigkeit, seinen Mut, seine Waffen und seine Stärke, so werden wir finden, dass seine Vorzüge im Verhältnis zu seinen Bedürfnissen stehen. Dem Schaf und dem Ochsen fehlen alle diese Vorzüge, aber dafür sind auch ihre Begierden mäßig und ihre Nahrung leicht zu beschaffen. Nur in dem Menschen findet sich die unnatürliche Verbindung von Schwäche und Bedürfnis in vollstem Maße ausgeprägt. Die für seine Erhaltung notwendige Nahrung flieht vor ihm, wenn er sie sucht und sich ihr nähert; oder es bedarf wenigstens der Arbeit zu ihrer Herstellung. [...] Und doch besitzt er, an sich betrachtet, weder Waffen noch Stärke, noch die natürlichen Geschicklichkeiten, die einer solchen Menge von Bedürfnissen entsprächen.

M2 Vom Nutzen der Gesellschaft

Nur durch die Vergesellschaftung kann er [der Mensch] diesen Mängeln abhelfen und sich zur Gleichheit mit seinen Nebengeschöpfen erheben, ja sogar eine Überlegenheit über dieselben gewinnen. Durch die Gesellschaft wird seine Schwäche ausgeglichen, und wenn auch innerhalb derselben seine Bedürfnisse sich jeden Augenblick vermehren, so nehmen doch seine Fertigkeiten in noch höherem Grade zu. So wird er in jeder Beziehung glücklicher und zufriedener, als er es im Zustande der Wildheit und Vereinsamung jemals hätte werden können. Wenn jeder einzelne Mensch alleine und nur für sich arbeitet, so reicht seine Kraft nicht aus, um irgendein bedeutsames Werk auszuführen; seine Arbeit wird aufgebraucht durch die Beschaffung der mancherlei Dinge, welche die Not des Lebens erfordert; er bringt es in keiner Kunst zur Vollkommenheit. [...]

Die Gesellschaft aber sorgt für ein Mittel gegen diese *drei* Übelstände. Durch die Vereinigung der Kräfte wird unsere Leistungsfähigkeit vermehrt; durch Teilung der Arbeit wächst unsere Geschicklichkeit, und gegenseitiger Beistand macht uns weniger abhängig von Glück und Zufall. Durch diese Vermehrung von *Kraft, Geschicklichkeit und Sicherheit* wird die Gesellschaft nützlich.

M1/2: David Hume, Traktat, S. 228–229

„... wir haben uns bei dieser Neuentwicklung speziell an den Erfordernissen der Bildschirmarbeit orientiert."

Mester / Baaske Cartoons

M3 „Erst kommt das Fressen, dann …"

M4 Der Ursprung der Gerechtigkeit

Die Neigungen der Menschen und ihre Bedürfnisse bringen sie dazu, sich zusammenzuschließen; ihr Verstand und ihre Erfahrung sagen ihnen, dass dieser Zusammenschluss unmöglich ist, wenn sich keiner einer Regel unterwirft und Rücksicht auf das Eigentum anderer nimmt: Und aus der Verbindung dieser Affekte und Überlegungen hat sich, sobald wir bei anderen dieselben Affekte und Überlegungen wahrnehmen, das Gefühl der Gerechtigkeit zu allen Zeiten unfehlbar und sicher, in einem stärkeren oder schwächeren Grad bei jedem menschlichen Individuum entwickelt.

M5 Wohlwollen und Gerechtigkeit als Basis

Das Glück und Wohlergehen der Menschen, das aus der sozialen Tugend des Wohlwollens und ihren Unterarten entspringt, kann mit einer Mauer verglichen werden, die, von vielen Händen erbaut, mit jedem hinzugefügten Stein immer höher wird und die im Verhältnis zum Fleiß und zur Sorgfalt jedes Arbeiters wächst. Dasselbe Glück, das auf den sozialen Tugenden der Gerechtigkeit und ihren Unterarten beruht, kann mit einem Gewölbebau verglichen werden, wo jeder einzelne Stein, für sich allein, zu Boden fallen würde und wo die ganze Konstruktion nur durch die gegenseitige Stützung und Verbindung ihrer entsprechenden Teile erhalten wird.

M4/5: David Hume, Untersuchung, S. 240–241/238

Aufgaben

1 Finde Beispiele für die Behauptung Humes, beim Menschen finde sich eine „unnatürliche Verbindung von Schwäche und Bedürfnis". → M1

2 Durch welche zivilisatorischen bzw. technischen Entwicklungen gleichen die Menschen ihre biologischen Mängel aus? → M1
Stelle in einer Tabelle gegenüber:

biologische Mängel	kultureller Ausgleich
z. B. körperliche Schwäche	Waffen

3 Erläutere die These, dass die Zunahme der Bedürfnisse in Zusammenhang mit der Entwicklung der Fertigkeiten (Technik) steht, anhand der Karikatur von Gerhard Mester oder an einem Beispiel (MP3-Player). → M2

4 Erarbeite die Grundlagen des gesellschaftlichen Zusammenschlusses (z. B. Selbstliebe, Wohlwollen usw.). Welche Rolle spielen hierbei Verstand und Gefühl? → M4

5 Erstellt ein Wandplakat mit dem Bild der Mauer und des Gewölbebogens und füllt die einzelnen Steine (Moderationskärtchen) aus. Nehmt dabei die Bedürfnispyramide zur Hilfe. → M3/5

▶ Glossar: Bedürfnis, Gerechtigkeit

3 Soziale Tugenden

M1 Tugenden heute

Was bedeuten Mitgefühl und Solidarität für Sie?

„Mein Eindruck ist, dass jeder erst mal an sich denkt: Je schlechter es dem Einzelnen geht, desto mehr lässt die Solidarität nach und die Schwachen sind die Opfer, die Obdachlosen zum Beispiel. Die verkaufen ja oft diese Straßenzeitungen, hier vor den guten Geschäften. Die Leute, die da rauslaufen, hätten das Geld, aber sie gehen einfach vorbei."

„Als Handelsvertreter stelle ich fest, dass die Leute immer skeptischer werden. Gerade Ältere reagieren sehr zurückhaltend. Da stecken Angst und Unsicherheit dahinter. Auch auf der Straße gibt es kaum mehr Blickkontakt, alle haben ernste Mienen und sind sehr ichbezogen. Da macht die Arbeit manchmal echt keinen Spaß mehr."

Was fällt Ihnen zu den Begriffen Respekt und Anstand ein?

„Die Jüngeren sind sich ihrer Werte wohl bewusst und leben sie vor. Gerade was Respekt und Anstand angeht, haben sie ein gutes Maß getroffen, denn zu viel würde devot wirken. Ich finde, dass die derzeitige Mischung stimmt. Meine Generation ist viel autoritärer erzogen worden, mit mehr Glauben an die Obrigkeit. Das ändert sich – und das ist gut so."

„Man sollte vor jedermann Respekt haben, das sollte eine Grundeinstellung sein. Was mir in der Schule auffällt, ist, dass die Kleinen keinen Respekt mehr vor Älteren haben. Als ich in die Schule kam, haben wir aufgesehen zu den höheren Klassen. Auch Lehrer zu grüßen war früher selbstverständlich, die Jüngeren machen das nicht mehr so."

Welche Rolle spielt für Sie Gerechtigkeit?

„Meine Kinder sind sieben und fünf und wissen genau, was fair ist und was nicht. Dabei kommt der Impuls meistens von ihnen, sie fordern mich regelrecht auf, gerecht zu sein – und ich als Vater versuche, diesem Wunsch nachzukommen. Sie haben sehr sensible Antennen und merken schnell, wenn sie ungerecht behandelt werden."

„Ich komme aus Slowenien und habe die Erfahrung gemacht, dass ich als Gast hier oft ungerecht behandelt werde. In der Schule wurde ich zum Beispiel von den Lehrern oft schlechter benotet. Deshalb gehe ich bewusst mit Gerechtigkeit um, möchte sie meinem Sohn vermitteln und setze mich für meine Mitmenschen ein."

Stern 46/2005, S. 81–83

M2 Tugenden sind angenehm und nützlich

Hume geht von der grundlegenden Tatsache aus, dass Tugenden und Laster bestimmte Charaktereigenschaften sind, die bei uns und anderen Lob oder Tadel, Billigung oder Missbilligung auslösen, weil wir sie als persönlich schätzenswert bzw. als das Gegenteil davon empfinden. Das Kriterium für das Schätzenswerte ist alles das, was uns nützlich oder angenehm erscheint. Danach teilt er die Tugenden in vier Gruppen ein:

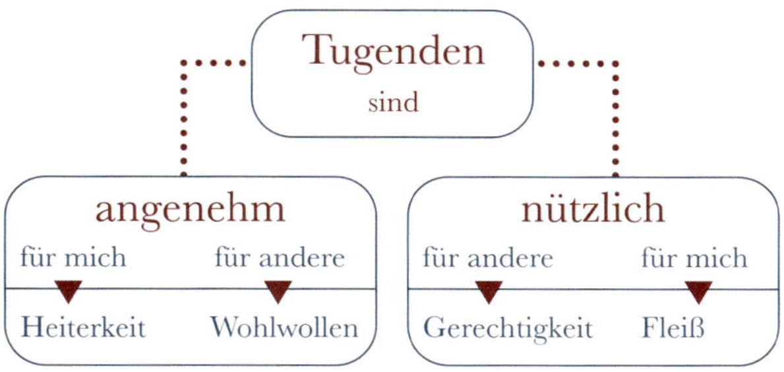

M3 Vom Nutzen der Tugend

Man muss daher einräumen, dass den sozialen Tugenden eine natürliche Schönheit und Liebenswürdigkeit eigen ist, die sie von vornherein, vor aller Vorschrift und Erziehung, dem ungelehrten Menschen als schätzenswert erscheinen läst und seine Zuneigung gewinnt. Und da der öffentliche Nutzen dieser Tugenden der wichtigste Umstand ist, woraus sich ihre Wertschätzung herleitet, so folgt daraus, dass das Ziel, auf dessen Förderung sie gerichtet sind, uns irgendwie angenehm sein und sich irgendeiner natürlichen Neigung bemächtigen muss. [...] Nützlichkeit ist angenehm und gewinnt unsere Zustimmung. Das ist eine durch tägliche Beobachtung bestätigte Tatsache. Aber *nützlich*? Wofür? Für jemandes Interesse, sicherlich. Wessen Interesse also? Nicht unser eigenes allein; denn unsere Anerkennung erstreckt sich oft weiter. Es muss mithin das Interesse derer sein, denen durch den Charakter oder die Handlung, die wir billigen, ein Dienst erwiesen wird; und diese Menschen, so dürfen wir schließen, sind uns nicht gänzlich gleichgültig, mögen sie uns auch noch so fern stehen. Durch die Erschließung dieses Prinzips werden wir eine bedeutende Quelle moralischer Unterscheidungen entdecken.

M4 Nützlichkeit als Quelle der Moral

Man untersuche, unter Abwägung der Konsequenzen, ob nicht der Wert der sozialen Tugend zu einem großen Teil aus den Gefühlen der Menschlichkeit hergeleitet ist, die sie im Zuschauer hervorrufen. Es scheint eine Tatsache zu sein, dass der Umstand der *Nützlichkeit* bei allen Gegenständen eine Quelle des Lobes und der Zustimmung ist; dass man sich bei allen moralischen Entscheidungen über Wert und Unwert von Handlungen immer wieder auf sie beruft; dass sie alleinige Quelle jener hohen Wertschätzung ist, die der Gerechtigkeit, Verlässlichkeit, Ehre, Untertanentreue und Keuschheit zuteil wird; dass sie von allen anderen sozialen Tugenden wie Menschlichkeit, Großzügigkeit, Nächstenliebe, Güte, Milde, Barmherzigkeit und Bescheidenheit untrennbar ist, und dass sie, mit einem Wort, eine Grundlage des Hauptteils der Moral bildet, der sich auf die Menschheit und auf unsere Mitmenschen bezieht.

M3/4: David Hume, Untersuchung, S. 135–136, 139–140, 154

Aufgaben

1 Erstellt in Gruppen ein Plakat über die sozialen Tugenden (Mitgefühl usw.). Erklärt die Begriffe und findet Beispiele aus dem Alltag, in denen die Tugenden verwirklicht werden. ➜ M1

2 Werte die Umfrage aus. Verfasse zu einzelnen Aussagen eine Stellungnahme. ➜ M1

3 Ordne die genannten Tugenden den angenehmen und nützlichen Tugenden in der Grafik zu und ergänze durch eigene Beispiele. ➜ M1/2

4 Bestimme den Begriff Nutzen/Nützlichkeit und erarbeite die Bedeutungsunterschiede im Sprachgebrauch. ➜ M3

5 Prüfe an einem Beispiel, ob das Prinzip der Nützlichkeit der Grund für das Lob und die Wertschätzung anderer Menschen und ihrer Handlungen sein kann. ➜ M3/4

▶ Glossar: Nützlichkeit, Tugend

4 Ich-Bewusstsein

M1 Erleben und erinnern

Sehe ich in einem Museum ein Bild, über das ich mich ärgere, so verfüge ich über impressions [Eindrücke], denke ich zuhause über das Bild nach oder erinnere ich mich an meinen diesbezüglichen Ärger, so handelt es sich dabei um ideas, thoughts [Gedanken, Vorstellungen].

Gerhard Streminger, S. 68

M3 Was ist wirklich?

Hugo Simberg: Der verwundete Engel, 1903

M2 Wahrnehmen und erkennen

Die Sinneseindrücke, die wir durch das unmittelbare Empfinden der äußeren Wirklichkeit erhalten, sind die Quelle unseres Wissens, die Vorstellungen sind Erinnerungen, Spiegel oder Kopien solcher Eindrücke oder der wahrgenommenen Gegenstände. Das Denken verarbeitet lediglich die Wahrnehmungen auf verschiedene Weise und in verschiedenen Zusammensetzungen:

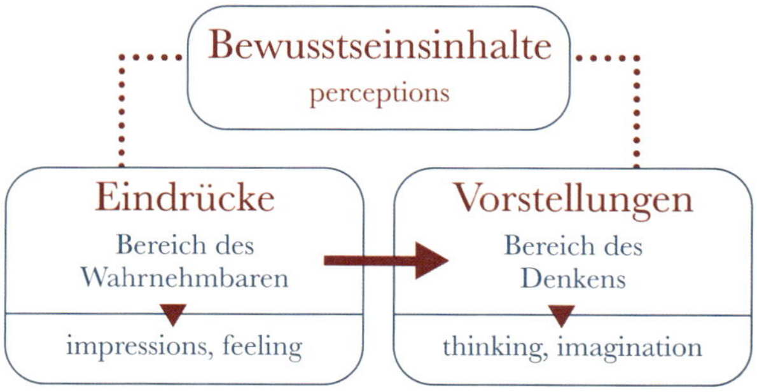

M4 Wie kommt der Engel in die Vorstellung?

Hume geht es darum, dass wir bisweilen Vorstellungen zusammensetzen können, ohne dass in der Wirklichkeit etwas entsprechend Zusammengesetztes existiert. So entstehen falsche Vorstellungen von Dingen, die es in der Natur nicht gibt. Wir haben bereits die Engel erwähnt. Und früher war schon die Rede von Krokofanten. Ein weiteres Beispiel ist der Pegasus, also ein Pferd mit Flügeln. Bei all diesen Beispielen müssen wir einsehen, dass unser Bewusstsein sozusagen auf eigene Faust losgebastelt hat. Es hat Flügel von einem Eindruck und Pferde von einem anderen genommen. Alle Bestandteile sind einmal empfunden worden und deshalb als echte Eindrücke ins Theater des Bewusstseins eingegangen. Das Bewusstsein selber hat im Grunde nichts erfunden. Das Bewusstsein hat zu Schere und Klebstoff gegriffen und auf diese Weise falsche Vorstellungen konstruiert.

M5 Die Ich-Vorstellung

In dem Roman „Sofies Welt" von Jostein Gaarder erhält die 14-jährige Sofie einen Philosophiekurs, der mit geheimnisvollen Briefen beginnt und dann in Gesprächen eine Reise durch die Geschichte der Philosophie unternimmt.

„Du kannst selber Humes Methode anwenden, um zu analysieren, was du als dein ‚Ich' auffasst."
„Dann muss ich zuerst fragen, ob die Ich-Vorstellung einfach oder zusammengesetzt ist."
„Und zu welchem Ergebnis kommst du?"
„Ich muss wohl zugeben, dass ich mich ziemlich zusammengesetzt fühle. Ich bin zum Beispiel ziemlich launisch. Und es fällt mir schwer, mich für etwas zu entscheiden. Außerdem kann ich ein und denselben Menschen mögen und verabscheuen."
„Also ist deine Ich-Vorstellung eine zusammengesetzte."
„Okay. Nun muss ich fragen, ob ich einen entsprechenden zusammengesetzten Eindruck dieses Ichs habe. Und den habe ich doch wohl? Den habe ich doch die ganze Zeit?"
„Macht dich das denn unsicher?"
„Ich verändere mich die ganze Zeit. Ich bin heute nicht mehr dieselbe wie vor vier Jahren. Meine Laune und meine Vorstellung von mir selber ändern sich von einer Minute auf die andere. Es kommt vor, dass ich mich plötzlich wie ein ganz neuer Mensch fühle."
„Also ist das Gefühl, einen unveränderlichen Persönlichkeitskern zu haben, eine falsche Vorstellung. Unsere Ich-Vorstellung besteht in Wirklichkeit aus einer langen Kette aus Einzeleindrücken, die du noch *nie gleichzeitig* erlebt hast. Hume spricht von einem ‚Bündel verschiedener Bewusstseinsinhalte, die einander mit unbegreiflicher Schnelligkeit folgen und beständig in Fluss und Bewegung sind'. Unser Bewusstsein sei ‚eine Art Theater', auf dem diese verschiedenen Inhalte ‚nacheinander auftreten, kommen und gehen, und sich in unendlicher Mannigfaltigkeit der Stellungen und Arten der Anordnung untereinander mengen'. Hume geht es also darum, dass wir keine wie auch immer geartete Grundpersönlichkeit haben, hinter oder unter der solche Auffassungen und Stimmungen kommen und gehen. Es ist wie mit den Bildern auf einer Kinoleinwand: Weil sie so rasch wechseln, sehen wir nicht, dass der Film aus Einzelbildern zusammengesetzt ist. Eigentlich hängen diese Bilder nicht zusammen, das heißt, in Wirklichkeit ist der Film eine Summe von Augenblicken. [...]
Es gibt also kein Ich und keinen unveränderlichen Persönlichkeitskern."

M4/5: Jostein Gaarder, S. 302-306

M6 Wo ist mein Ich?

Karen Scharnbacher, 16. Jahre. Bleistift und Farbstift

Aufgaben

1 Überlege verschiedene Situationen/Erlebnisse, in denen du Eindrücke und Vorstellungen unterscheidest. ➜ M1
2 Hume unterscheidet die Inhalte unseres Bewusstseins in perceptions (Gedanken oder Vorstellungen) und impressions (Eindrücke). Erstelle eine Mindmap zu den Begriffen und ergänze sie aus dem heutigen Sprachgebrauch. ➜ M1/2
3 Beschreibe das Bild genau und nimm den nachfolgenden Text zu Hilfe. Was ist Wiedergabe eines echten Eindrucks, was ist „gebastelt"? ➜ M3/4
4 Was bedeutet es für unser Selbstbewusstsein und für unser Handeln, wenn wir keinen unveränderlichen Persönlichkeitskern besitzen? ➜ M5
5 Zeichne ein Bild, in dem du dein Ich darstellst, oder beschreibe eine imaginäre Szene aus deinem Lebensfilm. ➜ M5/6

▶ Glossar: Bewusstsein

5 Sein oder Sollen

M1 Ist-Tatsachen und Soll-Tatsachen

Eines Tages landen zwei Marsbewohner, Flib und Flob in meinem Garten und bieten mir einen Rundflug über die Stadt an. Auf der Straße sehe ich einen jungen Mann, der einer alten Frau, die vom Einkaufen nach Hause geht, die Tasche zu entreißen versucht.

Schaut, rufe ich,

Ich kratze mich am Kopf. „Was meint ihr damit, wenn ihr sagt, dass die Tatsache, dass der Mann etwas Unrechtes tut, ein *zusätzlicher* Faktor ist?"

Flob erklärt es mir. „Wenn ihr Erdlinge sagt, dass jemand etwas Unrechtes tut, meint ihr damit, dass er es nicht tun dürfte, stimmt's?"

„Ja, das stimmt."

„Gut", fährt Flob fort. „Die Tatsache, dass jemand etwas Unrechtes tut, ist eine ganz andere Art von Tatsache als die Tatsachen, die wir beobachten können. Genau wie du können wir den Vorfall *beobachten*. Wir sehen, dass der Mann eine Tasche zu stehlen versucht. Wir sehen, dass die Frau sich darüber sehr aufregt. Und so weiter ..."

Ich nicke nur. Flob spricht weiter.

„Doch die Tatsache, dass der Mann dort unten etwas Unrechtes tut, ist mit Sicherheit eine zusätzliche Tatsache zu all den anderen Tatsachen, die den Vorgang betreffen. Denn wenn du sagst, dass der Mann etwas Unrechtes tut, meinst du ganz klar *mehr* als das, was er tatsächlich *tut*. Du sagst indirekt, dass er das *nicht tun dürfte*. Deshalb redest du nicht mehr nur von dem Vorgang."

Ich muss Flob zustimmen. Die Tatsache, dass der Mann etwas Unrechtes tut, scheint in der Tat ein zusätzlicher Faktor zu sein, der über den eigentlichen Vorfall hinausgeht.

„Du verstehst also", fährt Flob fort. „Wir können nur beobachten, was vor sich geht. Und all die Fakten, die diesen Vorfall kennzeichnen, lassen die Frage völlig offen, ob der Mann so handeln *darf oder nicht*. Bitte erkläre uns, wie du den zusätzlichen Faktor wahrnimmst, dass der Mann das, was er tut, *nicht tun durfte*. Wie spürst du, dass er etwas *Unrechtes* tut?"

Stephen Law, S. 169

Beschreiben und Bewerten

In unserem alltäglichen Sprachgebrauch fällen wir ständig Urteile über Tatsachen, Dinge, Menschen, Situationen, ohne viel darüber nachzudenken. Dabei ist es ein grundlegender Unterschied, ob wir sie nur beschreiben oder auch beurteilen und bewerten.

Unterscheide

Sachurteil	Werturteil
= informativ, beschreibend	= normativ, bewertend
bezieht sich auf Tatsachen: Peter wohnt in Berlin.	bezieht sich auf Normen: Peter ist ein guter Freund.
Aussage = So ist es.	Forderung = So soll es sein.

M2 ......

Der Verlauf unserer Überlegungen führt uns zu dem Ergebnis, dass Tugend und Laster nicht durch die Vernunft allein, also nicht durch Vergleichung von Vorstellungen erkannt werden können, dass wir vielmehr vermittelst eines Eindrucks oder eines Gefühls, das sie erwecken, befähigt werden, den Unterschied zwischen ihnen zu statuieren. [...]

A ....

Sittlichkeit wird also viel mehr gefühlt als beurteilt. Nur ist freilich diese Empfindung oder dies Gefühl meist so sanft und zart, dass wir es leicht mit einer bloßen Vorstellung verwechseln, gemäß unserer allgemeinen Gewohnheit, alle Dinge, die beträchtliche Ähnlichkeit haben, für Eines und Dasselbe zu halten.

B **Die nächste Frage ist: Welcher Art sind diese Eindrücke und auf welche Weise wirken sie auf uns?**

Wir müssen den Eindruck, den die Tugend hervorbringt, angenehm und den, der vom Laster ausgeht, unangenehm nennen. [...] Es gibt kein lieblicheres und schöneres Schauspiel als eine großmütige Tat, und keines, das uns mehr Abscheu einflößt als eine grausame und verräterische. Kein Genuss kommt der Befriedigung gleich, die uns der Verkehr mit solchen gewährt, die wir lieben und verehren: Umgekehrt ist es die größte Strafe, wenn wir gezwungen werden, unser Leben zwischen denen zuzubringen, die wir hassen und verachten. Selbst ein Schauspiel oder ein Roman kann uns den Beweis liefern für die Freude, die uns die Tugend bereitet, und den Schmerz, der dem Laster entspringt.

C ....

Die unterscheidenden Eindrücke, durch die wir das sittlich Gute und das sittlich Schlechte erkennen, sind also nichts anderes als besondere Lust- und Unlustgefühle; daraus folgt, dass es bei allen Untersuchungen über diese sittlichen Unterscheidungen genügt, wenn wir die Gründe aufweisen, die uns bei der Betrachtung eines Charakters Befriedigung oder Unbehagen empfinden lassen. Hierdurch wird uns dann auch klar, warum ein Charakter Lob oder Tadel verdient.

David Hume, Traktat, S. 212ff.

Der naturalistische Fehlschluss

ist ein Verstoß gegen das sogenannte *Hume'sche Gesetz: Aus dem Sein folgt niemals ein Sollen.*
Hume stellte fest, dass in vielen Werken der Philosophie ihm „anstatt der üblichen Verbindungen von Worten mit *ist* und *ist nicht* kein Satz mehr begegnet, in dem nicht ein *sollte* oder *sollte nicht* sich fände. Dies *sollte* oder *sollte nicht* drückt eine neue Beziehung oder Behauptung aus, muss also, notwendigerweise beachtet und erklärt werden."
Ein Fehlschluss liegt immer dann vor, wenn aus einer nichtmoralischen Tatsachenfeststellung:
Die Menschen in der Sahelzone hungern,
ein moralischer Schluss gezogen wird:
Man sollte diesen Menschen helfen.
Damit dieser Schluss korrekt wird, müsste eine der Voraussetzungen (Prämissen) gleichfalls moralischer Natur sein:

1. Prämisse: (beschreibend)	*Die Menschen in der Sahelzone hungern.*
2. Prämisse: (normativ)	*Man sollte Menschen, die in Not sind, nach Möglichkeit helfen.*
Schluss: (Handlungsanweisung):	*Man sollte den Menschen in der Sahelzone helfen.*

Aufgaben

1. Schreibe bzw. zeichne den Comic weiter, indem du die Gedanken von M2 verwendest. ➜ M1/2
2. Untersuche den Text: Wer fällt ein Tatsachen-, wer ein Werturteil? ➜ M1
3. Wo liegt in dem Gespräch der Fehlschluss? ➜ M1 Formuliere einen korrekten moralischen Schluss, indem du die moralische Prämisse („zusätzlicher Faktor") einfügst.
4. Bearbeite den Text ➜ M2, formuliere eine Überschrift.
   a) Finde (wie zu B) Überschriften für die einzelnen Abschnitte. *oder*
   b) Formuliere (wie zu B) zu jedem Abschnitt Interviewfragen. *oder*
   c) Fasse jeden Abschnitt in eigenen Worten zusammen.
5. Erörtere den Gedanken, dass uns die Tugend angenehm und das Laster unangenehm sind, an einem Beispiel (Alltag, Film, Roman usw.) ➜ M2

▶ Glossar: naturalistischer Fehlschluss

6 Entscheiden und Handeln

M1 Was soll ich tun?

M2 Wie unser Gehirn Entscheidungen trifft

Kompliziertere Entscheidungen spielen sich im Spannungsbereich zwischen Gefühlen einerseits und Verstand und Vernunft andererseits ab. Der Widerspruch von Verstand und Gefühlen macht einen Großteil unseres Lebens aus. Gefühle raten uns, bestimmte Dinge zu tun, unser Verstand rät uns davon ab – oder umgekehrt. Ein Verstandesmensch ist nach verbreiteter Meinung jemand, der seine Gefühle weitgehend im Griff hat, dazu neigt, die mittel- und langfristigen Konsequenzen seines Handelns genau abzuwägen und sich dabei von „zweckrationalen" Erwägungen leiten lässt, ein Gefühlsmensch ist hingegen jemand, der seinen Impulsen und Neigungen bereitwillig nachgibt, ohne zu genau an die Folgen seines Tuns zu denken. [...] Das [emotionale] limbische System hat gegenüber dem rationalen corticalen System das erste und das letzte Wort. Das erste beim Entstehen unserer Wünsche und Zielvorstellungen, das letzte bei der Entscheidung darüber, ob das, was sich Vernunft und Verstand ausgedacht haben, auch wirklich getan werden soll. Der Grund hierfür ist, dass alles, was Vernunft und Verstand an Ratschlägen erteilen, für denjenigen, der die Handlungsentscheidung trifft, emotional akzeptabel sein, d. h. in unsere vergangene emotionale Erfahrung hineinpassen muss. Es gibt also ein rationales Abwägen von Handlungen und Alternativen und ihren jeweiligen Konsequenzen, es gibt aber kein rein rationales Handeln.

Gerhard Roth, S. 2, 10

M3 Wer bestimmt: Vernunft oder Affekt?

Keine Rede ist in der Philosophie und auch im täglichen Leben üblicher, als die Rede von dem Kampf zwischen Affekt und Vernunft. Dabei gibt man der Vernunft den Vorzug und behauptet, dass die Menschen nur insoweit tugendhaft seien, als sie sich ihren Geboten fügen. Jedes vernünftige Geschöpf, sagt man, soll seine Handlungen nach seiner Vernunft einrichten; wenn irgendein anderes Motiv oder Prinzip die Leitung seines Tuns beansprucht, so soll es dies Motiv so lange bekämpfen, bis dasselbe völlig unterdrückt ist oder wenigstens mit jenem höheren Prinzip sich in Einklang gesetzt hat. Auf dieser Denkweise scheint in der Regel die Moralphilosophie, die alte und die moderne, zu beruhen. [...] Dabei hat man die Ewigkeit, Unwandelbarkeit und den göttlichen Ursprung der Vernunft im hellsten Lichte erscheinen lassen. Ebenso stark ist die Blindheit, Veränderlichkeit und das Irreführende der Affekte hervorgehoben worden. Um die Hinfälligkeit dieser ganzen Philosophie zu zeigen, werde ich versuchen, zu beweisen, erstens, dass die Vernunft allein niemals Motiv eines Willensaktes sein kann; zweitens, dass dieselbe auch niemals hinsichtlich der Richtung des Willens den Affekt bekämpfen kann.

M4 Natur und Ursprung der Affekte

Überblicken wir die Affekte im Ganzen, so ergibt sich eine Einteilung derselben in *direkte* und *indirekte*. Unter direkten Affekten *[z. B. Schmerz, Freude, Furcht]* verstehe ich solche, die unmittelbar aus einem Gut oder einem Übel, aus Schmerz oder Lust entspringen; unter indirekten Affekten *[Stolz, Ehrgeiz, Liebe]* dagegen verstehe ich solche, die auf derselben Grundlage beruhen, bei denen aber noch andere Momente mitwirken. [...] Man sieht leicht, dass die Affekte, sowohl die direkten wie die indirekten, auf Lust und Unlust beruhen, so dass man, um im Menschen eine Gemütsbewegung zu erzeugen, nur ein Gut oder Übel ihm vorzuführen braucht. Fallen Lust und Unlust fort, so schwinden sogleich auch Liebe und Haß, Stolz und Kleinmut, Begehren und Abscheu, so wie die meisten anderen in der Selbstwahrnehmung gegebenen, also mittelbaren Eindrücke. *M3/4: David Hume, Traktat, S. 150-151/5,177*

M5 Die Bedeutung der Gefühle

Diese *Sprache der Gefühle* wird von allen anderen Mitgliedern der jeweiligen Art generell und von denen einer bestimmten Sippe oder der Familie ganz besonders gut verstanden. Diese Fähigkeit zur Kommunikation von Gefühlen [...] durch Gestik, Mimik und nicht zuletzt durch Lautäußerungen, muss bei uns bereits während der Menschwerdung eine herausragende Rolle gespielt haben. Die Begabung, bestimmte Empfindungen zum Ausdruck zu bringen, wird uns deshalb noch heute in Form bestimmter, genetisch programmierter Verschaltungen in unserem Gehirn bereits bei unserer Geburt in die Wiege gelegt. Auch die Fähigkeit, besonders wichtige Gefühle, wie Furcht (Angst), Freude (Lust), Ekel, Trauer und Schmerz bei einem anderen Menschen zu erkennen, ist bereits als genetische Prädisposition [Veranlagung] angelegt. [...] Die Fähigkeit, Mitgefühl, Empathie, zu empfinden, erfordert eine enorm differenzierte Wahrnehmung und Verarbeitung der von anderen Menschen nonverbal zum Ausdruck gebrachten Gefühle. Sie kann nur von Menschen entwickelt werden, die sowohl die Bereitschaft mitbringen als auch die erforderliche Sensibilität besitzen, sich in die Gefühlswelt eines anderen Menschen hineinzuversetzen. *Gerald Hüther, S. 110-111*

Texte visualisieren

Komplizierte Texte lassen sich manchmal besser verstehen, wenn sie graphisch umgesetzt werden, z. B. durch Strukturdiagramme, die zentrale Aspekte eines Textes in ihrer Verflechtung untereinander anschaulich darstellen.

1. Lies zunächst die Texte sorgfältig;
2. markiere zentrale Aspekte,
3. fasse sie durch übergeordnete Begriffe zusammen.
4. Verbinde sie mit Pfeilen, die die Vernetzung zwischen Ursachen, Folgen, Ergebnissen usw. verdeutlichen.

Beispiel: M 2:

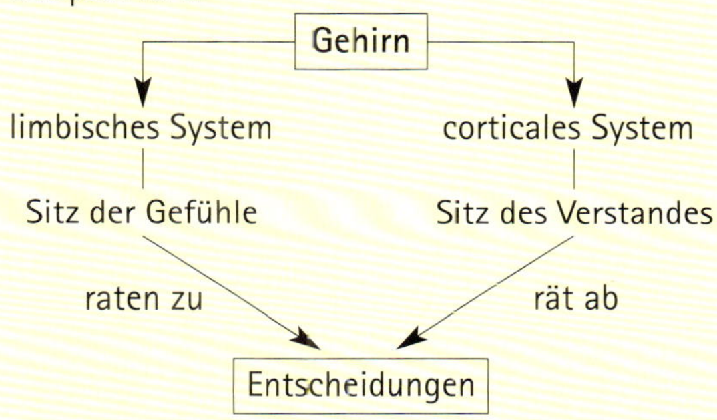

Aufgaben

1 Was beeinflusst deine Entscheidung: Verstand oder Gefühl? Beantworte die Frage mithilfe der modernen Gehirnforschung ➜ M1/2

2 Übertrage die Textvisualisierung im Kasten in dein Heft und vervollständige sie. ➜ M2

3 Erläutere den Vorrang der Vernunft an einer ethischen Position (z. B. Sokrates). ➜ M3

4 Erkläre Ursprung und Funktion der Affekte bei Hume und zeige Parallelen zur modernen Hirnforschung auf. ➜ M4 und M2/5

5 Der Begriff „Affekt" bei Hume hat im heutigen Sprachgebrauch eine andere Bedeutung (z. B. Gefühl). Erarbeite aus den Texten, was Hume unter Affekten versteht und welche Begriffe wir heute verwenden würden. ➜ M4 (vgl. S. 24f. Emotionen)

6 Wie erklärt der moderne Hirnforscher Hüther die Entstehung und Bedeutung der Gefühle? ➜ M5

7 Teilt euch in Gruppen und fertigt zu den Texten ➜ M2-4 Visualisierungen an und vergleicht eure Ergebnisse. Diskutiert, worin die Unterschiede bestehen.

▶ Glossar: Affekt, Gefühl

7 Verstand oder Gefühl

M1 Zwei Standpunkte

In jüngster Zeit ist eine Kontroverse in Gang gekommen, die viel eher eine Untersuchung verdient.

Sie gilt der allgemeinen Grundlegung der Moral: ob diese aus dem *Verstand* oder aus dem *Gefühl* herzuleiten sei; ob wir zu ihrer Erkenntnis durch eine Kette von Argumentationen und durch Induktion gelangen oder durch ein unmittelbares Gefühl und einen feineren inneren Sinn.

Es muss zugegeben werden, dass sich für beide Standpunkte blendend argumentieren lässt.

M2 Für den Kopf

Moralische Unterschiede, so könnte man sagen, werden durch den bloßen *Verstand* erkannt: Woher sonst die vielen Auseinandersetzungen über dieses Thema, sowohl im täglichen Leben als auch in der Philosophie? Woher die lange Kette an Beweisen, die häufig von beiden Seiten erbracht werden? Wozu die Beispiele, die man anführt, die Autoritäten, auf die man sich beruft, die Analogien, die man heranzieht, die Trugschlüsse, die man aufdeckt, die Folgerungen, die man zieht, und die mannigfachen Schlüsse, die man mit den eigenen Prinzipien in Einklang bringt? Über Wahrheit lässt sich streiten, über Geschmack nicht: Was in der Natur der Dinge existiert, ist der Maßstab für unser Urteilen; was jeder Mensch in sich fühlt, ist der Maßstab für das Gefühl. Geometrische Lehrsätze lassen sich beweisen, physikalische Systeme können angefochten werden; aber der Wohlklang des Verses, die Zartheit der Empfindung, die Brillanz des Witzes müssen unmittelbares Vergnügen bereiten. Nie werden philosophische Gründe für die Schönheit eines anderen Menschen vorgebracht, oft aber für die Gerechtigkeit oder Ungerechtigkeit seiner Handlungen. Bei jeder Gerichtsverhandlung ist es das erste Ziel des Angeklagten, die behaupteten Tatbestände zu widerlegen und die ihm zur Last gelegten Handlungen zu bestreiten; sein zweites Ziel ist es, den Nachweis zu erbringen, dass die Handlungen, selbst wenn sie geschehen wären, sich als unschädlich und als gesetzlich rechtfertigen ließen. Anerkanntermaßen sind es Deduktionen des Verstandes, mit deren Hilfe der erste Punkt entschieden wird. Wie können wir annehmen, dass für den zweiten ein anderes Geistesvermögen benötigt wird?

Keith Haring, Untitled, 1984

M3 Für das Herz

Andererseits könnten jene, die alle moralischen Entscheidungen auf das *Gefühl* zurückführen wollen, den Versuch unternehmen, zu zeigen, dass es dem Verstand unmöglich sei, Schlüsse dieser Art zu ziehen. Der Tugend, sagen sie, komme es zu, *liebenswürdig*, dem Laster, *hassenswert* zu sein: und gerade das mache ihre eigentliche Natur oder ihr Wesen aus. Aber kann der Verstand oder eine Beweisführung diese verschiedenen Attribute irgendwelchen Gegenständen zuschreiben und im Vorhinein festlegen, dass der eine Liebe, der andere Hass auslösen muss? Und welchen anderen Grund können wir jemals für diese Gemütsbewegungen anführen als die ursprüngliche Beschaffenheit und Struktur des menschlichen Geistes, der von Natur aus veranlagt ist, die Gegenstände so zu empfinden?

M4 Mit Kopf und Herz

Diese Argumente auf beiden Seiten (und viele weitere könnten angeführt werden) sind so einleuchtend, dass ich geneigt bin zu vermuten, dass sie, die einen wie auch die anderen, stichhaltig und zufriedenstellend sind und dass Verstand und Gefühl bei nahezu allen moralischen Entscheidungen und Schlüssen zusammenwirken. Es ist wahrscheinlich, dass das endgültige Urteil, das Charaktere für liebens- und hassenswert, für lobens- und tadelnswert erklärt, das sie mit dem Stempel des Ehrenhaften oder Unehrenhaften, der Billigung oder Missbilligung versieht, das die moralische Gesinnung zu einem aktiven Prinzip erhebt, die Tugend zu unserem Glück, das Laster zu unserem Unglück macht; es ist wahrscheinlich, sage ich, dass dieses endgültige Urteil von einem inneren Sinn oder Gefühl abhängt, das allen Menschen von Natur aus gemeinsam ist. Denn was sonst könnte einen derartigen Einfluss ausüben? Um aber einer solchen Empfindung den Weg zu ebnen und von ihrem Gegenstand eine korrekte Beschreibung zu geben, ist es häufig notwendig, wie sich zeigt, dass viele Überlegungen vorangehen, feine Unterscheidungen gemacht, richtige Schlüsse gezogen, entfernte Vergleiche angestellt, verwickelte Beziehungen untersucht und allgemeine Tatsachen ermittelt und genau bestimmt werden.

M1-4: David Hume, Untersuchung, S. 88-91

Im Dialog mit Texten

Philosophieren geschieht im Gespräch,
- entweder mit den anderen deiner Klasse, indem ihr gemeinsam ein Problem oder ein Thema behandelt,
- oder mit Texten, die die Rolle des Gesprächspartners übernehmen können.

Ihr könnt auch beides miteinander verbinden, indem ihr euch in einem Gespräch über die Texte verständigt. Dabei könnt ihr euch gegenseitig fragen, auf welches Problem die Texte antworten, und damit euren eigenen Problemhorizont erweitern; ihr könnt euch über Begriffe streiten oder über verschiedene Auslegungen der Texte diskutieren und damit euren Denkhorizont erweitern. Ihr könnt auch ein Schreibgespräch versuchen, indem einer beginnt: „Hier steht ..."

Aufgaben

1 Setzt euch in Zweiergruppen zusammen und schreibt einen Dialog zu den Zeichnungen anhand der Texte ➜ M1/2/3:

Findet dabei heraus,
- um welches Problem es hier geht,
- wie die einzelnen Gedankenschritte sind (Argumente, Beispiele),
- welche Antworten, Lösungsvorschläge usw. sich finden.

2 Überprüft nun die Schlüssigkeit der Gedanken und formuliert eigene Stellungnahmen.
Wichtig: Beachtet stets die klare Trennung zwischen Interpretationsthesen und der eigenen Meinung!

▶ Glossar: Deduktion, Induktion

8 Das moralische Gefühl

M1 „Hat Kopf, Hand, Fuß und Herz"

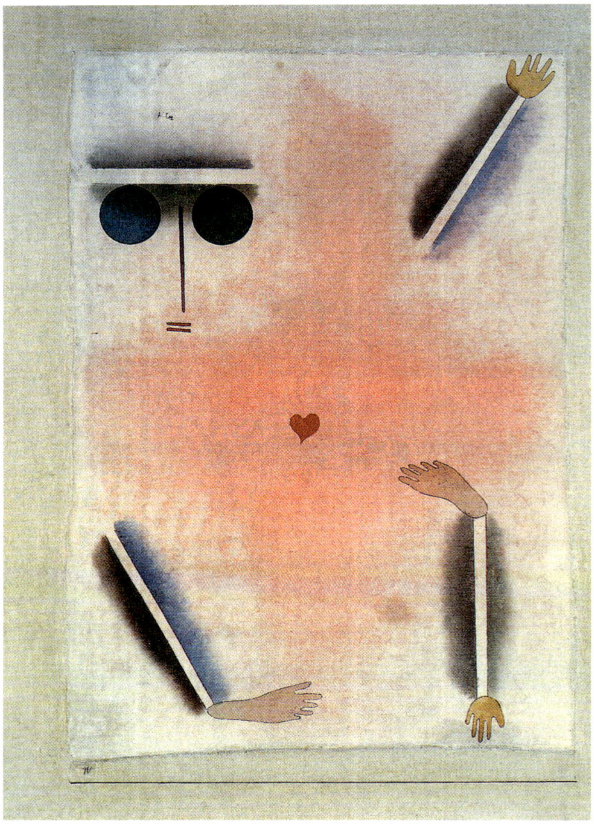

Paul Klee, 1930

M2 Das moralische Gefühl

Der Begriff der Moral schließt ein allen Menschen gemeinsames Gefühl ein, das denselben Gegenstand der allgemeinen Zustimmung empfiehlt; und das alle oder die meisten Menschen veranlasst, sich davon die gleiche Meinung zu bilden oder darüber dieselbe Entscheidung zu treffen. Dieser Begriff der Moral schließt ferner ein Gefühl ein, das so universell und umfassend ist, dass es sich auf die gesamte Menschheit erstreckt; und das die Handlungen und das Verhalten selbst ganz fernstehender Personen zu einem Gegenstand des Beifalls oder des Tadels macht, je nachdem, ob diese mit jenem anerkannten Rechtsgrundsatz übereinstimmen oder nicht. Diese beiden notwendigen Bedingungen treffen allein auf das Gefühl der Menschlichkeit zu, auf das hier Gewicht gelegt wurde. Andere Neigungen erzeugen in jeder Brust viele starke Gefühle des Verlangens und des Widerwillens, der Zuneigung und des Hasses; aber diese werden weder so allgemein empfunden, noch sind sie umfassend genug, um Grundlage irgendeines allgemeinen Systems oder einer anerkannten Theorie des Tadels und der Billigung sein zu können.

M3 Die Sprache der Moral

Wenn jemand einen anderen seinen *Feind*, seinen *Rivalen*, seinen *Widersacher*, seinen *Gegner* nennt, so meint man, dass er die Sprache der Selbstliebe spricht und dass er Gefühle ausdrückt, die ihm eigen sind und die auf seinen besonderen Umständen und seiner besonderen Lage beruhen. Aber wenn er irgendjemanden als *lasterhaft, hassenswert* und *verdorben* bezeichnet, dann spricht er eine andere Sprache und drückt Gefühle aus; von denen er erwartet, dass alle seine Zuhörer darin mit ihm übereinstimmen. Er muss daher in diesem Fall von seiner privaten und besonderen Situation absehen und einen Standpunkt wählen, den er mit anderen gemeinsam hat; er muss auf ein allgemeines Prinzip der menschlichen Natur einwirken und eine Saite anschlagen, die bei allen Menschen harmonisch widerklingt. Wenn er daher zum Ausdruck bringen möchte, dass dieser Mensch Eigenschaften besitzt, deren Tendenz für die Gesellschaft schädlich ist, so hat er diesen gemeinsamen Standpunkt gewählt und hat das Prinzip der Menschlichkeit berührt, an dem alle Menschen bis zu einem gewissen Grad Anteil haben.

M2/3: David Hume, Untersuchung, S. 200ff.

M4 Standpunkt der Moral

Nehmen wir einmal an, ich hätte reiche Verwandte, deren Sohn sich ein Fahrrad wünscht. Vielleicht könnte ich das Geld, das mir fehlt, dadurch beschaffen, dass ich ihnen mein Fahrrad verkaufe. Sie wären sicher bereit, einen guten Preis zu zahlen, weil mein Fahrrad so gut wie neu ist. Es ist ein englisches Rennrad, und der Junge würde sich sehr darüber freuen. Der Preis spielt für sie keine Rolle.

Bis hierhin habe ich überhaupt nicht vom Standpunkt der Moral aus erwogen, denn ich habe mich lediglich gefragt, ob die geplante Handlungsweise wahrscheinlich zu dem gewünschten Ergebnis führt. Man kann nicht sagen, ich hätte die Frage von dem oben genannten Standpunkt aus erwogen, wenn ich mich nicht frage, ob es *irgendwelche moralischen Einwände gegen*, d. h. Gründe gibt, die gegen die von mir geplante Handlungsweise sprechen.

Wann würden wir von solchen Einwänden sprechen?

Kurt Baier, S. 286-288

M5 Moralisch urteilen – ethisch begründen

Wir fällen tagtäglich unzählige moralische Urteile, und dies so selbstverständlich, dass es uns kaum noch auffällt. Ob wir z. B.

- uns selber anklagen, schlampig gearbeitet zu haben,
- beim Einkaufen jemandem, der sich an der Kasse vorbeischlängelt, Rücksichtslosigkeit vorwerfen,
- über die Reklame im Fernsehen schimpfen und dabei von Verdummungseffekten reden,
- uns über politische Ereignisse entrüsten

oder

- dem Nachbarn für seine angebotene Hilfe danken,
- uns über ein besonders gut gelungenes Werk freuen, [...]

so drückt sich in allen diesen ablehnenden und zustimmenden Äußerungen ein Werturteil aus über das, was wir für gut halten. Wer es nun nicht dabei belässt, einfach moralisch zu urteilen, sondern sich dafür interessiert, was das Moralische eigentlich ist, und ob es überhaupt einen Sinn hat, moralisch zu handeln, wie man solches Handeln begründen und rechtfertigen kann, wer solche Fragen stellt, fängt an, Ethik zu betreiben.

Annemarie Pieper, S. 23

Der Philosophische Essay

Der Essay (von engl./frz. Essai = Versuch) ist eine kürzere Abhandlung über ein aktuelles Problem, einen wissenschaftlichen oder philosophischen Gegenstand.

Essays sind Denkversuche, sich einem Gegenstand zu nähern und ihn aus verschiedenen Perspektiven zu betrachten. Ein Essay soll gedanklich originell, aber gut lesbar, gedanklich scharf, aber auch anschaulich sein. Man kann z. B.

a) eine philosophische Ansicht kritisch prüfen:
- Untersuche zunächst die fragliche Behauptung und bewerte und beurteile sie kritisch.

Zum Beispiel: Die Vernunft ist Sklave der Affekte

b) einen philosophischen Streit entscheiden:
- Bewerte die Stärken und Schwächen der konkurrierenden Positionen.
- Formuliere dann als Schiedsrichter eine Entscheidung.

Zum Beispiel: Der Mensch – ein Egoist oder Altruist?

c) ein philosophisches Problem lösen:
- Stelle das Problem dar und setze dich selbständig, kreativ und problemorientiert damit auseinander.
- Entwickle Kriterien einer angemessenen Lösung.

Zum Beispiel: Warum tun wir Gutes?

Aufgaben

1. Beschreibe das Bild. Stelle dar, inwiefern „Kopf, Hand, Fuß und Herz" für moralisches Handeln von Bedeutung sind. ➜ M1
2. Unterscheide das moralische Gefühl von anderen Gefühlen (s. S. 24ff.). ➜ M2
3. Erkläre, warum das Prinzip „Menschlichkeit" sowohl Gefühl als auch Verstand umfasst. ➜ M1/2
4. Finde weitere Beispiele für die Sprache der Moral und erkläre, warum sie sich von unserer Alltagssprache unterscheidet. ➜ M3
5. Schreibe den Text weiter und finde moralische Einwände (z. B. Betrug), die gegen den Fahrradverkauf sprechen könnten. Übertrage die Argumentation von einem außermoralischen bzw. moralischen Standpunkt auf ein anderes Beispiel. ➜ M 4
6. Begründe die moralischen Urteile:
   Rücksichtslosigkeit ist verwerflich, weil ....
   Für angebotene Hilfe danken ist gut, weil ... ➜ M5
7. Schreibe einen Essay, z. B. „Wozu Gut-Sein gut ist".

9 Ein philosophisches System

M1 Sei ein Philosoph, doch bleibe, bei all deiner Philosophie, stets Mensch!

David Hume war ein Mensch mit heftigen Affekten, ruhigen Gefühlen und einem überaus kühnen Verstand. Er folgte ohne jede Rücksicht auf Tradition und Autorität ausschließlich der Logik seiner Gedanken.

Gerhard Streminger

M2 Was ist eine philosophische Theorie?

Humes philosophisches Werk beschäftigt sich mit dem ganzen Menschen: Er denkt nicht nur über den Verstand nach und wie wir durch ihn die Welt erkennen, sondern auch über Affekte, Gefühle und Handlungen. 1731 schrieb er: „Ich entschloss mich daher, die menschliche Natur zum Gegenstand meines Hauptstudiums zu machen und zur Quelle, aus der ich jede Wahrheit in der Kritik und Moralphilosophie ableiten wollte." Danach ist sein Werk auch gegliedert:

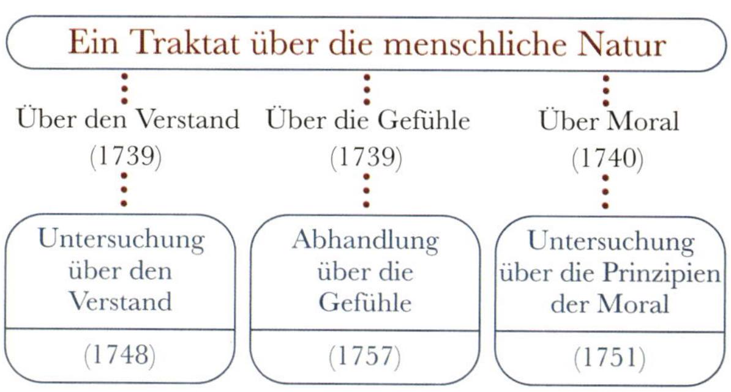

M3 Augen zu – Welt weg?

Für David Hume ist unser Verstand zunächst nichts anderes als ein leeres Blatt Papier: Auf ihm hinterlassen dann im Laufe der Zeit unsere Sinneswahrnehmungen Spuren oder Eindrücke. Wir können also keine Vorstellung von etwas haben, wofür es keinen entsprechenden Eindruck aus den Sinneswahrnehmungen gibt (z. B. Engel oder Gott).
Ja, wir können noch nicht einmal sicher sein, dass das, was wir sehen, hören, fühlen, schmecken, riechen und tasten, auch unabhängig von unserem Eindruck existiert. Vielleicht gibt es das alles nur so lange, wie wir es wahrnehmen? Diese Position nennt man den Skeptizismus.

M4 Alles nur Gewohnheit?

Ein Beispiel für seine skeptische Einstellung ist die Analyse der Kausalität, d. h. wie eine Sache eine andere aus sich hervorbringt. Die Dinge, die wir aufgrund unserer Erfahrung zu „wissen" meinen, nämlich dass die Sonne aufgeht, dass Vögel fliegen und dergleichen, sind in Wirklichkeit nur Dinge, die wir glauben, weil wir uns daran gewöhnt haben, dass sie so sind, wie sie sind. So stelle ich zum Beispiel Folgendes immer wieder fest: Unmittelbar mit oder nach dem Betätigen eines weißen Schalters neben der Tür geht das Licht an. Daraus schließe ich: Es gibt einen Zusammenhang zwischen diesen beiden Vorgängen. Das Betätigen des Schalters ist die Ursache für das Hellwerden der Birne (= Folge). Dass das eine wirklich aus dem anderen folgt, kann ich nicht direkt beobachten, sondern nur vermuten. Außerdem kann ich daraus auch kein Gesetz machen, das für alle Zeiten gilt. Denn dass bisher die Sonne immer im Osten aufging, ist noch keine Garantie dafür, dass sie es auch in Zukunft tut. Das bleibt erst noch abzuwarten.

M5 Und wo bleibt Gott?

Hume war der Auffassung, dass sich sowohl über die Existenz als auch über irgendwelche personalen oder moralischen Eigenschaften Gottes mit rationalen Mitteln nichts ausmachen lässt. Der Mensch kann weder seine Moral auf göttliche Gebote stützen, noch kann er davon ausgehen, dass Gott seine Lebensführung in einem jenseitigen Leben belohnen oder bestrafen wird. Daher trennte Hume strikt Moral und Religion voneinander und legte dar, dass die Moral nur unabhängig von der Religion begründet werden kann; er sah in der Religion sogar eine Gefahr für die Moral. In seinem posthum erschienenen religionskritischen Werk [*Dialoge über natürliche Religion*] führt er aus: „Bereits die Rücksichtnahme auf ein derartig wichtiges Interesse wie das des ewigen Seelenheils ist geeignet, die wohlwollenden Gefühlsregungen zu ersticken und einen engherzigen, beschränkten Egoismus zu erzeugen." Schlimmer noch: Ist man von der Heiligkeit einer Sache überzeugt, dann wird jedes Mittel recht, das der Förderung dieses erhabenen Zieles dient.

M6 True to the End

Hume sah dem Tod mit philosophischer Gelassenheit, Heiterkeit und Abgeklärtheit entgegen. Sein Sterben war eine würdige Vollendung und Krönung seines Lebens und Denkens. Humes Leben und seine Philosophie waren aufs Diesseits bezogen. Er bejahte das Leben mit allen seinen Freuden und Leiden, und er bejahte den Tod als den natürlichen Abschluss des Daseins.

Anlässlich seines Begräbnisses hatten sich viele Menschen versammelt, um dem Toten die letzte Ehre zu erweisen. Einige waren aus bloßer Sensationsgier gekommen. Als der Sarg hinausgetragen wurde, rief einer: „Er war ein Atheist!", worauf ein anderer erwiderte: „Macht nichts, er war ein anständiger Mensch!" Ein Philosoph, der lebte, was er lehrte – welche Herausforderung! Humes Tod verkörperte das, was Fanatiker am meisten fürchten: den Triumph des Verstandes über den Aberglauben und die damit verbundene Ansicht, dass die Philosophie uns hier und jetzt jene Seelenruhe geben kann, die oft als der Himmel beschrieben wird. *M5/6: nach Gerhard Streminger, S. 123*

Philosophiegeschichten

Wer sich über einen Philosophen, seine Gedanken, Werke oder seine Zeit informieren will, findet zahlreiche Hilfen in Philosophiegeschichten oder Darstellungen der Philosophie:

Helferich, Christoph: Geschichte der Philosophie. Von den Anfängen bis zur Gegenwart und Östliches Denken. 1999 (dtv)

Spierling, Volker: Kleine Geschichte der Philosophie. 50 Porträts von der Antike bis zur Gegenwart. 1992 (Piper)

Steenblock, Volker: Kleine Philosophiegeschichte. 2006 (Reclam)

Empfehlenswerte Nachschlagewerke sind:

Der Brockhaus: Die Philosophie. Ideen, Denker und Begriffe. 2004 (Brockhaus)

Schülerduden: Die Philosophie. 1985 (Duden)

Einen guten Zugang zur Philosophie bieten folgende **Einführungen**:

Gaarder, Jostein: Sofies Welt. Ein Roman über die Geschichte der Philosophie.1993 (Hanser).

Osborne, Richard: Philosophie. Eine Bildergeschichte für Einsteiger. 1996 (Fink)

Simon-Schaefer, Roland: Kleine Philosophie für Berenike. 1997 (Reclam)

Weischedel, Wilhelm: Die philosophische Hintertreppe. Die großen Philosophen in Alltag und Denken. 1998 (dtv)

Wittschier, Michael: Abenteuer Philosophie. Ein Schnellkurs für Einsteiger. 1996 (Piper)

Darstellungen und Texte zur Moralphilosophie

findet man in:

Sänger, Monika: Kurz gefasst. Philosophische Ethik. Mit Textband. 2002 (Klett)

Savater, Fernando: Tu was du willst. Ethik für die Erwachsenen von morgen. 1993 (Campus)

Zagal, Héctor/Galindo, José: Ethik für junge Menschen. Grundbegriffe – Positionen – Probleme. 2000 (Reclam)

▶ Glossar: Skeptizismus

Was wir wissen – was wir können

Lebensgestaltung

Die Moralphilosophie beschäftigt sich seit ihren Anfängen in der griechisch-römischen Antike mit zwei großen Themen: dem **guten, glücklichen Leben** und dem **moralisch guten Handeln.** Im ersten Teil des Kapitels hast du zu dem ersten Thema der Ethik, dem „guten, glücklichen Leben“ einiges erfahren.

Und so kannst du dein Wissen testen:

Wähle aus den Seiten zur „Lebensgestaltung“ Themen aus und bereite eine **Präsentation** mit Beispielen aus deiner Umwelt vor. Zum Beispiel: *Kann es wahre Freundschaft geben?* oder *Freiheit ist Selbstverantwortung.* Oder veranstaltet zu diesen Themen eine **Podiumsdiskussion** und ladet andere Schüler oder Eltern ein.

Philosophen im Dialog

Warum ist es überhaupt nötig, die Ideen vergangener Autoren zu studieren? Darauf gibt es mehrere Antworten. Zum einen, weil diese Denker – ob sie recht hatten oder nicht, ist eine andere Frage – unsere Einstellung zur Ethik und damit unser Leben geprägt haben und immer noch prägen. [...] Zum anderen, weil die Beschäftigung mit verschiedenen Philosophien dazu beiträgt, dass wir die Fähigkeit zur Kritik und zur Argumentation entwickeln. Denn werden wir mit der Geschichte des philosophischen Denkens konfrontiert, so ist eine neutrale Haltung nicht möglich: Wir müssen ein Urteil fällen; wir müssen für die Wahrheit Partei ergreifen. Du musst lernen, die Wahrheit mit der Vernunft zu verteidigen und den Irrtum mit Gründen zu widerlegen. Philosophen irren sich, und ein wichtiger Teil der Bildung besteht darin, dass man Irrtümer erkennen kann. Philosophen irren sich aber nicht immer; es gehört auch zur Bildung, dass man die Wahrheit erkennen kann. *Héctor Zagal, S. 109*

1. Talkshow

Veranstaltet eine Talkshow zu einem aktuellen Thema aus dem Kapitel „Die Welt wahrnehmen und beurteilen“, z. B.:

- Treue – ein Wert von gestern?
- Alte und Junge: Wenn jeder an sich denkt, ist an alle gedacht.

Bestimmt einen Moderator, der Fragen ausarbeitet, und Podiumsmitglieder, die verschiedene philosophische Positionen vertreten.

2. Philosophisches Gespräch

Stell dir vor: Sokrates, Hobbes und Hume sitzen in einem Cafe an einer belebten Hauptstraße und beobachten die Vorübergehenden. Es entwickelt sich ein Gespräch:

Sokrates: Wenn ich mir die Menschen ansehe, die vorüberlaufen, frage ich mich, was sie aus ihrem Leben machen. Sie scheinen von allen möglichen Äußerlichkeiten beeinflusst zu sein, anstatt ihrem Logos zu folgen und ihr Handeln einer vernünftigen Prüfung zu unterziehen.

Hobbes: Mein lieber Sokrates, ich glaube, damit überfordern Sie die Menschen. Zunächst will jeder doch nur seine egoistischen Interessen befriedigen und dabei wird er von mächtigen Trieben bestimmt.

Hume: In gewisser Hinsicht gebe ich Ihnen recht, Herr Hobbes, aber Sie übersehen etwas ganz Wesentliches. Der Mensch ist nicht nur ein Egoist, sondern er ist maßgeblich beeinflusst von Gefühlen, die auf die anderen Menschen bezogen sind. Ich denke, im Gegensatz zu Sokrates ...

Schreibe das Gespräch alleine oder zusammen mit anderen **weiter** und berücksichtige folgende Schwerpunkte:

- das Menschenbild der Philosophen
- die Normen für das Handeln
- die Begründung der Normen
- die Methode der Argumentation

Moralisch-ethisches Argumentieren

1. Präsentation

Wähle einen der behandelten Philosophen und bereite eine Präsentation (GFS) vor.

Stichwortzettel z. B. zu Sokrates:

Wie begründet man moralisch gutes Handeln?

Voraussetzungen:
- *nicht auf die Meinung anderer hören*
- *sich nicht von Gefühlen leiten lassen*
- *nicht auf die Folgen achten ...*
- *usw.*

Methodisches Vorgehen:
- *rational und selbständig argumentieren*
- *einen autonomen Standpunkt einnehmen ...*
- *usw.*

Allgemeines moralisches Prinzip:
Man darf auf gar keine Weise Unrecht tun.

2. Grundbegriffe erarbeiten

Erstelle Lernkarten zu den wichtigsten **ethischen Begriffen**, die du in den Kapiteln kennengelernt hast.

Zum Beispiel: Freiheit – Verantwortung
Logos – Vernunft
Gefühle – Affekte
Tugend – Treue

Schreibe auf die Vorderseite einen Begriff und auf die Rückseite alles, was du über diesen Begriff gelernt hast. Fasse ebenso **philosophische Positionen** zusammen: Relativismus – Skeptizismus – Rationalismus – Empirismus – Kontraktualismus

3. Richtig argumentieren

Du hast folgende Teile eines Schlusses kennengelernt:
1. beschreibende Prämisse,
2. normative Prämisse,
3. Schluss.

Formuliere die folgenden Behauptungen in korrekte Schlüsse um:
- Durch den Bau der Umgehungsstraße wird ein Naturschutzgebiet zerstört. Deshalb darf die Straße nicht gebaut werden.
- Tierversuche bereiten den Tieren Schmerzen. Deshalb muss man Tierversuche verbieten.

Bewerten lernen

Worauf es in der Ethik ankommt – darauf wollen wir hier noch einmal hinweisen –, ist nicht, dass wir in ethischen Fragen Bescheid wissen, sondern dass wir ethisch richtig handeln. Die Ethik ist eine praktische Wissenschaft, die das Ziel hat, dem Menschen zu helfen, dass er sich seiner Natur entsprechend verhält. Die Ethik gibt sich nicht damit zufrieden, nur über die Natur und die Freiheit des Menschen zu sprechen. Es geht bei ihr nicht um ein rein abstraktes Wissen, sondern um die persönlichen Handlungen eines jeden Menschen. Wir wollen jetzt betrachten, wie sich ethische Erkenntnisse auf unser Leben anwenden lassen, und das heißt: wie wir uns selbst für einen bestimmten Lebensentwurf entscheiden. *Héctor Zagal, S. 80*

Kopf und Herz

Die Damen Schuyler und Tryne versteckten während der Besetzung der Niederlande durch die Nazis beide Juden, allerdings aus unterschiedlichen Gründen.
Tryne agierte spontan, weil sie es nicht mit ansehen konnte, wie andere Menschen litten. Ihre Freunde bewunderten ihre Großzügigkeit, warnten sie aber auch, dass gute Absichten manchmal Negatives bewirken. „Es kann schließlich passieren", meinten sie, „dass der Bettler, dem du Geld gibst, dafür Alkohol oder Drogen kauft." Doch Tryne ließ sich davon nicht beeindrucken. Wenn jemand in Not ist, muss man ihm helfen, sagte sie.
Schuyler hingegen war als kaltherzig bekannt. Sie konnte nur wenige Menschen wirklich leiden, hasste aber auch niemanden richtig. Wenn sie anderen beistand, tat sie es aus Pflichtgefühl. Ihre guten Taten verschafften ihr keine Befriedigung, nur den Eindruck, sich richtig entschieden zu haben.
Wer von beiden führte das moralischere Leben?

Julian Baggini, S. 248

1. Teilt euch in zwei Gruppen und beantwortet die Frage, indem ihr für Frau Schuyler oder Frau Tryne Partei ergreift.
2. In einer zweiten Runde tauschen die Gruppen und beantworten die Frage aus der jeweils anderen Perspektive.

1 Natur – Kultur

M1 „Zurück zur Natur"

Sempé

M2 Naturbelassene Natur = kultivierte Natur?!

Wenn man die Wahl hätte zwischen einem Bad im Meer und dem Bad in einem Swimmingpool, wenn man die Wahl hätte zwischen einem unbehandelten Apfel und einem gespritzten und gewachsten, wenn man die Wahl hätte zwischen einem „naturbelassenen" Urlaubsort und dem industrialisierten Betrieb etwa Teneriffas, dann wäre die Entscheidung wohl klar: natürlich Natur. Vorausgesetzt freilich, im Meer schwimmen keine Haifische, giftige Quallen und Plastiktüten. Vorausgesetzt, der Apfel ist nicht gerade pockennarbig und voller Würmer. Vorausgesetzt, die naturbelassene Natur ist das Paradies.

Die mehr oder weniger mitgedachten Einschränkungen im Plädoyer für Natur scheinen dies nicht etwa in Frage zu stellen, sondern eher zu bestätigen. Die Natur mag heute durch den Menschen verschmutzt und zerstört sein, an *sich* ist sie dem Menschen zuträglich. So ist man in der Wahl von Naturprodukten auch keineswegs bereit, Beeinträchtigungen hinzunehmen: Die sauer gewordene Vorzugsmilch wird dem Produzenten zurückgegeben. Und von der naturbelassenen Natur wird erwartet, dass sie *kultiviert* sei, eben ein Paradies: sicher und sauber. [...]

Die Natur muss geschützt werden. Gut, aber ist die Natur, die wir schützen und lieben, Natur, wie sie von sich aus ist? [...] Ist vielleicht Kultur unsere Weise, die eigene Natur zu leben? Was heißt dann natürliche Lebensweise und worin besteht sie?

Gernot Böhme, S. 9-10

M3 Kultur als zweite Natur

Der Mensch ist [...] das *nicht festgestellte* Tier. Ein Halbfabrikat: ein Wesen, das nicht restlos fertig ist, sondern sich erst noch vervollständigen muss und dafür die bemerkenswerte Fähigkeit besitzt, die natürlichen Mängel mit Geschick und Intelligenz zu kompensieren[1]. Mängelwesen – das bedeutet: die Instinktausstattung des Menschen ist – im Vergleich zum übrigen Tierreich – unzureichend. Der Mensch kann sich nicht auf seine Instinkte verlassen, er hat zu viele Optionen. Es gibt zu wenig Zwang und zu viel Freiheit. Wo ihn die Natur im Stich lässt, musste er, um überleben zu können, seine Evolution selbst in die Hand nehmen. [...] Der Mensch ist von Natur aus

auf Künstlichkeit, also auf Kultur und Zivilisation angewiesen. Als das nicht festgestellte Tier, gestaltet er – durch Kultur also – seine Natur, die kulturelle *zweite Natur.* [...] In seiner ersten Natur ist der Mensch ein angstbestimmtes Wesen. Überall lauern Gefahren [...]. Um von seinen eigenen Phantasien nicht überwältigt zu werden, musste der Mensch das Erkennen erfinden. Und so erkannte er beispielsweise, dass meteorologische Verhältnisse den Blitz erzeugen. Es war dann nicht mehr ein Gottesgericht, das den Menschen als Blitz in ihr Gewissen einschlug. Statt zu beten, baute man lieber Blitzableiter. Die zweite Natur, die wir uns schaffen, ist, neben vielem anderen, eine solche Blitzableiterkultur. Sie bedeutet Entlastung, Einschränkung der Angst, Risikominderung. Mit der Technik schaffen wir uns Prothesen, Panzer, Schalen, Schutzräume.

Rüdiger Safranski, S. 8–10

[1] ausgleichen

M4 Natur – Kultur – Artefakt – Naturethik

Folgt man der Etymologie von „Natur" (als abgeleitet aus lateinisch „nasci" = geboren werden, entstehen, sich entwickeln), dann kann man „Natur" bestimmen als dasjenige in unserer Welt, das nicht vom Menschen gemacht wurde, sondern das (weitgehend) aus sich selbst entstanden ist, neu entsteht und sich verändert (so wie Tiere, Pflanzen, Steine, Flüsse, Berge und Planeten). Der Gegenbegriff zu „Natur" in diesem Sinne ist der Begriff des Artefaktes. Beispiele für Artefakte sind Möbel, Autos, Statuen.
Gegen diese Naturdefinition wird oft eingewandt, dass es Natur in diesem Sinne heute gar nicht mehr gibt. Der Einwand ist wichtig, aber er spricht nicht gegen die Definition. Er ist wichtig, weil er darauf hinweist, dass die Natur, die uns umgibt und um deren Schutz wir uns bemühen, menschlich überformte, nicht reine, ursprüngliche, unangetastete, wilde Natur ist. Reine Natur gibt es heute allenfalls in der Tiefsee, im Hochgebirge, auf fernen Planeten. Der Einwand spricht nicht gegen die Definition, da menschlich überformte Natur dennoch nicht etwas vom Menschen Gemachtes, sondern eben nur etwas von ihm Überformtes ist. Den Schwarzwald haben Menschen zwar angelegt, aber nicht gemacht, die Altstadt von Freiburg hingegen haben sie gemacht. Natürlich sind die Übergänge zwischen Überformen und Machen fließend, und selbst ein so einleuchtendes Beispiel für ein Artefakt, wie der Computer, basiert auf etwas Nicht-Gemachtem, da er aus natürlichen Materialien hergestellt ist. Während reine Natur – die es heute kaum mehr gibt – und reines Artefakt – das es nicht geben kann, da alles, was Menschen machen, aus natürlichen Materialien gemacht wird – die beiden einander entgegengesetzten Pole einer Skala darstellen, sind „Natur" und „Artefakt" graduelle Begriffe, die das, was zwischen den Polen liegt, untereinander aufteilen.
Damit sie nun wirklich Natur als Gegenstand der Naturethik bezeichnet, bedarf die Definition von Natur als „dasjenige in unserer Welt, das nicht vom Menschen gemacht wurde", noch einer Einschränkung. Denn auch den Menschen ist einiges eigen, was nicht von ihnen gemacht wurde, zum Beispiel ein Großteil ihrer Leiblichkeit und Emotionalität. Vom Umgang mit der menschlichen Natur, zum Beispiel in der Medizin, handelt aber nicht die Naturethik, sondern die sogenannte Medizin- oder Bioethik. Das heißt, nur die außermenschliche Natur, nur „dasjenige in unserer außermenschlichen Welt, das nicht vom Menschen gemacht wurde", ist Gegenstand der Naturethik.

Angelika Krebs, S. 340–341

Aufgaben

1 Interpretiere die Karikatur. → M1
2 Gernot Böhme beschreibt unser widersprüchliches Verhalten gegenüber „der" Natur. Erkläre diese Verhaltensweisen an weiteren Beispielen. → M2
3 Erläutere, was der Autor mit „erster" und „zweiter Natur" meint. Wie weit kann sich deiner Meinung nach der Mensch mit seiner zweiten, kulturellen Natur von der ersten Natur entfernen? → M3
4 Untersuche anhand des Textes: Ist der Wald, eine Müllkippe, das Meer, ein Gemälde von Picasso Natur – oder ein Artefakt? → M4
5 Erläutere, welche Natur Gegenstand der ökologischen Ethik sein kann. → M4

▶ Glossar: Artefakt, Kultur, Natur

2 Die Wende zur Wissenschaft

M1 Die Söhne der Erde

1855 antwortet Häuptling Seattle vom Stamme der Duwamish-Indianer auf einen Brief des amerikanischen Präsidenten F. Pierce, in dem dieser mitteilte, das Land des Stammes kaufen zu wollen:

Wie kann man den Himmel kaufen und verkaufen – oder die Wärme der Erde? Diese Vorstellung ist uns fremd. Wenn wir die Frische der Luft und das Glitzern des Wassers nicht besitzen – wie könnt ihr sie von uns kaufen? Jeder Teil dieser Erde ist meinem Volk heilig, jede glitzernde Tannennadel, jeder sandige Strand, jeder Nebel in den dunklen Wäldern [...] Wir sind ein Teil der Erde und sie ist ein Teil von uns. Die duftenden Blumen sind unsere Schwestern, die Rehe, das Pferd, der große Adler – sind unsere Brüder. Die felsigen Höhen – die saftigen Wiesen, die Körperwärme des Ponys – und des Menschen – sie alle gehören zur gleichen Familie. [...] Glänzendes Wasser, das sich in Bächen und Flüssen bewegt, ist nicht nur Wasser – sondern das Blut unserer Vorfahren. [...] Die Flüsse sind unsere Brüder [...]. Wenn wir Euch Land verkaufen, so müsst Ihr Euch daran erinnern und Eure Kinder lehren: Die Flüsse sind unsere Brüder [...].

Wir wissen, dass der weiße Mann unsere Art nicht versteht. Ein Teil des Landes ist ihm gleich jedem anderen, denn er ist ein Fremder, der kommt in der Nacht und nimmt von der Erde, was immer er braucht. Die Erde ist sein Bruder nicht, sondern Feind, und wenn er sie erobert hat, schreitet er weiter. [...] Er stiehlt die Erde von seinen Kindern – und kümmert sich nicht. Er behandelt seine Mutter, die Erde, und seinen Bruder, den Himmel, wie Dinge zum Kaufen und Plündern [...]. Sein Hunger wird die Erde verschlingen und nichts zurücklassen als eine Wüste. Ich weiß nicht – unsere Art ist anders als die Eure. [...] Was immer den Tieren geschieht – geschieht bald auch den Menschen. Alle Dinge sind miteinander verbunden. Was die Erde befällt, befällt auch die Söhne der Erde. [...] Denn das wissen wir – die Erde gehört nicht den Menschen – der Mensch gehört der Erde. Der Mensch schuf nicht das Gewebe des Lebens, er ist darin nur eine Faser. [...] Was bedeutet es, Lebewohl zu sagen dem schnellen Pony und der Jagd: das Ende des Lebens und der Beginn des Überlebens. [...] Gott gab Euch Herrschaft über die Tiere, die Wälder und den roten Mann aus einem besonderen Grund – doch dieser Grund ist uns ein Rätsel.

Söhne der Erde, S. 1-3

Die Welt des weißen Mannes

M2 Erschaffung der Götter und der Erde

In seiner „Theogonie" berichtet Hesiod (8. Jh. v. Chr.) von der Abstammung der Götter.

Zuerst von allem enstand das Chaos, dann aber die breitbrüstige Gaia[1], der ewige feste Halt für alle Dinge, und der dunkle Tartaros[2] im Innern der [...] Erde, und Eros[3], der schönste unter den unsterblichen Göttern [...]. Aus dem Chaos aber wurde Erebos[2] und die schwarze Nacht geboren, von der Nacht dann Äther und Heméra[4], die sie gebar, nachdem sie sich dem Erebos in Liebe vermählt hatte. Gaia aber gebar zuerst, gleich ihrer selbst, den gestirnten Uranos[5], damit er sie ganz umhüllte, auf dass er für immer den seligen Göttern ein sicherer Wohnsitz wäre. Sie gebar auch die Berge [...], das unfruchtbare Meer, das im Wogenschwall daherbraust [...].

Hesiod nach: Wilhelm Capelle, S. 27

1) Erde, Erdgöttin 2) Unterwelt 3) Liebesgott
4) der Tag/Gottheit des Tages 5) Himmel/Himmelsgott

M3 Die Entstehung der Welt nach Thales

Aristoteles (384-322 v. Ch.) berichtet in seiner „Metaphysik" von der Befreiung des philosophischen Denkens vom Mythos bei Thales.

Von denen, die zuerst philosophiert haben, haben die meisten geglaubt, dass es nur stoffliche Urgründe der Dinge gebe. Denn woraus alle Dinge bestehen, und woraus sie als Erstem [...] entstehen und worin sie als Letztes [...] vergehen, indem die Substanz zwar bestehen bleibt, aber in ihren Zuständen wechselt, das erklären sie für das Element und den Urgrund [...] der Dinge, und daher glauben sie, dass weder etwas „aus dem Nichts" entstehe noch „in das Nichts" vergehe, in der Meinung, dass eine solche Substanz [...] immer erhalten bleibt. [...] Denn es muss eine gewisse Substanz vorhanden sein, entweder eine einzige oder mehrere, aus denen alles Übrige entsteht, während sie selbst erhalten bleibt. [...] Thales, der Begründer von solcher Art Philosophie, erklärt als den Urgrund das Wasser [...]. *Aristoteles nach: Wilhelm Capelle, S. 70-71*

Wasser ist Leben

M4 Eine Revolution des menschlichen Denkens

Für einen modernen Leser [...] ist ein solcher Anfang nicht sehr überzeugend. [...] Doch möge der Zweifel für den Angeklagten sprechen: Es wäre ungerecht, von einem Menschen anzunehmen, er vertrete im buchstäblichen Sinne die Meinung, *alles sei Wasser;* das heißt, dieses Buch oder diese Wand sei ebenso Wasser wie das Wasser, das aus dem Wasserhahn läuft. Was also könnte Thales gemeint haben? [...] Nehmen wir einmal an, Thales habe die Frage nach *dem Unveränderlichen in den Veränderungen und der Einheit in der Vielheit* gestellt. [...] Wasser ist nichts Mystisches. Es ist vertraut und bekannt, wir sehen und benutzen es. Das Wasser ist uns in allen seinen Zuständen und Seinsweisen jederzeit zugänglich. Wir haben es mit einem *beobachtbaren Phänomen* zu tun. [...] Daraus ergibt sich, dass alles im Universum dem *menschlichen Denken zugänglich* ist. Darin liegt das Revolutionäre. Alles ist verstehbar, ebenso verständlich wie das Wasser [...] Das Universum lässt sich bis in seinen letzten Winkel vom menschlichen Denken durchdringen. [...] Damit ist freie Fahrt gegeben für die intellektuelle Eroberung des Universums durch den Menschen. [...] Die wesentliche Leistung der Griechen liegt darin, dass sie eine Beweisführung erarbeiteten: Theorie ist etwas, was eine allgemeine Wahrheit beansprucht und sich öffentlich dem Gegenargument aussetzt. *Gunnar Skirbekk/Nils Gilje, S. 15-21*

Aufgaben

1 Beschreibe, wie Häuptling Seattle die Natur versteht und welche Stellung der Mensch in ihr einnimmt. (Vgl. den Videofilm „Söhne der Erde", KMZ 4201719.) ➜ M1

2 Erkläre den Grund für die Herrschaft des „weißen Mannes", die dem Indianer ein Rätsel ist. Stimmst du seiner Bewertung zu? ➜ M1

3 Vergleiche die Naturbeschreibung des Indianers mit dem Mythos von der Entstehung der Götter. Welche Gemeinsamkeiten kannst du feststellen? ➜ M1/2

4 Kommentiere die Bildunterschrift „Wasser ist Leben".

5 Erläutere die These, dass Thales das Denken revolutionierte. Informiere dich auch auf S. 60f. über die sog. „Vorsokratiker". ➜ M3/4

▶ Glossar: Theogonie, Theorie

3 Herrschaft über die Natur

M1 Opfer der Natur

M2 „Die große Erneuerung der menschlichen Herrschaft über die Natur"

Francis Bacon (1560-1626) propagierte eine neue Arbeitsweise der Wissenschaften. Mit ihrer Hilfe sollten die menschlichen Lebensverhältnisse verbessert werden.

Das *Ziel* [...] ist Fortschritt, praktische Nutzanwendung, Naturbeherrschung durch den Menschen. Der Mensch vermag aber die Natur genauso weit zu beherrschen, wie er sie kennt. Denn man kann die Natur nur beherrschen, indem man ihr, das heißt ihren durch die Wissenschaft ermittelten Gesetzen, gehorcht. [...]

Diese kann nicht im Berufen auf alten Traditionen oder logischem Ableiten bestehen. Das führt in der Wissenschaft, wie Bacon sagt, zu „einer bloßen Abfolge von Lehrern und Schülern, nicht von Entdeckern" und zum Sich-im-Kreise-Drehen. Erfolg verbürgt allein das Zurückgehen auf die Erfahrung, die Befragung der Natur selbst, die *Induktion*. [...] Man muss systematisch vorgehen. „Die wahre Methode der Erfahrung zündet zunächst das Licht an und zeigt dann mit Hilfe des Lichtes den Weg; sie geht von wohlgeordneter und verdauter, nicht von stümperhafter und verworrener Erfahrung aus, leitet aus ihr Axiome ab und geht von den anerkannten Axiomen zu neuen Experimenten weiter." Hier haben wir [...] die Methode, die die neuere Naturwissenschaft zum Erfolg geführt hat: die Arbeitshypothese als Ausgangspunkt; Sammlung einschlägiger Erfahrungen mittels des zweckentsprechend angeordneten Experiments; Ziehen der Folgerungen und Formulieren allgemeiner Sätze, Nachprüfen dieser durch erneute Experimente usw.

Hans Joachim Störig, S. 310-312

Deduktion – Induktion

Unter einer **Deduktion** versteht man
- die Ableitung von Einzelaussagen aus einer bestimmten Anzahl von grundlegenden Lehrsätzen (Axiomen).
- ein Ableitungsverfahren mit Hilfe logischer Schlussregeln.

Deduktiv gewonnene Erkenntnisse
- sind wahr, sofern die zugrunde liegenden Axiome wahr sind.
- enthalten inhaltlich nichts Neues, da sie schon in den Axiomen implizit enthalten sind.
- erweitern also nicht unser Wissen.

Unter einer **Induktion** versteht man
- den Schluss aus einer endlichen Zahl von untersuchten Fällen auf eine Gesetzesaussage, die für alle Fälle gilt.
- ein Verfahren, in dem eine anfängliche Vermutung (Hypothese), die den Zusammenhang bestimmter Phänomene erklärt, planmäßig durch Beobachtung oder Experiment an den Tatsachen so weit überprüft wird, dass sie als wahrscheinlich für alle Fälle gelten kann.

Induktiv gewonnene, generalisierte Aussagen (Gesetze)
- ermöglichen die Deduktion von informativen Aussagen über Einzelphänomene.
- können durch sie nicht erklärbare Einzelphänomene widerlegt (= falsifiziert) werden.

M3 Taipei 101: Lernen von der Natur

Der 503 Meter hohe Turm „Taipei 101" in Taiwan soll dem stärksten je gemessenen Erdbeben standhalten, da die Stahlkonstruktion so konstruiert ist, dass sie sich bei einem Erdbeben biegen wird wie Bambus im Wind.

M4 Das naturwissenschaftliche Zeitalter

1886 schrieb Werner von Siemens, der Begründer der Siemenswerke:

Wir erkennen [...] leicht, dass im Zeitalter der Herrschaft der Naturwissenschaften dem Menschen die schwerere Körperarbeit, von der er in seinem Kampfe um das Dasein stets schwer niedergedrückt war und großenteils noch ist, mehr und mehr durch die wachsende Benutzung der Naturkräfte zur mechanischen Arbeitsleistung abgenommen wird, dass die ihm zufallende Arbeit immer mehr eine intellektuelle wird, indem er die Arbeit der eisernen Arbeiter zu leiten, nicht aber selbst schwere Körperarbeit zu leisten hat. Wir sehen ferner, dass im naturwissenschaftlichen Zeitalter die Lebensbedürfnisse und Genussartikel mit weit weniger Menschenarbeit herzustellen sind [...]. Wir finden, dass durch die Verbesserung und Beschleunigung des Kommunikations- und des Transportwesens ein immer leichterer Austausch der Produkte der verschiedenen Länder und Klimate ermöglicht wird, der das Leben der Menschen genussreicher gestaltet und ihr Dasein gegen die Folgen lokalen Misswuchses sicherstellt. Es erscheint sogar sehr wahrscheinlich, dass es der Chemie im Bunde mit der Elektrotechnik dereinst gelingen wird, aus der unerschöpflichen Menge der überall vorhandenen Elemente der Nahrungsmittel diese selbst herzustellen und dadurch die Zahl der zu Ernährenden von der schließlichen Ertragsfähigkeit des Bodens unabhängig zu machen. Diese sich progressiv steigernde Leichtigkeit der Gewinnung der materiellen Existenzmittel wird dem Menschen wegen der kürzeren Arbeitszeit, die er darauf zu verwenden hat, den nötigen Überschuss an Zeit zu seiner besseren geistigen Ausbildung gewähren. [...] Halten wir dabei an der Überzeugung fest, dass das immer tiefer die ganze menschliche Gesellschaft durchdringende Licht der Wissenschaften den erniedrigenden Aberglauben und den zerstörenden Fanatismus, diese größten Feinde der Menschheit, in wirksamer Weise bekämpft, so können wir mit stolzer Freude an dem Aufbau des Zeitalters der Naturwissenschaften weiterarbeiten, in der sicheren Zuversicht, dass es die Menschheit moralischen und materiellen Zuständen zuführen werde, die besser sind, als sie je waren und heute noch sind [...] und dass die Machtfülle [...] sie nicht erniedrigen kann, sondern sie auf eine höhere Stufe des Daseins erheben muss.

Werner von Siemens in: Tageblatt der Gesellschaft deutscher Naturwissenschaftler und Ärzte, Nr. 59, 1886, S. 92-96

Aufgaben

1 Bacon wird der Satz zugeschrieben, dass Wissen Macht sei. Erkläre, wie nach Bacon der Mensch zum Herrscher über die Natur wird. → M2

2 Veranschauliche das Bacon'sche Programm anhand von „Taipei 101". Suche weitere Beispiele. → M1-3

3 Beschreibe Werner von Siemens' Verständnis eines naturwissenschaftlichen Zeitalters. → M4

4 Nimm Stellung zu der von Werner von Siemens im letzten Satz erhobenen Behauptung. → M4

4 Der Mensch – nichts als ein Schmarotzer?!

M1 Der Mensch als Parasit der Erde

Angesichts der totalen Ausbeutung der Natur durch den Menschen liegt es auf der Hand, die Menschheit als Ganze in ihrem Verhalten gegenüber der Natur als einen Parasiten zu bezeichnen. Für den Menschen können dabei fast sämtliche Arten sowohl von Pflanzen wie auch von Tieren zu einem Wirt werden. [...] Der Mensch als Parasit ist ein Unmensch. Zum Zwecke der Fleischproduktion und der Pelzgewinnung hält er die Tiere in sogenannten Tierfabriken zu den untierischsten Bedingungen gefangen und fügt ihnen ungeheure Leiden zu. Gegen Ende ihres Passionsweges werden die Tiere dann in fahrende Kisten eingepfercht, als wären sie bereits tot, und unter großen Qualen noch um die halbe Welt zu ihrem Schlachter transportiert. Wir alle kennen die entsprechenden Bilder aus den Medien. Die Fleischproduktion steht dabei im Dienste nicht nur der Ernährung des Menschen selber, sondern auch der Ernährung ausgewählter anderer Tiere, der Lieblingstiere Hund und Katze. Das fabrikmäßig hergestellte Fleisch und die fabrizierten Pelze werden ergänzt durch das Fleisch und die Pelze aus der Jagd sowie der Fallenstellerei. Auch zum Spaß geht der Mensch jagen, er nennt es Safari. Im Tierexperiment bzw. Tierversuch muss das Tier die abartigsten Torturen über sich ergehen lassen zum sogenannten Nutzen des Menschen. Ferner werden Wildtiere als Arbeitstiere missbraucht; sie werden durch vollkommen artfremde Haltung zu Haustieren gemacht. Die sogenannten Haustiere werden zu Wohnungstieren verkrüppelt und als Ersatzpartner ausgenutzt. Das Tier ist Gefangener im Zoo, im Großaquarium und im Zirkus. Es wird gequält beim Rodeo, geschunden beim Pferdesport, gehetzt beim Hunderennen, es wird zur Unterhaltung getötet beim Stierkampf, Hundekampf, Hahnenkampf. Die parasitäre Ausbeutung des Tieres durch den Menschen hat Methode und System.

M2 Selbstbild des Menschen?

M3 Die „Moral" des Parasiten

Die Menschen wissen sehr genau, wie sie mit den Tieren umgehen. Es bietet zwar keine unbewältigbare Schwierigkeit, sich selber als grausam zu erkennen; doch vermag der Mensch es aber nur schwer zu ertragen, wenn er im Spiegel seines Ich-Bildes oder vor den anderen Menschen als amoralisch dasteht. [...] Dies muss darum in einen Nebel beschönigender Worte eingehüllt, [...] es muss versteckt werden: Der Parasit erinnert sich seiner Künste als Anästhesist[1]. Die Beispiele betäubender Beredsamkeit sind zahlreich: „Der Mensch ist ein Fleischesser, ohne Fleisch erleidet er Mangelerscheinungen." „Pelze hat der Mensch schon von Urzeiten an getragen." „Safaris bringen den Entwicklungsländern die von ihnen dringend benötigten Devisen." „Gewisse Tierarten können überhaupt nur noch im Zoo überleben." „Ohne Tierversuche werden wir niemals ein Mittel gegen all die tödlichen Krankheiten wie Krebs oder Aids erhal-

ten." Diese und ähnliche „Argumente" stellen insgesamt Versuche dar, das beschriebene parasitäre Verhalten als moralkonform zu verstehen, es gewissermaßen in die Moral der Menschen zu integrieren. Was indessen die Tiere betrifft, denunzieren[2] jene Argumente die menschliche Moral als eine Moral der Parasiten. *M1/3: Urs Thurnherr, S. 56-59*

[1] Facharzt für Narkose
[2] brandmarken

M4 Wir und die Umweltkrise

Eines haben wir der „Umweltkrise" und den „Grenzen des Wachstums" zu danken: Ohne sie wären wir um einige Einsichten ärmer – auch wenn man die gewonnenen Einsichten immer schon und ohne die „Krise" hätte machen können. [...]

Welche Einsichten haben wir dank der „Umweltkrise" und der „Grenzen des Wachstums" gewonnen? Erstens die Einsicht in die Unvermeidlichkeit von Nebenwirkungen. Umweltprobleme sind Nebenwirkungen menschlichen Einwirkens auf die Natur. Sie wurden bisher zum Teil bewusst in Kauf genommen, zum Teil „verdrängt", zum Teil gar nicht wahrgenommen. Je massiver allerdings die Einwirkungen auf die Natur, desto weitreichender und unübersehbarer die Nebenfolgen. Und je größer das Wissen von den Wirkungsläufen, desto unabweisbarer die Notwendigkeit, Verantwortung für sie zu übernehmen.

Zweitens die Einsicht in die Endlichkeit der Ressourcen und die Gefährdetheit der natürlichen Lebensgrundlagen. Es liegt etwas Erschreckendes in der Vorstellung, dass Ressourcen wie das Erdöl, im Laufe geologischer Zeiträume entstanden, in nur wenigen Jahrzehnten des 20. Jahrhunderts wortwörtlich verheizt werden, oder dass empfindliche natürliche Gleichgewichte, von denen die Lebensfähigkeit der Vegetation und der Schutz vor gesundheitsschädigender Strahlung abhängt, um eines „Wachstums" willen gefährdet werden, von dem nicht klar ist, ob es die Menschen, denen zuliebe es veranstaltet wird, wachsen oder verkümmern lässt.

Drittens die Einsicht in die Tendenz zur Übernutzung jeder Ressource, die keinen Preis hat. Nur wenigen fällt es ein, sich bei der Nutzung von knappen, aber kostenlosen Umweltgütern wie Luft, Wasser oder Ruhe zum eigenen Nachteil Beschränkungen aufzuerlegen, ohne die Gewähr zu haben, dass andere zu ähnlichen Beschränkungen gezwungen werden.

Viertens die Einsicht in die Grenzen unseres Wissens von der Natur und die Grenzen technischer Machbarkeit. Die Komplexität ökologischer Zusammenhänge übersteigt die Kapazität auch der fortgeschrittensten Computergenerationen. Die Risiken avancierter Technologien wie der Schnellen Brutreaktoren sind wegen der begrenzten Anwendbarkeit von „trial and error"-Verfahren nicht vollständig überblickbar. [...] Offenbar hat es der „Krise" (im publizistischen, nicht im realen Sinne) bedurft, um uns diese seit langem bekannten Tatsachen ins Bewusstsein zu hämmern.

M5 Was ist ökologische Ethik?

Die ökologische Ethik ist der besondere Beitrag der Philosophie zur Krisenbewältigung. Wie andere Formen angewandter Ethik auch verbindet sie Explikation[1] und Analyse mit Normsetzung und Normbegründung. Ihre eine Aufgabe besteht darin, die in ökologischen Debatten meist implizit bleibenden Normsetzungen, Werthaltungen und Einstellungen mitsamt ihren deskriptiven und normativen Voraussetzungen zu klären, zu präzisieren und damit erst diskursfähig[2] zu machen. Ihre andere Aufgabe besteht darin, Normen, Werte und Leitbilder des menschlichen Umgangs mit der Natur zu entwickeln und zu begründen. *M4/5: Dieter Birnbacher, S. 18-19*

[1] Erklärung
[2] erörterungsfähig

Aufgaben

1 Erläutere: Was ist ein Parasit/Schmarotzer?
2 Erörtere die These: der Mensch – ein Parasit. (Vgl. hierzu auch Seite 132f.) ➔ M1/2/4
3 Vergleiche die Aussagen Thurnherrs und Birnbachers: Welche Aufgaben hat eine ökologische Ethik? ➔ M3/5

▶ Glossar: Grenzen des Wachstums

5 Umwelt in Gefahr? – Ein Gruppenpuzzle

M1 Lecker – ein Schnitzel!

Kennt ihr das Phänomen [...]? Ein Stück Schweinefleisch schrumpft beim Braten in der Pfanne derart zusammen, dass man sich eigentlich seinen Schlachter mal so richtig zur Brust nehmen möchte. Ihr müsst keine Zauberer sein, um dieses Phänomen zu deuten, das bei dem so genannten PSE- (Pale=blass, soft=weich, exudative=wässrig) oder DFD-Fleisch (dark=dunkel, firm=fest, dry=trocken) auftritt. Solch ein schrumpfendes oder trockenes Stück Fleisch ist ein ziemlich sicheres Indiz dafür, dass die Tiere während des Transportes und/oder auf dem Schlachthof einer zu großen Belastung ausgesetzt waren. Die heute „produzierten" Tiere [...] besitzen einen hohen Magerfleischanteil (ganz wenig Fett) und ein hohes Körpergewicht [...]. Man weiß heute, dass diese Tiere sehr stark auf Überlastung beim Transport und vor der Schlachtung reagieren. Stehen sie unter zu starkem Stress, kommt es zu Stoffwechselstörungen und das Fleisch weist später Qualitätsmängel auf. Es schrumpft in der Pfanne, ist blasser oder dunkler als normal und in jedem Falle ist es [...] zäh [...]. So zeigt euch ein schrumpfendes Stück Fleisch, dass das Tier [...] nicht schonend behandelt worden ist. Vielleicht ist euch das egal, und ihr wollt einfach in Ruhe ein Stück Fleisch essen. Aber vielleicht findet es ihr es ja besser, wenn die Tiere gut behandelt worden sind.

M2 Schönheit – um welchen Preis?

Etwas Puder, ein bisschen Wimperntusche [...]: „Fertig!" Louisa sah in den Spiegel und klatschte in die Hände: „Der Typ kann kommen!" Das Letzte, was Louisa will, ist sicher, dass sie eitrige Pickel, fiese Hautreizungen [...] oder Akne-Attacken hat, wenn ihr neuer Schwarm ihr auf dem Schulhof begegnet. Weil Louisa dann die benutzten Kosmetika [...] mit Sicherheit nie wieder kaufen würde, sind diese Nebenwirkungen natürlich auch das Letzte, was der Hersteller der Produkte will. Also testet dieser, bevor sie auf den Markt kommen, seine Produkte ganz genau durch. Außerdem testet er, ob sie krebserregend oder erbgutverändernd sein könnten oder eventuell die Fruchtbarkeit beeinflussen. In vielen Fällen werde diese Tests [...] an Tieren durchgeführt. In den meisten Fällen bereiten sie den Tieren Schmerzen. Louisa sitzt gewaltig in der Zwickmühle. Sie möchte natürlich hübsch aussehen und sich schminken. Aber dass Tiere während der Tests leiden, das will sie auch nicht. Dabei ist die Situation [...] noch viel komplizierter: Innerhalb der EU wurden [...] 2004 Tierversuche für die Prüfung fertiger kosmetischer Mittel verboten. Tierversuche für neue Inhaltsstoffe sind allerdings bis 2009 erlaubt. Auch Kosmetika, die außerhalb der EU in Tierversuchen getestet werden, können hier uneingeschränkt verkauft werden. Was aber kann Louisa tun: Die Konkurrenz schläft nicht beim Aufbrezeln, aber dass Tiere leiden, hasst sie auch.

M1/2: Erna-Graff-Stiftung für Tierschutz, Berlin

M3 Grönland schmilzt, die Eisbären sterben

Wegen des kräftigen Temperaturanstiegs [gibt es] kein Treibeis mehr in der Diskobucht vor Grönlands drittgrößtem Städtchen. Die Fischer können nicht mehr [...] losziehen, um vom Eis aus [...] Heilbutt zu fangen. Während die Menschen sich aber noch mit neu angeschafften Booten behelfen können, sieht es für die Eisbären schlechter aus. Die Riesenraubtiere verlieren mit dem Verschwinden des Treibeises buchstäblich den Boden unter den Füßen. Schon jetzt sinken die Bestandszahlen massiv, weil Eisbären entweder verhungern oder bei der Jagd ertrinken. 2040 wird es im arktischen Sommer überhaupt kein Treibeis mehr geben, sagen die Klimaforscher voraus. Das bedeutet akute Gefahr für den ohnehin dünnen Bestand der Bären.

www.mz-web.de (Thomas Borchert)

Das Gruppenpuzzle

Stell dir vor, du besuchst mit deinen Eltern und Geschwistern ein Familientreffen. Jeder freut sich darauf, bestimmte Cousinen und Cousins endlich wieder einmal zu sehen und mit ihnen all das zu besprechen, was jeder in der vergangenen Zeit so erlebt hat. Ist Jonas noch mit Naomi zusammen ... und machen die Eltern immer noch Stress? Nach einem ereignisreichen Tag sitzt du nun wieder während der Rückfahrt gemeinsam mit deiner Familie im Auto. Du hast alles über Jonas und seine Freundin herausbekommen (die Eltern sind begeistert von Naomi!), aber du bist nicht dazu gekommen, noch mit deiner Tante Laura zu sprechen. Glücklicherweise hat dein Bruder Elias sich ausführlich mit ihr unterhalten. Und so beginnt ihr zu erzählen. Nach einer Stunde hat jeder aus der Familie das Wichtigste wiedergegeben, du bist gut informiert worden und hast so ein wenig das Gefühl, mit allen auf dem Familientreffen gesprochen zu haben. Dieses Verfahren zur arbeitsteiligen Informationsbeschaffung sollt ihr euch im Folgenden zunutze machen, um die relevanten Ansätze einer ökologischen Ethik zu erarbeiten.

Ein Gruppenpuzzle für z. B. 16 Schüler/innen:

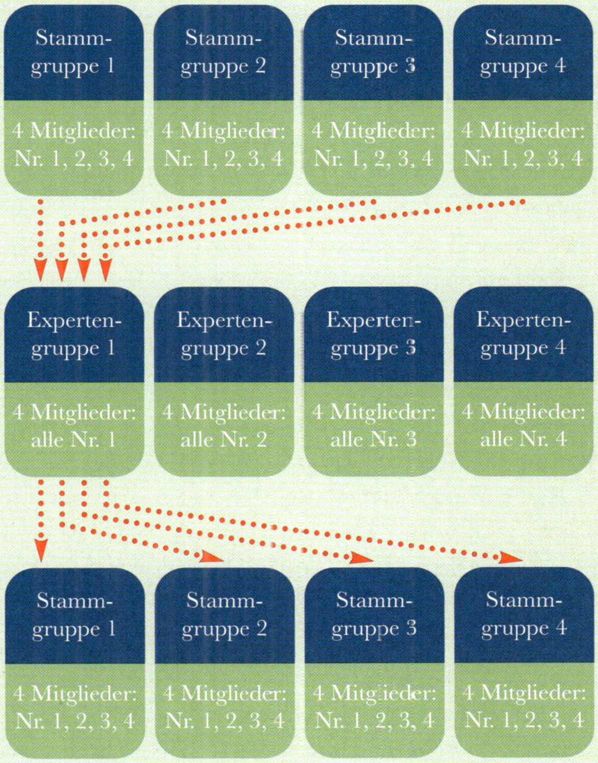

Vorgehen:

1. Schritt: Bildet zunächst gleich große **Stammgruppen** und bearbeitet die Aufgabe auf dieser (und der letzten) Doppelseite. Dabei gilt die Regel: Jedes Gruppenmitglied protokolliert alles Wesentliche selbst mit.

2. Schritt: Nachdem alle einzelnen Stammgruppen ihre Arbeit beendet haben, trennt ihr euch in vier gleich große **Expertengruppen** auf. An jeder der vier Expertengruppen muss mindestens ein Mitglied jeder Stammgruppe teilnehmen.

Die Aufgabe jeder Expertengruppe ist es nun, einen der Ansätze ökologischer Ethik zu bearbeiten, die ihr auf den folgenden vier Doppelseiten findet (Anthropozentrismus, Pathozentrismus, Biozentrismus, Holismus). Dabei ist es auch hier sehr wichtig, dass jedes Gruppenmitglied alle Ergebnisse, aber auch Fragen, Probleme und Kritik mitprotokolliert. Am Ende eurer Bearbeitung könnt ihr eure Ergebnisse auf der nachfolgenden fünften Seite (Ökologische Ethik – ein Überblick) überprüfen.

3. Schritt: Ist die Arbeit in den Expertengruppen abgeschlossen, kommt ihr wieder zurück in eure **Stammgruppe**. Nun sitzen vier Experten in jeweils einem ökologischen Ethikansatz am Tisch. Da jeder aber über alle Ansätze Bescheid wissen will, berichtet ihr nun der Reihe nach den anderen Gruppenmitgliedern von eurer Arbeit in der Expertengruppe. Dabei könnt ihr auch miteinander diskutieren und offene Fragen versuchen zu klären. Wichtig ist, dass jedes Gruppenmitglied am Ende alle vier Ansätze verstanden hat.

Aufgaben

1. Informiert euch über das „Gruppenpuzzle" als Arbeitsmethode und bildet Stammgruppen.
2. Erstellt in den Stammgruppen – ausgehend von den Beispielen auf dieser Doppelseite – eine Liste von umweltschädlichem Verhalten im Alltag. Überlegt gemeinsam Alternativen. Wie lassen sich diese rechtfertigen? → M1-3

6 Expertengruppe 1: **Der Anthropozentrismus**

M1 Das Zeitalter der Einsamkeit

Das folgende Interview der Zeitschrift „Der Spiegel" mit dem berühmten Biologen Edward O. Wilson stammt aus dem Jahr 1995:

Spiegel: Alle 20 Minuten [...] verschwindet eine Spezies von der Erde. Das bedeutet, im Verlauf dieses Gespräches werden ein halbes Dutzend Arten ausgelöscht. Welche könnten das sein?

Wilson: Man muss betonen, dass nicht nur Vögel und Säugetiere vom Aussterben bedroht sind, der größere Teil des Artensterbens betrifft sehr kleine, wenig bekannte Kreaturen, darunter Insekten, Würmer [...].

Spiegel: Können Sie Beispiele nennen?

Wilson: [...] In den nächsten paar Jahren [...] werden wir den chinesischen Flussdelphin verlieren [...]. Auf Hawaii [...] mindestens zehn Vogelarten [...]. Die derzeit seltenste Pflanze der Welt ist Cookes Kokio. Davon gibt es nur noch etwa ein Dutzend Exemplare.

Spiegel: Die von Ihnen genannten Arten gehören zu den rund 1,5 Millionen Spezies auf der Welt ... [...] Können Sie uns erklären, warum die Natur nicht auch mit sehr viel weniger, sagen wir, mit 10 000 Arten zurechtkommt?

Wilson: [...] Wir beginnen gerade erst zu erforschen, welches die bestimmenden Faktoren für die Zahl der Spezies in einem ausbalancierten Ökosystem sind. [...] Richtig ist, dass die Artenvielfalt wahrscheinlich ihren Höhepunkt erreichte, kurz bevor der Mensch auf der Szene erschien. [...] Die Menschheit hat diese Entwicklung, sozusagen mit kreischenden Bremsen, in den vergangenen 10 000 Jahren zum Stillstand gebracht. [...] Der Mensch hat einen großen Teil der Schauplätze der Evolution vernichtet. Er hat die Wiege zerstört, in der neue Spezies geboren werden. [...] Wenn wir bis ins kommende Jahrhundert hinein fortfahren wie bisher, dann wird die Welt bankrott gehen. [...]

Spiegel: Wird die Artenvielfalt den Menschen auch direkt zugutekommen, Stichwort: Ameisen als Nahrungsquelle?

Wilson: Ich glaube, weniger als Nahrungsquelle, aber zum Beispiel zur Gewinnung von Antibiotika. Ameisen sind bekannt dafür, dass sie extrem sauber sind und frei von Infektionen. [...] Nach dem Zeitalter der Dinosaurier [...] und dem der Säugetiere [...] könnte es sein, dass wir jetzt an der Schwelle zu einem Zeitalter stehen, das ich das „Zeitalter der Einsamkeit" genannt habe. [...] es werden soviel weniger Arten sein als heute, dass wir uns einsam fühlen werden. Vieles von dem, was das Leben einmal war, werden wir aus den [...] Museen kennen. Aber es wird nicht länger mit uns sein.

M2 Gendatenbanken sind notwendig

„Die Zukunft der Menschheit", urteilt E. Saouma, Ex-Generaldirektor der Welternährungsorganisation [...], „könnte davon abhängen, ob es uns gelingt, die biologische Vielfalt zu verteidigen und umweltverträglich zu nutzen." Denn mit der paradiesischen Artenvielfalt [...] verschwindet der älteste und zugleich wertvollste Rohstoff der Menschheit. [...] Der genetische Reichtum der Wildformen von Kulturpflanzen bildet das lebendige Versicherungskapital der Menschheit gegen Hungersnöte. [...] Nur Bruchteile davon können in den Tiefkühltruhen von Samenbanken gerettet werden, ehe sie für immer verloren gehen.

M1/2: Der Spiegel Nr. 48 vom 27.11.1995, S. 186, 193-204

M3 Der Mensch als Herrscher über die Natur

Mit Gewissheit können wir so viel sagen: Der Mensch kann überhaupt nur als Ausbeuter leben, sei es in Hinblick auf Pflanzen oder tierische Lebewesen. Und will er eine Zivilisation schaffen, so muss er weiter darüber hinausgehen. Er muss Tiere und Pflanzen domestizieren und sich insoweit zum Herrn und Meister wenigstens über einen Teil der Natur machen. Sofern er notwendig in dieser Weise handelt, ist es sinnlos zu meinen, der Mensch solle *überhaupt nichts* unternehmen, um die bestehenden ökologischen Systeme zu beeinflussen, und nicht den geringsten Versuch machen, ihrer Herr zu werden.

John Passmore, S. 215

M4 Die Sonderstellung des Menschen

Dass der Mensch in seiner Vorstellung das Ich haben kann, erhebt ihn unendlich über alle anderen auf Erden lebende Wesen. Dadurch ist er eine *Person*, d. i. ein von *Sachen*, dergleichen die vernunftlosen Tiere sind, mit denen man nach Belieben schalten und walten kann, durch Rang und Würde ganz unterschiedenes Wesen.

Immanuel Kant, Anthropologie, S. 407

M5 Pflichten gegenüber den Tieren

Im Unterschied zum Menschen spricht Kant den Tieren [...] jede Form von Selbstbewusstsein und damit des Denkens ab, wodurch sie zu bloßen Mitteln werden. Die Tiere gehören demzufolge nicht zur moralischen Gemeinschaft. „Allein weil Tiere nur als Mittel da sind, [...] so haben wir gegen die Tiere unmittelbar keine Pflichten, sondern die Pflichten gegen die Tiere sind indirekte Pflichten gegen die Menschheit.“ [...] Die angesprochenen indirekten Pflichten gegenüber den Tieren bestehen darin, sie nicht unnötig zu quälen, nicht grausam gegenüber ihnen zu sein. Diese Pflichten bezeichnet Kant darum als indirekte Pflichten, weil sie eigentlich nur wegen der Menschen selber bestehen. Ein Mensch – so befürchtet Kant –, der zu den Tieren grausam ist, wird sich leicht daran gewöhnen, anderen Lebewesen ohne Mitgefühl Leiden zuzufügen. Indem dadurch die Hemmschwelle der Grausamkeit insgesamt herabgesetzt wird, dürfte es jenem Menschen sodann auch leichter fallen, sich gegenüber anderen Menschen grausam zu verhalten [...]. Im Mittelpunkt von Kants ethischen Erwägungen in Bezug auf das Tier steht folglich allein der Mensch [...].

Urs Thurnherr, S. 62f.

M6 Tierschutzgesetz

§ 1: Zweck dieses Gesetzes ist es, aus der Verantwortung des Menschen für das Tier als Mitgeschöpf dessen Leben und Wohlbefinden zu schützen. Niemand darf einem Tier ohne vernünftigen Grund Schmerzen, Leiden oder Schäden zufügen.

www.tierundnatur.de

M7 Schweineorgane für Menschen?

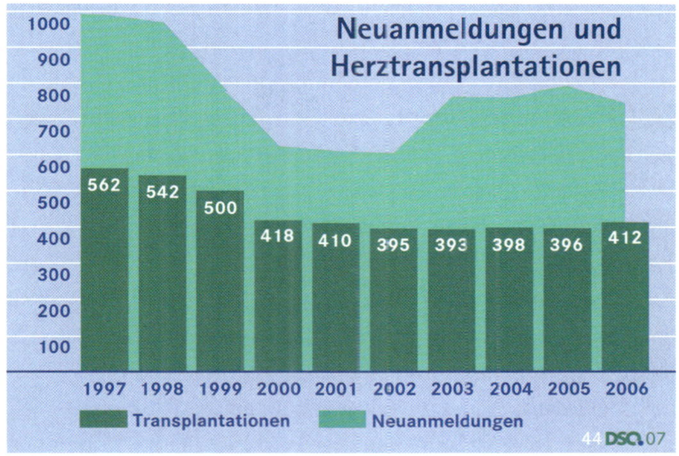

Deutsche Stiftung Organtransplantation, www.dso.de

Ein Drittel aller Patienten, die in Deutschland auf der Warteliste stehen, sterben, bevor ein geeignetes Herz gefunden werden kann. Xenotransplantation könnte für viele Rettung bedeuten.

M8 Tierversuche sind notwendig!

Tierversuche haben Entwicklungen ermöglicht, deren Ergebnisse im Kampf gegen Krankheit und Leiden bei Mensch und Tier eingesetzt werden. Insbesondere im Dienste der menschlichen Gesundheit können in vielen Fällen nur mit Tierversuchen Fortschritte bei der Aufklärung der Mechanismen sowie der Diagnose und Therapie von vielfältigen Krankheiten erzielt und den von diesen Krankheiten betroffenen Menschen Hoffnungschancen eröffnet werden (z. B. Krebs, Herzinfarkt, Schlaganfall, Aids, Parkinson, Rheuma ...).

Hubert Markl, S. 1-2

Aufgaben

1. Sammelt Gründe, warum wir eurer Meinung nach etwas gegen das Artensterben unternehmen sollen.
2. Ergänzt die Liste aus Aufgabe 1 durch weitere Gründe. → M1/2
3. Beschreibt die Position von Kant und Passmore: Welches menschliche Verhalten ist gegenüber Pflanzen und Tieren gerechtfertigt? → M3/4/5
4. Klärt, auf welche Weise Kant diese Position begründet. → M 4/5
5. Erläutert und diskutiert die Konsequenzen, die sich für den Einzelnen/die Gesellschaft aus der Position des Anthropozentrismus ergeben – z. B. anhand der Berechtigung von Tierversuchen. → M6/7/8

▶ Glossar: Xenotransplantation

7 Expertengruppe 2: **Der Pathozentrismus**

M1 Schlachtvorgang in einem Musterbetrieb

In Gruppen werden die Tiere zur Betäubung getrieben. Die Schweine schnüffeln, zögern, laufen dann aber. Jede Gondel fasst zwei Schweine und befördert sie hinab in die Tiefe, wo Kohlendioxid die Tiere empfängt. Kaum ist die Gondel unten, schnappen die Schweine nach Luft, bis sie, nach zehn, fünfzehn Sekunden, zusammenbrechen und in ein Koma fallen. Das Koma hält zwei Minuten an. Wie an einem Skilift ruckt das betäubte Schwein kopfunter baumelnd in die Höhe, dem Stecher entgegen. Rudi Gatzke steht breitbeinig auf erhöhtem Sims. Sein Schutzhelm ist weiß, die eigentlich auch weiße Gummischürze blutüberströmt. Mit der einen Hand hebt Gatzke die rechte Vorderpfote des Schweins leicht an, stößt dann im Zehnsekundentakt des Laufbandes sein Messer in die Halsschlagader – 6-mal in der Minute, 360-mal pro Stunde, 3000-mal am Tag. Der Tötung folgt die zehn Meter lange Entblutebahn. „Hier haben die Schweine Zeit, um auszubluten“, erklärt Michael Vogler und bahnt sich mit dem Ellenbogen einen Weg durch die Schweineleiber, die mit Pfoten und Köpfen zucken und aus deren Hälsen armdicke Schwälle Blut sprudeln. Jedes Schwein lässt 3,5 Liter. Die täglich anfallenden 10 000 Liter fließen durch Roste ins Bluttanklager. 10 Prozent davon werden als Lebensmittelblut zur Herstellung von Wurst verkauft. Das geronnene „Dickblut“ geht an Hundefutterfirmen. Jetzt schweben die Schweine der eigentlichen Schlachtstraße entgegen. Hier geht alles Schlag auf Schlag – „nicht anders als bei VW“, sagt Bodo Krüger, Bandmeister und Schlachter, „das Schwein, das einzelne Lebewesen, das darfst du hier natürlich nicht sehen, sonst könntest du hier nicht mehr arbeiten. Das geht nicht, das kannst du dir bei den Massen, die wir hier durchjagen, nicht mehr klarmachen. Wir arbeiten je nach Anlieferung, bis sie tot sind, bis alles verschwunden ist.“

Karl-Heinz Farni, Zeitmagazin Nr. 47/1996 vom 15.11.1996, S. 34-36, gekürzt

M2 Immer weniger Geld für immer mehr Fleisch

Für ein Kilogramm Rinderbraten arbeitete man 1970 115 Minuten, heute weniger als die Hälfte, nämlich 56 Minuten. Dass Lebensmittel so billig sind, wird nur durch Massentierhaltung möglich.

Bundeszentrale für politsche Bildung: Themenblätter im Unterricht Nr. 5, 2001, S. 2

M3 Anzahl der geschlachteten Tiere (Deutschland)

Jahr	Rinder	Kälber	Schweine	Schafe
2002	3 922 560	349 518	44 173 277	996 445
2003	3 631 092	338 043	45 372 925	981 178
2004	3 762 860	378 284	46 320 598	1 017 812
2005	3 413 883	358 924	48 251 550	1 106 688

nach: Statistisches Bundesamt Deutschland 2006

M4 Massentierhaltung – einige Fakten

In der industriellen Tierhaltung haben die Tiere in ihren Boxen und Käfigen oft nur so viel Platz, wie ihr eigener Körper einnimmt. [...] Um Kämpfe zwischen den Schweinen zu verhindern, gibt es in den Ställen nur Dämmerlicht, was die Aktivität herabsetzt. Kälber werden so kurz angebunden, dass ihre einzige Bewegungsmöglichkeit Aufstehen und Hinlegen ist. Sie werden bei 30-36 Grad Wärme zum Schwitzen gebracht, damit sie mehr Flüssigkeit aufnehmen; dann jedoch bekommen sie kein durststillendes Wasser, sondern fette Milch oder Milchersatz. Schweine, Kälber und Mastrinder werden auf [...] Metallrosten gehalten, weil Boden mit Stroheinstreu mehr Arbeitsaufwand bedeuten würde. Das [...] verursacht schmerzhafte Deformationen an den Hufen. Mehr wäre über die Qualen beim Transport zu sagen. In der BRD sterben beim Transport jährlich ca. 400 000 Schweine. Die übergewichtigen Tiere sind gehunfähig und geraten im Schlachthof in Panik. Es bedarf keines großen Kommentars, um zu sehen, dass diese Beobachtungen einem Folterbericht entnommen sein könnten.

Ursula Wolf, S. 9-10

M5 Tiere – mehr als eine bloße Sache

Dass diejenigen Handlungen moralisch gut sind, die das größtmögliche Glück für die von der Handlung Betroffenen anstreben, ist die grundlegende Einsicht Jeremy Benthams (1748-1832). Anspruch auf ein solches Leben möglichst frei von Unlust haben nach Bentham nicht nur Menschen.

Der Tag mag kommen, an dem die übrigen Geschöpfe jene Rechte erlangen werden, die man ihnen nur mit tyrannischer Hand vorenthalten konnte. Die Franzosen haben bereits entdeckt, dass die Schwärze der Haut kein Grund dafür ist, jemanden schutzlos der Laune seines Peinigers auszuliefern. Es mag der Tag kommen, da man erkennt, dass die Zahl der Beine, der Haarwuchs oder das Ende des *os sacrum* [Kreuzbein] gleichermaßen unzureichende Gründe sind, ein fühlendes Wesen demselben Schicksal zu überlassen. Was sonst ist es, das hier die unüberwindbare Trennlinie ziehen sollte? Ist es die Fähigkeit zu denken, oder vielleicht die Fähigkeit zu sprechen? Aber ein ausgewachsenes Pferd oder ein Hund sind unvergleichlich vernünftigere und mitteilsamere Lebewesen als ein Kind, das erst einen Tag, eine Woche oder selbst einen Monat alt ist. Doch selbst vorausgesetzt, sie wären anders, was würde es ausmachen? Die Frage ist nicht: können sie *denken*? oder können sie *sprechen*?, sondern *können sie leiden*?

Jeremy Bentham, zitiert nach Peter Singer, S. 84

M6 Rassismus und Speziesismus

Nach Singer bildet das Prinzip der Gleichheit, verstanden als gleiche Interessenabwägung, eine vernünftige moralische Basis nicht nur für die Beziehungen zu den Mitgliedern unserer menschlichen Gattung, sondern auch zu den nichtmenschlichen Lebewesen.

Die Fähigkeit, zu leiden und sich zu freuen, ist [...] eine Grundvoraussetzung dafür, überhaupt Interessen haben zu können [...]. Eine Maus hat [...] ein Interesse daran, nicht gequält zu werden, weil sie dabei leiden wird. Wenn ein Wesen leidet, kann es keine moralische Rechtfertigung dafür geben, sich zu weigern, dieses Leiden zu berücksichtigen. [...] das Gleichheitsprinzip verlangt, dass sein Leiden ebenso zählt wie das gleiche Leiden [...] irgendeines anderen Wesens. [...] Deshalb ist die Grenze der Empfindungsfähigkeit [...] die einzig vertretbare Grenze für die Rücksichtnahme auf die Interessen anderer. Diese

Schweine im Tiertransporter

Grenze durch irgendwelche andere Merkmale wie Intelligenz oder Rationalität festzusetzen hieße sie willkürlich festsetzen. Weshalb dann nicht irgendeine andere Eigenschaft wie zum Beispiel die Hautfarbe herausgreifen? [...] Rassisten europäischer Abstammung akzeptieren nicht, dass der Schmerz, den Afrikaner verspüren, ebenso schlimm ist wie der, den Europäer verspüren. Ähnlich messen jene, die ich „Speziesisten" nennen möchte, da, wo es zu einer Kollision ihrer Interessen mit denen von Angehörigen einer anderen Spezies kommt, den Interessen der eigenen Spezies größeres Gewicht bei. Menschliche Speziesisten erkennen nicht an, dass der Schmerz, den Schweine oder Mäuse verspüren, ebenso schlimm ist wie der von Menschen verspürte.

Peter Singer, Praktische Ethik, S. 85-86

Aufgaben

1 Versucht zu erklären, wie Rudi Gatzke und Bodo Krüger diese Arbeit durchführen können. ➜ M1
2 Berechnet, wie viele Schweine z. B. in den letzten vier Jahren pro Bundesbürger verspeist wurden. ➜ M3
3 Sammelt Gründe, die zu einer industriellen Massentierhaltung führen. ➜ M2-4
4 Bewertet eure Ergebnisse: Ist es eurer Meinung nach richtig, auf diese Weise mit Tieren umzugehen? ➜ M4
5 Stellt dar, welche Gemeinsamkeiten Bentham zwischen Menschen und Tieren sieht. ➜ M5
6 Erläutert und diskutiert die Konsequenzen, die sich nach Singer aus dem Gleichheitsprinzip für die Behandlung von Tieren für den Einzelnen/die Gesellschaft ergeben. ➜ M6

▶ Glossar: Rassismus, Speziesismus

8 Expertengruppe 3: **Der Biozentrismus**

M1 Versuchsbeschreibung

Den Einfluss verschiedener Behandlungsmethoden auf die Heilung von künstlich hervorgerufenen Kieferschäden beschreibt eine Untersuchung aus dem Jahr 2006:

Fünf sechsjährigen Beagles werden unter Narkose acht Backenzähne [...] gezogen. Nach vier Wochen Heilungszeit [...] werden sechs Schraubenimplantate eingebracht [...] und täglich mit einer Zahnbürste geputzt. Nach drei Monaten werden Baumwollfäden um die Implantate gelegt. Durch diese werden Taschen im Zahnfleisch gebildet, in denen sich Bakterien ansiedeln können. Die Zähne werden [...] nicht mehr geputzt. Die Fäden bewirken eine Entzündung und Zerstörung des Knochengewebes um die Implantate. [...] Wenn das Knochengewebe [...] zu 40 % zerstört ist, werden die Fäden [...] entfernt. Weitere 4 Wochen später werden die Knochenschäden auf unterschiedliche Weise behandelt. Zum Teil wird das entzündete und abgestorbene Gewebe mit einem Löffel abgeschabt [...] Drei Monate nach der Behandlung werden die Hunde durch Überdosis eines Barbiturates (= Schlafmittel) getötet, die Kiefer werden untersucht.

www.datenbank-tierversuche.de (Frank Schwarz)

M2 Misshandlung oder gerechtfertigte Qual?

- Wenn Sie einen Hund bei sich zu Haus absichtlich vergiften, droht Ihnen eine hohe Haftstrafe – bis zu 3 Jahre.
- Wenn Sie – als Wissenschaftler – einen Hund in einem Labor absichtlich vergiften, winken Ihnen hohe Fördergelder.
- Für den Hund ist es immer ein qualvoller Tod – egal wann, egal wo.
- Schluss mit Tierversuchen!

nach: http://tierrechte.de

M3 Versuchstiere in Zahlen, Deutschland 2005

Mäuse und Ratten	2 003 749
Katzen	1 023
Hunde	4 892
Pferde, Esel, Maultiere	755

Schweine	14 004
Affen	2 105
Fische	101 551

nach: http://aerzte-gegen-tierversuche.de

M4 Solidarität zwischen Mensch und Tier

Diejenigen, die an Tieren Operationen und Medikamente versuchen oder ihnen Krankheiten einimpfen, um mit den gewonnenen Resultaten Menschen Hilfe bringen zu können, dürfen sich nie allgemein dabei beruhigen, dass ihr grausames Tun einen wertvollen Zweck verfolge. In jedem einzelnen Falle müssen sie erwogen haben, ob wirklich Notwendigkeit vorliegt, einem Tier dieses Opfer für die Menschheit aufzuerlegen. Und ängstlich müssen sie darum besorgt sein, das Weh, soviel sie nur können, zu mildern. [...] Gerade dadurch, dass das Tier als Versuchstier in seinem Schmerze so Wertvolles für den leidenden Menschen erworben hat, ist ein neuartiges, einzigartiges Solidaritätsverhältnis zwischen ihm und uns geschaffen worden. Ein Zwang, aller Kreatur alles irgend mögliche Gute anzutun, ergibt sich daraus für jeden von uns. Indem ich einem Insekt aus seiner Not helfe, tue ich nichts anderes, als dass ich versuche, etwas von der immer neuen Schuld der Menschen an die Kreatur abzutragen. Wo irgendwie das Tier zum Dienst des Menschen gezwungen wird, muss jeder von uns mit dem Leiden beschäftigt sein, die es um dessentwillen zu tragen hat. Keiner von uns darf ein Weh, für das die Verantwortung nicht zu tragen ist, geschehen lassen, soweit er es nur verhindern kann. Keiner darf sich dabei beruhigen, dass er sich damit in Sachen einmischen würde, die ihn nichts angehen. [...] Wenn so viel Misshandlung der Kreatur vorkommt, [...] tragen wir alle Schuld daran.

M5 Einkehr

Bei einem Wirte, wundermild;
da war ich jüngst zu Gaste;
ein goldner Apfel war sein Schild
an einem langen Aste.

Es war der gute Apfelbaum,
bei dem ich eingekehret;
mit süßer Kost und frischem Schaum
hat er mich wohl genähret.

Es kamen in sein grünes Haus
viel leichtbeschwingte Gäste;
sie sprangen frei und hielten Schmaus
und sangen auf das Beste.

Ich fand ein Bett zu süßer Ruh
auf weichen, grünen Matten;
der Wirt, er deckte selbst mich zu
mit seinem kühlen Schatten.

Nun fragt' ich nach der Schuldigkeit,
da schüttelt' er den Wipfel.
Gesegnet sei er allezeit
von der Wurzel bis zum Gipfel!

Ludwig Uhland, http://gutenberg.spiegel.de

M6 „Ich bin Leben, das leben will, inmitten von Leben, das leben will" (Albert Schweitzer)

Wie in meinem Willen zum Leben Sehnsucht ist nach dem Weiterleben [...] und Angst vor der Vernichtung [...] also auch in dem Willen zum Leben um mich herum, ob er sich mir gegenüber äußern kann oder ob er stumm bleibt.

Ethik besteht also darin, dass ich die Nötigung erlebe, allem Willen zum Leben die gleiche Ehrfurcht vor dem Leben entgegenzubringen wie dem eigenen. Damit ist das denknotwendige Grundprinzip des Sittlichen gegeben. Gut ist, Leben erhalten und Leben fördern; böse ist, Leben vernichten und Leben hemmen.

M4/6: Albert Schweitzer, S. 340-341/330-331

M7 Gemeinschaft Mensch, Tier, Pflanze

Die biozentrische Sicht auf die Natur setzt sich aus vier wesentlichen Bestandteilen zusammen.

(1) Menschen werden als Mitglieder der Gemeinschaft alles Lebendigen betrachtet; sie können diese Mitgliedschaft nur zu den gleichen Bedingungen beanspruchen, die auch für alle nichtmenschlichen Mitglieder gelten.

(2) Die natürlichen Ökosysteme der Erde in ihrer Gesamtheit gelten als ein komplexes Netz miteinander verknüpfter Elemente, in dem das gesunde biologische Funktionieren jedes Einzelnen von dem gesunden biologischen Funktionieren der anderen abhängig ist. [...]

(3) Jeder individuelle Organismus wird als ein teleologisches[1] Zentrum von Leben verstanden, das sein eigenes Wohl auf seine Weise verfolgt.

(4) [...] der Anspruch, Menschen seien anderen Spezies aufgrund ihrer Natur überlegen, ist eine unbegründete Behauptung, und sie muss, angesichts der oben aufgeführten Punkte (1), (2) und (3), als ein rein irrationales, uns selbst begünstigendes Vorurteil zurückgewiesen werden.

Paul W. Taylor, S. 125

1) zielgerichtet

Aufgaben

1 Ein Tierversuch unter Tausenden: Beschreibt eure Eindrücke. ➜ M1/2

2 Diskutiert, unter welchen Bedingungen euch Tierversuche berechtigt erscheinen, und klärt, ob es für euch einen Unterschied bedeutet, Versuche z. B. an Einzellern, Ratten, Schweinen, Fischen oder Affen vorzunehmen. ➜ M1-3

3 Erläutert das „Solidaritätsverhältnis" zwischen Mensch, Tier und Pflanze nach Albert Schweitzer und Ludwig Uhland. ➜ M4/5

4 Beschreibt die Position von Schweitzer und Taylor, und klärt, wie sie begründet wird. ➜ M6/7

5 Erläutert und diskutiert die Konsequenzen, die sich für den Einzelnen/die Gesellschaft aus der Position des Biozentrismus ergeben. ➜ M6/7

▶ Glossar: Teleologie

9 Expertengruppe 4: **Der Holismus**

M1 Hat die Brandseeschwalbe einen Wert?

Die Brandseeschwalbe ist vom Aussterben bedroht. Umweltschützer haben „Seevogelfreistätten" eingerichtet, um sie zu schützen.

Warum war es richtig, dass sie dies getan haben? Weil die Brandseeschwalbe für den Menschen nützlich ist? Diese Begründung [...] überzeugt gerade bei der Brandseeschwalbe denkbar wenig. Für einen ökonomischen Nutzen ist sie zu selten. Das Absammeln von Eiern lohnt sich nicht und würde die letzten Bestände vernichten. Wegen ihrer Seltenheit ist auch ihr ökologischer Nutzen nahezu gleich Null. Als Spitzenart der Nahrungspyramide wird sie für die Aufrechterhaltung ökologischer Systemfunktionen nicht gebraucht. Zwar ist die Brandseeschwalbe als Teil des Ökosystems Wattenmeer vollständig von den Heringen und Sandaalen der Nordsee abhängig, doch diese könnten auf die Brandseeschwalbe leicht verzichten. Und der ästhetische Nutzen? Dass die Brandseeschwalbe hier einiges in die Waagschale werfen könnte, ist für den kundigen Naturfreund keine Frage. Doch Touristen kann dieser Gesichtspunkt natürlich nicht überzeugen. Gerade diese Form der „Nutzung" wird ihnen durch das Betretungsverbot der Brutstätten ja verwehrt!

Was bleibt dann noch zur Verteidigung der Brandseeschwalbe? Viele Naturschützer sehen sich hier in einer Zwickmühle. Einerseits „wissen" sie intuitiv, dass es neben eventuellen Nutzenerwägungen einen weiteren und letztlich gewichtigeren Grund gibt, die Brandseeschwalbe vor dem Aussterben zu bewahren: *die Vögel selber.* Andererseits glauben sie, dass der Verweis auf ihren Eigenwert in der politischen Diskussion nicht viel zählt. Vielfach wird er für „bloß emotional" gehalten. Das ist falsch.

M2 Ist nur die belebte Natur schützenswert?

Sollen wir Regenwälder, Wüsten und Hochgebirge nur erhalten, weil Menschen das nützlich oder schön finden? Wenn sie es nicht mehr tun oder nicht mehr nötig haben, könnte man dann die Gebirge abtragen etc.? Vielleicht würde das Gleichgewicht des Klimas darunter leiden, aber ist das ein prinzipielles Problem für menschliche Technik?

Nur die holistische Vorstellung einer guten Welt als Mannigfaltigkeit der Formen des Natürlichen und der Kulturen kann diesen Eigenwert beimessen. Allerdings gibt es eine Fülle von Abwägungsproblemen bei Konkurrenzen zwischen Interessen [...].

Ludwig Siep, S. 16, www.uni-muenster.de

M3 Ayers Rock – eine heilige Stätte der Aborigines

M4 Rücksichtnahme auf das Ganze

Der Holismus (gr. holos: ganz, vollständig) nimmt nach Gorke im Gegensatz zum Egoismus den „moralischen Standpunkt" ein.

Darunter versteht man [...] die Grundsatzentscheidung, mit anderen nicht nach Belieben und aus einer Position der Macht heraus umzuspringen, sondern sich in seinem Umgang mit ihnen nach verallgemeinerbaren ethischen Prinzipien auszurichten. Die „Goldene Regel" beispielsweise ist ein solches Prinzip. Sie verbietet, anderen etwas anzutun, was man bei vertauschten Rollen nicht akzeptieren würde.

Was hat diese freiwillige Selbstbeschränkung des Handelns mit der Frage zu tun, welchen Naturwesen ein Eigenwert zugebilligt werden soll? Hat man sich zugunsten des moralischen Standpunktes entschieden, kann man bei der Antwort nicht wählerisch sein. Würde man nämlich bestimmten Wesen einen Eigenwert zubilligen und anderen nicht, würde man genau jene Haltung der Macht und Willkür an den Tag legen, die Kennzeichen des Egoismus ist. Die konsequente Alternative zum Egoismus kann also nur lauten: Rücksicht auf beliebiges Anderes.

M1/4: Martin Gorke, S. 6-7

M5 Grundsätze des Holismus

Arne Naess fasst seine holistische Position, genannt „deep ecology", in einer Reihe von Lehrsätzen zusammen:

1. Das Wohlbefinden und Gedeihen menschlichen und nichtmenschlichen Lebens auf der Erde hat Wert in sich selbst (Synonyme: intrinsischer Wert, *inhärenter Wert*). Dieser Wert ist unabhängig von der Nützlichkeit der nicht-menschlichen Welt für menschliche Zwecke. [...]

3. Menschen haben kein Recht, diesen Reichtum [...] zu beeinträchtigen, außer um lebensnotwendige Bedürfnisse zu befriedigen. [...]

Diese Formulierung bezieht sich auf die Biosphäre oder genauer: auf die Ökosphäre als Ganzes. Dies schließt Individuen, Spezies, Populationen, Lebensräume genauso ein wie menschliche und nichtmenschliche Kulturen. Gehen wir von unserem gegenwärtigen Wissensstand über die Interdependenz ökologischer Beziehungen aus, bedeutet dies eine fundamentale Sorge und einen tiefen Respekt gegenüber der gesamten Ökosphäre. Alle ökologischen Prozesse auf dem Planeten sollten intakt bleiben. „Die gesamte Umwelt sollte ‚natürlich' bleiben." (Gary Snyder)

Der Begriff „Leben" wird hier in einer umfassenderen [...] Weise benutzt und bezieht sich auch auf das, was von Biologen als „nicht-lebendig" klassifiziert wird: Flüsse (Stromgebiete), Landschaften, Ökosysteme. Für Unterstützer von „Tiefenökologie" stehen Slogans wie „Lasst den Fluss leben!" für diese breitere Verwendung [...].

„Das Vorhandensein inhärenten Wertes in einem natürlichen Objekt ist unabhängig von jeglicher Kenntnis, jeglichem Interesse oder jeglicher Wertschätzung desselben durch irgendein bewusstes Wesen."

Arne Naess in: Angelika Krebs (Hg.), S. 188-189

M6 Der Mensch in der Natur

Der einzelne Mensch ist nicht über oder außerhalb der Natur. Der Mensch ist Teil des Schöpfungsprozesses. Der Mensch sorgt sich um die Natur, verhält sich der nicht-menschlichen Natur gegenüber respekt- und ehrfurchtsvoll, liebt sie im Zusammenleben mit ihr, ist ein Mitglied des „Haushalts Erde" und lässt „Lebendiges leben", lässt nicht-menschliche Natur ihren jeweiligen evolutionären Bestimmungen nachgehen.

Bill Devall in: Dieter Birnbacher (Hg.), S. 23

Aufgaben

1 Sammelt die fehlschlagenden Begründungen zur Rettung der Brandseeschwalbe. Wieso sollen wir sie dennoch schützen? → M1

2 Erörtert, ob die genannten Gründe für den Vogelschutz auch auf die unbelebte Natur zutreffen. Welche Probleme können auftreten? → M2/3

3 Stellt dar, wie der Holismus als ethische Position begründet wird. (Informiert euch hierzu auch auf S. 94 über die Bedeutung der sog. „Goldenen Regel" sowie auf S. 122 über das Naturverständnis von Indianern.) → M3-6

4 Erläutert und diskutiert die Konsequenzen, die sich für den Einzelnen/die Gesellschaft aus der Position des Holismus ergeben. → M5/6

▶ Glossar: Eigenwert

10 Die ökologische Ethik – ein Überblick

M1 Anthropozentrismus

Der Anthropozentrismus besagt, dass moralische Verpflichtungen (nur) gegenüber Menschen beziehungsweise Personen bestehen. Der Mensch nimmt einen signifikanten[1] Vorrang vor anderen Lebewesen ein, weil nur der Mensch sich die Welt in menschlichen Begriffen erschließen könne und alle Werte vom Menschen ausgehen. Natur- und Umweltschutz haben aber dennoch eine Bedeutung für Anthropozentriker: Einerseits hänge die Erfüllung menschlicher Grundbedürfnisse von natürlichen Bedingungen ab. Zerstört der Mensch die Natur, zerstört er seine eigenen Lebensgrundlagen. Damit wird der Natur ein instrumenteller Wert[2] zugeschrieben. Andererseits sei die Natur Quelle angenehmer körperlicher und seelischer Empfindungen. Der Mensch schätze die Natur um ihrer Ästhetik[3], um ihrer Gegenwart willen. Somit wird der Natur auch ein inhärenter[4] Wert zugesprochen. Nicht zuletzt spielt auch noch ein pädagogisches Argument eine Rolle – ein verrohender Umgang mit der Natur habe auch negative Auswirkungen auf den Umgang mit Mitmenschen.

Konkret: Kakerlakenplage in der Küche – wie handelt ein Anthropozentrist? Er sieht die Kakerlaken kaum als notwendigen Bestandteil zur Erhaltung seiner Lebensgrundlagen. Angenehme Empfindungen lösen sie auch nicht aus. Er könnte sich demnach dazu entschließen, sie loszuwerden. Davon abhalten könnte ihn wohl einzig die Angst, dass das Töten von Kakerlaken negativ auf seinen Umgang mit Menschen abfärbt. Im Falle von Kakerlaken wird diese Überlegung wohl wenig Gewicht haben. Bei Hunden oder Katzen sähe es anders aus.

[1] bedeutsamen
[2] Wert, den es um etwas anderen willen zu achten gilt
[3] Lehre vom Schönen
[4] innewohnender

M2 Pathozentrismus

Der Pathozentrismus bietet auf [...] die Frage, ob Tiere nicht einen Eigenwert haben, teilweise eine Antwort, indem er den Kreis der Verantwortung erweitert. Moralische Verpflichtungen bestehen (nur) gegenüber empfindungsfähigen Wesen, das heißt konkret Menschen und „höheren" Tieren. Je nach Komplexität verdienen Lebewesen einen besseren Schutz. Tiere zum Beispiel, die leidensfähig sind, genießen höheren Schutz als Tiere, die es nicht sind. Zu den leidensfähigen Tieren gehören in der Regel alle Wirbeltiere. Nach demselben Kriterium gebührt aber dem Menschen gemäß dem Pathozentrismus ein nochmals höherer Schutz.

Konkret: Kakerlakenplage in der Küche – wie handelt der Pathozentrist? Ist eine Kakerlake ein „höheres", empfindungsfähiges Lebewesen? – Wohl kaum. Demnach würde auch ein Pathozentrist ohne großen Skrupel versuchen, die Kakerlaken zu vernichten.

M3 Biozentrismus

Gemäß dem Biozentrismus bestehen moralische Verpflichtungen gegenüber allen Lebewesen und nur gegenüber diesen. Biozentristen nehmen an, dass der Mensch in einem Kontinuum[1] von Gemeinsamkeiten mit anderen Naturwesen steht. Alle Lebewesen verfügen gemäß dem Biozentrismus über einen Eigenwert[2]. Sie verfügen über ein eigenes Gut, welches gefördert oder geschädigt werden könne. „Eigenes Gut" meint das interne Funktionieren aller Teile eines Lebewesens und das Intaktsein von externen Beziehungen zu anderen Lebewesen und zur Umwelt. Es gilt, jedes Lebewesen zu respektieren, egal ob wir es

[1] lückenlosen Zusammenhang
[2] etwas um seiner selbst willen achten

mögen, es für hässlich, eklig, schön oder nützlich erachten.

Konkret: Kakerlakenplage in der Küche – wie handelt der Biozentrist? Grundsätzlich hat auch die Kakerlake für den Biozentristen einen Eigenwert. Es gilt sie zu respektieren. Vernichten darf er sie deshalb nicht. Er könnte nur versuchen, sie mit einem Köder anzulocken und dann aus der Küche in die Natur zu verfrachten.

M4 Holismus

Den Vertretern dieser Position geht es nicht mehr nur um die Lebewesen wie Menschen, Tiere und Pflanzen. Nein, alles, was in der terrestrischen[1] und außerterrestrischen Natur vorkommt, soll um seinetwillen moralisch berücksichtigt werden. Es geht also auch um tote natürliche Materie (Steine, Rohstoffe etc.). Dabei gibt es zwei Varianten: der individualistische Ökozentrismus und der Holismus. Für erstere Variante gilt, dass alle individuellen Einheiten, einschließlich der Steine richtig oder falsch behandelt werden können. Der Holismus wiederum versteht die Natur als System, welchem moralische Bedeutung zukommt. Das heißt, kollektiven Einheiten, wie beispielsweise Ökosystemen, sind wir moralisch verpflichtet.

Konkret: Kakerlakenplage in der Küche – wie handelt ein [...] „Holist"? Es gilt die Kakerlake zu respektieren – als individuelle Einheit, aber auch als Teil eines ganzen Systems. Er wird sie also nicht vernichten, sie aber wie der Biozentrist aus der Küche zu locken versuchen.

M1-M4: Andrea Müller-Gut, www.treffpunkt-ethik.de

[1] zur Erde/zum Festland gehörig

M5 Überblick

Anthropozentrismus
(gr. anthropos = der Mensch)
Nur der Mensch hat moralischen Wert.
Naturschutz = Schutz des Menschen

Pathozentrismus
(gr. pathos = Leidenschaft, Leiden)
Alle empfindungsfähigen Tiere verdienen Rücksicht um ihrer selbst willen.
Naturschutz = Vermeidung von unnötigem Leiden

Biozentrismus
(gr. bios = das Leben)
Alles Lebendige verdient Rücksicht um seiner selbst willen.
Naturschutz = Schutz alles Lebendigen

Holismus
(gr. holos = ganz, vollständig)
Die ganze Natur verdient Rücksicht um ihrer selbst willen.
Naturschutz = Schutz überorganischer Ganzheiten (Ökosysteme)

Aufgaben

1 Überprüft eure Ergebnisse mithilfe der Materialien auf dieser Seite. ➜ M1-5
2 Erstellt ein Plakat/eine Präsentation zu der von euch bearbeiteten Position. Bezieht euch dabei auch auf einen der auf S. 128 dargestellten Fälle.
3 Vier-Ecken-Spiel: Jeder positioniert sich in einer Ecke und begründet seinen Standpunkt.

1 Mann o Mann

M1 Echte Männer

Rudi Härtling sieht aus, als wäre Schwarzenegger sein Vater. Und Cheetah seine Mutter. Aber der Eindruck täuscht. Wenn du jetzt denkst, dass er gerade mal fehlerfrei „Uh" und „Ah" sagen kann, dann hast du dich völlig geirrt. Das genetische Produkt aus Stahlträger und Zuckerwatte hat eine verdammt harte Schale, aber einen perwollenen Kern. Sogar bei Dirty Dancing plätschert es niagarareich aus seinen stahlblauen Augen (Mein Baby gehört zu mir, ist das klar?! Hach ...). Rudi ist eben ein sehr emotionaler Mensch. Deshalb kann er auch nicht streiten und ist überaus kompromissbereit. Das hat einen sehr großen Vorteil für dich: Wenn du beispielsweise der Meinung bist, dass eine Frau eine Prada-Handtasche braucht, um überhaupt existenzberechtigt zu sein, dann wird es sicherlich nicht lange dauern, bis er nachgibt und alles dafür tun wird, um deine Existenz zu berechtigen. Wegen seiner Hausstauballergie bitten wir dich, immer ausreichend Taschentücher, ultraweich, bereitzuhalten.

Werbetext für: „Rudi Härtling, Backmischung für Nusskuchen, mit echter Männer-Backform", enthält etwa 2022 kJ/485 kcal, 6,8 g Eiweiß 47,3 g Kohlenhydrate, 29,8 g Fett (pro 100 Gramm) und kostet 14,90 €. www.echtemaenner.com (Dennis Lück)

M2 Du sollst dir kein Bildnis machen

Es ist bemerkenswert, daß wir gerade von dem Menschen, den wir lieben, am mindesten aussagen können, wie er sei. Wir lieben ihn einfach. Eben darin besteht ja die Liebe, das Wunderbare an der Liebe, daß sie uns in der Schwebe des Lebendigen hält, in der Bereitschaft, einem Menschen zu folgen in allen seinen möglichen Entfaltungen. Wir wissen, daß jeder Mensch, wenn man ihn liebt, sich wie verwandelt fühlt, wie entfaltet, und daß auch dem Liebenden sich alles entfaltet, das Nächste, das lange Bekannte. Vieles sieht er wie zum ersten Male. Die Liebe befreit es aus jeglichem Bildnis. Das ist das Erregende, das Abenteuerliche, das eigentlich Spannende, daß wir mit den Menschen, die wir lieben, nicht fertig werden: weil wir sie lieben; solang wir sie lieben. [...]
Unsere Meinung, daß wir das alles kennen, ist das Ende der Liebe, jedes Mal, aber Ursache und Wirkung liegen vielleicht anders, als wir anzunehmen versucht sind – nicht weil wir das andere kennen, geht unsere Liebe zu Ende, sondern umgekehrt: weil unsere Liebe zu Ende geht, weil ihre Kraft sich erschöpft hat, darum ist der Mensch fertig für uns. Er muß es sein. Wir können nicht mehr! Wir künden ihm die Bereitschaft, auf weitere Verwandlungen einzugehen. Wir verweigern ihm den Anspruch alles Lebendigen, das unfassbar bleibt, und zugleich sind wir verwundert und enttäuscht, daß unser Verhältnis nicht mehr lebendig sei.
„Du bist nicht", sagt der Enttäuschte oder die Enttäuschte, „wofür ich dich gehalten habe."
Und wofür hat man sich denn gehalten?
Für ein Geheimnis, das der Mensch ja immerhin ist, ein erregendes Rätsel, das auszuhalten wir müde geworden sind. Man macht sich ein Bildnis. Das ist das Lieblose, der Verrat. *Max Frisch, S. 26-27*

M3 Klagelied eines jungen Mannes

„Tanja bedauert, dass Männer so aggressiv sind. Franziska möchte, dass ich sie nach der Party nach Hause begleite. Sabrina findet Männer-Deos ätzend. Carolin behauptet, bei Jungs stehe Körperpflege leider immer noch nicht auf der Tagesordnung. Nadine bemitleidet Männer, weil sie nicht weinen dürfen. Nina möchte sich gerne an meine starke Schulter anlehnen. Steffi beklagt, dass Jungs nie wissen, was sie wollen. Miriam hasst Macho-Typen. Lena lässt sich gern von mir auf einen Drink einladen. Anna findet es total ungerecht, wenn Männer sich nicht an der Hausarbeit beteiligen. Natascha besteht darauf, dass ihr Freund absolut treu ist. Annika leidet unter der Eifersucht ihres Schatzes. Hanna bittet mich, ihren Koffer zu tragen. Katharina stinkt es, dass es immer noch keine Gleichberechtigung gibt ... – mir übrigens auch!"

Kevin, 15 Jahre

M4 Froschkönig und Prinzessin

M5 Ein schwieriges Verhältnis ...

Überhaupt ist der Umgang mit dem „starken Geschlecht" gar nicht so schwierig. Man muss die äußerlich so rau erscheinenden Burschen nur geschickt behandeln; dann stellt man plötzlich fest, dass auch sie einen weichen Kern haben. Und wenn man das weiß, wenn man sich dieses Wissen zunutze macht, kann man die ewige Hänselei und Fehde in das beste Einvernehmen verwandeln. Jeder Mann, und sei er noch so jung, tut sich auf seine Kraft und Überlegenheit etwas zugute. Wenn du also zu Nachbars Fritz sagst: „Ich komme mit dem Flicken des Fahrradschlauches nicht zurecht. Du bist doch so geschickt im Basteln!", dann wirst du sehen: es wirkt wie ein Zauberspruch. Fritz, der sonst mit Kastanien nach dir wirft, ist plötzlich sanft wie ein Lamm und bringt dir die Sache in Ordnung, zumal wenn du bewundernd dabei stehst und ihm das Handwerkszeug zureichst.

aus einem Ratgeber für Mädchen aus dem Jahre 1962, Rosemarie Schittenhelm, S. 38–39

Aufgaben

1. „Back" dir deinen Traummann bzw. deine Märchenprinzessin. Zeichne seinen/ihren Umriss und beschreibe ihn/sie. ➜ M1
2. Führe ein Interview mit einem/r mindestens 40-Jährigen: Welche Vorstellungen von einem Traummann bzw. von einer Märchenprinzessin hat er/sie?
3. Erkläre: Was bedeutet für Max Frisch „lieben"? ➜ M2
4. Suche Beispiele, die die Auffassung von Max Frisch über die Liebe bestätigen.
5. Diskutiert: Gibt es auch Gegenbeispiele?
6. Setze die Aufzählung aus ➜ M3 fort. Diskutiert die Probleme, die sich aus den unterschiedlichen Anforderungen ergeben.
7. Schau dir das Bild genau an und versetze dich in die Figuren. Mache Vorschläge: Was denkt die Prinzessin? Was der Froschkönig? ➜ M4
8. Spielt die in ➜ M5 beschriebene Situation in einem Rollenspiel nach. Erfindet weitere Szenen in dieser Art.
9. Gestaltet einen Themenabend mit dem Motto „Traummänner und Märchenprinzessinnen", an dem ihr die im Unterricht erstellten Materialien euren Klassenkameraden vorführt.

2 Schmetterlinge im Bauch

M1 Lass Blumen sprechen!

Vergissmeinnicht – Gedenke mein

Selam heißt das arabische Wort für Blumensprache. Aus den Harems des Orients stammt auch die Methode, *sich etwas durch die Blume zu sagen*. Lady Mary Wortley Montagu hatte sie Anfang des 18. Jahrhunderts in ihren *Briefen aus dem Orient* beschrieben und löste damit einen Trend aus. Bald gab es ein ausgefeiltes System blumiger Mitteilungen: „Mein Herz ist frei für dich!", signalisierte ein Strauß Chrysanthemen, und Vergissmeinnicht baten darum, den Blumenfreund in guter Erinnerung zu behalten. Blumen schenken – französisch *fleureter* – wird als Wurzel des Wortes *Flirten* angesehen, das ein heutzutage leichtes Spiel zwischen den Geschlechtern beschreibt.

M2 Das Ritual der REGANEET

Immer wieder kommt es vor, dass in abgelegenen Gebieten unserer Erde Völker entdeckt werden, die bislang mit unserer Zivilisation noch nicht in Kontakt gekommen sind. Für Wissenschaftler ist die Untersuchung des Verhaltens solcher Urvölker von unschätzbarem Wert. Prof. Dr. Dr. Magiau vom Seable Search Institute gelang es unter großen Schwierigkeiten vor kurzem als Erster zu den REGANEET vorzudringen, einer auf einer einsamen Südseeinsel beheimateten Volksgruppe. Im Folgenden sein aufsehenerregender Bericht über ein ausgesprochen seltsames Ritual der REGANEET:

Auffällig bei der beobachteten Spezies ist insgesamt ein gewisser Zug zum Masochismus, der die Individuen auch zu einem ausgesprochen seltsamen Verhalten mit nahezu rituellem Charakter bewegt. Nach unseren Untersuchungen beginnt das Phänomen damit, dass jeweils zwei der Individuen ihre Köpfe heftig mit einem Druck bis zu 15 Kilogramm gegeneinander pressen. Dabei werden insbesondere die Mundöffnungen zur Deckung gebracht, was u. a. zur Folge hat, dass der Speichelfluss der Individuen erheblich zunimmt. Mit dem Speichel werden Tausende von krankheitserregenden Bakterien zwischen den Individuen ausgetauscht, was aber überraschenderweise nicht zu einem Abbruch dieses Verhaltens führt. Gleichzeitig verändern sich die physiologischen Daten der Beteiligten dramatisch: In ihrem Körper werden Kaskaden von Hormonen freigesetzt, Adrenalin, Dopamin und Serotonin bewirken quasi euphorische Zustände wie bei einem Gewitter im Gehirn. Gleichzeitig steigt die Körpertemperatur, der Puls beschleunigt sich und das Herz schlägt schneller, so dass der Energieverbrauch im gemessenen Zeitraum (12 Sekunden) bis zu 12 Kilokalorien betrug! Kein Wunder, denn insgesamt werden mindestens 38 Muskeln beansprucht, insbesondere und ausdauernd der musculus orbicularis oris.

Trotz dieser für den Organismus insgesamt negativ zu bewertenden Folgeerscheinungen wurde im Anschluss an dieses Ritual eine gewisse Gewöhnung beobachtet, ja man kann fast sogar von einem Suchtverhalten sprechen. Zeigen manche der Individuen vor dem ersten NESSEUK Scham oder gar Furcht, so wird das Phänomen von den beobachteten Exemplaren im Verlaufe der Zeit immer häufiger wiederholt – als Ursache gaben die REGANEET an, Lepidoptera in ihrem *Ventriculus* zu verspüren. Bei Ausbleiben der Handlung traten dann aber recht schnell Entzugserscheinungen auf, die sich über Appetitlosigkeit bis zur völligen Apathie steigerten. Immer wieder kam es sogar vor, dass sich Mitglieder dieser Spezies im Anschluss an solches Verhalten von den anderen separierten und unter den Anzeichen großer Niedergeschlagenheit nicht mehr am sozialen Gruppenleben teilnahmen und ausdauernd „NESSEUK, NESSEUK" vor sich hinjammerten.

René Magritte

M3 Nur küssen

Drei Worte mit nur
sind mehr Glück für mich als fast alles
was wir im Leben sonst
tun dürfen oder tun müssen
Die drei Worte sind: „Dich nur küssen“

„Mich nur küssen
sonst nichts?
Ist das alles
was du an Glück
noch hast?“

Nicht ganz.
Denk „im Falle des Falles“
an meine Worte zurück:
Ich sage doch vorsichtig
„fast“

Erich Fried, S. 233

Aufgaben

1 Blumensträuße werden in der Gegenwart nicht mehr als geheime Liebesbotschaften benutzt. Wie flirtet man heute? Erstelle einen „Flirt-Ratgeber“. ➜ M1

2 ➜ M2 beschreibt das NESSEUK (Küssen) der REGANEET (Teenager) satirisch aus der Außenperspektive. Überlege, welche durchaus realistischen Phänomene dabei angesprochen werden.

3 Prof. Dr. Dr. Magiau vom Seable Search Institute forscht weiter ... Heute beobachtet er eine YTRAP. Wie könnte sein Bericht darüber lauten? ➜ M2

4 Suche „Kuss-Bilder“. Ordne sie zu einer Collage. Achte dabei darauf, was für unterschiedliche Arten von Küssen es gibt.

5 Finde einen passenden Bildtitel für das Bild von René Magritte (den Originaltitel findest du auf S. 278).

6 Verfasse ein Gedicht zu deinem Bildtitel aus Aufgabe 5.

7 Formuliere das Gedicht Erich Frieds in einen Film-Dialog um: Wer spricht jeweils? ➜ M3

8 Führe das Gespräch weiter. ➜ M3

3 Das erste Mal

M1 Kummerkasten

Ich heisse Tina und bin 15 Jahre alt. Ich habe seit 18 Monaten eine Beziehung und liebe meinen Freund Benni über alles! Wir hatten auch schon Sex; die ersten Male ohne Schutz (ich weiß, das ist falsch). Nun habe ich Angst, dass ich schwanger bin. Um einer Person das zu erzählen oder einen Test zu kaufen, bin ich zu schüchtern. Ich schäme mich so sehr. Könnt ihr mir helfen?

Ich bin die Lisa, 15 Jahre alt, und habe seit zwei Monaten einen Freund. Eigentlich läuft alles gut. Ich bin sehr glücklich mit ihm. Das einzige Problem ist, dass er mit mir schlafen will. Aber ich weiß nicht, ob ich dafür bereit bin. Er nimmt es sehr wichtig. Was soll ich tun, wenn er Schluss macht, wenn ich nicht will?

ICH UND MEIN FREUND SIND SEIT SIEBEN MONATEN ZUSAMMEN. AM ANFANG WAR ALLES TOLL, ABER MITTLERWEILE STREITEN WIR UNS NUR NOCH, VOR ALLEM UEBER SEX. JETZT WEISS ICH NICHT, OB ICH MIT IHM SCHLUSS MACHEN SOLL, DENN EIGENTLICH LIEBE ICH IHN DOCH, GLAUBE ICH ZUMINDEST. WAS SOLL ICH MACHEN?

M2 „Wahre Liebe wartet“

Diese internationale Jugendbewegung hat ihren Ursprung in den USA, wo sie Anfang der 90er Jahre initiiert wurde.

In einer zunehmend sexualisierten Gesellschaft, wird nackte Haut zu allen (un)möglichen Anlässen in die Öffentlichkeit gezerrt. Hierbei wurde der Lebensentwurf „Kein Sex vor der Ehe“, bislang oft leichtfertig als unangebracht oder unzeitgemäß abgestempelt.

Bedauerlich. Denn für diese zeitlose Überzeugung entwickeln heute immer mehr junge Leute Verständnis. Einer Generation, die das Thema „Sex“ vielfach mit einer „Mir-egal-kann-jeder-halten-wie-er-will“-Haltung ausstattet, zeigen junge Leute durch „Wahre Liebe wartet“, was ihnen wichtig ist.

Sex ist für sie weit mehr als ein Abenteuer. Weshalb sie gerne bis zur Ehe warten. Ein Denkanstoß, der frischen Wind in die unendliche Diskussion zum Thema Sex bringt.

Michael Müller
Internetauftritt der Kampagne: „Wahre Liebe wartet“ – Deutschland. www.wahreliebewartet.de

M3 Neugier und Liebe

Jugendliche nennen vor allem zwei Motive für ihren ersten Geschlechtsverkehr: Sie wollen endlich selbst dieses Neuland der Sexualität betreten oder eine Liebesbeziehung vertiefen. Beide Motive können zusammenfallen, müssen es aber nicht. „Nun bald mal eigene sexuelle Erfahrungen machen zu wollen", auch unabhängig davon, ob man verliebt ist – einfach aus Neugierde und weil es vom Alter her ansteht, ist ein Einstellungs- und Verhaltensmuster, das wir ebenso bei vielen Jugendlichen gefunden haben wie das Muster, zu warten, bis der oder die „Richtige" kommt, mit dem oder der man längere Zeit zusammenbleiben möchte. Beide Haltungen koexistieren sogar in den gleichen Cliquen und werden nicht mehr weltanschaulich begründet. Das erste Mal in einer flüchtigen Begegnung zu erleben, einfach weil sich die Gelegenheit ergeben hat, es endlich einmal mit einem „netten Typen", einem „netten Mädchen" auszuprobieren, kann eine ebenso gute Ausgangskonstellation für eine gelingende Initiation und den Beginn eines günstigen sexuellen Erfahrungsprozesses sein wie der erste Geschlechtsverkehr innerhalb einer wichtigen Beziehung, der mit großer Bedeutung aufgeladen ist.

Clemens Dannenbeck, Jutta Stich, S. 58

M4 Sex und Moral

Wenn die Leute von „Moral" und vor allem von „Unmoral" reden, meinen sie in achtzig Prozent der Fälle etwas, das mit Sex zu tun hat. So glauben einige, dass die Moral sich in erster Linie damit beschäftigt zu beurteilen, was die Leute mit ihren Genitalien anstellen. [...] Sex ist an und für sich nicht „unmoralischer" als das Essen oder Spazierengehen; natürlich kann sich jemand beim Sex unmoralisch verhalten (wenn er z. B. dabei jemandem einen Schaden zufügt). [...] Was sich hinter dieser ganzen Entrüstung über die sexuelle „Unmoral" versteckt, ist nicht mehr und nicht weniger eine der ältesten sozialen Ängste des Menschen: die Angst vor dem Vergnügen. Und weil das sexuelle Vergnügen zu den intensivsten und lebendigsten gehört, die man empfinden kann, sieht es sich daher von so großem Misstrauen und so starken Vorbehalten umgeben.

Fernando Savater, S. 116, 118

M5 „Vernünftige" Sexualethik?

Seit dem Beginn der Aufklärung in Europa ist vielen Menschen bewusst geworden, dass unsere gesellschaftliche Sexualethik kein unveränderliches Ordnungsgefüge ist, sondern dass das Moralsystem einer Gesellschaft immer gesellschaftlich bedingt und damit historisch veränderbar ist. [...]

Man könnte nun einen zweiten, weitergehenden Gesellschaftsvertrag fordern: Nicht nur die Staatsform sollte von den Bürgern in einem fiktiven Vertrag bestimmt werden, sondern auch, welche (Sexual)moral in ihrer Gesellschaft gelten solle. Ausschlaggebend dafür sollen nicht mehr Überlieferung und Tradition sein, sondern einzig und allein die Vernunft. Rousseaus berühmter Satz „Der Mensch wird frei geboren, und überall ist er in Ketten" trifft heute nicht mehr auf das politische Gebiet zu, wohl aber auf das sexuelle. In diesem Fall ist das die Freiheit von überkommenen und schädlichen scheinmoralischen Geboten. Die Vernunft allein kann die Legitimation der Neuen Sexualmoral sein [...]. [...] Jede Gesellschaft muss ihre sexuellen Wertvorstellungen von Zeit zu Zeit im Licht der Erfahrung und neuer Erkenntnisse überprüfen.

Jörg Tremmel, S. 221, 225

Aufgaben

1 Mit welchen Problemen wenden sich die Jugendlichen an den „Kummerkasten"? Was würdest du den Hilfesuchenden raten? ➜ M1

2 Diskutiert die Auffassung der Initiative „Wahre-Liebe-wartet". ➜ M2

3 Erfinde einen eigenen Slogan: „Wahre-Liebe- ..." und gestalte dazu ein Plakat. ➜ M2

4 Jugendforscher fanden drei Einstellungen zu sexuellen Erfahrungen bei Jugendlichen: Neugier, Liebe, Warten auf den Richtigen. Setzt euch in Gruppen mit den Motiven und Folgen der jeweiligen Einstellung auseinander. ➜ M2/3

5 Formuliere Regeln für eine „vernünftige" Sexualmoral. ➜ M 4/5

▶ Glossar: Sexualethik

4 Mach mich nicht an!

M1 Grenzen setzen

„Mauerblümchen", die still und geduldig darauf warten, bis sie vom Traumprinzen erlöst werden, gibt es dank der zunehmenden Gleichberechtigung von Frau und Mann immer seltener. Und auch viele Jungs finden es gut, dass nicht immer sie den aktiven Part übernehmen müssen, um ein Mädchen kennenzulernen.

Wenn allerdings eine Kontaktanbahnung nicht gewünscht wird, wirken alte Muster noch – aber auf neue Weise.

Mädchen können Aufdringlichkeiten, die sie als lästig oder auch als unverschämte Zumutung empfinden, häufig mit großer Souveränität abwehren; denn sie haben traditionellerweise ein großes Verhaltensrepertoire, um unerwünschte Annäherungsversuche zurückzuweisen.

Anders Jungen, die sich oft unsicher und extrem unwohl fühlen, wenn sie weibliche Annäherungsbemühungen nicht positiv beantworten wollen. Denn Jungen haben (noch) keine entsprechende Kultur der Abgrenzung entwickelt, keine neuen Handlungsmodelle, die den zunehmend geschlechtsunabhängigeren Verhaltensmustern angemessen sind. Aus Hilflosigkeit lassen Jungen sich gelegentlich auf von Mädchen initiierte Situationen ein, die sie dann als besonders unangenehmes Erlebnis in ihrer Erinnerung speichern. Wir können hier eine Ungleichzeitigkeit im Wandel von Einstellungsmustern einerseits und Verhaltensmustern andererseits beobachten.

Interview mit Jutta Stich, ARTE-Themenabend „Jugendliche und Sexualität", 14.06.2001 archives.arte-tv.com

M2 Erleben sexueller Gewalt/Mädchen

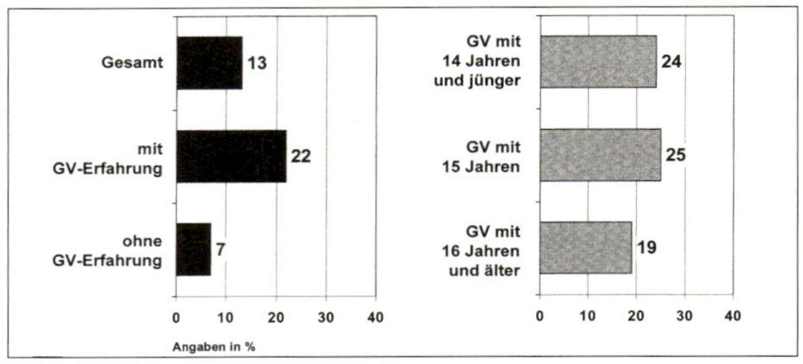

Auf die Frage: Hat ein Junge/Mann schon einmal versucht, Sie gegen Ihren Willen zu Sex oder Zärtlichkeiten zu bringen, indem er Sie unter Druck gesetzt hat?, berichteten 13% aller Mädchen, in irgendeiner Form bereits Opfer sexueller Gewalt geworden zu sein. Die Mehrzahl der betroffenen Mädchen geht mit der Thematik relativ offen um und vertraut sich einer anderen Person an. Typischerweise stammt diese aus dem Kreis der Gleichaltrigen (68 %). Jedes vierte vertraut sich (auch) den Eltern an. Ist die Atmosphäre im Elternhaus generell offen für die Themen Sexualität und Verhütung, so steigt der Anteil auf 30 %.

M3 Erleben sexueller Gewalt/Jungen

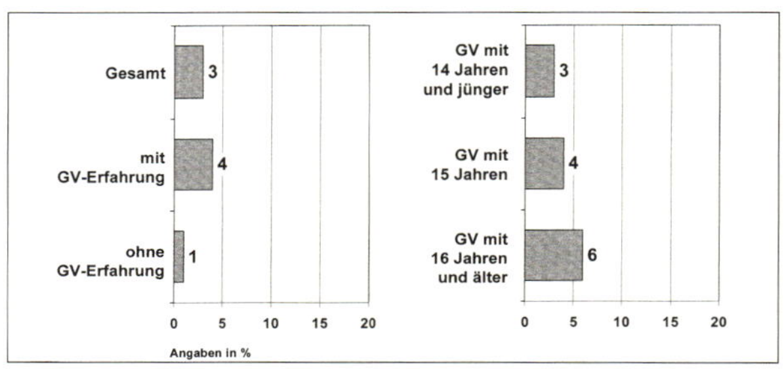

In diesem Jahr wurden erstmals auch die männlichen Jugendlichen nach Erfahrungen mit sexueller Gewalt befragt. Es zeigt sich: Jungen werden seltener Opfer sexueller Gewalt. Insgesamt berichteten 3 % aller Befragten von solchen Vorkommnissen. Unter den sexuell Erfahrenen sind es 4 % der Jungen, die sexuelle Gewalt erlebt haben.

M2/3: Bundeszentrale für gesundheitliche Aufklärung: Jugendsexualität 2006. Köln. S. 119-122

M4 Strafgesetzbuch § 174: Sexueller Missbrauch von Schutzbefohlenen

(1) Wer sexuelle Handlungen

1. an einer Person unter sechzehn Jahren, die ihm zur Erziehung, zur Ausbildung oder zur Betreuung in der Lebensführung anvertraut ist,
2. an einer Person unter achtzehn Jahren, die ihm zur Erziehung, zur Ausbildung oder zur Betreuung in der Lebensführung anvertraut oder im Rahmen eines Dienst- oder Arbeitsverhältnisses untergeordnet ist, unter Missbrauch einer mit dem Erziehungs-, Ausbildungs-, Betreuungs-, Dienst- oder Arbeitsverhältnis verbundenen Abhängigkeit oder
3. an seinem noch nicht achtzehn Jahre alten leiblichen oder angenommenen Kind vornimmt oder an sich von dem Schutzbefohlenen vornehmen lässt, wird mit Freiheitsstrafe von drei Monaten bis zu fünf Jahren bestraft.

(2) Wer unter den Voraussetzungen des Absatzes 1 Nr. 1 bis 3

1. sexuelle Handlungen vor dem Schutzbefohlenen vornimmt oder
2. den Schutzbefohlenen dazu bestimmt, dass er sexuelle Handlungen vor ihm vornimmt, um sich oder den Schutzbefohlenen hierdurch sexuell zu erregen, wird mit Freiheitsstrafe bis zu drei Jahren oder mit Geldstrafe bestraft.

M5 Nein ist NE!N!

Es ist nicht o. k., wenn Jungen und Männer ein Mädchen dumm anquatschen, ihr nachpfeifen oder sie mit Worten, Blicken oder Berührungen bedrängen.

Zu solchen Jungen und Männern darfst du unhöflich sein und du brauchst dich für dieses NE!N niemals zu rechtfertigen. Mach dir keinen Stress, bei einer Anmache besonders cool, schlagfertig oder witzig zu reagieren. Das muss überhaupt nicht sein. Ganz egal, was du sagst oder tust, wichtig ist, dass du weißt: Du darfst dich wehren! Manchmal ist es nicht einfach zu wissen, was man will. Etwas leichter ist es zu wissen, was man nicht will. Oft reicht das schon! Wenn jemand so deine Grenzen verletzt, dann darfst du NE!N sagen. Du darfst alles tun, um dich zu schützen: Du darfst unfreundlich sein, Ausreden benutzen, schreien, spucken, weglaufen [...]. Zärtlichkeit ist etwas sehr Schönes. Du kannst selbst entscheiden, mit wem und wann du zärtlich sein möchtest. Auch wenn du einen Jungen sehr lieb hast und du es genießt, mit ihm zu schmusen, tue nur, was dir angenehm ist. Damit es dir gut geht, ist nicht entscheidend, was der Junge von dir erwartet, sondern allein, was du möchtest. Es ist nicht o. k., wenn ein Junge dich zu überreden versucht oder dich sogar bedrängt, mehr zu machen, als du möchtest. Oft ist es schwer, sich alleine zu wehren.

Überlege dir, wer dir helfen kann! Hast du eine Freundin, die zu dir hält? Gibt es vielleicht eine Lehrerin, eine Sozialarbeiterin im Jugendzentrum [...], die dir sympathisch ist? Nimm all deinen Mut zusammen und erzähl ihr darüber.

Zartbitter Köln e.V., Kontakt-und Informationsstelle gegen sexuellen Missbrauch, www.zartbitter.de (Auszüge)

Aufgaben

1. Entwickelt in einem Rollenspiel Vorschläge, wie Jungen „Nein" sagen können. ➜ M1
2. Wertet die Schaubilder ➜ M2 und M3 aus.
3. Sucht Beispiele für den Begriff „Schutzbefohlene/r". Warum wird sexueller Missbrauch von Schutzbefohlenen als Extra-Straftatbestand behandelt? ➜ M4
4. Entwerft fünf Regeln gegen sexuelle Belästigung in der Schule.
5. Informiert euch über Beratungsstellen gegen sexuellen Missbrauch in eurer Umgebung. ➜ M5

▶ Glossar: sexueller Missbrauch, sexuelle Nötigung

5 Und sie küssten sich und weinten

M1 Hetero – Homo – Bi: Was ist eigentlich „sexuelle Orientierung“?

Mit „sexueller Orientierung“ ist gemeint, zu welchem Geschlecht sich jemand mit seinen oder ihren Wünschen, Fantasien und im konkreten Begehren hingezogen fühlt. Verschiedene Menschen haben verschiedene sexuelle Orientierungen. Das ist ganz normal. Wichtig ist dabei: Kein Mensch kann sich seine Orientierung selbst aussuchen. [...]

Heterosexualität: Das bedeutet, dass sich jemand von einer Person des anderen Geschlechts angezogen fühlt. Für die meisten Menschen erscheint dies als „normal“, weil es besonders häufig ist und weil sie es so gewohnt sind.

Homosexualität: Jemand fühlt sich von einer Person des eigenen Geschlechts angezogen. Bei Männern hat sich der Ausdruck „schwul sein“ durchgesetzt, bei Frauen der Begriff „lesbisch sein“. Beide Begriffe wurden früher abwertend als Schimpfwort gebraucht. Sie haben sich heute im allgemeinen Sprachgebrauch durchgesetzt, um männliche bzw. weibliche Homosexualität zu kennzeichnen.

Entwicklungshomosexualität: homosexuelle Durchgangsphase bei zahlreichen Jugendlichen.

Bisexualität: Gemeint ist damit, dass sich jemand gleichermaßen von Personen beiderlei Geschlechts angezogen fühlt. Oft ist kurz von „bi“ die Rede.

Coming-out bezeichnet den gesamten Prozess der Selbstwahrnehmung der sexuellen Orientierung und das „Herauskommen“ oder „Heraustreten“ aus dem (unfreiwilligen) Schweigen. Als „inneres“ Coming-out wird oft die erste Phase bezeichnet, in der jemand die eigenen Gefühle und Wünsche realistisch wahrnimmt und vor sich selbst anerkennt. Das „äußere“ Coming-out ist die folgende Phase, in der das Schwul- oder Lesbischsein [...] einem weiteren Kreis von Menschen bekannt wird.

verändert nach: Bundeszentrale für gesundheitliche Aufklärung, www.gib-aids-keine-chance.de

M2 Wie viele Menschen verhalten sich homosexuell?

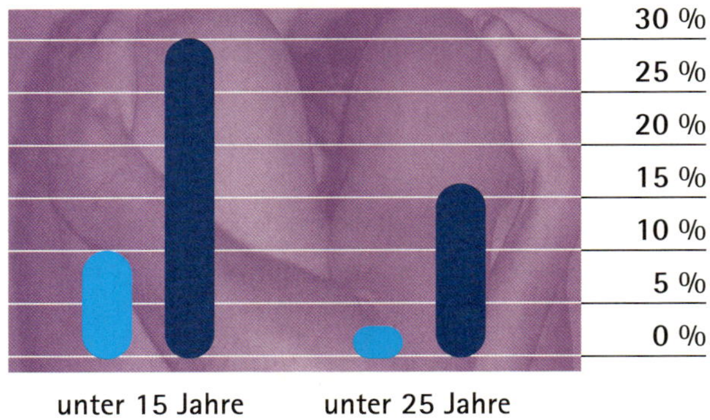

- ausschließlich homosexuelles Verhalten
- teilweise homosexuelles Verhalten

Zahlen aus der Broschüre „Heterosexuell? Homosexuell?“ Bundeszentrale für gesundheitliche Aufklärung, (Hg.), 2004, S. 14

M3 An die Eltern

Liebe Eltern!
Ich bin homosexuell. Nehmt es hin, nehmt mich hin, wie ich bin. Lasst mir meine Sexualität, meine Gefühle, meine Liebe. Und seht auch alles andere an mir, denn ich bin ein Mensch mit vielen Seiten. Versteht mich nicht falsch, ich will euch nicht drängen, etwas gutzuheißen, das ihr noch nicht gutheißen könnt. Ich bitte euch nur, nicht die Augen zu verschließen und mir zuzuhören. Wir haben Zeit, uns einander zu nähern. Ich möchte, dass wir uns besser verstehen lernen und nicht unnötig wehtun.
Es gibt so viel für uns aneinander zu entdecken, voneinander zu lernen, miteinander zu erleben und miteinander zu teilen. Ich freue mich auf ein Leben in eurer Nähe.

Euer Kind

Bundeszentrale für gesundheitliche Aufklärung (BzgA), S. 71

M4 Reaktionen damals

Verbrennung des Ritters von Hohenberg mit seinem Knecht vor den Mauern von Zürich (1482)

M5 Geschichte des Paragraphen 175

§ 175 StGB vom 28. Juni 1935

(1) Ein Mann, der mit einem anderen Mann Unzucht treibt oder sich von ihm zur Unzucht missbrauchen lässt, wird mit Gefängnis bestraft.

§ 175 StGB: Homosexuelle Handlungen vom 23. November 1973

(1) Ein Mann über achtzehn Jahren, der sexuelle Handlungen an einem Mann unter 18 Jahren vornimmt oder von einem Mann unter 18 Jahren an sich vornehmen lässt, wird mit Freiheitsstrafe bis zu fünf Jahren oder mit Geldstrafe bestraft.

(2) Das Gericht kann von einer Bestrafung nach dieser Vorschrift absehen, wenn

1. der Täter zur Zeit der Tat noch nicht einundzwanzig Jahre alt war oder
2. bei Berücksichtigung des Verhaltens desjenigen, gegen den die Tat sich richtet, das Unrecht der Tat gering ist.

Der Paragraph 175 StGB wird am 10. März 1994 aufgehoben.

M6 Lebenspartnerschaft

Seit dem 1. August 2001 können gleichgeschlechtliche Paare eine eingetragene Lebenspartnerschaft begründen.

Nicht ganz dasselbe wie eine Heirat, aber im Volksmund oft als „Homoehe" bezeichnet und von mehr als zwei Drittel der Bevölkerung befürwortet.

Was sich in vielen Ländern bereits bewährt hat, ist nun auch in Deutschland Gesetz. Zwei Männer oder zwei Frauen, die sich lieben und füreinander einstehen, können ihre Partnerschaft rechtlich absichern – wie bei heterosexuellen Paaren seit jeher selbstverständlich. Dies ist Ausdruck einer modernen Familien-Gesetzgebung, die sich an den heutigen Lebensrealitäten orientiert. [...]

Das Lebenspartnerschaftsgesetz gibt Lesben und Schwulen eine Wahlmöglichkeit. Niemand soll gedrängt werden, seiner oder ihrer Beziehung diesen Rahmen zu geben. Das Gesetz ist ein Angebot und stellt klar, dass homosexuelle Partnerschaften ebenso erwünscht sind wie heterosexuelle.

Bundeszentrale für gesundheitliche Aufklärung (BzgA), S. 63-64

Aufgaben

1 Welche Reaktionen lösen Bilder von homosexuellen Paaren bei dir aus? → M2/4/6

2 Beschreibe die Schwierigkeiten, unter denen Homosexuelle in unserer Gesellschaft zu leiden haben. → M3

3 Wie würdest du dich bei einem ‚Coming-Out" (→ M3) eines Klassenkameraden oder einer Klassenkameradin verhalten? → M1/3

4 Überlege Gründe, warum gleichgeschlechtliche Paare Wert auf die sog. „Homoehe" legen könnten. → M6

▶ Glossar: gleichgeschlechtliche Lebensgemeinschaft

6 So wie die Saiten einer Laute

M1 Nah – zu nah?

M2 Dein ist mein ganzes Herz – Du bist mein Reim auf Schmerz!

Wer das Himmelreich der Liebe auf Erden will, riskiert oft viel: Er verschenkt sein „ganzes Herz“, und hofft dadurch eine Antwort auf seinen „Schmerz“ zu erhalten. Aber worin besteht der „Schmerz“? Der Soziologe Ulrich Beck meint, dass der Mensch in unserer Gesellschaft hauptsächlich in bestimmten Rollen handelt – also beispielsweise als Schüler, als Sportler im Verein, als Nachhilfe-Lehrer für Französisch – und deshalb auch von den anderen meist nur in diesen Rollen wahrgenommen wird. Daneben steht der tief menschliche Wunsch, als ganze Persönlichkeit, mit allen Fähigkeiten und Fehlern akzeptiert und geliebt zu werden. Wird dieses Bedürfnis nach „Rundum-Zuneigung“ nicht erfüllt, fühlt man sich trotz vollem Terminkalender einsam. Am intensivsten scheint diese Sehnsucht nach alles umfassender Liebe in einer Paarbeziehung befriedigt zu werden. Dort erhofft man, als „ganzer Mensch“ wahrgenommen und akzeptiert zu werden – und damit der Einsamkeit zu entfliehen. Liebe bedeutet dann nichts anderes als „Gegeneinsamkeit“. Der große Wunsch nach Glück soll durch den Partner oder die Partnerin in Erfüllung gehen und das Leben einen Sinn erhalten.

Beck prägte deshalb dafür den Ausdruck „Liebe als ‚irdische Religion'“, weil der Lebenssinn früher in erster Linie durch die Religion gefunden wurde: „Viele reden von Liebe und Familie wie frühere Jahrhunderte von Gott [...]. Der Gott der Privatheit ist die Liebe.“ (Ulrich Beck)

Damit aber werden die Erwartungen an den Partner oder die Partnerin so hoch, dass ein Scheitern der Beziehung eigentlich vorprogrammiert ist: Wer erträgt es schon, von morgens bis abends und möglichst auch noch nachts für das Glück eines anderen zuständig zu sein?

M3 Bindungsstile

Unter Bindung versteht die Psychologie eine „relativ dauerhafte gefühlsmäßige Orientierung an einer anderen Person". Das Bindungsverhalten entwickelt sich bereits im ersten Lebensjahr. Trotzdem ist diese bedeutende Phase keine Prägungsphase – auch in späteren Entwicklungsphasen können neue Beziehungserfahrungen die Bindungsfähigkeit beeinflussen. Bei Erwachsenen unterscheidet man unterschiedliche Bindungsstile.

Sicherer Bindungsstil:
Es ist relativ leicht für mich, anderen Menschen emotional nahe zu kommen. Ich fühle mich wohl, wenn ich andere brauche und selbst auch gebraucht werde. Ich mache mir keine Sorgen darüber, allein zu sein oder nicht akzeptiert zu werden.

Ängstlich-ambivalenter Bindungsstil:
Ich möchte gern sehr große emotionale Nähe zu anderen haben, aber ich habe oft festgestellt, dass die anderen keine so große Nähe wollen wie ich. Ich fühle mich unwohl ohne enge Beziehungen, aber ich befürchte, dass andere mich nicht so hoch schätzen wie ich sie.

Ängstlich-vermeidender Bindungsstil:
Ich fühle mich ein bisschen unwohl, wenn ich anderen sehr nahe komme. Ich wünsche mir gefühlsmäßig enge Beziehungen, aber ich finde es schwierig, anderen vollkommen zu vertrauen oder von anderen abhängig zu sein. Manchmal befürchte ich, verletzt zu werden, wenn ich mir erlaube, zu große Nähe zu anderen zuzulassen.

Gleichgültig-vermeidender Bindungsstil:
Ich fühle mich wohl ohne gefühlsmäßig enge Beziehungen. Es ist mir wichtig, mich unabhängig zu fühlen und mir selbst zu genügen. Ich ziehe es vor, niemanden zu brauchen und von niemandem gebraucht zu werden.

Hans-Werner Bierhoff, S. 26-27

M4 Ratschläge für eine Zweierbeziehung

Aber gestattet einander Freiräume
in eurem Beisammensein.
Und lasst die Winde des Himmels
zwischen euch tanzen.
Liebt einander, aber macht
aus der Liebe keine Fessel:
Sie sei eher eine wogende See zwischen
den Küsten eurer Seelen.
Füllt jeder des anderen Becher, aber trinkt
nicht aus einem einzigen Becher.
Gebt einander von eurem Brot,
aber esst nicht von demselben Laib.
Singt und tanzt und freut euch zusammen,
aber gestattet einander,
je für sich allein zu sein,
Gerade so, wie die Saiten einer Laute
allein sind, auch wenn sie von
derselben Musik erzittern.
Gebt eure Herzen, aber nicht
in des anderen Gewahrsam.
Denn einzig die Hand des Lebens
kann eure Herzen fassen.
Und steht zueinander, doch nicht
zu dicht beieinander:
Denn die Säulen des Tempels
stehen je für sich,
Und Eichbaum und Zypresse wachsen
nicht jedes in des anderen Schatten.

Khalil Gibran, S. 18ff.

Aufgaben

1. Was denken die beiden Comicfiguren in den einzelnen Bildern? Schreibe Texte für weitere Sprechblasen. → M1
2. Überprüfe an Love-Songs, ob darin die in M2 formulierte Erwartungshaltung an einen Partner zutrifft. Glaubst du auch, dass das Scheitern einer solchen Beziehung schon vorprogrammiert ist? → M2
3. Beschreibe, welche Probleme auftreten können, wenn Menschen mit unterschiedlichen Bindungsstilen etwas gemeinsam unternehmen, z. B. einen gemeinsamen Urlaub planen. → M3
4. Erst am Ende seines Gedichts *Von der Ehe* begründet Gibran seine Ratschläge mit „Denn ...". Ergänze Denn-Begründungen auch in den Anfangszeilen. → M4

7 Mit vielen, zu zweit oder allein?

M1 Yettis

Der Yeti lebt vielleicht am Himalaja und erschreckt ab und zu furchtlose Bergkletterer. Yettis dagegen sind die neue Spezies der Multimedia-Welt, die die Yuppies[1] auf lange Sicht abzulösen scheinen und allenfalls zu Dinkies[2] degenerieren könnten.

Yetti steht nämlich für „young, entrepreneurial, tech-based", was frei als junge Internet-Unternehmer übersetzt werden kann. Yettis sind zwischen 20 und 30 Jahre alt und Single. Für ihren Beruf verzichten sie bewusst auf Partner, Familie und sonstige soziale Bindungen.

Sie sitzen Tag und Nacht am Computer, sind ständig erreichbar und engagieren sich für ihren Job bis zur totalen Selbstaufgabe. So ist eine 70-Stunden-Woche in diesen Kreisen normal. Geregelte Arbeitszeiten kennen die Yettis nicht, denn das schnelle Medium Internet erfordert, dass Ideen so rasch wie möglich und noch vor der Konkurrenz realisiert werden.

Auf Grund dieser kurzfristigen Arbeits- sowie Lebensplanung sind freie Wochenenden, private Treffen und Hobbys fast schon illusorisch.

Diese kompromisslose Leistungsbereitschaft zahlt sich allerdings – in Form von Spitzengehältern – aus. Neben der finanziellen Bestätigung ziehen die Yettis eine ungeheure Bestätigung aus ihrer Arbeit und ihren Erfolgen. Diese uneingeschränkte Leistungsbereitschaft wollen die jungen Menschen allerdings irgendwann hinter sich lassen: Ihr Traum ist daher, eine Position der Unabhängigkeit zu erreichen, sich selbständig zu machen und eventuell eines Tages weniger zu arbeiten.

nach www.3sat.de (Markus Oliver Peick)

[1] Yuppies: young urban professionals – junge städtische Berufstätige

[2] Dinkies: double income no kids – kinderlose Doppelverdiener

M2 Allein in Deutschland ...

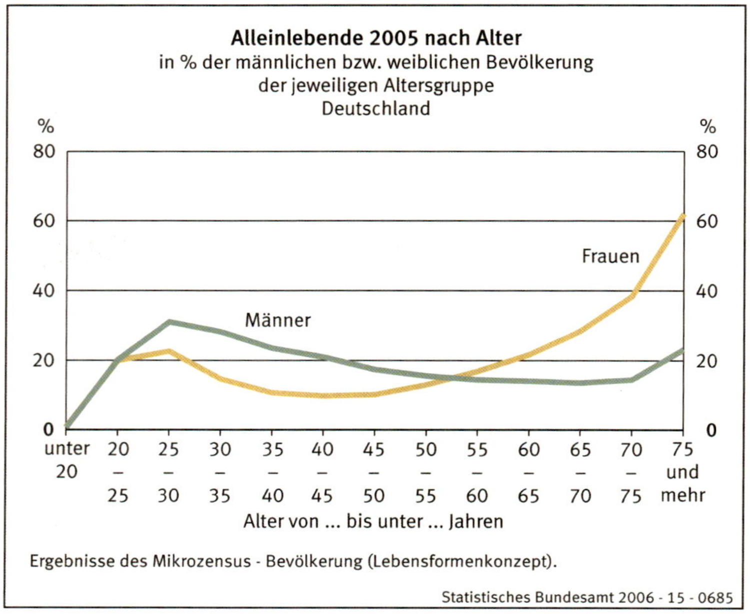

Statistisches Bundesamt

M3 Familie am Ende?

Obgleich es heute mehr alleinstehende Mütter (und Väter) gibt als früher, kann man in dieser Entwicklung doch nicht ein Zeichen für das „Ende der Familie" erblicken, wie dies im populären Journalismus oft getan wird. Denn die Menschen fliehen aus der einen Beziehung nur, um eine andere einzugehen. Natürlich haben sie dafür Gründe genug: Kameradschaft, Arbeitsteilung, gewisse finanzielle Einsparungen, Sexualität, soziale Erwartungen und Anrechte. Aber die Paarbildung an sich bleibt bestehen. Ein Bericht des Londoner „Studienzentrums für Familienpolitik" kam kürzlich zu dem Schluss, dass ungeachtet anhaltender Besorgnisse über den Wandel in der Europäischen Union alles dafür spricht, dass die Familie ihren zentralen Stellenwert für die Sozialisation von Kindern behalten hat.

Jack Goody, S. 231-232

Zusammen leben

① Untersuche die Bilder genauer: Welche Personen sind zu erkennen? In welchen Lebenssituationen sind sie dargestellt?

② Was, glaubst du, denken oder fühlen die Personen auf den Bildern?

③ Welche anderen Formen des Zusammenlebens gibt es außer den dargestellten?

④ Male ein Bild (oder mehrere), auf dem du – zusammen mit den Menschen, mit denen du später leben wirst – zu sehen bist.

⑤ Stelle mit deinen Mitschüler/innen ein Standbild mit dem Titel „Das sind die Menschen, mit denen ich lebe", auf.

⑥ Was unterscheidet eine Familie von allen anderen Formen des Zusammenlebens? Welche Funktionen kann „Familie" erfüllen?

8 Treue – Schwester der Liebe

M1 Begriffsbestimmung: Was heißt „Treue"?

Verwendung
die Treue brechen; er hat nie an ihrer Treue gezweifelt; sie haben auch in Notzeiten in alter Treue zu uns gehalten; er hatte es ihr auf Treu und Glauben übergeben; in Treu und Glauben handeln; in dem Roman sind die Vorgänge mit historischer Treue geschildert; der Maler hat die Blumen detailgetreu dargestellt

Synonyme (Ersatzwörter)
Anhänglichkeit, Beständigkeit, Kameradschaft, Verlässlichkeit, Ergebenheit, Genauigkeit

Antonyme (Gegenbegriffe)
Untreue, Unbeständigkeit

Wortfeld
trauen, Vertrauen, vertraut

Etymologie (Wort-Herkunft)
idg. *deru-: Eiche, Baum

mhd. triuwe: Eine der zentralen Tugenden, das heißt ethischen Anforderungen, an einen Ritter ist seine absolute triuwe. Sie bedeutet das Einstehen für den Verbündeten, Freund, Lehnsherren etc. ohne Hintergedanken und ohne Falsch.

Unterbegriffe
Ergebenheit, Pflichterfüllung

Oberbegriffe
Charaktereigenschaft, Tugend

Symbol

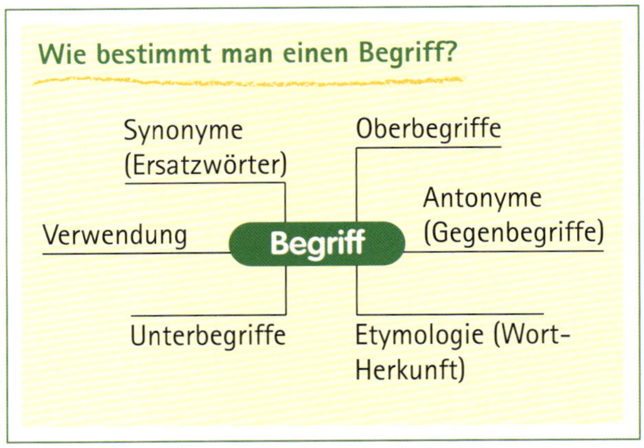

M2 Wie wichtig ist Treue?

Ergebnisse einer forsa-Umfrage im Oktober 2005, 1001 Befragte, Mehrfachnennungen möglich:

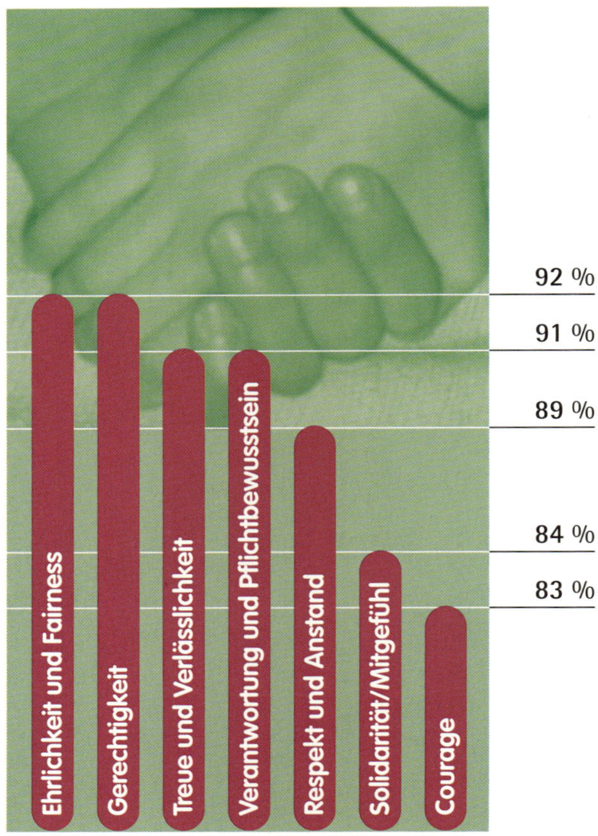

Stern, Heft 46, 2005, S. 90

M3 Tugenden des Miteinander

Bei den alten Griechen war man sich noch darüber einig, was Tugend ist: Weisheit, Tapferkeit, Mäßigung etwa – Charaktereigenschaften einer vortrefflichen Persönlichkeit eben. Die „Gerechtigkeit“, die ebenfalls auf der Tugend-Rangliste ganz oben stand, scheint auf den ersten Blick in diese Aufzählung nicht so recht zu passen, richtet sie doch den Focus mehr auf den Umgang von Menschen miteinander als auf die Persönlichkeit des Einzelnen. Der griechische Philosoph Aristoteles zum Beispiel bezeichnet die Gerechtigkeit sogar als „vollkommene Tugend“ und begründet dies damit, dass sie die Anwendung aller Tugenden gegenüber den anderen sei und nicht nur eine Tugend für sich selbst.

Solche Tugenden des menschlichen Miteinanders stehen heute (s. M2) auf der Werteskala ganz oben. Neben der „Gerechtigkeit“ die „Ehrlichkeit und Fairness“, mit nur einem Prozentpunkt weniger folgen „Treue und Verlässlichkeit“ und „Verantwortung und Pflichtbewusstsein“. Das wundert nicht, wenn man bedenkt, wie schwer es ist, in einer Gesellschaft – pluralistisch wie der unseren – gemeinsame Werte und daraus erwachsende Tugenden zu definieren. „Mäßigung“ beispielsweise kann in einer Gesellschaft, die gerne Extreme auskostet, nicht mehr als allgemein akzeptiert vorausgesetzt werden – genauso wenig kann natürlich für alle die Regel gelten: Lebe extrem! Wenn also eine Gesellschaft zulässt und es sogar begrüßt, dass unterschiedliche Werte gleichberechtigt nebeneinander existieren können, dann muss zwischen Menschen eine Verständigung über diese Werte sichergestellt sein: Was ist dir wichtig? Was ist mir wichtig? Wie können wir uns auf gemeinsame Ziele einigen?

Dafür unabdingbar ist, dass mein Gegenüber ehrlich zu mir ist – sonst könnte ich das Gespräch ja gleich bleiben lassen. Ich muss mich darauf verlassen können, dass fair mit mir umgegangen wird und der andere für sein Handeln Verantwortung übernehmen will und wird. Und dies nicht nur heute, jetzt in diesem Moment, sondern auch noch morgen oder übermorgen.

M4 Liebe als Prozess

Was ist Liebe? Eine gültige Definition kenne ich nicht. Es lässt sich eher sagen, was Liebe nicht ist: Sie ist nicht bloß Zärtlichkeit, nicht bloß Erotik, nicht bloß Fürsorge, nicht nur Bindung, nicht nur Sympathie. Liebe ist vielleicht ein nicht weiter ableitbarer Begriff, ähnlich wie wir nicht sagen können, was Leben oder was Seele ist. Und doch können wir auf diese Begriffe nicht verzichten. Wir benützen sie in einer selbstverständlichen Weise, und alle scheinen zu wissen, was damit gemeint ist. [...]

Der Prozess einer Liebesbeziehung durchläuft verschiedene Stadien, idealtypisch von der Liebessehnsucht über die Partnerwahl, das Verliebtsein, die Liebesenttäuschung, die Kompensationsmöglichkeiten fehlender Erfüllung bis zum Aufbau einer gemeinsamen Welt und Familiengründung. *Jürg Willi, S. 13, 125*

M5 Alles aus Liebe

Sobald deine Laune etwas schlechter ist,
bild ich mir gleich ein, dass du mich nicht mehr willst.
Ich sterbe beim Gedanken daran,
dass ich dich nicht für immer halten kann.
Auf einmal brennt ein Feuer in mir
und der Rest der Welt wird schwarz.
Ich spür, wie unsere Zeit verrinnt,
wir nähern uns dem letzten Akt.

Und alles nur, weil ich dich liebe,
und ich nicht weiß, wie ich's beweisen soll.
Komm, ich zeig dir, wie groß meine Liebe ist
und bringe mich für dich um.
Komm, ich zeig dir, wie groß meine Liebe ist,
und bringe uns beide um.

Tote Hosen, Album „Kauf mich“, 1993

Aufgaben

1. Versuche zu erklären, was „Treue“ ist. → M1
2. „Treue ist mir nicht wichtig.“ Schreibt diesen Satz auf ein Blatt Papier, legt es auf den Boden und stellt euch in dem Abstand zu der Aussage auf, wie ihr sie befürwortet: dicht am Blatt = stimme voll zu.
3. Schreibe einen Brief, in dem du → M3 verarbeitest: „Warum ich möchte, dass du mir treu bist!“
4. Grenze Verliebtsein (S.142) und Liebe gegeneinander ab. Inwiefern gehört die Treue zur Liebe? → M4
5. Wie wird Eifersucht im Song der „Toten Hosen“ beschrieben? → M5

9 Verliebt, verlobt, verheiratet

M1 Sprüche

So ist's ja besser zu zweien als allein; denn sie haben guten Lohn für ihre Mühe. Fällt einer von ihnen, so hilft ihm sein Gesell auf. Weh dem, der allein ist, wenn er fällt! Dann ist kein anderer da, der ihm aufhilft. Auch, wenn zwei beieinander liegen, wärmen sie sich; wie kann ein Einzelner warm werden? Einer mag überwältigt werden, aber zwei können widerstehen, und eine dreifache Schnur reißt nicht leicht entzwei.

Prediger 4,9–12

Wenn ich auch nicht weiß, wer Du morgen sein wirst, ja nicht einmal so genau weiß, wer Du heute bist – ich hab' Dich gern, so wie Du bist, und ich bin entschlossen, mit Dir den Weg durchs Leben zu gehen.

Johannes Brantschen

Liebe ist Verantwortung eines Ich für ein Du.

Martin Buber

Die Liebe ist wie das Leben selbst, kein bequemer und ruhiger Zustand, sondern ein großes, ein wunderbares Abenteuer. Ehe ist nie ein Letztes, sondern Gelegenheit zum Reifwerden. *Johann Wolfgang von Goethe*

Liebe besteht nicht darin, dass man einander ansieht, sondern dass man in die gleiche Richtung blickt.

Antoine de Saint-Exupéry

Wenn wir heiraten, übernehmen wir alle ein versiegeltes Schreiben, dessen Inhalt wir erst erfahren, wenn wir auf hoher See sind. *Schottisches Sprichwort*

M2 Die Liebesheirat – eine Erfindung der Neuzeit?

Die „Liebesehe" ist eine Schöpfung des aufstrebenden Bürgertums im 18. Jahrhundert. Bis zu diesem Zeitpunkt waren Liebe und Sexualität eher außereheliche Angelegenheiten. Ehen wurden geschlossen, um aristokratische Dynastien abzusichern oder auszubauen. Bei den städtischen wie bäuerlichen Unterschichten blieb die Ehe eine wirtschaftliche Zwangsgemeinschaft. Die Romantik gab dem Bürgertum das Ideal von der Vereinbarkeit von Liebe, Sexualität und der Ehe. Damit verbunden war die Betonung der gutbürgerlichen Sittlichkeit durch das häusliche Ehe- und Familienleben.

Daniela Schmohl, S. 4

M3 Anlässe für eine Beratung

In ihrem Jahresbericht unterscheidet die Eheberatung Karlsruhe unterschiedliche Anlässe, warum sich die Hilfesuchenden an sie wenden.

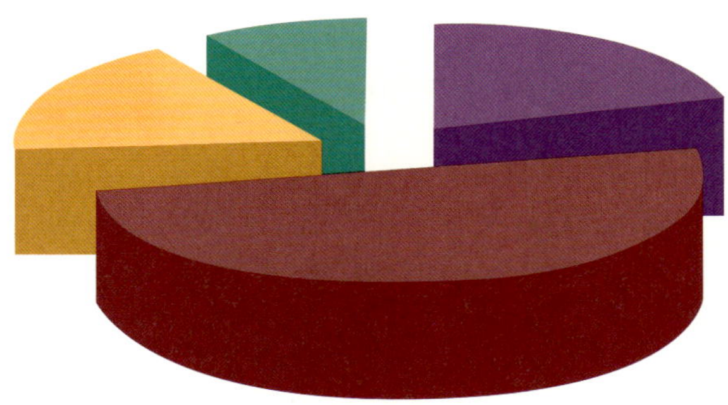

- personenbezogene Anlässe, zum Beispiel: „Ich fühle mich nicht gut!"
- partnerbezogene Anlässe, zum Beispiel: „Wir lieben uns nicht mehr!"
- familienbezogene Anlässe, zum Beispiel: „Zwischen mir und meiner Tochter kracht es dauernd!"
- gesellschaftsbezogene Anlässe, zum Beispiel: „Wir streiten uns mit unserem Nachbarn!"

Ehe-, Familien- und Partnerschaftsberatung Karlsruhe, Jahresbericht 2003, S. 10

M4 Zarinas Tagebuch

Zarina lebt mit ihrer Familie in einer kleinen Stadt irgendwo in Österreich. Vor vielen Jahren, als Zarina noch ganz klein war, wanderten ihre Eltern mit ihr und ihren beiden älteren Brüdern aus Pakistan ein. Die Familie fand sich sehr schnell in der neuen Heimat zurecht und Eltern und Kinder hatten bald österreichische Freunde. Doch dann ...

16. März: Heute war mein Geburtstag – 15 Jahre. Wir haben ein sehr schönes Fest gehabt bei uns zu Hause. Meine Freundin Susanne war auch da. „Unsere kleine Zarina ist jetzt eine Frau“, hat mein Vater ganz feierlich gesagt. Komischer Gedanke. Ich fühle mich überhaupt nicht erwachsener als gestern. [...]

18. März: Vater hat beim Abendessen wieder davon angefangen, dass ich jetzt eine Frau sei. Er hat auch von seiner Mutter erzählt, die mit 15 geheiratet und insgesamt sieben Kinder großgezogen hat. So etwas könnte ich mir überhaupt nicht vorstellen. Wer weiß, ob ich überhaupt jemals Kinder haben möchte. Aber das habe ich nicht gesagt, denn ich weiß, dass das meine Eltern verletzt hätte.

11. April: Heute sind mein Onkel [...] und meine Tante aus Pakistan zu Besuch zu uns gekommen. Ihr Sohn Rasool ist auch mit dabei. Rasool ist ein paar Jahre älter als ich und ich kann ihn eigentlich ganz gut leiden, aber viel zu reden haben wir nicht miteinander. Irgendwie traurig, wie fremd mir meine pakistanischen Verwandten und deren Anschauungen sind.

3. Mai: Ich bin immer noch ganz außer mir. Gestern hat mein Vater einen Brief von seinem Bruder bekommen. Nachdem er ihn gelesen hatte, hat er die ganze Familie versammelt und dann feierlich erklärt, er und sein Bruder wären einig, dass Rasool und ich heiraten sollten. Ich habe gesagt, dass ich Rasool nett fände, aber dass ich mir überhaupt nicht vorstellen könne, ihn irgendwann zu heiraten. Da ist mein Vater plötzlich explodiert. Er hat gebrüllt, dass er sich so einen Ton nicht gefallen ließe, schließlich sei er das Oberhaupt der Familie und er würde nicht zusehen, wie seine Tochter ihre Heimat, ihre Kultur und ihre Familie verachte. Ich habe zurückgeschrieen, dass meine Heimat Österreich sei und dass nur ich allein entscheiden würde, ob und wen ich heiraten wolle.

Gerald Kador Folkvord in: polis aktuell, Nr. 1, 2006, S. 9-10

M5 Positivität und Konfliktkompetenz

Im Rahmen einer psychologischen Untersuchung im Jahr 2001 befragten Klaus A. Schneewind und Eva Wunderer insgesamt 663 in erster Ehe verheiratete Paare aus den alten Bundesländern mit einer durchschnittlichen Ehedauer von rund 27 Jahren und einem Durchschnittsalter von knapp 52 Jahren nach ihren Erfolgsrezepten. Als wesentliche Faktoren für das Eheglück machten die beiden Forscher Positivität und Konfliktkompetenz aus.

Von einem hohen Ausmaß an Positivität in der Beziehung sprechen wir dann, wenn die Partner das Gefühl haben, in einer sicheren und verlässlichen Beziehung zu leben, wenn sie sich verbunden fühlen, persönliche Verantwortung für die Aufrechterhaltung der Partnerschaft übernehmen und zufrieden mit ihrer sexuellen Beziehung sind.

Die Konfliktkompetenz der Partner ist hoch, wenn sie Konfliktsituationen auf konstruktive Weise lösen und nicht verbal aggressiv werden oder sich zurückziehen.

Klaus A. Schneewind/Eva Wunderer, S. 3

Aufgaben

1 Welchen Spruch würdest du dir zu deiner Trauung aussuchen? Welcher Aspekt der Ehe kommt darin besonders deutlich zum Ausdruck? ➜ M1

2 Nimm Stellung zu der These, dass im Zeitalter der Partnerschaftsvermittlungen und des Internets die Vernunftehe im Gegensatz zur Liebesheirat wieder auf dem Vormarsch ist. ➜ M2

3 Erläutere, mit welchen Problemen Partner in festen Beziehungen zu kämpfen haben, und finde weitere Beispiele. ➜ M3

4 Informiert euch im Internet über Zwangsheirat, z. B. bei www.wikipedia.de, auf www.terre-des-femmes.de oder bei www.zwangsheirat.de. Sucht nach Beratungsmöglichkeiten in eurer Umgebung. ➜ M4

5 Gestalte einen eigenen Spruch für eine Hochzeit, in dem du die Ergebnisse von ➜ M5 verarbeitest.

▶ Glossar: Zwangsheirat

10 | Familie: Kindersegen oder -fluch?

M1 Eine Geburtsanzeige

Erich Fried, S. 43

M2 Kinderwünsche

Kinder bedeuten Liebe, Glück und Zufriedenheit, für einige Menschen auch den endgültigen Übergang in den Erwachsenenstatus. Der „Nutzen" von Kindern in unserer heutigen Gesellschaft ist also überwiegend emotionaler Natur. Diese in früheren Umfragen wiederholt bestätigten allgemeinen Einstellungen gegenüber Kindern scheinen mittlerweile für immer weniger Menschen persönliche Geltung zu besitzen. Von den hier befragten Männern und Frauen geht nur etwa ein Viertel davon aus, dass ein erstes bzw. weiteres Kind ihre Lebensfreude und -zufriedenheit verbessern würde. Fast zwei Drittel erwarten dagegen keine wesentlichen Veränderungen.

Fragt man nur Kinderlose, zeigt sich ein etwas positiveres Bild. Immerhin 44 Prozent von ihnen rechnen mit höherer Lebensfreude und -zufriedenheit. Aber auch in dieser Gruppe bleibt mit 46 Prozent die Mehrheit indifferent. Eltern mit einem Kind verbinden mit der Geburt eines weiteren Kindes schon zu 65 Prozent keine Veränderung ihrer Lebensfreude und -zufriedenheit mehr, und im Vergleich zu den Kinderlosen erwarten wesentlich weniger eine Verbesserung (23 Prozent).

Charlotte Höhn, Andreas Ette, Kerstin Ruckdeschel in: Bundesinstitut für Bevölkerungsforschung (Hg.), S. 23

M3 Chancen einer Familie

(1) Erfahrung von Annahme und Geborgenheit, von Heimat und Wärme
(2) Dinge langsam an die nächste Generation abgeben können
(3) ein gemeinsames Leben aufbauen
(4) sich von den eigenen Eltern abgrenzen
(5) Freude am Kind, am Umgang des Partners mit dem Kind
(6) die Erfahrung, von sich etwas weitergeben zu können
(7) die nächste Generation aufbauen helfen
(8) Zuwachs an Verantwortung, Steigerung des eigenen Wertbewusstseins
(9) Neubestimmung von Rollen: Partner und Partnerin werden zu Vater und Mutter
(10) Zeit für die Zweierbeziehung haben
(11) sich als Partner der Kinder erfahren können
(12) Zeit für Muße
(13) Zeit für mehr gemeinsame Unternehmungen
(14) Besinnung auf den Partner
(15) neue Kräfte, Energien spüren, mit zusätzlichen Belastungen (z. B. weniger Schlaf) fertig werden können

nach www.silberpaare.de

M4 Phasen einer Familie

M5 Ratsuchende bei einer Eheberatungsstelle im Jahr 2004

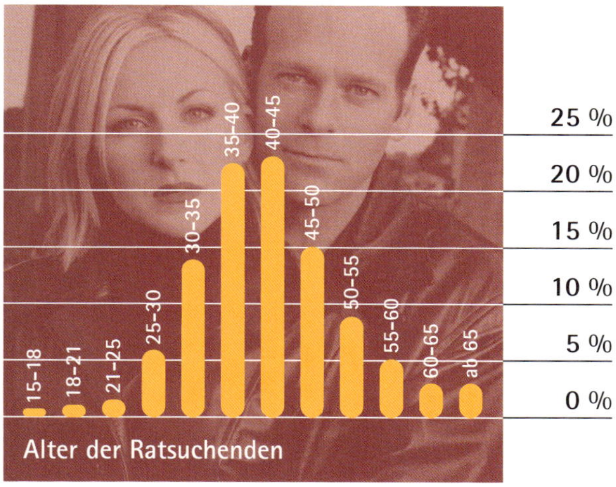

Ehe-, Familien- und Partnerschaftsberatungsstelle Karlsruhe, Jahresbericht 2004, S. 8

M6 Karrierek(n)ick Kinder

Übereinstimmend berichten die für die Studie interviewten Mütter, dass sich durch die Kinder ihre Führungsfähigkeit, zum Beispiel im Lösen von Konfliktsituationen, verbessert habe. Viele der Befragten sagen, dass sie stärker als früher Aufgaben delegieren und damit die Potenziale der Mitarbeiterinnen und Mitarbeiter früher erkennen. Auch das Zeitmanagement haben berufstätige Mütter besser im Griff. 85 Prozent der Befragten betrachten dies als entscheidenden Erfolgsfaktor für die Vereinbarkeit von Familie und Beruf. 72 Prozent messen dabei der öffentlichen Kinderbetreuung und 63 Prozent einer familienfreundlichen Unternehmenskultur hohe Bedeutung bei. 84 Prozent der befragten Frauen nennen die Unterstützung durch den Partner als wichtigen Erfolgsfaktor. In der Mehrzahl der untersuchten Fälle akzeptierten die Männer nicht nur die Karriere der Frau, sondern sie übernahmen auch aktiv Familienpflichten. Die Mehrheit der Frauen hat sich bewusst für einen Partner entschieden, der bereit ist, von der traditionellen Rolle abzuweichen. Die ergänzenden Interviews mit Vätern zeigen allerdings, dass es für Männer vergleichsweise schwerer ist, sich Freiräume für familiäre Aufgaben zu schaffen.

Studie „Karrierek(n)ick Kinder – Mütter in Führungspositionen – ein Gewinn für Unternehmen", www.bertelsmann-stiftung.de

Statistiken in Schaubildern visualisieren

Um eine Statistik anschaulich zu machen, kannst du sie in einem Schaubild visualisieren. Es gibt unterschiedliche Formen von Schaubildern. Die wichtigsten sind: das Kreisdiagramm, das Liniendiagramm und das Säulendiagramm. Welche Art von Schaubild für die Visualisierung einer Statistik geeignet ist, wird dadurch bestimmt, was gezeigt werden soll:

Kreisdiagramm	stellt Anteile einer Größe an einem Ganzen dar
Liniendiagramm	stellt einen Verlauf dar
Säulendiagramm	vergleicht verschiedene Größen miteinander

Wichtig ist ebenfalls der Maßstab, den du wählst. Durch ihn werden Unterschiede vergrößert und deutlicher gemacht – oder verkleinert und dadurch nebensächlich.

Schaubilder kannst du auch mit Computerprogrammen wie EXCEL herstellen, Umfragen lassen sich in allen Zwischenschritten leicht mit dem kostenlosen Fragebogenprogramm GrafStat (www.grafstat.de) durchführen.

Aufgaben

1 Schreibe einen Text zur Geburtsanzeige: „Wir freuen uns ...". ➜ M1

2 Setze die Ergebnisse der Umfrage in ein Schaubild um. ➜ M2
Worin könnten die Ursachen für die „Kindermüdigkeit" liegen?

3 In ➜ M4 werden unterschiedliche Phasen der Entwicklung einer Familie dargestellt. Benenne diese Phasen.

4 Stelle mit Spielfiguren andere Wege dar, die eine Familie nehmen kann.

5 In ➜ M3 werden positive Erfahrungen in unterschiedlichen Phasen einer Familie aufgezählt.
Ordne sie den jeweiligen Phasen aus ➜ M4 zu.

6 Finde Gründe für die Tatsache, dass im Alter zwischen 35 und 45 Jahren gehäuft Probleme in der Partnerschaft auftauchen. ➜ M5

7 Ein internationaler Großkonzern sucht eine Frau mit Familienerfahrung für eine Führungsposition – entwirf die geeignete Stellenanzeige. ➜ M6

1 Forever young

M1 Lucas Cranach: Der Jungbrunnen, 1546

Mit Bildern arbeiten

Bilder sagen uns oft mehr als Texte, weil sie unsere Phantasie, unsere Vorstellungskraft anregen. Wenn wir sie genau anschauen, dann können wir vieles wahrnehmen und erkennen, was wir uns durch Texte erst mühsam erarbeiten müssen.

Folgende Vorgehensweise kann dir helfen:

1. Betrachte das Bild kurz und formuliere einen ersten Eindruck:
   - Was fällt zuerst ins Auge (Eyecatcher)?
   - Wie wirkt das Bild auf dich?
   - Erinnert dich das Bild an etwas?
2. Untersuche das Bild nun genauer:
   - Welche Personen sind erkennbar?
   - In welcher Beziehung stehen sie zueinander? Achte dabei z. B. auch auf Aussehen, Kleidung, Körpersprache, Mimik und Handlungen.
   - Welche Gegenstände kannst du auf dem Bild erkennen? Sind Tiere und Pflanzen zu finden?
   - Was erscheint dir auf dem Bild rätselhaft/ schwer zu deuten?
3. Untersuche das Bild nun nach gestalterischen Merkmalen: Mit welchen Mitteln hat der Künstler gearbeitet?
   - Wie ist das Bild aufgebaut? (z. B. Ausschnitt oder Gesamtschau: „Nahaufnahme oder Weitwinkel"?)
   - Wo befindet sich das Zentrum?
   - Beschreibe, was im Vordergrund, was im Hintergrund dargestellt ist.
   - Welche Perspektive nimmt der Künstler in seinem Bild ein? (z. B. Froschperspektive, Normalperspektive oder Vogelperspektive?)
   - Welche Farben werden vorwiegend verwendet? (schwarz/weiß oder Farbe? Dominieren bestimmte Farben? Woher kommt das Licht? usw.)
4. Versuche nun, die Einzelaspekte zu einer Gesamtinterpretation zusammenzufügen. Stimmt diese mit dem ersten Eindruck überein?

M2 Anti-Aging

Anti-Aging-Gymnastik
Anti-Aging-Drinks
Anti-Aging-Kur
Anti-Aging-Vitamine
Anti-Aging-Cremes
Anti-Aging-Therapie
Anti-Aging-Pille
Anti-Aging-Ernährung
Anti-Aging-Bier
Anti-Aging-Kosmetika
Anti-Aging-Pflege
Anti-Aging-Rezepte …

M3 Pro-age

Aufgaben

1 Beschreibe das Bild von Cranach. → M1 *oder:*
Gestalte einen Bilddialog: Suche dir eine Person des Bildes aus und versuche, dich in sie hineinzuversetzen: Was fühlt diese Person? Welche Gedanken hat sie? Welche Beziehung hat sie zu anderen Personen des Bildes? Führt in einem Rollenspiel einen Dialog zwischen den Personen. *oder:*
Erfinde ein Interview mit Cranach. Sammle Informationen über den Künstler und seine Zeit. Versuche, die Interviewfragen mithilfe dieser Informationen zu beantworten.

2 Sammelt auf Kärtchen (oder an der Tafel) Aspekte, die den folgenden Satz vollenden:
Alt bin ich, wenn ich
- graue Haare bekomme
- ..... Jahre alt werde
- Rente bekomme
- Falten habe
- lieber zuhause bleibe
- mich alt fühle
- …

3 Besprecht in Gruppen, inwiefern dies wirklich Kennzeichen des Alters sind, und sortiert diese Aspekte nach Überschriften.

4 Sucht in der Werbung und im Internet Produkte, die uns versprechen, jung zu bleiben. Auf welche Altersaspekte beziehen sie sich? → M2
Entwerft selbst Fantasieprodukte und Werbeslogans für diesen Markt.
Nennt Tipps, wie man jung bleiben kann. → M1/2

5 Weshalb sorgte die Dove-Werbung für so große Diskussionen? → M3

6 Sammelt Gründe, weshalb die Menschen schon seit Jahrhunderten nicht alt werden bzw. jung bleiben wollen.

7 Erklärt, weshalb es so schwer ist zu definieren, wann jemand alt ist. Befragt eure Großeltern, welche Erfahrungen sie mit dem Älterwerden verbinden.

8 Gedankenexperiment:

> **Im Jahre 3004 ist es dank gentechnischer Manipulationen möglich, Menschen zu erzeugen, die ewig jung bleiben.**
> Das Weltparlament (oder die Weltregierung) soll hierzu eine Entscheidung treffen. Gegner und Befürworter haben die Gelegenheit, das Parlament zu beraten.

Führt ein Planspiel durch. Die Befürworter und Gegner des Projektes präsentieren ihre Vorstellungen mit Plakaten oder kleinen PC-Präsentationen, das Parlament diskutiert.

▶ Glossar: Alter, Anti-Aging

2 Nicht die Jahre zählen

M1 Anforderungen für das deutsche Sportabzeichen

	Frauen	Männer
Alter	s/100m	s/100m
14/15	16,5	15,0
16/17	16,2	14,2
18-29	16,0	13,6
30-39	17,0	14,0
40-44	18,5	14,5
45-49	20,0	16,0
50-54	21,0	17,0
55-59	22,0	18,0
60-64	23,0	19,0
65-69	24,0	20,0
70-74	25,0	21,0
75-79	26,0	22,0
ab 80	27,0	23,0

M2 Rekorde

Erster offizieller Weltrekord über 100 Meter

Frauen: 13,6 s, aufgestellt von Marie Mejzlíková II, (Tschechoslowakei) am 5. August 1922

Männer: 10,6 s, aufgestellt von Donald Lippincott, (USA) am 6. Juli 1912

Weltrekord über 100 Meter bis Ende 2006

Frauen: 10,49 s, aufgestellt von Florence Griffith-Joyner (USA) am 17. Juli 1988 in Indianapolis

Männer: 9,77 s aufgestellt von Asafa Powell (Jamaika) am 14. Juni 2005 in Athen

M3 Auf die Reife kommt es an

In vielen Stammesgesellschaften in Afrika und in Taiwan existieren Altersgruppensysteme. [...] „Altersgruppe“ darf nicht mit „Altersstufe“ verwechselt werden. Altersstufen sind die verschiedenen Abschnitte des Lebens, die jeder Mensch passiert: Kind, Jugendlicher, Erwachsener, Alter. [...] Bei der Aufnahme in eine Altersgruppe ist nicht das Datum der Geburt entscheidend. Bei uns hingegen wird sehr wohl das absolute Alter bei bestimmten Gelegenheiten als Aufnahmekriterium genommen, z. B. beim Wahlrecht. Unter 18 ist der Mensch für solch wichtige Entscheidungen noch zu unreif. Mit dem 18. Geburtstag wird er zwar auch nicht plötzlich reif, aber man nimmt das Alter als messbare und einheitliche Möglichkeit, um nicht alle zum Psychologen zu einer Reifeprüfung schicken zu müssen. In Gesellschaften hingegen, wo die Altersgruppen eine Rolle spielen, ist das absolute Alter untergeordnet. Es ist nicht das Aufnahmealter, sondern die Aufnahmereife gefragt. Die Reife hat verschiedene Dimensionen, die in verschiedenen Gesellschaften verschieden gewertet werden: die körperliche, die psychologische, die intellektuelle Reife etc. Die körperliche Reife wiegt oft am meisten, darum können zwei Individuen des gleichen Alters in verschiedenen Altersgruppen sein. Die Aufnahmereife kann auch unterschritten werden, z. B. wenn der Vater verstorben ist und der Sohn die Rolle als Familienoberhaupt übernehmen muss. *Angelika Lohwasser, S. 34-35*

M4 Neue Zeitrechnung

Warren Sanderson von der State University of New York in Stony Brook und Sergei Scherbov vom Wiener Institut für Demographie schlagen vor, das Alter zu standardisieren. Die bisherige Altersdefinition von der Gegenwart bis zurück zur Geburt sei unvollständig und irreführend.

Sanderson und Scherbov geben zu bedenken, dass sich die Lebenserwartung des Menschen in den vergangenen Jahren stark erhöht hat. Ihre Rechnung ist einfach. Der durchschnittliche Deutsche des Jahres 2000 war 39,9 Jahre alt und hatte im Durchschnitt noch eine Lebenserwartung von 39,2 Jahren. Im Jahr 2050 wird der durchschnittliche Deutsche nach den Prognosen der Wissenschaftler 51,9 Jahre alt sein. Trotzdem wird er dann noch fast genau so viel Zeit vor sich haben, wie der Durchschnittsbürger aus dem Jahr 2000, nämlich 37,1 Jahre. Das Jahr 2000 ist bei der Berechnung des standardisierten Alters der Bezugspunkt. Ausgehend von den verbleibenden Jahren

ist der 50-Jährige des Jahres 2050 nach standardisiertem Alter erst 40 – weil er noch so viel Zeit vor sich hat, wie der durchschnittliche 40-Jährige der Jahrtausendwende.

Björn Brückerhoff

M5 Alter ist nicht gleich Alter

a) Kalendarisches Alter: Alter nach Lebensjahren

b) Biologisches Alter: Gesundheitszustand im Vergleich zum Durchschnitt

Jeder kennt das: Menschen, die im gleichen Jahr geboren sind, haben sich im Laufe der Zeit unterschiedlich entwickelt und sehen auch unterschiedlich alt aus. Das biologische Alter verschiedener Organsysteme kann durchaus unterschiedlich sein. So ist es beispielsweise möglich, dass bei einem durchtrainierten Leistungssportler das Herz in einer ausgezeichneten Verfassung ist. Es ist biologisch jünger, als es dem biographischen (zeitlichen) Alter dieses Menschen entspricht. Dagegen können die Gelenke desselben Sportlers durch die starke Belastung deutlich stärkere Verschleißerscheinungen aufweisen, als es für das biographische Alter typisch wäre. Die Gelenke wären also schon vorgealtert und somit biologisch älter als der Mensch selbst. Das biologische Alter ist deshalb eher ein Gradmesser für den individuellen körperlichen Zustand und die Gesundheit eines Menschen als das normale Lebensalter.

c) Funktionales Alter: Fähigkeit, die Anforderungen des Alltags zu bewältigen

d) Psychologisches Alter: „Man ist so alt, wie man sich fühlt".

e) Soziologisches Alter: Das soziologische Alter basiert auf der Fremdeinschätzungen von anderen Menschen.

M6 Theorien des Alterns

Altersforscher (Gerontologen) haben unterschiedliche Theorien entwickelt, warum wir nicht ewig „knackig und fit" bleiben. Bis heute gibt es aber keine einheitliche Theorie über das Altern. Von den verschiedenen Ansätzen zur Erforschung der Alterungsvorgänge im Körper sind vor allem zwei wirksam worden:

1. Die Fehlertheorie, die das Altern als ein Resultat des Verschleißes von Zellen und ihrer Erbsubstanz sieht, dabei können sowohl äußere Einflüsse wie Strahlen oder Gifte als auch eingebaute Fehler in der biologischen Evolution zum Zelltod führen.

2. Die Programmtheorie, die annimmt, dass von Anfang an in jeder Zelle ein gentypisches Alterungsprogramm abläuft, da sich Zellen z. B. nur begrenzt teilen können und Altern und Tod ein ureigenster Teil des Lebens sind.

Gegen diese rein biologischen Erklärungen wenden vor allem Mediziner ein, dass sie die Unterschiede zwischen den rein materiellen, also biologischen Grundlagen und den auf den Körper einwirkenden inneren, seelischen und äußeren, umweltbedingten Lebenskräften nicht berücksichtigen. „Der grundsätzliche Unterschied zwischen der physischen Leiblichkeit und den darin waltenden Kräften wird nicht ausreichend geklärt. Der Zustand und die Gestalt des Körpers unterliegt in den verschiedenen Lebensperioden einer wechselnden Dynamik lebendiger Kräfte." Um nun der Vielschichtigkeit des Menschen gerecht zu werden, müssen in die Betrachtung der Lebensprozesse auf dem Wege zum Alter auch die Bildungen seelischer Qualitäten und die Kommunikation mit der Umwelt unter dem Aspekt der beschriebenen Prozesse durchleuchtet werden. „Es steht die Frage an, inwieweit die Ausprägung der Seele dem Alterungsprozess unterliegt – oder ihn wesentlich mitgestaltet."

nach Albrecht Warning, S. 20-22

Aufgaben

1 Wie schnell läufst du auf 100 Meter? Vergleiche deine Leistung mit den Anforderungen für das deutsche Sportabzeichen (s. www.deutsches-sportabzeichen.de). Suche Gründe dafür, dass unterschiedliche Anforderungen gestellt werden und dass es immer wieder neue Weltrekorde gibt. → M1/2

2 „Alter" kann unterschiedlich bestimmt werden. Erarbeite aus → M3, 4, und 5, welche Aspekte jeweils im Vordergrund stehen.

3 Überlegt euch verschiedene Situationen, in denen es sinnvoll erscheint, Alter nicht kalendarisch zu bestimmen.

4 Erkläre, warum es nicht ausreicht, Altern als einen rein biologischen Prozess zu betrachten. → M6

5 Finde Beispiele, in denen äußere Einflüsse (z. B. Arbeitslosigkeit, Umwelt) und seelische Kräfte (z. B. Verlust, Trauer) Einfluss auf Alterungsprozesse haben. → M6

3 Im Land der Alten?

M1 Jung und Alt in Deutschland

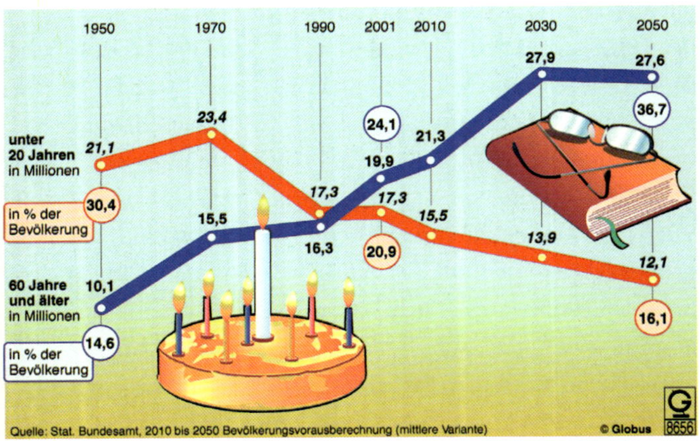

M2 Deutschland vergreist!!!

Jede Frau bringt weiterhin im Durchschnitt 1,4 Kinder zur Welt – wie in den vergangenen 25 Jahren. Die Lebenserwartung steigt weiter gleichmäßig um zwei bis drei Monate pro Jahr. Die Zahl der Zuwanderer bleibt bei knapp 200 000 pro Jahr – wie im Durchschnitt der vergangenen 50 Jahre. Nur wenn wir an einem oder mehreren dieser Faktoren etwas verändern, wird auch die Zusammensetzung oder Zahl der Einwohner unseres Landes in der Zukunft anders aussehen. Ändert sich an den Zahlen nichts, ist Deutschland, so wie wir es heute kennen, schlicht nicht überlebensfähig. *Stern vom 04.09.2003*

M3 Furchtbar rüstig

Diese alten Leute von heute: Sie sind agiler denn je, sie reisen, studieren, feiern – und nerven wie die Jungen. Neulich morgens, im Pendlerzug:

Eine Gruppe von Rentnern steigt ein, lärmend, raumgreifend. Sie breiten Taschen und Rucksäcke aus, sie reißen provozierende Witze, sie signalisieren ihrer Umwelt: Hoppla, hier sind wir, wir haben Spaß, was dagegen? Wir Einzelreisenden, die wir vielleicht gern gearbeitet hätten oder wenigstens ungestört die Zeitung gelesen, sind wie immer feige im Angesicht von Gruppen und sitzen nur mehr innerlich schäumend da: Jemand müsste denen mal Grenzen setzen. [...] Es wird wirklich immer schwieriger mit den Alten von heute. Kann es womöglich sein, dass der Ruhestand – der massenhafte Ruhestand, nur gut die Hälfte der 50- bis 65-Jährigen in unserem Land ist noch erwerbstätig – bei manchen Menschen ein Verhalten hervorbringt, das dem der Pubertät verblüffend ähnelt? Vielleicht weil, ähnlich wie in dieser Phase, Tagesstrukturen, Verantwortung und Verbindlichkeit fehlen? [...] 1970 gab es sechs Millionen Rentner in der Bundesrepublik. Heute, im größer gewordenen Deutschland, sind es 18 Millionen. Der bloße Zuwachs an Menschen mit nahezu unendlich viel freier Zeit sorgt im Stadt- und Straßenbild, im öffentlichen Nahverkehr, in Supermärkten und Reisebüros, auf Parteiversammlungen und in Hochschulen für Veränderungen.

Susanne Gaschke in: Die Zeit Nr. 10 vom 01.03.2007

M4 Jugendwahn

Kürzlich ist dem Personalchef Jochen Möller wieder diese Frau Mitte 50 eingefallen, die so gern weitergearbeitet hätte. Sie liebte ihren Job, war viele Jahre im Betrieb und brauchte das Geld, aber das zählte nicht. Die Ältere passe nicht ins moderne junge Team, befand die Geschäftsführung, außerdem sei sie längst nicht so motiviert und leistungsfähig wie die anderen. Die Frau sei einfach zu alt. [...]
Heute bereut der Personalchef die Entscheidung. Für ihn ist Unvorstellbares wahr geworden: Er selbst, der Personalchef Möller, die Führungskraft, wird nicht mehr gebraucht. Einen wie ihn will niemand mehr haben: zu alt. Möller ist 52. [...] Jochen Möller ist eines von vielen Opfern des Jugendwahns. Rund 60 Prozent aller deutschen Unternehmen beschäftigen keine Mitarbeiter über 50. Über eine Million Menschen dieser Altersgruppe sind arbeitslos, darunter immer mehr leitende Angestellte. Tausende ältere Bosse stürzten in den letzten zehn Jahren aus den Chefetagen in die Arbeitslosigkeit.

Bruno Schrep in: Universitas 3, 2007, S. 275-276

M5 Seniorenexperten

Kaffeekränzchen, Bridgeabende, tägliche Museumsbesuche – so wollte Ruth Nowakowski ihren Ruhestand nicht verbringen. Sie entschied sich, nach Afrika zu gehen. Brachte in Uganda ein Waisenhaus auf Vordermann, baute Waschküchen und Zisternen.

Die 74-Jährige gehört zu den rund 5000 sogenannten Senior Experten in Deutschland, die ihr Wissen weltweit anbieten. Ehrenamtlich, für ein Taschengeld von 30 Mark am Tag. Der „Senior Experten Service“ (SES) organisierte im vergangenen Jahr über 1000 Einsätze von pensionierten Fach- und Führungskräften in knapp 90 Ländern – das erfolgreichste Jahr, seit der „Ehrenamtliche Dienst der Deutschen Wirtschaft für internationale Zusammenarbeit“ vor 18 Jahren gegründet wurde.

Die Experten mit den „weißen Haaren“ leisten Hilfe zur Selbsthilfe in großen Unternehmen, kleinen Firmen, sozialen Einrichtungen oder Organisationen. Ihre Einsätze dauern maximal sechs Monate. Sie beraten Fließbandarbeiter genauso wie Geschäftsführer, lösen technische und betriebswirtschaftliche Probleme. Sie führen Solarkochtechnik in Kenia ein, verbessern die Seidenproduktion in Kyrgystan, bringen Bierbrauereien in China auf den neuesten Stand. Oder kümmern sich um Waisenhäuser, so wie Ruth Nowakowski.

Senior Experten Service, http://www.ses-bonn.de

M6 Was Jüngere von Älteren lernen können

1. Erfahrung (Lebens-, Berufserfahrung)
2. Gelassenheit (Ruhe, Geduld, Ausgeglichenheit)
3. Kontinuität (Weitergabe von Bewährtem)
4. Rücksichtnahme (Verständnis, Einfühlungsvermögen)
5. Abgewogenheit (Bedachtheit vor dem Handeln)
6. Zuhören können (Freundlichkeit, Höflichkeit, Respekt)
7. Pragmatismus (Praxisnähe, Rhythmus, Distanz)
8. Traditionsbewusstsein („Lebende Geschichte“, „Alte Werte“)
9. Langfristperspektive (Zeitfaktor, „reifen lassen“)
10. Wertschätzung von Gesundheit

Horst Opaschowski, S. 143

M7 Anschreiben bitte!

Mester / Baaske Cartoons

M8 Generationengerechtigkeit

Die Stiftung für die Rechte zukünftiger Generationen fordert Gerechtigkeit zwischen den Generationen:

Generationengerechtigkeit ist erreicht, wenn die Chancen aller nachrückenden Generationen auf Befriedigung ihrer eigenen Bedürfnisse mindestens so groß sind wie die der vorigen Generationen.

Aufgaben

1. Beschreibe und erläutere die Grafik. Nenne mögliche Ursachen für diese Entwicklung. Welche Probleme sind damit verbunden? ➜ M1/2
2. Perspektivenwechsel: Versetze dich in die Rolle eines älteren Menschen. Welche Gedanken und Gefühle würdest du haben, wenn du ➜ M1-M3 liest? Entwirf aus diesen Überlegungen eine kurze Stellungnahme zu den angesprochenen Aspekten.
3. Erkläre, was mit der Überschrift „Jugendwahn“ gemeint ist, und nenne mögliche Gründe für die Entwicklung. ➜ M4
4. Begründe, weshalb die Experten mit den „weißen Haaren“ gerade für diese Aufgaben besonders geeignet sind. ➜ M5
   In welchen anderen Bereichen können sie viel leisten?
5. Nennt Situationen, in denen diese Haltungen wichtig sind. Erstellt eine Gegen-Liste: Was können Ältere von Jüngeren lernen? ➜ M 6
6. Beschreibe die Karikatur und erläutere mit Beispielen, worauf der Zeichner hinweisen will. ➜ M 7
7. Erläutere die Forderungen der Stiftung und prüfe, inwiefern sie umsetzbar sind. ➜ M8

4 Leben im Alter

M1 Im Seniorenheim

M2 Der alte Großvater und der Enkel

Es war einmal ein steinalter Mann, dem waren die Augen trüb geworden, die Ohren taub, und die Knie zitterten ihm. Wenn er nun bei Tische saß und den Löffel kaum halten konnte, schüttete er Suppe auf das Tischtuch, und es floss ihm auch etwas wieder aus dem Mund. Sein Sohn und dessen Frau ekelten sich davor, und deswegen musste sich der alte Großvater endlich hinter den Ofen in die Ecke setzen, und sie gaben ihm sein Essen in ein irdenes Schüsselchen und noch dazu nicht einmal satt; da sah er betrübt nach dem Tisch, und die Augen wurden ihm nass. Einmal auch konnten seine zitterigen Hände das Schüsselchen nicht festhalten, es fiel zur Erde und zerbrach. Die junge Frau schalt, er sagte aber nichts und seufzte nur. Da kaufte sie ihm ein hölzernes Schüsselchen für ein paar Heller, daraus musste er nun essen. Wie sie da so sitzen, so trägt der kleine Enkel von vier Jahren auf der Erde kleine Brettlein zusammen. „Was machst du da?", fragte der Vater. „Ich mache ein Tröglein", antwortete das Kind, „daraus sollen Vater und Mutter essen, wenn ich groß bin." Da sahen sich Mann und Frau eine Weile an, fingen endlich an zu weinen, holten alsofort den alten Großvater an den Tisch und ließen ihn von nun an immer mitessen, sagten auch nichts, wenn er ein wenig verschüttete.

Gebrüder Grimm

M3 Wie möchtest du mit 68 Jahren leben?

Mit 68 möchte ich nicht alleine leben, das fände ich schrecklich. Nebenan wohnt eine ältere Dame, sie bekommt nie Besuch, es gibt wohl auch keine Kinder, ihr Mann ist vor ein paar Jahren gestorben, sie ist immer allein. Das könnte ich nicht, dann fände ich es besser, in einem Altenheim zu leben.

Sophia

Ich glaube, ich würde in die Stadt ziehen, da ist alles leicht zu erreichen. Das Haus müsste einen Lift haben. Ich brauche natürlich unbedingt einen Internetzugang, dann kann ich, wenn ich nicht mehr so gut laufen kann, einfach alles im Netz bestellen und liefern lassen.

Felix

Ich finde es unmöglich, wie viele Deutsche ihre Eltern ins Altersheim stecken, das würde ich nie tun. Ich möchte, wenn ich alt bin, wie meine Großeltern mit meinem Kindern und Enkelkindern zusammen wohnen.

Askin

Bekannte von meinen Großeltern haben das klasse gemacht. Sie haben ihr Haus verkauft und sich eine kleine Wohnung genommen. Von dem Geld haben sie sich ein richtig gutes Wohnmobil gekauft und mit dem fahren sie jetzt durch die Welt. Zurzeit sind sie in Südamerika, sie fahren den ganzen Highway No 1 von Nordamerika bis zur Südspitze runter, ein ganzes Jahr lang, das finde ich klasse.

Julian

M4 Altersgerecht leben und wohnen

In der Wohngemeinschaft

Gemeinsam im Kreis von Freunden alt werden – das ist die Idee, die auch das Ehepaar Scherf seit 1983 mit einigen Freunden verbindet. Und nicht nur alt werden. Die Perspektive war immer klar: „Bis zum Tode.“ Von „meiner WG“ spricht allerdings nur Scherf; seine Mitbewohner bestehen auf „Hausgemeinschaft“. Zwei Ehepaare und zwei Männer zwischen 64 und 71 sowie eine junge Frau wohnen in der Bremer City unter einem Dach. Formell besteht die Gemeinschaft – neben kollektiver Fahrradkeller-, Waschmaschinen- und Gartennutzung – „nur“ aus einem gemeinsamen Frühstück jeden Samstagmorgen. Reihum in der Küche jedes Einzelnen. Doch die über viele Jahre gepflegten Freundschaften, die verbindenden kulturellen und spirituellen Interessen führten zu einer friedlichen und liebevollen Gemeinschaft, in der auch zwei krebskranke Mitglieder bis zum Tod gepflegt und begleitet wurden. [...] Fünf Jahre Vorbereitungszeit, Häusersuche, Finanzierung, Umbau, in weiser Voraussicht behindertengerecht mit einem Schacht für einen künftigen Aufzug – all das überstand die Gruppe. Was würde Luise Scherf Interessenten raten, die sich im Alter zusammentun wollen? „Es gibt zwei Regeln: Man darf nicht zu spät anfangen. Am besten, wenn man noch berufstätig ist. Und: Man muss das Projekt auf Distanz anlegen.“

Lieber eine Tür zu viel als eine zu wenig einbauen, besser einmal zu oft anklopfen. [...] Dann kann auch das richtige Alter kommen. Gerade wird ein Fahrstuhl eingebaut. Man diskutiert Notrufe, Alarmknöpfe, überlegt, ob sich jeder an jedem Tag einmal „melden“ muss – falls mal was passiert.

Burkhard Strassmann in: Die Zeit 47/2005

Mit 67 ist Henning Scherf 2005 von seinem Amt als Bürgermeister der Hansestadt Bremen zurückgetreten.

Im Mehrgenerationenhaus

Das Kölner [Haus] ist ein Vorzeigemodell: In den 36 Wohnungen der zwei Gebäude leben Rentner und Familien, Singles und Alleinerziehende. Die älteste Bewohnerin ist 84, das jüngste Kind ein Jahr alt. Man teilt sich den Garten und die Dachterrasse, für Spieleabende oder größere Essen gibt es einen Gemeinschaftsraum mit Küche. Die Finanzierung des Hauses ist ebenso gemischt wie seine Altersstruktur: Einige der Wohnungen sind Eigentum, andere gemietet, ein Teil wird sozial gefördert. [...] Hervorgegangen ist das Projekt aus dem Verein „Neues Wohnen im Alter“. Die heute 70-jährige Trude Reibert hat ihn mit gegründet. Zusammen mit einem Architekten hat die Gruppe um Trude Reibert das Haus Anfang der 1990er Jahre geplant: Mit Wohnungen in unterschiedlichen Größen, in denen Mütter mit Kindern ebenso leben können wie ältere Menschen. Es gibt ausreichend Platz für Rollstuhl oder Kinderwagen, barrierefreie Duschen, Aufzüge und eine Rampe. Vor allem aber schätzen die Bewohner den lockeren Kontakt zwischen Jung und Alt – die Seniorinnen ebenso wie die allein erziehenden Mütter.

Anja Brockert, SWR2-Sendung vom 18.06.2005

Aufgaben

1 Gestaltet einen Bilddialog. Jeder sucht sich eine Person des Bildes aus und versucht, sich in sie hineinzuversetzen: Was fühlt diese Person? Welche Gedanken hat sie? Welche Beziehung hat sie zu der anderen Person des Bildes? → M1

2 Erkläre, weshalb das Kind das Tröglein schnitzt. → M2

3 Überlegt euch, welche der genannten Vorstellungen euren am ehesten entsprechen. → M3

4 Schreibt auf, wie ihr im Alter leben wollt, überlegt hierzu, welche Hoffnungen, Ziele, Wünsche, Bedürfnisse und weiteren Aspekte ihr berücksichtigen müsst.

5 Wodurch unterscheiden sich diese Vorstellungen von euren Wünschen für euch heute?

6 Welche Probleme versuchen die beiden Wohnformen zu lösen? → M4

7 Projektvorschlag:
Informiert euch in Alten- und Pflegeheimen eurer Gemeinde nach Kosten, Lebensbedingungen usw.
Suche im Internet nach weiteren alternativen Formen des Wohnens im Alter und stellt euch die Ergebnisse gegenseitig vor.

5 Sterben – ein Prozess

M1 Zwischen Leben und Tod

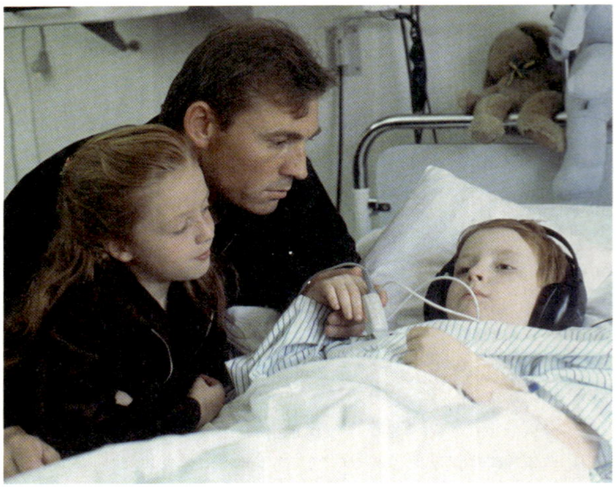

Etwa 3000 bis 5000 Menschen fallen in Deutschland jedes Jahr in ein Wachkoma. Einigen gelingt es, sich wieder in die Welt der Wachen zurückzukämpfen. Schätzungsweise 1200 dämmern dauerhaft vor sich hin. Ursache ist ein Ausfall der Großhirnrinde (Sitz des Bewusstseins), während das Stammhirn (steuert die grundlegenden Lebensvorgänge) weiterarbeitet.

M2 Sichere und unsichere Zeichen des Todes

Die Feststellung des Todes beruht heute auf dem Nachweis von Todeszeichen. Dabei gelten z. B. der Stillstand von Atmung und Kreislauf oder das Absinken der Körpertemperatur ebenso als unsichere Todeszeichen wie das Erlöschen der Reflexe, da sie auch bei einer sehr starken Herabsetzung des Stoffwechsels, z. B. infolge starker Unterkühlung oder bei Schlafmittelvergiftung, nicht mehr ausgelöst werden können.

Als letztendliche Beweise für den Eintritt des Todes gelten:

a) das Auftreten von sogenannten sicheren Todeszeichen wie Totenflecke (Leichenflecke, Livores), die nach Stillstand des Blutkreislaufs infolge des Absinken des Blutes in die tieferliegenden Körperregionen entstehen und als blauviolette Hautverfärbungen in Erscheinung treten,

b) die Totenstarre (Leichenstarre, Rigor mortis), die zwei Stunden nach dem Tod beginnt und im Allgemeinen in sieben bis acht Stunden ausgebildet ist.

M3 Phasen des Sterbens

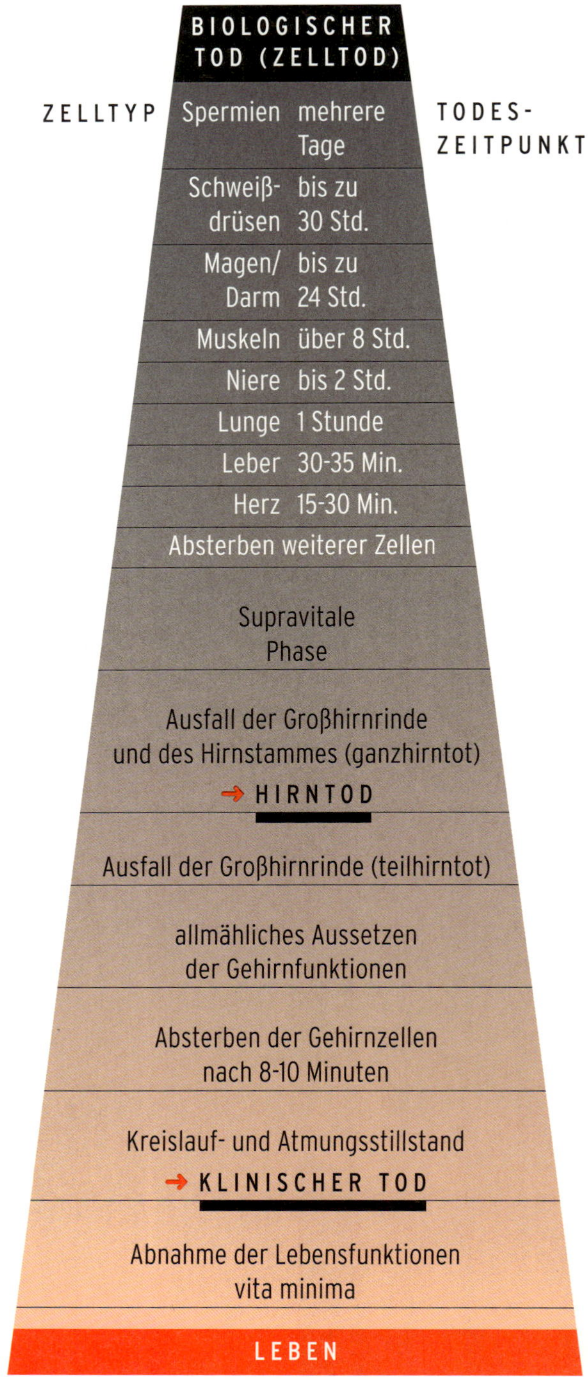

dpa

M4 Die juristische Definition des Todeszeitpunkts

Als klinischer Tod wird bezeichnet, wenn die Atmung endet und das Herz nicht mehr schlägt. Dieser Zustand kann in besonderen Fällen durch Wiederbelebung, v. a. Herzmassage und Beatmung, rückgängig gemacht werden. Wenn das Gehirn jedoch nicht innerhalb weniger Minuten wieder mit Sauerstoff versorgt wird, kommt es zum Absterben von Gehirnzellen. Dieser Hirntod wird in Deutschland definiert als „Zustand der irreversibel erloschenen Gesamtfunktion des Großhirns, des Kleinhirns und des Stammhirns.“* Aber z. B. in Großbritannien werden bereits Patienten für hirntot erklärt, bei denen lediglich das Stammhirn ausgefallen ist (Teilhirntodkonzept).

* Richtlinien zur Feststellung des Hirntodes, Dritte Fortschreibung 1997 mit Ergänzungen gemäß Transplantationsgesetz, Deutsches Ärzteblatt 95, Heft 30

M5 Hirntod – Ende des Lebens

Aus der gemeinsamen Erklärung der Deutschen Bischofskonferenz und des Rates der Evangelischen Kirche in Deutschland „Organtransplantationen“:

Der Hirntod bedeutet ebenso wie der Herztod den Tod des Menschen. Mit dem Hirntod fehlt dem Menschen die unersetzbare und nicht wiederzuerlangende körperliche Grundlage für sein geistiges Dasein in dieser Welt. Der unter allen Lebewesen einzigartige menschliche Geist ist körperlich ausschließlich an das Gehirn gebunden. Ein hirntoter Mensch kann nie mehr eine Beobachtung oder Wahrnehmung machen, verarbeiten und beantworten, nie mehr einen Gedanken fassen, verfolgen und äußern, nie mehr eine Gefühlsregung empfinden und zeigen, nie mehr irgendetwas entscheiden. Nach dem Hirntod fehlt dem Menschen zugleich die integrierende Tätigkeit des Gehirns für die Lebensfähigkeit des Organismus: die Steuerung aller anderen Organe und die Zusammenfassung ihrer Tätigkeit zur übergeordneten Einheit des selbständigen Lebewesens, das mehr und qualitativ etwas anderes ist als die bloße Summe seiner Teile. Hirntod bedeutet also etwas entscheidend anderes als nur eine bleibende Bewusstlosigkeit, die allein noch nicht den Tod des Menschen ausmacht. *Hans-Peter Schlake, Klaus Roosen, S. 13*

M6 Gründe für Zweifel

Der Philosoph Hans Jonas (1903-1993) setzt sich in seiner Verantwortungsethik kritisch mit der Hirntoddefinition und Organtransplantation auseinander.

Die Grenzlinie zwischen Leben und Tod ist nicht mit Sicherheit bekannt, und eine Definition kann nicht Wissen ersetzen. Der Verdacht ist nicht grundlos, dass der künstlich unterstützte Zustand des komatösen Patienten immer noch ein Restzustand von Leben ist (wie er bis vor kurzem auch medizinisch allgemein angesehen wurde). D. h. es besteht Grund zum Zweifel daran, dass selbst ohne Gehirnfunktion der Mensch völlig tot ist. In dieser Lage unaufhebbaren Nichtwissens und vernünftigen Zweifelns besteht die einzig richtige Maxime für das Handeln darin, nach der Seite vermutlichen Lebens hinüberzulehnen. Daraus folgt, dass Eingriffe [Organentnahme] unter keinen Umständen an einem menschlichen Körper stattfinden dürfen, der sich in diesem äquivoken bzw. Schwellenzustand befindet. [...]
Da wir die genaue Grenzlinie zwischen Leben und Tod nicht kennen, genügt nichts Geringeres als die maximale „Definition“ (besser: Merkmalsbestimmung) des Todes – Hirntod plus Herztod plus jeder sonstigen Indikation, die von Belang sein mag –, bevor endgültige Gewalt stattgreifen darf. *Hans Jonas, S. 222, 233*

Aufgaben

1 Wann ist ein Mensch tot? Beschreibe die Schwierigkeiten, diese Frage zu beantworten. ➜ M1-M4
2 Erkläre, warum es dennoch notwendig ist, genau festzulegen, wann ein Mensch als tot gelten soll. ➜ M3
3 Erarbeite die Gründe, die die Kirchen für den Hirntod als endgültigen Tod anführen. ➜ M5
4 Informiert euch, wo man einen Organspendepass erhalten kann und wie mit gespendeten Organen geholfen wird (z. B. im Internet unter www.organspende-kampagne.de).
5 Erarbeite, welche Vorwürfe in ➜ M6 erhoben werden. Diskutiert, ob sie berechtigt sind.
6 Fasst die Argumente aus ➜ M4, 5 und 6 jeweils auf verschiedenen DIN A4-Blättern schlagwortartig zusammen und kopiert sie. Für die anschließende Diskussion nimmt sich jeder das Argument, das seiner Meinung nach das richtige ist, und hält es zu Beginn hoch.

▶ Glossar: Hirntod, Tod

6 Rituale des Abschiednehmens

M1 Sterben im vertrauten Kreis

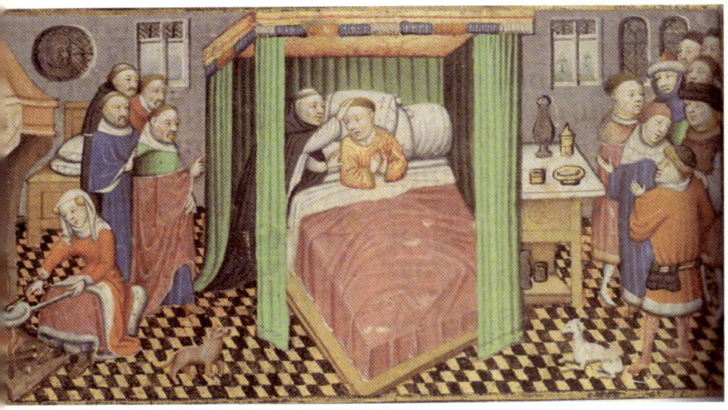

Mönche besuchen einen offensichtlich wohlhabenden Sterbenden. Der Priester gibt dem Todkranken die letzte Ölung. Dieser hat die Hände zum Gebet gefaltet und empfiehlt seine Seele Gott und der Fürbitte der Heiligen. Familienangehörige und Nachbarn nehmen am Sterben lebhaften Anteil, ein Süppchen, das die Magd über dem Feuer wärmt, ist möglicherweise die letzte Mahlzeit, die der Sterbende noch zu sich nimmt. (Meister Otto van Moerdrecht, 1. Hälfte des 15. Jahrhunderts)

Landesdenkmalamt Baden-Württemberg und Stadt Zürich (Hg.): Stadtluft, Hirsebrei und Bettelmönch – Die Stadt um 1300. Stuttgart 1992, S. 472-473

M2 Sterben als öffentliches Ereignis

In der Ausstellung „Von den letzten Dingen" wird der Umgang mit dem Tod in der Vergangenheit gezeigt:

Die nächsten Verwandten, teilweise auch die Nachbarn, wurden zusammengerufen, sobald feststand, dass jemand nicht mehr lange leben würde. Man „rief zum End" und man „kam zum End", versammelte sich in der Stube vor dem Bett des Sterbenden. Für alle Beteiligten war es eine klare und offen ausgesprochene Situation, eine direkte Konfrontation mit dem Tod, in der etwas anderes denn Sterben nicht erwartet wurde. [...] Oft war die enge Sterbestube voll mit Leuten, die ihren Gefühlen mit Jammern, Weinen und Schreien freien Lauf ließen, so dass der Sterbende selbst manchmal um Ruhe bitten musste. Die Gefühlsausbrüche waren Teil der Zeremonie des Abschieds [...] und natürlich Gebete.

Werner Unseld

M3 Die letzte Station

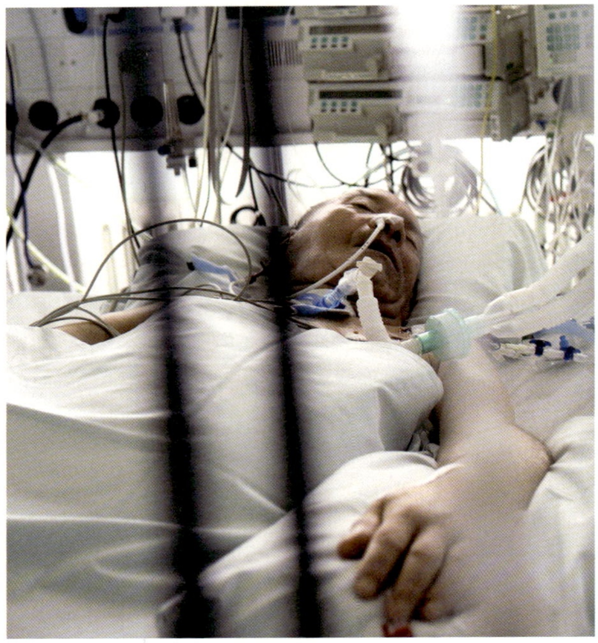

M4 Sterben in der Einsamkeit

Als die Notärztin das Zimmer betrat, hatte sie keine Ahnung, was sie erwarten würde. Mitten in der Nacht war das, und im Zimmer war es sehr kalt. Die Notrufzentrale hatte sie in dieses Altenheim geschickt, da gebe es wohl ein Problem, es klang dringend. Um was für ein Problem es sich handele, hatte der Anrufer nicht mitteilen können, denn er sprach kaum deutsch. Jetzt stand er neben ihr, ein kleiner Mann, vielleicht Vietnamese oder Koreaner, die einzige Nachtwache eines deutschen Altenheims mit mehreren Pflegestationen, die sich über zwei Etagen eines Gebäudes erstrecken. Die Patientin, um die es ging, war kaum wärmer als der Raum, gestorben irgendwann, jedenfalls schon vor Stunden, an irgendwas. Niemand war da, der über ihre Leiden hätte Auskunft geben können, und nun kam es darauf auch nicht mehr an. Die Notärztin füllte den Totenschein aus, damit das Bett am nächsten Tag neu belegt werden konnte.

Frank Drieschner in: Die Zeit Nr. 29 vom 08.07.2004, S. 3

M5 Abschied nehmen

M6 Ich trage Trauer

Ich trage Schwarz. Schwarze Kleider, Strümpfe, Schuhe, jeden Tag. Nur Frauen tragen Trauer. Männer in Trauer gibt es im Straßenbild nicht.

Überhaupt wenig Trauertragende – nur ab und zu eine andere Frau in Trauer. Geht in Schwarz durch die bunte Welt. Alle Welt gibt sich bunt, das merke ich erst jetzt. So fallen wir auf, wir erkennen uns, wir blicken uns an. Wir schauen wieder weg. Ich bin, da ich Schwarz trage, aus der Menge herausgeholt, kenntlich gemacht, eine, die Trauer trägt.

Otti Pfeiffer in: Stephanie Reuter, S. 55

M7 Welchen Sarg hätten S' gerne?

Wer sich nicht im Grab rumdrehen will, sorgt bei der Beerdigung vor: Bestattungsverträge nützen aber vor allem den Bestattern.

Wer nichts, aber rein gar nichts dem Zufall überlassen möchte, sorgt vor. Um Überraschungen vorzubeugen, plant man am besten die eigene Beerdigung gleich mit. „Sicherheit bis nach dem Tod" verspricht ein Angebot, das die meisten der 184 Berliner Bestattungsunternehmen im Angebot haben: der Bestattungsvorsorgevertrag. Die Firmen legen ihren Kunden nahe, zu Lebzeiten vorzubereiten, wie ihr eigenes Begräbnis gestaltet sein soll. Friedhof, Grabstelle, Sarg, die Sargauskleidung, das Totenhemd können ebenso im Voraus gewählt werden wie das Drumherum: Alles, von den Todesanzeigen über Blumen bis hin zur Musik wird vertraglich festgehalten – und bezahlt. Vorsorge treffen die Bestattungsfirmen so vor allem für sich selbst: In Zeiten sinkender Sterberaten sichern sie sich die Aufträge so früh wie möglich.

Martin Grohmann/Konrad Heydenreich, S. 32

M8 Rituale als Lebenshilfe

Wir müssen Wege finden, Trauern als etwas Wesentliches zu sehen, nicht einfach als etwas Pathologisches, und wir müssen Wege finden, miteinander wieder mittrauern zu lernen. Dazu gehört zunächst einmal, dass wir unsere große Angst vor der Trauer überwinden, sie also weniger abwehren, wohl damit auch der Realität wieder ins Auge sehen, um zu erfahren, dass wir sterblich sind, dass unser Leben von vielen Abschieden geprägt ist, dass die Abschiede wesensmäßig zu uns gehören und dass sie weh tun [...], andrerseits aber auch, dass wir Trauer durchzustehen vermögen, dass wir Grenzsituationen erleben können und daran erstarken. Wir müssen auch neue Wege finden, miteinander zu trauern. Wir werden neue Rituale finden müssen. Solche Rituale könnten sein, Trauernde zu begleiten, bei ihnen zu sein und mit ihnen über ihre Verstorbenen zu sprechen. *Otti Pfeiffer in: Stephanie Reuter, S. 56*

M9 Beileidsäußerungen

1. Kopf hoch, das Leben geht weiter. Du bist jung, Du wirst eine neue Freundin finden.
2. Ich kann es selbst noch gar nicht begreifen, dass Sabine tot ist. Sie war eine wirklich gute Freundin für Dich. Es tut mir leid.
3. Ich weiß, es ist schrecklich für Dich, dass Sabine gestorben ist. Ich leide mit Dir. Darf ich Dich in den nächsten Tagen besuchen? Vielleicht hilft es Dir, über alles zu sprechen?

Aufgaben

1. Im Mittelalter war ein schneller Tod gefürchtet. Heute möchten die meisten Menschen möglichst rasch an einem Herzschlag sterben. Benenne mögliche Gründe für die unterschiedlichen Wünsche. ➜ M1-4
2. Informiere dich darüber, welche Arten von Bestattungen auf dem Friedhof in deiner Gemeinde möglich sind. ➜ M5/7
3. Noch vor 50 Jahren trugen Witwen fast ein Jahr lang schwarze Trauerkleidung. Findest du es richtig, Trauer öffentlich zu zeigen? ➜ M6
4. Stell dir vor, der Vater deines Freundes/deiner Freundin ist bei einem Verkehrsunfall ums Leben gekommen. Verfasse einen Kondolenzbrief, in dem du etwas schreibst, was sie/ihn trösten oder ihr/ihm helfen kann. ➜ M8/9

▶ Glossar: Bestattung

7 In Würde sterben

M1 Niemand möchte einsam sterben

Umfragen ergeben, dass 80 bis 90 % aller befragten Menschen in den westlichen Industriestaaten den Wunsch äußern, zu Hause sterben zu dürfen. Wunsch und Wirklichkeit des Sterbens zu Hause klaffen in Deutschland jedoch noch weit auseinander. Nur 10 bis 20 % aller Menschen gelingt es zurzeit in Deutschlands Städten, tatsächlich zu Hause zu sterben. Die anderen beenden ihr Leben in Krankenhäusern und Pflegeheimen. Dies ist ein deutliches Zeichen dafür, wie schwierig die Situation Sterbender in unserer Zeit geworden ist. – Aber war das früher besser? Immerhin, die Zahlen scheinen dafür zu sprechen, denn noch am Anfang dieses Jahrhunderts starben etwa 80 % aller Menschen zu Hause.

M2 Die Hospizbewegung

Hier setzt die Hospizbewegung an, die Ende der 60er Jahre in England entstand. Sie wollte das Sterben wieder stärker in die Öffentlichkeit bringen und damit ein Sterben in Würde ermöglichen. Ein Hospiz (lat. „hospitium“) bezeichnete im Mittelalter ursprünglich eine kirchliche oder klösterliche Herberge für Pilger (oft auch Bedürftige und Kranke). Meist lagen diese Hospize an den bekannten Pilgerwegen. Hier erhielten die Pilgerreisenden Unterkunft, Pflege, Fürsorge und Gemeinschaft auf ihrem Weg.

Die moderne Hospizbewegung wurde maßgeblich von zwei Frauen beeinflusst, Elisabeth Kübler-Ross, die sich intensiv mit der Sterbeforschung beschäftigte, und Cicely Saunders, eine englische Sozialarbeiterin und Ärztin, die 1967 das erste Haus – das *St. Christopher's Hospice* in Sydenham – für sterbende Menschen eröffnete. Seit 1983 gibt es auch Hospize in Deutschland.

Die Hospizbewegung will die Menschen beim Sterben begleiten, sie nicht alleine lassen, deshalb bietet sie ein umfassendes Hilfs- und Betreuungsangebot für sterbende Menschen und ihre Angehörigen.

Nur ganz wenige Mitarbeiter sind Festangestellte, die Begleitung der Sterbenden wird von ehrenamtlichen Freiwilligen getragen, die die Sterbenden und ihre Angehörigen zuhause begleiten. Die ehrenamtlichen Helfer werden auf diese Tätigkeit durch die Fachkräfte vorbereitet und dabei auch begleitet.

M3 Leben dürfen bis zum Tod

Leitbild der National Hospice Organization (USA):

Hospize bejahen das Leben. Hospize machen es sich zur Aufgabe, Menschen in der letzten Phase einer unheilbaren Krankheit zu unterstützen und zu pflegen, damit sie in dieser Zeit so bewusst und zufrieden wie möglich leben können.

Hospize wollen den Tod weder beschleunigen noch hinauszögern. Hospize leben aus der Hoffnung und Überzeugung, dass sich Patienten und ihre Familien so weit geistig und spirituell auf den Tod vorbereiten können, dass sie bereit sind, ihn anzunehmen. Voraussetzung hierfür ist, dass eine angemessene Pflege gewährleistet ist und es gelingt, eine Gemeinschaft von Menschen zu bilden, die sich ihrer Bedürfnisse verständnisvoll annimmt. *M1/3: Christoph Student*

A. Henke: „Es geht mir gut“, Acryl auf Leinwand. Bild von der Homepage des Hospizes Baden, Österreich

M4 Warum ich im Hospiz arbeite

Freiwillige Begleiter/innen des Hospizes Stuttgart berichten:

Die Begleitung Sterbender ist nicht immer leicht, aber rückblickend überwiegen die vielen kleinen anrührenden und schönen Augenblicke, die ich im Umgang mit sterbenden Menschen erfahren durfte und die mir das befriedigende Gefühl geben, mit meiner Arbeit etwas Sinnvolles zu tun. *G. K., Hospiz Stuttgart*

Tod war früh in mein Leben getreten, er war mir nah. Er berührt Grenzen zum Jenseitigen, zum Ominösen, zum Nichtwissen, er ändert die Gewichtung im Leben und vertieft. Er fordert auf, Vertrauen in eine andere Macht zu schaffen, zu festigen. Das versuche ich mit Menschen, an deren Bett ich sitze, zu leben. So lange ich spüre, dass dieser gegenseitige Austausch beiden Seiten gut tut, bin ich gerne weitere Jahre im Hospiz tätig. *R. U., Hospiz Stuttgart*

M5 Auch Sterben ist Leben

Die Palliativmedizin bejaht das Leben und sieht das Sterben als einen normalen Prozess des Lebens an dessen Ende an. Sie will den Tod weder hinauszögern noch beschleunigen oder gar herbeiführen. Am Lebensende in körperlicher und seelischer Ruhe sterben, Wichtiges noch mitteilen und noch erfahren zu können, ist kostbarer Teil humaner Existenz in der Grenzsituation des Lebens.

Die Palliativmedizin hat sich aus der modernen Hospizbewegung entwickelt und bildet zusammen mit ihr das derzeit bestehende Modell der umsorgenden Sterbebegleitung, der „rounded care". Von der Hospizidee überzeugt, hatte der kanadische Onkologe Belfour Mount 1975 am Royal Viktoria Hospital in Montreal die wohl erste Palliativstation überhaupt errichtet und darf daher als der Begründer dieses Gedankens gelten. Mount prägte zugleich den Begriff „Palliativ", wenngleich die Idee einer Schmerzlinderung und Pflege integrierenden „terminal" oder „rounded care" auf die engagierte christlich inspirierte Arbeit der englischen Krankenschwester und späteren Ärztin Cicely Saunders zurückgeht.

Wolfgang U. Eckart, SWR2-Sendung vom 14.08.2005

Sterbehilfe

Sterbehilfe kann als Beistand im physischen, sozialen und psychischen Sinne verstanden werden, um den Übergang vom Leben zum Tod würdig zu gestalten.

Aktive Sterbehilfe: Gezielte Tötung eines Menschen mit dessen Einverständnis (Tötung auf Verlangen); wird nach § 216 StGB bestraft.

Indirekte Sterbehilfe: Fachgerechte Behandlung von Schmerzen oder Symptomen unter Inkaufnahme der Lebensverkürzung. Der früh eintretende Tod ist dabei nicht das Ziel der Behandlung, er wird nur als unvermeidbare Nebenwirkung der Schmerztherapie in Kauf genommen.

Passive Sterbehilfe: Unterlassen bzw. Abbruch lebenserhaltender oder -verlängernder Maßnahmen bei sterbenden Patienten wie z. B. künstliche Beatmung oder Ernährung.

Indirekte und passive Sterbehilfe sind straffrei, wenn der Patient sie ausdrücklich wünscht.

Aufgaben

1. Erläutere, weshalb sich diese Bewegung nach dem mittelalterlichen Hospiz benannt hat. Welche Vorstellung vom Leben und vom Tod steht dahinter? ➜ M1-3
2. Liste in eigenen Worten die Ziele der Hospizbewegung auf und erkläre, was die Mitglieder der Hospizbewegung nicht wollen. ➜ M2/3
3. Beschreibe, wie das Bild auf dich wirkt. Warum wurde es wohl für die Homepage des Hospizes Baden ausgewählt? Sucht Bilder, die ihr als Auftaktseite für einen Internet-Auftritt eines Hospizes nehmen würdet, und begründet eure Auswahl. ➜ M3
4. Welche Motive nennen die ehrenamtlichen Helfer für ihr Engagement? Erkläre, welchen persönlichen „Gewinn" sie aus diesem Engagent ziehen. ➜ M4
5. Erläutere, warum sich die Palliativmedizin als Alternative zur aktiven Sterbehilfe versteht. ➜ M5
6. Informiert eure Mitschüler in einer Präsentation über das Leben und Arbeiten von Elisabeth Kübler-Ross oder Cicely Saunders.
7. Ladet Mitarbeiter eines Hospizes in den Unterricht ein und bereitet dieses Expertengespräch mit Fragen vor.

▶ Glossar: Hospiz, Palliativmedizin, rounded care, Sterbehilfe

8 Gibt es ein Leben nach dem Tod?

M1 Der Aufstieg

Hieronymus Bosch: Der Aufstieg in das himmlische Paradies (Ausschnitt), um 1500

M2 Nicht mutig

Die Mutigen wissen
Daß sie nicht auferstehen
Daß kein Fleisch um sie wächst
Am jüngsten Morgen
Daß sie nichts mehr erinnern
Niemandem wiederbegegnen
Daß nichts ihrer wartet
Keine Seligkeit
Keine Folter
Ich
Bin nicht mutig.

Marie-Luise Kaschnitz

M3 Argumente für ein Leben nach dem Tod

Existieren wir nach dem Tod weiter oder tun wir das nicht? Gibt es ein Leben nach dem Tod, oder ist er der vollständige Untergang unserer selbst als Menschen?

1. Die Unsterblichkeit der Seele

Platons [griech. Philosoph] Argument für ein Weiterbestehen nach dem Tod hat die Menschen schon seit jeher fasziniert. Stoffliche Gegenstände hören nicht einfach auf zu existieren. Platon schien es, dass die Dinge in dieser Welt dadurch zerstört oder vernichtet werden, dass sie sich in ihre Bestandteile zerlegen oder zerlegt werden. Eine Vase zerspringt in kleine Teile und hört auf zu existieren. Übrig bleiben nur einzelne Splitter, die mit dem ursprünglichen Gefäß beinahe nichts mehr gemein haben. Ein Buch verbrennt, und nur seine Asche bleibt übrig. Ein Tornado fegt durch eine Stadt und zerlegt alles in seine Bestandteile. Plato behauptet, dass dies die einzige Art und Weise sei, wie Dinge in dieser Welt zerstört werden könnten.

Nach Plato hat die Seele jedoch keine Bestandteile. Man kann sie daher auch nicht in kleinere Teile zerlegen. Sie ist unzerstörbar und muss daher unsterblich sein.

2. Der ewige Kreislauf der Natur

Bei einem Spaziergang entlang eines Pfades mitten durch den Regenwald hörte ich zufällig, wie unser Führer über den Kreislauf der Natur sprach: „Im Regenwald stirbt nichts einfach so. Der Tod ist immer der Vorläufer zu neuem Leben. Schauen Sie sich diesen Baum an", sagte er und zeigte dabei auf den verrottenden Stamm eines großen umgestürzten Baumes. „Er stürzt und stirbt, und doch ermöglicht er gleich wieder neues Leben, wie alles im Urwald, das stirbt. Jedes Ende ist immer auch ein neuer Anfang." [...]

Das Argument der Analogien aus der Natur besagt, dass in dieser Welt jedes Ende zugleich ein neuer Anfang ist. Genauso wie eine Raupe, die eine Form ihrer Existenz beenden muss, um die andere, noch viel schönere des Schmetterlings beginnen zu können, genauso müssen auch wir unser stofflich-körperliches Dasein hier auf Erden beenden, um nach unserem Tode eine neue und bessere Form der Existenz zu beginnen. *Tom Morris, S. 244, 248-249*

M4 Der Tod – mein schönstes Erlebnis

Stefan von Jankovich wurde am 16.9.1964 aus dem Auto geschleudert und blieb mit 18 Knochenbrüchen bewusstlos auf der Straße liegen. Er berichtet über seinen klinischen Tod:

Ich befand mich über der Unfallstelle und sah dort meinen schwerverletzten, leblosen Körper liegen, genau in derselben Lage, wie ich das später von den Ärzten und aus den Polizeiberichten erfuhr. [...] Ferner beobachtete ich, wie der Arzt versuchte, mich auf künstliche Art zu beleben, und wie er feststellte, dass auch meine Rippen gebrochen waren. Er bemerkte: „Ich kann keine Herzmassage machen." Nach einigen Minuten stand er auf und sagte: „Es geht nicht, man kann nichts mehr machen, er ist tot." Er sprach berndeutsch (Schweizer Dialekt) und ein etwas komisches Italienisch. Ich habe über diese „komische" Szene fast gelacht, weil ich wusste, dass ich lebe, denn ICH war nicht gestorben. Unten lag nur mein ehemaliger Körper. [...] Es machte mir geradezu Spaß, die Bemühungen dieser Leute mit ansehen zu können. Ich wollte ihnen „von oben" zurufen: „Hallo, ich bin hier, ich lebe! Lasst den Körper, wie er ist. Ich lebe! Ich fühle mich wohl. [...] Ich wandte mich von der Unfallstelle ab, da sie mich nicht weiter interessierte. Ich wollte wegfliegen, und ... schon flog ich. Alles war beruhigend, harmonisch, wunderschön. Die Töne, die Lichtspiele wurden immer stärker, immer voller und überfluteten mich und meine ganze Umgebung. Ich spürte deutlich eine harmonische Schwingung. Dann sah ich die Sonne irgendwo rechts oben. [...] Die Sonne wurde immer lichter, immer strahlender, immer pulsierender. [...] dann begann ein phantastisches vieldimensionales Theaterstück, das sich aus unzähligen Bildern zusammensetzte und Szenen aus meinem Leben wiedergab. [...] Meine Seele bzw. mein Gewissen war ein sensibles Gerät. Es wertete mein Handeln und meine Gedanken sofort aus und beurteilte mich selbst, ob diese oder jene Tat gut oder schlecht gewesen war. *Stefan von Jankovich, S. 53ff.*

M5 Naturwissenschaftliche Erklärungen für Nahtodes-Erfahrungen

Erfahrungsberichte über Tod oder Sterben beschreiben unabhängig von Ort oder Zeit, von Kulturkreis oder Einstellung des Erlebnisses immer wiederkehrende Bilder und Empfindungen. Neurophysiologen gehen deshalb davon aus, dass physische Vorgänge, die sich im Gehirn des Menschen abspielen, Ursache für diese Erlebnisse sind. Verschiedene Erklärungsmuster werden diskutiert:

1. Die mangelnde Versorgung des Gehirns mit Sauerstoff könnte zu Störung der Wahrnehmung und Empfindung bis hin zu optischen Täuschungen führen.
2. Der Ausstoß von Endorphinen („Glückshormonen") im Sterbeprozess könnte nicht nur schmerzhemmend, sondern sogar euphorisierend wirken.
3. Dadurch – oder auch durch andere Vorgänge – wird möglicherweise eine Hyperaktivität des limbischen Systems, das für die Steuerung positiver Emotionen zuständig ist, auftreten und eventuell zusammen mit
4. Aktivitäten in anderen Hirnregionen (rechter Temporallappen des Großhirns) die positiven Halluzinationen hervorrufen.

Aufgaben

1. Beschreibe das Bild von Hieronymus Bosch. Welche Vorstellungen von einem Leben nach dem Tod enthält es? ➜ M1
2. Marie-Luise Kaschnitz bezeichnet sich in ihrem gleichnamigen Gedicht als „Nicht mutig". Erarbeite aus den Versen, was sie unter „Mut" versteht. Erläutere, welche Aufgabe der Glaube an ein Jenseits für sie erfüllt. ➜ M2
3. Überprüfe beide Argumente auf ihre Stichhaltigkeit und schreibe eine kurze Stellungnahme zu einem Argument. ➜ M3
4. Seit vielen hundert Jahren werden Beschreibungen von sogenannten Nahtodes-Erfahrungen gesammelt. Nenne die charakteristischen Merkmale solcher Erfahrungen anhand der Beschreibung von Stefan von Jankovich. ➜ M4
5. Stelle in einem fiktiven Dialog dar, wie Stefan von Jankovich auf die Erklärungsversuche der Naturwissenschaften reagiert. ➜ M4/5

▶ Glossar: limbisches System, Neurophysiologie

9 Tod und Jenseits

M1 Trick or Treat: Halloween und die Kelten

Viele, die sich am 31. Oktober, dem Abend vor Allerheiligen *(All hallows eve)*, schaurig kostümiert auf einer Halloween-Party amüsieren, wissen nicht, wem sie den Anlass zum Feiern verdanken: Es waren die Kelten – eine Gruppe von ganz unterschiedlichen Stämmen, die etwa vom 8. Jahrhundert vor Christus bis zirka zum 5. Jahrhundert vor Christus von Anatolien bis nach Irland Spuren ihrer Kultur hinterließen, u. a. die Bräuche bei Samhain, nach keltischem Kalender das Fest beim Wechsel von Sommer zu Winter. In dieser Nacht des elften Vollmondes im Jahr – so glaubten die Kelten – sei der Schleier, die Grenze zwischen der Welt der Lebenden und der Welt der Toten, Feen und Elfen, die sie „Anderwelt" nannten, am dünnsten. Die Bewohner der Anderwelt konnten deshalb die Lebenden besuchen, was bei diesen unterschiedliche Reaktionen zur Folge hatte. So wurden z. B. Lichter in die Fenster gestellt, um den Verstorbenen den Weg zu weisen, und Lebensmittel (Trick or Treat) an Bittsteller an der Haustür verschenkt. Nach anderen Vorstellungen jedoch kamen die Anderweltler, um sich zu rächen oder bösen Schabernack zu treiben, sodass man sich tunlichst verkleidete, um von den ungebetenen Besuchern nicht erkannt zu werden, oder leuchtende Rübengesichter und Kürbisfratzen zur Abschreckung vor dem Haus postierte. Dabei blieben die Verstorbenen nach Vorstellung der Kelten jedoch nicht für immer im Reich der Toten, das auf einer Insel oder unter der Erde vermutet wurde, sondern wurden im Kreislauf der Natur – meist als Menschen – wiedergeboren.

M2 Den Kopf zur aufgehenden Sonne

Etwa 30 Männer, Frauen und Kinder kommen vor 7000 Jahren über einen schmalen Pfad zu einer kleinen Lichtung. Vor einer frisch ausgehobenen Grube bleibt die Gruppe stehen. Die Angehörigen tragen den bekleideten Leichnam nach vorne. Sorgfältig betten sie ihn in „Hockerstellung" ins Grab: den Kopf nach Osten, der aufgehenden Sonne zugewandt. Danach legen sie dem Toten wertvolle Gegenstände ins Grab: zehn Feuersteinklingen in einem Behälter aus Leder, eine aus Felsgestein geschliffene Hacke und ein Tongefäß mit Nahrung. Nachdem das Grab mit Erde aufgefüllt ist, gehen die Menschen still wieder in ihre Siedlung zurück. – So oder so ähnlich könnte sich ein Begräbnis in der Jungsteinzeit abgespielt haben. Warum handelten die Menschen damals so? Wir können die Frage nicht sicher beantworten.

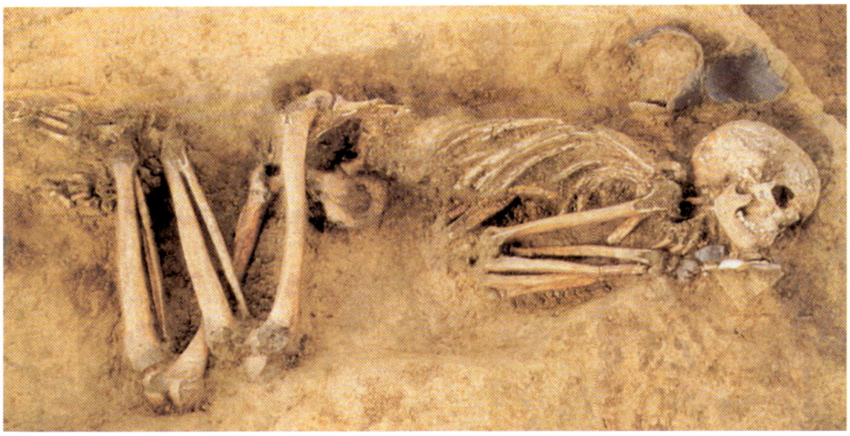

Hockerbestattung. Foto von 1995. In Göttingen-Grone wurde dieses Grab 1995 entdeckt. Es ist etwa 7000 Jahre alt. Die Gebeine des etwa 50 Jahre alten Mannes wurden in der für die damalige Kultur typischen Totenhaltung aufgefunden.

M3 Anubis, Horus, Thot und Co.

Über die religiösen Vorstellungen der alten Ägypter informieren uns Bild- und Textquellen. Deshalb sind wir über sie besser informiert als über die Religion der Steinzeitmenschen.

Totengericht. Malerei auf dem inneren Sarg des Penju, um 800 v. Chr. (Ausschnitt)

Die Hochkultur am Nil entwickelte eine vielfältige Götterwelt (Polytheismus) und eine besondere Vorstellung vom Tod und dem Leben danach. Jeder Verstorbene musste während eines Totengerichts den Göttern seine Lebensführung darlegen. Sein Herz wurde dazu auf einer Waage gegen das Symbol der Maat (= Wahrheit, Gerechtigkeit und Ordnung), eine Feder, abgewogen. Hatte der Verstorbene ein schlechtes Leben geführt, wurde er von einem Monstrum mit Krokodilskopf, Löwenrumpf und Nilpferdhinterteil verschlungen und damit erst eigentlich getötet. War seine Lebensführung gut und gerecht, kam er in die Welt der Götter, in der er sein Leben ohne Schrecken, Streit und Sorgen weiterführen durfte.

M4 Leben in der Unterwelt

Wie die Ägypter glaubten auch die Griechen an viele Götter. Über das Leben nach dem Tod hatten sie allerdings eigene Vorstellungen. Für sie stiegen die Verstorbenen in das finstere Reich der Toten unter der Erde, wo sie zunächst ein willenloses Schattendasein führten. Ihre Seelen setzte der Fährmann Charon über die Flüsse hinweg, die die Unterwelt umgeben. Drei Totenrichter erwarteten die Verstorbenen. Sie prüften ihr Leben und entschieden: Die Frommen kommen in das vom Lethe (Strom des Vergessens) umflossene himmlische Gefilde (Elysium), die Frevler werden dagegen in das von einer dreifachen Mauer umschlossene Schattenreich (Tartaros) gestoßen, um das ein Feuerstrom fließt.

M5 Die Seele ist wie ein Vogel

Die Römer aus angesehenen Familien ließen ihren Verstorbenen prunkvolle Grabmäler errichten, in die sie Beigaben wie Geschirr, Schmuck, Öllampen, Spiegel oder Münzen legten. Ihre Vorstellungen vom Jenseits waren nicht so anschaulich wie die ägyptischen oder griechischen. Eines stand für die Römer allerdings fest: Die Seele ist unsterblich. Sie stellten sich vor, dass sie wie ein Vogel im menschlichen Körper gefangen ist und nach dem Tod davonfliegt. Um in den Himmel zu gelangen, war es notwendig, sich im Leben tadellos zu verhalten, ansonsten musste die Seele auf der Erde ziellos umherirren.

M2–M5: Volker Herrmann in: Dieter Brückner/Harald Focke (Hrsg.), S. 174–175

M6 Die Seele auf Wanderschaft

Seelenwanderung eines australischen Verstorbenen (links oben) durch die Welt der Geister. Zeitgenössische Rindenzeichnung

Aufgaben

1 Beschäftigt euch in Gruppen mit Bestattung und Jenseitsglauben in der Steinzeit, Ägypten, Rom und Australien. ➜ M1–6
Achtet dabei besonders auf:
- das Bild vom Menschen
- die Vorstellung vom „Leben" nach dem Tode
a) Welche verschiedenen Bereiche des Jenseits gibt es?
b) Wer oder was lebt im Jenseits weiter?
c) Wovon hängt es ab, in welchem Bereich ein Weiterleben stattfindet?

2 Vergleicht die Jenseitsvorstellungen in ➜ M1 bis M6 mit denen der Weltreligionen Christentum, Islam und Buddhismus (s. Seite 217, 246, 258f.).

▶ Glossar: Polytheismus

10 Philosophieren heißt sterben lernen

M1 Der Tod als natürlicher Teil des Lebens

Zu allen Zeiten haben Philosophen und andere Gelehrte uns davon zu überzeugen versucht, dass der Tod ein natürlicher Vorgang sei, den man als solchen akzeptieren müsse und den man nicht zu fürchten bräuchte.

DENN STAUB BIST DU, UND ZU STAUB MUSST DU ZURÜCK. *Genesis 3, 19*

IST DAS STERBEN DEM MENSCHEN ETWAS UNBEKANNTES, DESSEN LEBEN NICHTS ALS EINE REISE HIN ZUM TODE IST? *Seneca*

ZU STERBEN IST GENAUSO NATÜRLICH WIE GEBOREN ZU WERDEN. *Francis Bacon*

MITTEN IM LEBEN SIND WIR AUCH IM TOD. *Gebetbuch*

ICH, ALS ICH GEBOREN WURDE, WURDE ZUM STERBEN GEBOREN. *William Drummond*

DU WIRST NICHT DESWEGEN STERBEN, WEIL DU KRANK BIST, SONDERN WEIL DU LEBST. *Seneca*

DER, DER ZU LEBEN ANFÄNGT, BEGINNT AUCH MIT DEM STERBEN. *Francis Quarles*

JEDER AUGENBLICK DES LEBENS IST EIN SCHRITT IN RICHTUNG GRAB. *Crébillion*

DENN DAS LEBEN NÄHERT SICH DEM TOD JEDEN TAG ETWAS MEHR. *Phaidros*

SOBALD WIR GEBOREN WERDEN, FANGEN WIR AN ZU STERBEN, UND DAS ENDE IST MIT DEM ANFANG VERBUNDEN. *Minilius Astonomica*

Tom Morris, S. 229

M2 On the Bright Side of Life

Some things in life are bad,
They can really make you mad,
Other things just make you swear and curse
When you're chewing on life's gristle,
Don't grumble,
Give a whistle
And this'll help things turn out for the best.
And ...

Always look on the bright side of life.
(Whistle)
Always look on the light side of life.
(Whistle)

For life is quite absurd
And death's the final word.
You must always face the curtain with a bow
Forget about your sin.
Give the audience a grin.
Enjoy it. It's your last chance anyhow.
So ...

Always look on the bright side of death,
(Whistle)
Just before you draw your terminal breath.

Monty Python

M3 Trost in der Religion oder Philosophie?

Der Tod ist für diejenigen, die lieben, für die, die auf das Wort Christi vertrauen, nur Schein, ein Übergang. Durch die Liebe und den Glauben können wir die Unsterblichkeit erlangen. Das kommt zugegebenermaßen sehr gelegen. Was wollen wir mehr? Nicht allein sein, verstanden und geliebt werden, von unseren Angehörigen nicht getrennt werden, kurz, dass wir nicht sterben und sie genauso wenig. Nur dass das wirkliche Leben früher oder später alle diese Erwartungen enttäuscht. So suchen manche ihr Heil im Vertrauen auf einen Gott, und die Religionen versichern uns, dass sie es erlangen werden. Warum nicht, wenn man davon überzeugt ist und den Glauben besitzt? Für jene aber, die sich da nicht so sicher sind, für jene, die die Wahrhaftigkeit dieser Versprechen bezweifeln, bleibt das Problem natürlich vollständig bestehen. Und genau hier kommt die Philosophie zum Einsatz.

Zumal der Tod selbst – dies ist der entscheidende Punkt, wenn du das Tätigkeitsfeld der Philosophie begreifen willst – keine so einfache Gegebenheit ist, wie man gewöhnlich annimmt. Er begrenzt sich nicht auf das „Ende des Lebens", auf ein mehr oder weniger abruptes Aufhören unserer Existenz. [...] Er ist das, was nie mehr wiederkehrt, das, was innerhalb des Lebens unwiderruflich der Vergangenheit angehört, was man niemals wiederfinden wird. *Luc Ferry, S. 16-17*

M4 Don't worry, be happy

Was kann die Philosophie dazu beitragen, die Ängste vor dem Sterben und dem Tod zu mildern? Zwei Argumente haben besonders gewirkt:

Sokrates: *Niemand weiß, was der Tod in Wirklichkeit ist, noch ob er für den Menschen nicht der größte Segen ist. Dennoch fürchten aber die Menschen ihn so, als wäre er das größte aller Übel.*

Plato lässt Sokrates in einem seiner Dialoge die folgende Überlegung anstellen:

1. Es ist falsch (unangemessen oder unvernünftig) etwas zu fürchten, solange man nicht weiß, ob es einem auch schaden kann.
2. Man weiß nicht, ob im Zustand des Todes die eigene Person einen Schaden nimmt.
3. Daher ist es falsch, den Tod als Endzustand zu fürchten.

Epikur: *Dem Tod, dem am meisten gefürchteten Übel, müssen wir daher nicht mit Sorge begegnen; denn, solange wir sind, ist der Tod noch nicht, und wenn der Tod ist, sind wir nicht mehr.*

Epikur erläutert seinen Gedanken folgendermaßen:

1. Wenn man ist, so ist der eigene Tod nicht, und was nicht ist, das kann einem Menschen auch nicht schaden.
2. Wenn aber der eigene Tod ist, so ist man selbst nicht, und was nicht ist, dem kann auch nicht geschadet werden.
3. Es ist unvernünftig, das zu fürchten, was einem nicht schaden kann.
4. Es ist unvernünftig, Furcht zu haben, wenn einem kein Schaden zugefügt werden kann.
5. Entweder man selbst ist, oder der eigene Tod ist.
6. Daher kann entweder der Tod dir nicht schaden, oder du selbst kannst durch den Tod keinen Schaden nehmen.
7. Es ist also unvernünftig, überhaupt den Tod zu fürchten.

M5 So – oder so?

Denis Huisman, S. 156

Aufgabe

Die Einstellung, die wir zum Tod haben, hat eine entscheidende Bedeutung für unser Leben.

Setze dich mit diesem Satz anhand der Materialien ➜ M1-5 auseinander, vielleicht in einem Artikel, Interview, Tagebucheintrag, Essay usw.

1 Überall Gewalt?

M1 Gewaltige Bilder

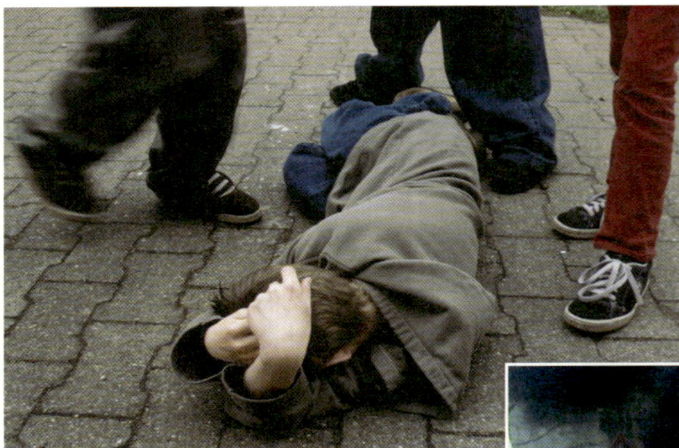

M2 Zeitungsmeldungen aus zwei Tagen

Drängler verursacht Unfall

Indien: Todesrisiko für weibliche Föten

Viele Menschen in Asien sterben den Kältetod

Neuer Chemieunfall bedroht Flüsse in China

FAUSTHIEB IM SUPERMARKT

Obdachloser Mann erfroren

Hinrichtung live

Die Exekution des Oklahoma-Attentäters wird als Spektakel inszeniert

Stuttgarter Zeitung vom 09. und 10.01.06

Aufgaben

1 Überlege, was für dich Gewalt bedeutet.
Gewalt ist für mich, wenn
- jemand Tiere quält
- jemand verletzt wird
- die Umwelt zerstört wird
- ich bedroht werde und Angst habe
- ...

2 Erstellt ein Gewalt-ABC, z.B.:
Gewalt ist für mich – wenn
A gressionen ausgelebt werden
B rutale Schlägereien im Film gezeigt werden
C haoten durch die Straßen ziehen und pöbeln
D ...
E ltern ihre Kinder ...
F ...
G ...
H ...
...

3 Schneide aus Zeitungen und Zeitschriften Bilder aus, die für dich Gewalt ausdrücken, und erstelle daraus eine Collage. ➜ M1

4 Sammle über einen Zeitraum von drei Tagen Zeitungsmeldungen, die mit Gewalt zu tun haben, und erstelle daraus eine Collage wie in ➜ M2.

5 Ordnet auf einer Skala von 0 bis 6 zu, welchen Grad von Gewalt die Bilder, Ereignisse oder Beispiele aus den Materialien ➜ M1 und M2 und den Aufgaben 1 bis 4 ausdrücken.

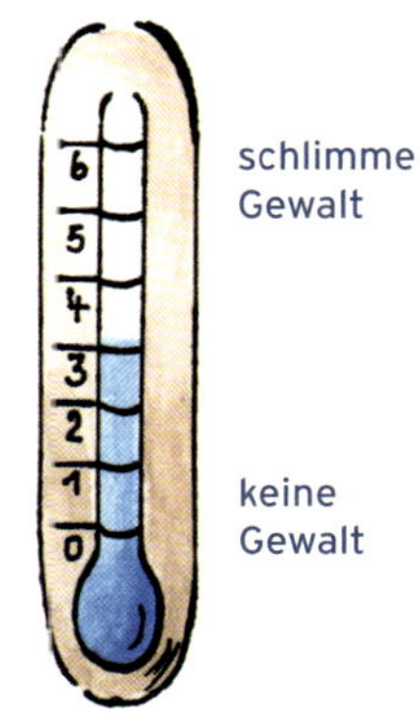

6 Vergleicht in Gruppen eure Ergebnisse und nennt Gründe, warum es Unterschiede gibt.

7 Sortiert die verschiedenen Formen von Gewalt nach selbstgewählten Überschriften.

8 Gewaltforscher (und auch „Praktiker", z.B. von der Polizei) raten dazu, dass das Opfer der Tat definieren darf, ob ihm Gewalt widerfahren ist. Weshalb ist dies sinnvoll?

▶ Glossar: Gewalt

2 Formen von Gewalt

M1 Die Gewalt

Die Gewalt fängt nicht an
wenn einer einen erwürgt
Sie fängt an
wenn einer sagt:
„Ich liebe dich:
Du gehörst mir!"

Die Gewalt fängt nicht an
wenn Kranke getötet werden
Sie fängt an
wenn einer sagt:
„Du bist krank:
Du musst tun was ich sage"

Die Gewalt fängt an
wenn Eltern
ihre folgsamen Kinder beherrschen
und wenn Päpste und Lehrer und Eltern
Selbstbeherrschung verlangen

Die Gewalt herrscht dort
wo der Staat sagt:
„Um die Gewalt zu bekämpfen
darf es keine Gewalt mehr geben
außer *meiner* Gewalt"

Die Gewalt herrscht
wo irgendwer
oder irgendetwas
zu hoch ist
oder zu heilig
um noch kritisiert zu werden

oder wo die Kritik nichts *tun* darf
sondern nur reden
und die Heiligen oder die Hohen
mehr tun dürfen als reden

Die Gewalt herrscht dort wo es heißt:
„Du darfst Gewalt anwenden"
aber auch dort wo es heißt:
„Du darfst *keine* Gewalt anwenden"

Die Gewalt herrscht dort
wo sie ihre Gegner einsperrt
und sie verleumdet
als Anstifter zur Gewalt

Das Grundgesetz der Gewalt
lautet: „Recht ist, was *wir* tun.
Und was die *anderen* tun
das ist Gewalt"

Die Gewalt kann man vielleicht nie
mit Gewalt überwinden,
aber auch nicht immer
ohne Gewalt

Erich Fried, S. 130

M2 Das Viereck der Gewalt

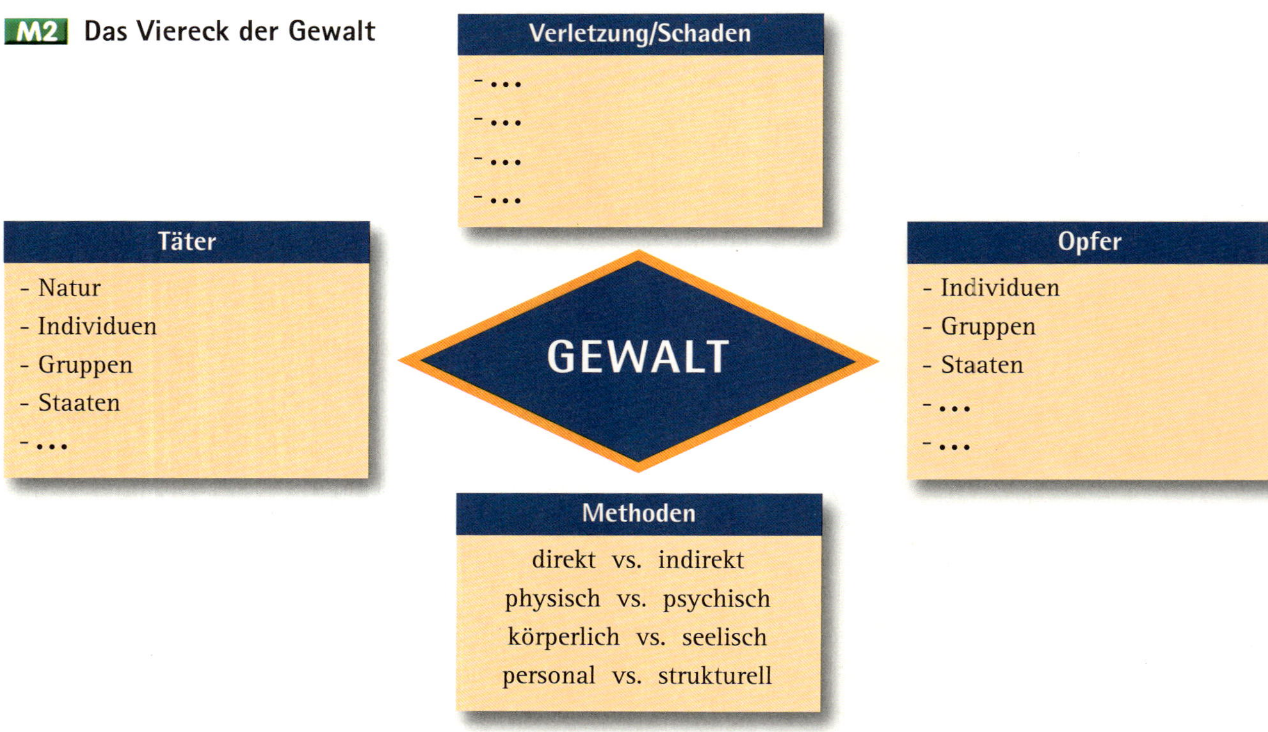

M3 Wann beginnt Gewalt?

Es ist sehr schwer, eine Einigung darüber zu erzielen, was alles unter Gewalt zu verstehen ist und was nicht, bzw. den Begriff Gewalt zu definieren. Das ist wie bei Tag und Nacht, wir können genau sagen, wann Tag ist und wann Nacht ist, aber nicht, wann genau der Punkt ist, wo der Tag zur Nacht wird, genauso können wir uns klar darauf einigen, dass z. B. Folter und Schläge Akte der Gewalt sind, aber bei einem leichten Klaps oder einem versehentlichen Schubser oder einem leichten Foul gehen die Meinungen oft schon auseinander. Deshalb raten Praktiker und Gewaltforscher dazu, dass das „Opfer" und nicht der Täter die Definitionsmacht haben sollte. Das Opfer bestimmt, ob ihm Gewalt angetan wurde. Was von ihm als Gewalt empfunden wird, hängt natürlich ab von der jeweiligen Kultur und auch von sozialen Erfahrungen der Betroffenen. So kann es beispielsweise sein, dass je nach Situation und Erfahrung ein leichtes Tätscheln, ein leichter Klaps von dem oder der einen als Gewalt empfunden wird, von jemand anderem dagegen nicht.

M4 Gewalt und Aggression

Gewalt wird wie Aggression gewöhnlich als zielgerichtetes Schädigen und Beeinträchtigen verstanden, d. h. beide Begriffe liegen nahe beieinander.

Die meisten Wissenschaftler sprechen von Gewalt dann, wenn sie *schwerwiegendere Formen von Aggressionen* meinen, also Schläge, Demütigungen etc., nicht dagegen Beschimpfungen oder böse Blicke.

Insoweit ist Gewalt eine *Unterform* von Aggression.

M5 Der Begriff der strukturellen Gewalt

In der Friedenspädagogik wird seit Mitte der sechziger Jahre auf den Friedens- und Gewaltbegriff von Johan Galtung zurückgegriffen. Der norwegische Friedensforscher schlägt vor, immer dann von Gewalt zu sprechen, wenn eines der folgenden Grundbedürfnisse des Menschen verletzt sei: das Überleben, das allgemeine körperliche Wohlbefinden, die persönliche Identität oder die Freiheit, zwischen verschiedenen Möglichkeiten auswählen zu können. Gewalt liege immer dann vor, wenn Menschen so beeinflusst werden, dass sie sich nicht so verwirklichen können, wie dies eigentlich möglich wäre (strukturelle Gewalt). Galtung nennt ein Beispiel: „Eine Lebenserwartung von nur dreißig Jahren war in der Steinzeit kein Ausdruck von Gewalt, aber dieselbe Lebenserwartung heute (ob aufgrund von Kriegen, sozialer Ungerechtigkeit oder beidem) wäre nach unserer Definition als Gewalt zu bezeichnen."

Johan Galtung in: http://www.dadalos.org/frieden/grundkurs_3/grundlagen.htm

M6 Kritik am erweiterten Gewaltbegriff

Die Ausweitung des Gewaltbegriffes durch die Einbeziehung der sog. „strukturellen oder kulturellen Gewalt" (Galtung) hat jedoch auch heftige Kritik hervorgerufen: Es wird kritisiert, dass der Gewaltbegriff so aufgeweicht würde und dass damit jede Form von Benachteiligung, jede Art Verhinderung von menschlichen Entfaltungsmöglichkeiten schon als Gewalt gelte. Damit würden wichtige Unterschiede verwischt. Indem man solche Zustände als Gewalt bezeichne, würde man auch gewalttätige Aktionen der Betroffenen als „Gegen"-Gewalt rechtfertigen.

Aufgaben

1. Schreibt in Gruppen zwei weitere Strophen zu dem Gedicht von Erich Fried. ➜ M1
   Strophenbeginn: a) Die Gewalt fängt nicht an, wenn ...
   b) Die Gewalt herrscht dort, wo ...
2. Erkläre, welche Formen von Gewalt in dem Gedicht angesprochen werden. ➜ M1
3. Überlegt euch in Gruppen, welche „Verletzungen" und „Beschädigungen" ihr als Gewalt empfinden würdet und welche nicht. ➜ M2
4. Nenne Gründe, weshalb es sinnvoll ist, dass das Opfer der Tat definieren darf, ob Gewalt vorliegt. Welche Probleme siehst du dabei? ➜ M3
5. Kann man auch Gewalt durch Nicht-Tun, durch Unterlassen ausüben? Kann ein Kuss oder Streicheln Gewalt sein? ➜ M3
6. Nenne aktuelle und geschichtliche Beispiele für strukturelle Gewalt. ➜ M5
7. Sammelt Gründe, weshalb und unter welchen Umständen strukturelle Gewalt doch als Gewalt aufzufassen ist. Haltet zwei kurze Plädoyers:
   Pro und Contra: Sinn und Nutzen des Begriffs der strukturellen Gewalt. ➜ M5/6

▶ Glossar: kulturelle Gewalt, strukturelle Gewalt

3 Und bist du nicht willig …

M1 Kinderrechte und Elternpflichten

Die Neufassung des Paragraphen 1631 aufgrund des Gesetzes zur Ächtung von Gewalt in der Erziehung gilt seit November 2000.

§ 1631 BGB

(2) Kinder haben ein Recht auf gewaltfreie Erziehung. Körperliche Bestrafungen, seelische Verletzungen und andere entwürdigende Maßnahmen sind unzulässig.

§ 1626 BGB

(2) Bei der Pflege und Erziehung berücksichtigen die Eltern die wachsende Fähigkeit und das wachsende Bedürfnis des Kindes zu selbständigem verantwortungsbewusstem Handeln. Sie besprechen mit dem Kind, soweit es nach dessen Entwicklungsstand angezeigt ist, Fragen der elterlichen Sorge und streben Einvernehmen an.

Bürgerliches Gesetzbuch, 4. Buch, 2. Abschnitt, 5. Titel: Elterliche Sorge

M2 Gewalt in der Erziehung – wie lange noch?

Das Bundesministerium der Justiz veröffentlichte im August 2005 in einem „Report über die Auswirkungen des Gesetzes zur Ächtung der Gewalt in der Erziehung" folgende Ergebnisse einer Befragung von Kindern und Jugendlichen (Angaben in Prozent):

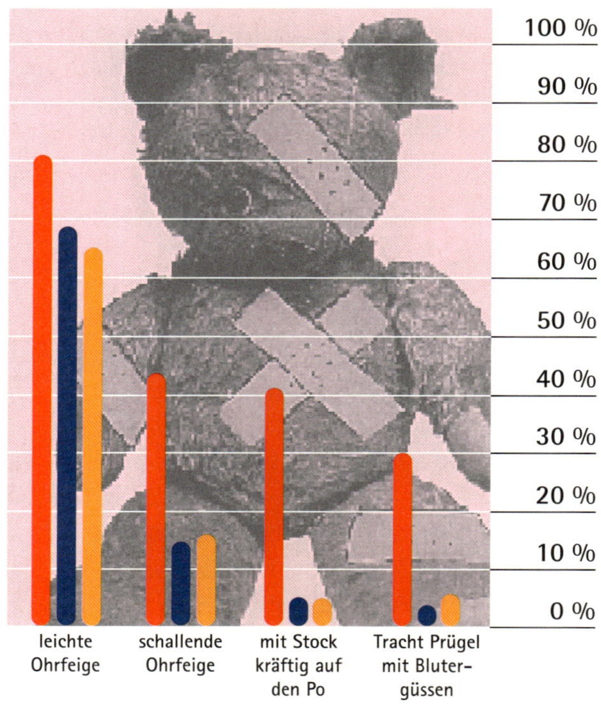

M3 Vaters Schläge

Die Schriftstellerin Inka Bach schildert in ihrem Roman „Glücksmarie", wie Marie die Schläge ihres Vaters erlebt.

Es kommt aus heiterem Himmel. Es herrscht Lärm, es tobt ein Orkan, wenn Herbert zuschlägt. Er züchtigt nicht, dressiert nicht, er tut weh. Es ist sein Stil.

Er zieht mich vom Ofen. Schleudert mich in die nächste Ecke. Das halb aufgegessene Brot fliegt in die andere. Ich hocke zusammengekauert am Fenster, die Arme schützend über dem Kopf, halte den Atem an. Herbert tobt. Immer zu! Immer zu! Ist was? Reiß dich zusammen! Ich summe vor mich hin. Stell dich nicht so an! Immer in die Ecke, immer dicht an der Wand. Was war denn? Er riesengroß über mich gebeugt, enthemmt, rot im Gesicht, die Züge vom Haß verzerrt ... Wie er ein anderer wird. Außer Kontrolle geraten. Eine Lawine, die wächst und wächst und rollt und rollt. Nicht mehr aufzuhalten. [...] Ist was? Carolas Blumen stören. Herbert fegt sie vom Tisch. Er atmet schwer. Drischt weiter auf mich ein. Eine Schwerstarbeit, die er da vollbringt. Seine Erregung steigert und steigert sich. Wann ist der Höhepunkt erreicht? Kann er denn immer noch?

Ich will nicht rumjammern, es gibt viele Kinder, denen es genauso ergeht. Ich muss aber darüber sprechen, weil es so schrecklich war.

Die Schläge saßen. Saßen als Schuld fest. Marie fühlte sich jedes Mal schuldig, wenn sie ohne Grund geschlagen wurde. Eben weil die Schläge willkürlich waren. Weil die Schläge keine Bestrafung waren für irgendein Vergehen, mussten sie mit ihrer Person zu tun haben. [...]

Seine Gewalt löst Todesangst aus, und deshalb zielt sie auf nichts anderes, als Marie zu vernichten. Am Ende ist die Seele kaputt. Reiner Zufall, dass Marie weiterlebt.

Der Anlass, nichtig und nicht wichtig, sie war auf den Ofen gesprungen. Leise. Hunderte Male schon, eine Angewohnheit. Nie hat es ihn gestört. Diesmal hat es ihn gestört. Beim Fernsehen.

Inka Bach, S. 88-89

M4 Der richtige Erziehungsstil

Die Erziehung soll das Kind fördern, seine Selbstbestimmung, seine Entfaltung und seine Zufriedenheit. Zugleich jedoch hat sie die Aufgabe, den Kindern soziale Normen zu vermitteln und sie dazu anzuleiten, die Bedürfnisse anderer zu respektiern. Dies führt zwangsläufig oft zu Spannungen zwischen den eigenen Wünschen und den Normen anderer bzw. denen der Eltern.

In der Forschung hat sich jener Stil als der günstigste erwiesen, der (ein wenig missverständlich) als *autoritativ* bezeichnet wird. Anders als der autoritäre Stil ist die Erziehung liebevoll und unterstützend, zugleich werden aber die Verhaltenserwartungen an das Kind deutlich gemacht, und die Regeleinhaltung wird kontrolliert. Bei der Umsetzung dieser beiden Aspekte spielt das Gespräch mit dem Kind eine wichtige Rolle. Forschungen haben wiederholt belegt: Autoritative Erziehung bringt – verglichen mit autoritärer, mit nachgiebiger oder gar vernachlässigender Erziehung – die besten Effekte: gutes Selbstvertrauen und gute Sozialkompetenz, angemessene Leistungshaltung in der Schule, geringe Belastungssymptome sowie geringes soziales Problemverhalten.

Hans-Peter Nolting, S. 274

Hilfen und Beratungsangebote

http://www.kinderundjugendtelefon.de/
Kinder- und Jugendnottelefon mit kostenloser Hotline: 0800 - 1110333

http://www.hinsehen-handeln-helfen.de/
Übersicht des Familienministeriums zu Hilfsangeboten, Broschüren, Adressen usw.

http://www.bke-sorgenchat.de/
Onlineberatung und Chat

Adressen von Kinderschutzzentren

http://www.kinderschutz-zentren.org/ksz_zentr1.html

0800 - 111 0 444 Kinderschutzzentrum Berlin

http://www.kinderschutz-zentren.org/

Aufgaben

1 Nennt Gründe, weshalb das neue Gesetz eingeführt wurde. ➜ M1/2

2 Erläutert die Zahlen in ➜ M2 und nennt mögliche Ursachen.

3 Versetzt euch in die Rolle eines Kritikers des neuen Gesetzes § 1631. Welche Gründe gegen dieses Gesetz wird er anführen? ➜ M1

4 Kann ein Klaps auf den Po einem Kind schaden?

5 Beschreibe die Empfindungen und Gefühle von Marie. Wie reagiert sie auf die Schläge, wie nimmt sie ihren Vater wahr? ➜ M3
Welche Folgen kann eine derart gewalttätige Erziehung für das Kind haben?

6 Überlege dir mögliche Gründe, weshalb der Vater schlägt. ➜ M3
Welche Ursachen kann es für Gewalt in der Familie geben (gesellschaftlich, privat, persönlich)?

7 „Gleichgültigkeit ist auch eine Form von Gewalt." Erörtert diese Aussage.

8 Spielt in Gruppen z. B. anhand folgender Fälle die unterschiedlichen Erziehungsstile durch. ➜ M4
- Eine 12-Jährige will mit Freundinnen bis 24 Uhr ausgehen.
- Ein 6-jähriger Junge quengelt an der Ladenkasse, weil er Süßigkeiten will.
- Ein Schüler stört durch ständiges Hineinreden den Unterricht.

9 Nennt Gründe, weshalb der autoritative Erziehungsstil die „besten Effekte" erzielt. ➜ M4

4 Gewalt macht Schule – macht Schule Gewalt?

M1 Tatort Schule – ein persönliches Erlebnis

Bastian Füller (Name geändert), 17, geht in die 12. Klasse eines Gymnasiums:

Mein krassestes Erlebnis in der Schule ging allerdings von einem Schüler aus. Der stand an einem Tag kurz vor Ende des Schuljahres auf und schrie: „Lasst mich alle mal in Ruhe!“ Dann habe ich gesehen, wie eine Flasche gegen die Wand des Klassenzimmers donnerte und die grünen Glassplitter durch den Raum flogen. Dann hat er noch einen Stuhl gegen die Tafel geworfen, eine Stellwand umgetreten und ist aus dem Klassenzimmer gerannt. Keine Ahnung, was mit ihm los war.

Bundeszentrale für politische Bildung (Hrsg.), Fluter Nr. 8/2003, S. 47

M2 Tatort Schule – sechs spektakuläre Fälle

20. April 1999, Littleton:

Der 17-jährige Dylan K. und der 18-jährige Eric H. richten an der Columbine High School in Littleton, Colorado, ein Blutbad an. Sie erschießen zwölf Mitschüler und einen Lehrer. In der Schule haben sie Sprengfallen angebracht, 23 Menschen werden verletzt. In Schwarz gekleidet, bewaffnet mit halb automatischen Waffen, Schrotflinten, über 900 Schuss Munition und Bomben, betreten die beiden Täter die Schule, holen Waffen unter ihren Mänteln hervor und eröffnen das Feuer. Etwa zwei Stunden dauert die sorgfältig geplante Gewaltorgie. Die Täter begehen später Selbstmord. Das Motiv für das Massaker: Hass auf die Schule.

9. November 1999, Meißen:

Der 15-jährige Schüler Andreas S. stürzt maskiert auf die 44 Jahre alte Geschichtslehrerin Sigrun Leuteritz zu und sticht mit zwei Messern 22-mal auf sie ein. Seine 24 Klassenkameraden müssen das Sterben der Lehrerin mit ansehen. „Ich habe sie gehasst“, begründet Andreas S. die Tat. Er wird wegen Mordes zu siebeneinhalb Jahren Gefängnis verurteilt.

26. April 2002, Erfurt:

Der 19-jährige Robert S. tötet im Gutenberg-Gymnasium kaltblütig 16 Menschen – zwei Schüler, einen Polizisten, die Schulsekretärin, elf Lehrer sowie die stellvertretende Direktorin – und anschließend sich selbst. Er war das Jahr zuvor durch die Abiturprüfung gefallen und musste die Schule verlassen.

8 Juni 2006, Gardelegen, Sachsen-Anhalt:

Haupt- und Realschüler stürmen nach ihrer Entlassungsfeier ein Gymnasium. Ergebnis: Körperverletzung, Sachbeschädigung und Hausfriedensbruch.

April 2006, Rütli-Schule, Berlin-Neukölln:

Das Lehrerkollegium wendet sich wegen der sich häufenden Gewalttaten unter Schülern und an Lehrern hilfesuchend an die Schulaufsicht. Es bittet darum, dass die Polizei gewährleiste, dass die Schüler keine Waffen mitbringen.

November 2006, Emsdetten:

Ein 18-jähriger Ex-Schüler der Geschwister-Scholl-Realschule dringt schwer bewaffnet in die Schule ein und feuert wahllos um sich. Er verletzt 27 Menschen und tötet dann sich selbst. Als Motiv wird Rache vermutet.

M3 Wie du mir, so ich dir ...

Freimut Wössner

M4 Ursachen für Gewalt an Schulen

a) Die wissenschaftlichen Studien zeigen: Die Ausgangsbedingungen für die Entstehung von Aggressivität bei Schülerinnen und Schülern liegen zunächst außerhalb, Gewalt wird in die Schule gewissermaßen importiert.

Klaus Hurrelmann in: Rhue, Morton, S. 149

b) Alle Untersuchungen zeigen sehr eindeutig: Aggressivität und Gewalt treten innerhalb der Schulen auf, weil dies Mechanismen (= unbewusste Reaktionen) sind, mit denen man sich gegen Verunsicherungen zu schützen und zu verteidigen versucht. Diese Verunsicherungen können z. B. durch Leistungsversagen entstehen.

nach Klaus Hurrelmann in: Rhue, Morton, S. 152

M5 Was kann man tun?

Die Täter *bremsen*

die Opfer *stärken*

die Zuschauer *aktivieren*

Aufgaben

1 Erzählt euch in Kleingruppen euer „krassestes" Erlebnis mit Gewalt an der Schule.
Sammelt weitere Beispiele für Gewalt an Schulen. ➜ M1/2

2 Informiert euch in Gruppen (auch als GFS) über die Ereignisse und die möglichen Ursachen für die genannten Fälle und präsentiert eure Ergebnisse. ➜ M2

3 Sammelt auf Kärtchen mögliche Ursachen für Gewalt an Schulen. Welche Ursache ist die häufigste? Bringt eure Kärtchen in eine Rangliste und vergleicht eure Ergebnisse. ➜ M1/2

4 Erarbeitet einen Fragebogen und befragt Schüler, Lehrer und Hausmeister zu
a) Erscheinungsformen von Gewalt an eurer Schule
b) möglichen Ursachen.
Wertet eure Ergebnisse aus und dokumentiert sie.

5 Erläutere die Karikatur. ➜ M3

6 Verdeutlicht die Aussagen von Hurrelmann, indem ihr eure Ergebnisse von Aufgabe 3 berücksichtigt. Inwiefern kann die Schule Gewalt fördern, inwiefern wird Gewalt in die Schule hineingetragen? ➜ M4

7 „Die Täter bremsen, die Opfer stärken, die Zuschauer aktivieren."
Stellt in Gruppen Tipps zusammen, was die Schule, die Klasse und die Lehrer unternehmen können, um Gewalt an der Schule zu verhindern. ➜ M5

5 Spiele ohne Grenzen

M1 Töten im virtuellen Raum

Aus einem Interview mit Martin Wehrmann (19 Jahre), einem Teilnehmer der World-Cyber-Games, der Spiele-WM 2005 in Singapur:

SZ: Herr Wehrmann, sind Sie ein aggressiver Mensch?

Wehrmann: Um Gottes willen, nein. Jeder, der mich kennt, weiß, dass ich ein absolut friedliebender Mensch bin. Ich könnte nie eine andere Person verletzen. Ich betreibe *Counterstrike* mittlerweile seit drei Jahren. Und in meinem Verhalten hat sich nichts geändert.

SZ: Wie kommt es dann zu dem Bild vom aggressiven Ego-Shooter?

Wehrmann: Zunächst einmal ist das Spiel ein taktischer Shooter. Es geht nicht um sinnloses Ballern, sondern um das Zusammenarbeiten in einem Team. Ziel ist es, gewisse Missionen zu erfüllen. Deshalb ist Counterstrike kein „Killerspiel“, obwohl das gerne behauptet wird.

SZ: Wie meinen Sie das?

Wehrmann: Vor allem die Medien sind für das schlechte Image verantwortlich. Ein gutes Beispiel sind für mich die Berichte über den Amoklauf in Erfurt 2002. Da erschießt ein Schüler 16 Menschen und dann sich selbst. Kurz darauf entdeckt die Polizei, dass der Täter ein Fan von Spielen wie *Counterstrike* war. Sofort wird behauptet, dass Computerspiele verantwortlich sind für seine Taten. Und daraus wird dann die Folgerung gezogen, dass taktische Shooter Gewalt provozieren. Da werden Zusammenhänge wahllos hergestellt.

SZ: In *Counterstrike* geht es tatsächlich darum, andere Menschen zu töten.

Wehrmann: Diese Spiele haben natürlich einen gewissen Gehalt an Gewalt. Es geht darum, in einem virtuellen Raum andere Figuren zu töten, um eine bestimmte Mission zu erfüllen. Das virtuelle Töten bedeutet aber nicht, dass ein Spieler im wirklichen Leben einem anderen Menschen Leid antun würde.

SZ online vom 15.11.2005/Jürgen Schmieder, Martin Wehrmann

M2 Alles nicht so schlimm – oder doch?

Szene aus dem Computerspiel „Counterstrike“

Auch ich habe im Alter von 14 bis 18 Jahren immer mal wieder gern allein oder mit Freunden stark gewalttätige Computerspiele gespielt. Aus Spaß. Auch mal, um mich abzuregen, aber meistens aus Spaß. Wo ist das Problem, wenn ein Jugendlicher seine destruktive Ader in virtuellen Welten auslebt? Nein, ich bin trotz indizierter Spiele kein Massenmörder geworden. Mein jugendlicher Verstand reichte glücklicherweise aus, zu erkennen, dass das Zerteilen von Menschen mit Kettensägen ein in der realen Welt nicht unbedingt akzeptiertes Verhaltensmuster darstellt. Dass es trotzdem alle paar Monate oder Jahre zu Amokläufen von Jugendlichen kommt, sehen Sie nun anscheinend als Beweis dafür, dass einige Menschen diese Intelligenz nicht aufbringen. Ich sehe das anders. Nicht das Spielen eines Computerspiels löst Gewalt aus, persönliche Probleme lösen Gewalt aus. Diese Menschen spielen gewalttätige Computerspiele, weil sie Gewaltfantasien haben – und nicht umgekehrt!!

24, Hamburg (Martin Mundt)

Die widerlichen Inhalte von Baller-Computerspielen sind das Eine. Die Gefährlichkeit von Computerspielen gründet aber nicht allein in gewalttätigen Inhalten. Als Psychotherapeut werde ich immer häufiger um Rat gefragt, weil Strategiespiele wie etwa „World of Warcraft“ manche Jungen und junge Männer derart binden, dass sie bis zu 60 Stunden in der Woche „freiwillig“ vor ihrem Computer sitzen! Vor allem erliegen solche Jungs, denen Sozialkontakte schwerfallen, der Faszination des Spieles. Im Spiel werden sie so zu Experten und steigen auf in der Hierarchie – worauf sie (zu Recht?) stolz sind. Am „anderen“, wirklichen Leben nehmen sie hingegen nicht mehr teil und werden für Eltern oder Partner unerreichbar. Das Internet kann solche Negativtrends fatal verstärken und vervielfältigen, so dass die Angst vor einer verlorenen Generation von Jungs schon bald erschreckende Realität sein könnte.

Stefan Baier, Diplom-Psychologe, Offenbach

Im Spiel lernt man fürs Leben: Hier werden die Kinder und Jugendlichen für blutige Aggression und perfide Grausamkeiten „belohnt". Mitleids- und Gefühllosigkeit ist Trumpf. Die in unser Erbgut sinnvollerweise eingeschriebene Tötungsschranke wird aufgelöst. Eine Generation wird systematisch zu Killern erzogen!

Diplom-Psychologin Hannelore Tümpel, Westerholz
Leserbriefe aus: DIE ZEIT, Nr. 47 vom 16. 11. 2006

M3 Aufs Töten konditioniert?

Der Soziologe Grossman stellt eine zunächst radikal klingende These auf:

Bestimmte Computerspiele, insbesondere die Ego-Shooter, bringen unseren Kindern das aktive Töten bei. Grossmans wichtigstes Argument: Beim amerikanischen Militär werden Spiele wie *Doom* ganz gezielt eingesetzt, um Soldaten auf den realen Kampf mit der Waffe vorzubereiten – und zwar nach dem Prinzip der sogenannten operanten Konditionierung. Ein verwandtes Beispiel für dieses Reiz-Reaktions-training sind Flugsimulatoren. Hier üben Piloten stundenlang, auf einen bestimmten Reiz, etwa eine blinkende Warnlampe, in bestimmter Weise zu reagieren. Ziel der Übung ist die Automatisierung einer Handlung, auf die der Pilot dann zurückgreifen kann, wenn sein Jet tatsächlich abstürzt und er eigentlich vor Angst keinen klaren Gedanken mehr fassen kann. Dann wird er trotzdem und ohne zu überlegen die konditionierte Reaktion ausführen.

Wie Grossman in seinem Buch *Wer hat unseren Kindern das Töten beigebracht* erklärt, funktionieren die Computersimulationen beim Militär nach demselben Prinzip. Nur geht es hier darum, das Schießen auf Menschen zu konditionieren – und so den „biologisch machtvollen Widerstand, einen Artgenossen umzubringen" zu brechen.

Ulrich Kraft, S. 19

M4 Medien und Gewalt – Ergebnisse von Studien

In Bezug auf die Nachahmung in den Medien gezeigter Gewalttaten herrscht weitgehende Einigkeit darüber, dass Imitationseffekte zwar möglich sind, diesen aber kein simpler und direkter Ursache-Wirkungs-Zusammenhang zugrunde liegt, sondern vielmehr diverse Randbedingungen berücksichtigt werden müssen. Einzelne Studien zur Nachahmung von Massenmorden und Amokläufen deuten auf die Möglichkeit eines Imitationshandels hin, gravierende methodische Probleme lassen jedoch eine vorsichtige Interpretation der Befunde angeraten erscheinen.

Die Universität Berlin fand heraus, dass exzessives Computerspielen im Gehirn die gleichen Strukturen aktiviert wie stoffliche Drogen. Langzeitspieler könnten also auch physisch abhängig werden. Wissenschaftler der Michigan State University kommen zu dem Ergebnis, dass zwischen virtueller und tatsächlicher Gewalt ein kurzzeitiger Kausalzusammenhang bestehen könnte. „Videospiele sind kritisiert worden, weil sie aggressive Reaktionen und aggressives Benehmen steigern", sagte Projektleiter René Weber bei der Präsentation. „Wir haben gezeigt, dass dieser Zusammenhang auf einer neurobiologischen Ebene existiert."

Bundesministerium für Familie, Senioren, Frauen und Jugend (Hg.), S. 6

Aufgaben

1 Tauscht eure Erfahrungen mit Ego-Shooter-Spielen aus. Beschreibt anhand des Bildes die Spielpraxis. → M2

2 Nach den Ereignissen von Erfurt und Emsdetten (s. S. 186) gab es eine große öffentliche Diskussion über die Wirkung von Ego-Shooter-Spielen auf Jugendliche. Einige Politiker forderten, derartige Spiele zu verbieten.
   a) Führt eine Pro und Contra-Diskussion zu dem Verbot dieser Spiele. → M1-4
   Protokolliert die Argumente und stimmt darüber ab.
   b) Erstellt Flugblätter, die für eure Position werben.
   c) Sammelt weitere Belege/Argumente für oder gegen das Verbot.

▶ Glossar: operante Konditionierung

6 Gehorsame Täter

M1 Der Zeitungsaufruf

Aufruf an die Öffentlichkeit

WIR BEZAHLEN IHNEN
4,00 DOLLAR
FÜR EINE STUNDE IHRER ZEIT

Personal für eine Untersuchung über Gedächtnisleistung gesucht

M2 Die Untersuchungen Stanley Milgrams

Der amerikanische Psychologe Stanley Milgram führte 1960 in der Yale University (New Haven) aufsehenerregende Versuche durch, bei denen mehr als 1000 Personen an den zahlreichen Variationen dieser Laboruntersuchung teilnahmen. Es ging Milgram darum, herauszufinden, unter welchen Bedingungen ein Mensch, dem ein Wissenschaftler als Versuchsleiter aufträgt, mit zunehmender Härte gegen einen anderen, ihm unbekannten Menschen vorzugehen, diesem Befehl gehorchen würde und unter welchen Bedingungen er den Gehorsam verweigern wird.
Es wurde den Teilnehmern ein Lernexperiment vorgetäuscht, bei dem die Auswirkung von Strafe auf das Lernen überprüft werden sollte. Der Lernende (immer ein Mitarbeiter des Instituts) müsste vom Lehrer (diese Aufgabe fiel der jeweiligen Versuchsperson zu) bei falschen Antworten mit zunehmend stärkeren elektrischen Schlägen bestraft werden, die natürlich nur simuliert wurden, und zwar von 15 Volt bis 450 Volt ansteigend.

nach: Grete Schurz in: Psychologie heute, November 1985, S. 22

M3 Das Experiment

Die Schalttafel bestand aus 30 Kippschaltern, jeder trug eine deutliche Voltbezeichnung, die von 15 bis 450 Volt reichte. Die Beschriftung zeigte, von links nach rechts, eine Spannungserhöhung von jeweils 15 Volt. Zusätzlich waren für je vier Kippschalter folgende Bezeichnungen von links nach rechts angebracht: „Leichter Schock", „Mäßiger Schock", „Mittlerer Schock", „Kräftiger Schock", „Schwerer Schock", „Sehr schwerer Schock", „Gefahr: Bedrohlicher Schock". Zwei Schalter nach dieser letzten Bezeichnung trugen nur die Markierung „XXX".

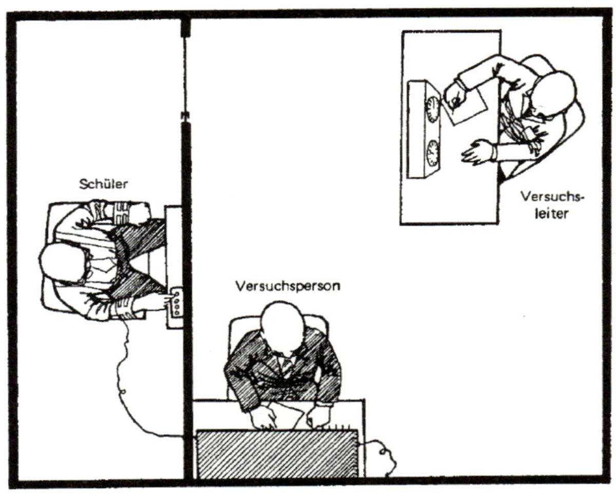

Bevor sie ihre Aufgabe als Lehrer übernahm, wurde jeder Versuchsperson über den Schockgenerator ein Probeschock von 45 Volt erteilt, der Stromstoß bestärkte ihren Glauben an die Echtheit des Generators. Der Versuchsperson wurde aufgetragen, dem Schüler bei jeder falschen Antwort einen Schock zu verabreichen. Dabei sollte sie jedes Mal, wenn der Schüler eine falsche Antwort gibt, auf dem Schockgenerator eine Stufe höher gehen. Wenn die Versuchsperson bei der dreißigsten Schockstufe (450 Volt) angelangt war, wurde ihr befohlen, unter Anwendung dieser Maximalspannung mit den Aufgaben fortzufahren. Nach zwei weiteren Versuchen brach dann der Versuchsleiter den Versuch ab.

Ließen die Versuchspersonen erkennen, dass sie nicht weitermachen wollten, reagierte der Versuchsleiter mit einer Reihe von „anspornenden" Bemerkungen, wobei er so viele wie nötig verwendete, um die Versuchsperson wieder willfährig zu machen:
Ansporn 1: „Bitte, fahren Sie fort!" Oder: „Bitte machen Sie weiter!" Ansporn 2: „Das Experiment erfordert, dass Sie weitermachen!" Ansporn 3: „Sie müssen unbedingt weitermachen!" Ansporn 4: „Sie haben keine Wahl, Sie müssen weitermachen!"
Diese Bemerkungen erfolgten nacheinander; blieb die erste wirkungslos, wurde die zweite eingesetzt. Wenn die Versuchsperson sich nach dem Ansporn 4 weigerte, dem Versuchsleiter zu gehorchen, war das Experiment beendet. Der Versuchsleiter sprach stets mit Bestimmtheit, aber nicht unhöflich.

M4 Varianten des Experiments

Experiment Nr. 1 (Fernraum): Das Opfer befindet sich in einem anderen Raum, die Versuchsperson kann es weder sehen noch seine Stimme hören; die Antworten blitzen nur stumm auf dem Signalkasten auf. Bei 300 Volt allerdings dröhnen die Wände des Labors, wenn das Opfer protestierend dagegen hämmert. Nach 315 Volt erfolgen keine Antworten mehr, das Hämmern hört auf.

Experiment Nr. 2 (akustische Rückkopplung): Wie bei der ersten Anordnung sitzt das Opfer in einem Nebenzimmer, doch seine Beschwerden können durch die Laborwand deutlich gehört werden.

Experiment Nr. 3 (Raumnähe): Das Opfer sitzt im gleichen Raum, ein paar Meter von der Versuchsperson entfernt. Es ist also sowohl sichtbar als hörbar, und es werden Worthinweise gegeben.

Experiment Nr. 4 (Berührungsnähe): Das Opfer erhält nur dann einen Schock, wenn seine Hand auf einer Schockplatte liegt. Bei der 150-Volt-Stufe bittet das Opfer darum, freigelassen zu werden, und weigert sich, die Hand auf die Schockplatte zu legen. Der Versuchsleiter befiehlt daraufhin der Versuchsperson, die Hand des Opfers mit Gewalt auf die Schockplatte zu legen. Damit erfordert Gehorsam unter diesen Umständen den körperlichen Kontakt der Versuchsperson mit dem Opfer.

M5 Übersicht über die verabreichten Maximalschocks

Schockstufe	Aufschrift und Voltangabe	Experim. 1 Fernraum (n = 40)	Experim. 2 Akustische Rückkopplung (n = 40)	Experim. 3 Raumnähe (n = 40)	Experim. 4 Berührungsnähe (n = 40)
	Leichter Schock				
1	15				
2	30				
3	45				
4	60				
	Mäßiger S.				
5	75				
6	90				
7	105			1	
8	120				
	Mittlerer S.				
9	135		1		1
10	150		5	10	16
11	165		1		
12	180		1	2	3
	Kräftiger S.				
13	195				
14	210				1
15	225			1	1
16	240				
	Schwerer S.				
17	255				1
18	270			1	
19	285		1		1
20	300	5	1	5	
	Sehr schwerer Schock				
21	315	4	3	3	2
22	330	2			
23	345	1	1		1
24	360	1	1		
	Gefahr! Bedrohlicher S.				
25	375	1		1	
26	390				
27	405				
28	420				
	XXX				
29	435				
30	450	26	25	16	12
Durchschnittlich gegebener Maximalschock		27,0	24,53	20,80	17,88
Prozentsatz gehorsamer Versuchspersonen		65,0 %	62,5 %	40,0 %	30,0 %

M1 und M3-5: nach Stanley Milgram, S. 32, 36-37, 50-51, 115

Aufgaben

1 Beschreibe die verschiedenen Versuchsanordnungen. → M3/4
2 Fasse die Ergebnisse der Experimente in Thesen zusammen. → M2/3/5
3 Sammelt in Gruppen Gründe dafür, weshalb die Personen sich so verhielten. → M3/4/5
4 Überlege dir mögliche Ursachen für Unterschiede bei den verschiedenen Versuchsanordnungen. → M4/5
Welche Folgerungen kann man hieraus für eine Erziehung zum Frieden ziehen?
5 Wie beurteilst du das Vorgehen von Milgram? → M1

7 Gewalttäter – gewaltige Täter

M1 NS-Täter: Beispiel Rudolf Höß

1934 wurde Rudolf Höß in die SS aufgenommen, im Konzentrationslager Dachau eingesetzt und 1935 zum Blockführer dieses Lagers befördert. 1938 wurde er Adjutant im Konzentrationslager Sachsenhausen und 1940 Kommandant des Konzentrationslagers Auschwitz.

Ich wurde von meinem Vater nach strengen militärischen Grundsätzen erzogen. [...] Von meinen Eltern war ich so erzogen, dass ich allen Erwachsenen und besonders Älteren mit Achtung und Ehrerbietung zu begegnen hätte, ganz gleich aus welchen Kreisen sie kämen. Überall, wo es notwendig ist, behilflich zu sein, wurde mir zur obersten Pflicht gemacht. Ganz besonders wurde ich immer darauf hingewiesen, dass ich Wünsche oder Anordnungen der Eltern, der Lehrer, Pfarrer usw., ja aller Erwachsenen bis zum Dienstpersonal unverzüglich durchzuführen bzw. zu befolgen hätte und mich durch nichts davon abhalten lassen dürfe. Was diese sagten, sei immer richtig. Diese Erziehungsgrundsätze sind mir in Fleisch und Blut übergegangen. – Ich kann mich noch gut entsinnen, wie mein Vater – der als fanatischer Katholik ein entschiedener Gegner der Reichsregierung und deren Politik war – seinen Freunden stets vor Augen hielt, dass, trotz aller Gegnerschaft, die Gesetze und Anordnungen des Staates unbedingt zu befolgen wären.

Schon von klein auf wurde ich zu einem festen Pflichtbewusstsein erzogen. Es wurde in meinem Elternhaus streng darauf geachtet, dass alle Aufträge genau und gewissenhaft ausgeführt wurden. Jedes hatte immer einen gewissen Pflichtenkreis. Mein Vater achtete besonders darauf, dass ich alle seine Anordnungen und seine Wünsche peinlichst befolgte. So erinnere ich mich noch, dass er mich eines Nachts aus dem Bett holte, weil ich die Satteldecke im Garten hatte hängen lassen, anstatt sie, wie er angeordnet, im Schuppen zum Trocknen aufzuhängen. Ich hatte es einfach vergessen. Immer wieder belehrte er mich, dass aus den kleinen, oft unbedeutend scheinenden Nachlässigkeiten zumeist großer Schaden entstünde. Mir war dies damals nicht ganz begreiflich, doch später habe ich, durch bittere Erfahrung belehrt, gelernt, diesen Grundsatz zu beherzigen.

Meine Eltern, meinen Vater sowie meine Mutter, achtete ich sehr und sah mit Verehrung zu ihnen auf. Doch Liebe – Elternliebe, wie ich sie später kennenlernte – brachte ich nicht für sie auf. Woran das lag, ist mir nicht erklärlich, auch heute finde ich noch keine Gründe hierfür. *Martin Broszat (Hg.), S. 24-25*

M2 Selbstmordattentäter

Die meisten Attentäter haben bereits als Schüler oder Studenten einer der mehr oder minder radikalen Hamas- oder Dschihad-Organisationen angehört. Kinder und Jugendliche, die sich als besonders begeistert für die Idee dieser Terrororganisationen zeigen, werden angesprochen und in ihrem Tun ermutigt. Bereits zu diesem Zeitpunkt lässt sich ein gewisses „Täterprofil" erkennen. Diese jungen Männer haben fast alle einen nahen Freund, der von den Israeli getötet, verwundet oder inhaftiert wurde. Sie haben zum Teil gewalttätige Übergriffe der israelischen Besatzungssoldaten auf die eigene Familie miterlebt, wurden selbst misshandelt. Zu der Ausbildung gehört auch der Besuch gesonderter Klassen der Koranschulen, in denen speziell geschulte Geistliche mit ihnen jene Stellen des Korans und anderer religiöser Schriften besprechen, die den Kampf und den freiwilligen Opfertod für den Glauben idealisieren. Daneben stellt massive antiisraelische Propaganda den zweiten Schwerpunkt der ideologischen Ausbildung dar. Der Ausdruck „Gehirnwäsche" ist hier nicht ganz fehl am Platze, obwohl die Indoktrination der jungen Menschen ja weitgehend freiwillig vor sich geht.

Zu diesem Rekrutierungsprozesses gehört auch, dass den ausgewählten Jugendlichen verschiedene Aufgaben gestellt werden, in denen sie ihre Zuverlässigkeit, ihren Mut oder ihre Verschwiegenheit unter Beweis stellen müssen. Wer bei diesen Prüfungen, in denen Lebensgefahr sozusagen zum Prüfungsstoff gehört, versagt, kommt für ein Selbstmordattentat nicht in Frage und wird aus der Gruppe der potenziellen Täter unverzüglich ausgesondert.

In der letzten Phase findet die Isolierung von der Familie und den Freunden statt: Die Selbstmordanwärter werden in kleinen Gruppen zusammengefasst. Eine solche Isolation ist deshalb im Sinne der Ausbilder, da so die vielleicht noch vorhandenen letzten Hemmungen leichter abgebaut werden. Denn: Ein Blutbad unter Zivilisten richtet nur jemand an, der bereits jeden Bezug zum Alltag, zu den Normen und Werten der Normalgesellschaft verloren hat. Die Isolierung der jungen Männer findet plötzlich und ohne irgendwelche Erklärungen für irgendjemanden statt. Die „lebende Bombe" lernt nun erst ihr eigentliches Handwerkszeug: die Handhabung der tödlichen Fracht. Der Abschied von ihren Familien wird den Selbstmordattentätern dadurch erleichtert, dass die Hamas nach ihrem Tod für die Familien sorgen wird.

nach: Stuttgarter Zeitung vom 08.09.2001, S. 5

M3 Jugendliche Gewalttäter

Der Erziehungswissenschaftler Prof. Dr. Weidner hat ein Anti-Aggressivitäts-Training für gewalttätige Wiederholungstäter konzipiert. In dem ZDF-Film *Abschied vom Faustrecht. Junge Gewalttäter üben Friedfertigkeit* (1991), sagt er:

„Gewalttäter waren zumeist immer auch Opfer, Opfer z. B. innerhalb der Familie. So beschreibt ein Jugendlicher seine Mutter als Vollstrecker, sie habe ihn mit dem Bügeleisen erzogen. Sie hat ihm über Jahre mit der Bügeleisenspitze auf den Hinterkopf geschlagen, dann wurde das Blut abgewischt und niemand sah das, weil die Haare darüber waren.

Oder die Situation: Vater schlägt Mutter immer wieder, der Junge sieht das, will das nicht und leidet, weil er seine Mutter liebt und schwört sich, seiner Mutter zu helfen. Mit elf Jahren schlägt er seinen Vater, als dieser wieder seine Mutter prügelt, mit einem Baseballschläger nieder. Was passiert jetzt? Der Vater schlägt die Mutter nicht mehr und lässt auch den Sohn in Ruhe, weil er Angst hat. Dieser fühlt sich wie Robin Hood, hat seine Mutter gerettet, und er überträgt diese positive Erfahrung auf andere Bereiche, bloß im anderen Leben, in der Schule und im Beruf funktioniert das nicht. Konflikte mit dem Meister lassen sich nicht mit Gewalt lösen und so endet er im Knast."

ZDF-Reportage: Abschied vom Faustrecht, 1991 (Jens Weidner, Peter Schran)

Aufgaben

1. Erarbeitet in verschiedenen Gruppen, was dazu beigetragen haben könnte, dass diese Männer zu solchen Taten fähig waren, und stellt die Ergebnisse vor. → M1–M3
2. Erarbeitet einen Katalog von Maßnahmen: Was kann die Familie, was können die anderen tun, um so etwas zu verhindern? → M1–M3
3. Diskutiert in der Klasse, inwiefern die Täter unschuldig oder schuldig sind.

8 Kann Gewalt gerechtfertigt werden?

M1 Legale Gewalt?

M2 Das Gewaltmonopol des Staates

Unter dem Gewaltmonopol versteht man ein politisches Prinzip, nach dem nur der Staat das Recht hat, Gewalt anzuwenden. Bis auf wenige Ausnahmen, wie z. B. beim Recht auf Notwehr, dürfen nur staatliche Organe wie die Polizei, Richter etc. Gewalt ausüben (z. B. verhaften, verurteilen, bestrafen); sie sind dabei an Gesetze und die Verfassung gebunden. Die Bürger verzichten also darauf, Selbstjustiz auszuüben.

Die Herausbildung dieses Gewaltmonopols in Zusammenhang mit der Gewaltenteilung in der frühen Neuzeit gilt als bedeutender Fortschritt hin zu einer zivilisierten Gesellschaft. Nur so lassen sich die Rechte und Freiheiten der Menschen schützen.

M3 Aus dem Grundgesetz

Artikel 1

(1) Die Würde des Menschen ist unantastbar. Sie zu achten und zu schützen ist Verpflichtung aller staatlichen Gewalt.

(2) Das Deutsche Volk bekennt sich darum zu unverletzlichen und unveräußerlichen Menschenrechten als Grundlage jeder menschlichen Gemeinschaft, des Friedens und der Gerechtigkeit in der Welt.

(3) Die nachfolgenden Grundrechte binden Gesetzgebung, vollziehende Gewalt und Rechtsprechung als unmittelbar geltendes Recht.

Artikel 19

(4) Wird jemand durch die öffentliche Gewalt in seinen Rechten verletzt, so steht ihm der Rechtsweg offen.

M4 Aus dem Schulgesetz Baden-Württembergs

§ 90 Erziehungs- und Ordnungsmaßnahmen

(1) Erziehungs- und Ordnungsmaßnahmen dienen der Verwirklichung des Erziehungs- und Bildungsauftrags der Schule, der Erfüllung der Schulbesuchspflicht, der Einhaltung der Schulordnung und dem Schutz von Personen und Sachen innerhalb der Schule.

(2) [...] Bei allen Erziehungs- und Ordnungsmaßnahmen ist der Grundsatz der Verhältnismäßigkeit zu beachten.

(3) Folgende Erziehungs- und Ordnungsmaßnahmen können getroffen werden:

1. Durch den Klassenlehrer oder durch den unterrichtenden Lehrer: Nachsitzen bis zu zwei Unterrichtsstunden;
2. durch den Schulleiter:

a) Nachsitzen bis zu vier Unterrichtsstunden,

b) Überweisung in eine Parallelklasse desselben Typs innerhalb der Schule [...],

g) Ausschluss aus der Schule.

M5 Aus dem Bürgerlichen Gesetzbuch (BGB)

§ 227 Notwehr

(1) Eine durch Notwehr gebotene Handlung ist nicht widerrechtlich.

(2) Notwehr ist diejenige Verteidigung, welche erforderlich ist, um einen gegenwärtigen rechtswidrigen Angriff von sich oder einem anderen abzuwenden.

§ 228 Notstand

Wer eine fremde Sache beschädigt oder zerstört, um eine durch sie drohende Gefahr von sich oder einem anderen abzuwenden, handelt nicht widerrechtlich, wenn die Beschädigung oder die Zerstörung zur Abwendung der Gefahr erforderlich ist und der Schaden nicht außer Verhältnis zu der Gefahr steht.

M6 „Die Angriffe der wilden Bestie kann man nicht mit bloßen Händen abwehren" (afrikanisches Sprichwort)

Nelson Mandela, der für die Gleichberechtigung der Farbigen in Südafrika kämpfte und 27 Jahre in Haft saß, begründet seine kurzzeitige Absage an den gewaltlosen Widerstand in seinen Erinnerungen mit dem angegebenen Zitat und folgenden Überlegungen:

Ich selbst glaubte [...], Gewaltlosigkeit sei eine Taktik, die aufgegeben werden sollte, wenn sie ihre Wirkung verloren habe.

Auf dem Treffen argumentierte ich, der Staat habe uns keine Alternative zur Gewalt gelassen. Ich erklärte, es sei falsch und unmoralisch, unsere Leute den bewaffneten Angriffen des Staates auszusetzen, ohne ihnen irgendeine Art von Alternative anzubieten. Ich erwähnte abermals, die Menschen hätten auf eigene Faust zu den Waffen gegriffen. Gewalt würde ihren Anfang nehmen, ob wir nun die Initiative ergriffen oder nicht. Wäre es da nicht besser, wenn wir selbst diese Gewalt lenkten, gemäß den Prinzipien, wonach wir Leben retteten, indem wir die Symbole der Unterdrückung angriffen und nicht Menschen? Übernähmen wir jetzt nicht die Führung, erklärte ich, würden wir bald zu Nachzüglern und Anhängern einer Bewegung werden, die wir nicht mehr kontrollieren.

Nelson Mandela, S. 366

Aufgaben

1. Begründet, inwiefern es sich bei den gezeigten Situationen um Gewalt handelt. Welche Zwecke verfolgen diese Maßnahmen? Prüft, unter welchen Bedingungen ihr diese als gerechtfertigt anseht. ➜ M1
2. Erklärt die Bedeutung des Gewaltmonopols für das menschliche Zusammenleben (vgl. hierzu auch im Kapitel über Thomas Hobbes S. 92f.). ➜ M2
3. Prüft, inwiefern die Rollen von Schiedsrichtern und Polizisten vergleichbar sind. ➜ M1-3
4. Nennt Gründe, weshalb die in M4 und M5 genannten Taten rechtlich erlaubt sind. Wo haben sie ihre Grenzen? ➜ M4/5
5. Diskutiert, ob es Bedingungen geben kann, unter denen Gewalt gerechtfertigt ist, um Konflikte zu lösen. ➜ M5/6

▶ Glossar: Gewaltenteilung, Grundrechte, Rechtsstaat

9 Gewaltfreier Widerstand

M1 Satyagraha (Gewaltlosigkeit)

Mahatma Gandhi (1869-1948) war politischer und geistiger Führer der indischen Unabhängigkeitsbewegung. Mit seinem Konzept der Gewaltlosigkeit befreite er Indien von der englischen Kolonialherrschaft.

Gewaltlosigkeit bedeutet nicht Verzicht auf allen wirksamen Kampf gegen die Bosheit. Im Gegenteil, der gewaltlose Kampf gegen das Böse, wie ich ihn meine, ist wirkungsvoller und echter als Wiedervergeltung, die ja ihrer Natur nach das Böse nur noch vermehrt.

Gewaltlosigkeit als dynamische Forderung bedeutet bewusst getragenes Leiden. Sie bedeutet nicht sanftmütige Unterwerfung unter den Willen des Übeltäters. Sie bedeutet, dass wir die Kraft unserer ganzen Seele dem Tyrannenwillen entgegenstellen.

Es gibt zwei Möglichkeiten, sich zu verteidigen. Die beste und wirksamste besteht darin, auf jede Verteidigung zu verzichten, dabei aber auf seinem Posten auszuharren und jede Gefahr in Kauf zu nehmen. Die nächstbeste, aber ebenso ehrenvolle Methode gebietet uns, zur Selbstverteidigung tapfer zuzuschlagen und unser Leben an gefahrvollster Stelle einzusetzen. Gewaltlosigkeit und Feigheit passen schlecht zueinander. Ich kann mir einen schwerbewaffneten Mann vorstellen, der in seinem Herzen doch feige ist. Im Besitz von Waffen liegt das Element der Furcht verborgen, wenn nicht gar der Feigheit. Echte Gewaltlosigkeit jedoch ist unmöglich, wenn man nicht die Furchtlosigkeit besitzt.

Ich glaube aber, dass Gewaltlosigkeit der Gewalt himmelhoch überlegen ist. Vergeben ist männlicher als Strafen. Vergeben erhöht den Soldaten. Nichtstrafen ist aber erst dann Vergebung, wenn Macht zum Strafen vorhanden ist. Wenn eine hilflose Kreatur vom Strafen absieht, so bedeutet das weniger.

Es ist niemals die Absicht des Satyagrahi, den Urheber von Unrecht in Verlegenheit zu bringen. Niemals wird an seine Furcht appelliert, immer muss der Appell sich an sein Herz richten. Ziel des Satyagrahi ist, den Übeltäter zu bekehren, nicht ihn zu zwingen. Bei allem, was er tut, darf keine Heuchelei sein. Er handelt natürlich und aus innerer Überzeugung.

Sobald wir anfangen, die Dinge einmal vom Standpunkt unserer Gegner zu sehen, sind wir in der Lage, diesen Gerechtigkeit widerfahren zu lassen.

Dreiviertel des Elends und der Missverständnisse in der Welt würden verschwinden, wenn wir einmal in die Schuhe unserer Gegner schlüpften und ihren Standpunkt verständen.

Die Vernunft muss durch Leiden gestärkt werden, und Leiden öffnet die Augen zum Verstehen. Deswegen darf keine Spur von Zwang in unseren Handlungen liegen.

Unser Motto muss immer Bekehrung durch sanfte Überredung und ein ständiger Appell an Verstand und Herz sein. Wir müssen daher stets höflich und geduldig mit denen umgehen, welche die Dinge nicht so sehen wie wir.

Catherine Clément, S. 36-37

M2 Das Ziel gewaltfreier Aktionen

Das primäre Ziel ist es, den Gegner zu überzeugen, deshalb

1. wird der Gegner nicht als „Feind“ betrachtet, sondern als Mitmensch. Person und Rolle werden voneinander getrennt. Während der Gegner mit Achtung behandelt und ihm seine Unversehrtheit zugesichert wird, werden gleichzeitig das Unrechtssystem und die Funktionen, die er darin ausübt, bekämpft. Die Zusammenarbeit wird in Bezug auf bestimmte Ungerechtigkeiten verweigert, nicht aber generell in Bezug auf bestimmte Menschen.
2. lassen gewaltfreie Akteure sich nur von den eigenen Handlungsprinzipien leiten, nicht von denen des Gegners. (Es wird nicht zur Gewalt gegriffen, auch wenn der Gegner es tut, und keine Vergeltung geübt, auch nicht in gewaltlosen Formen.)
3. haben überzeugte Gewaltfreie nicht nur die Durchsetzung ihrer eigenen Anliegen/Interessen im Sinn, sondern den Schutz von Menschen generell.

M3 Die erhoffte Wirkung

Bei gewaltfreien Aktionen erhofft man sich, dass

- das eigentliche Anliegen der Akteure leichter wahrgenommen wird, bei Gewaltakten stehen diese meist selbst im Blickpunkt und nicht die Motive,
- Angst und Misstrauen vermindert und aufwändige Schutzmaßnahmen für den Gegner überflüssig werden,
- gewaltsame Reaktionen schwieriger zu rechtfertigen sind,
- ein Machtverzicht, ein Nachgeben keinen Ehrverlust bedeutet.

Wichtig: Die Aktionen zielen nicht so sehr auf den Gegner, sondern v. a. auf die Öffentlichkeit und dritte Parteien, die möglicherweise ihren Einfluss geltend machen können.

M4 Welche Probleme können auftreten?

- Gewaltfreie Aktionen brauchen zumeist eine charismatische Führerpersönlichkeit (King, Gandhi, etc.), die die anderen mitreißt, und damit ist der Widerstand auch leicht angreifbar – stirbt der Führer/die Führerin oder wird er/sie getötet, ist die ganze Bewegung gefährdet.
- ...
- ...
- ...

Aufgaben

1. Erkläre, weshalb nach Gandhi Gewaltlosigkeit der Gewalt überlegen ist.
   Welche Ziele verfolgt er und mit welchen Mitteln versucht er diese zu erreichen? ➜ M1
2. Erstellt in Gruppen kurze Referate (oder aber GFS) über das Leben und den gewaltlosen Protest und Widerstand von Mahatma Gandhi, M. L. King, Rigoberta Menchú, Nelson Mandela und Desmond Tutu.
   http://www.dadalos-d.org/deutsch/Vorbilder/Vorbilder/vorbilder.htm
3. Prüft, inwiefern diese Aktionen (Aufgabe 2) den Prinzipien und den Zielen des gewaltfreien Widerstandes entsprachen und inwiefern sie die erhofften Wirkungen hatten. ➜ M2/3
4. Überlegt in Gruppen, inwiefern die folgenden Aktionen den Prinzipien des gewaltfreien Widerstandes entsprechen können:
   - Ignorieren von bestimmten staatlichen Gesetzen
   - Verteilen von Flugblättern
   - Demonstrationen
   - Verweigerung des Wehrdienstes
   - heimliches Verstecken von Verfolgten
   - Fluchthilfe
   - Weigerung, bestimmten staatlichen Organisationen beizutreten
   - Beschmieren oder Zerstören von Wahlplakaten
   - Sitzblockaden
5. Welche weiteren Probleme des gewaltfreien Widerstands lassen sich ergänzen? ➜ M4

▶ Glossar: Mahatma Gandhi, Satyagraha (Gewaltlosigkeit), ziviler Ungehorsam

10 In Frieden leben – geht das?

M1 Der Traum vom (Welt-)Frieden …

Friedenssymbol vor dem UNO-Hauptquartier in New York

M2 Welche Bedeutung hat der Begriff „Frieden"?

Der Begriff Frieden hat in vielen Sprachen und Kulturen unterschiedliche Bedeutungen. Das deutsche Wort „Friede" zum Beispiel bezeichnet von seinem Ursprung her soviel wie „Freundschaft". Es stammt von dem indogermanischen Wort „pri" ab, eine Bezeichnung für „lieben".

Wahrscheinlich kennt ihr das englische Wort „Peace". Auch dieser Begriff hat unterschiedliche Bedeutungen, nämlich Frieden verstanden als Abwesenheit von Krieg, Frieden auch als öffentliche Ordnung und schließlich Frieden als Ruhe und Seelenfrieden.

Das Wort „Pax" bedeutet auch Frieden. Es kommt aus dem Lateinischen und umschreibt die „Pax Romana", also die römische Rechtsordnung. Frieden bedeutet hier Ordnung und gleichzeitig die Abwesenheit von Krieg. Andere bekannte Friedensbegriffe sind „eirene" (griechisch), „sala'am" (arabisch), „shalom" (hebräisch), „heiwa" (japanisch) oder „chowa" (chinesisch). Dabei verbinden die Menschen eher Vorstellungen von Gerechtigkeit, Harmonie oder des persönlichen Wohlergehens in Bezug zu Gott.

Institut für Friedenspädagogik Tübingen e. V.

M3 Negativer Frieden

Der Begriff wird zumeist im staatlichen und zwischenstaatlichen Bereich angewendet und bezeichnet das Nichtvorhandensein von Krieg oder Bürgerkrieg und für die meisten Autoren auch andere Formen von Gewalt wie Terroranschläge oder Bandenkrieg.

M4 Manifest 2000 für eine Kultur des Friedens und der Gewaltlosigkeit

1989 wurde auf einem UNESCO-Kongress die Idee einer Kultur des Friedens geboren. 1997 erklärt die Generalversammlung der Vereinten Nationen das Jahr 2000 zum „Internationalen Jahr für eine Kultur des Friedens", ein Jahr später das ganze Jahrzehnt 2001-2010 zum „Internationalen Jahrzehnt zur Verbreitung einer Kultur des Friedens und der Gewaltlosigkeit zugunsten der Kinder dieser Welt". Im Dezember 1998 arbeitet eine Gruppe von Friedensnobelpreisträgern, anlässlich des 50. Jahrestages der Allgemeinen Erklärung der Menschenrechte das „Manifest 2000" aus, welches am 4. März 1999 in Paris präsentiert wurde:

Im Bewusstsein meiner Verantwortung für die Zukunft der Menschheit und insbesondere für die Kinder von heute und morgen verpflichte ich mich hiermit, in Alltag und Familie, Gemeinschaft und Arbeit, in meinem Land und meiner Region zur Einhaltung folgender Grundsätze:

1. *Achtung der Würde jedes Menschen:*
Ich will ohne Unterschied und Vorurteil das Leben und die Würde jedes Menschen anerkennen.

2. *Gewaltfreie Konfliktbearbeitung:*
Ich will Gewaltlosigkeit leben, indem ich selbst keine körperliche, sexuelle, seelische, wirtschaftliche oder soziale Gewalt anwende, insbesondere nicht gegenüber Schwächeren und Wehrlosen wie Kindern und Jugendlichen.

3. *Solidarität:*
Ich will meine Zeit und meine Mittel großzügig mit anderen teilen, damit Ausgrenzung, Ungerechtigkeit sowie politische und wirtschaftliche Unterdrückung ein Ende finden.

4. *Zivilcourage und Dialogbereitschaft:*
Ich will freie Meinungsäußerung und kulturelle Vielfalt verteidigen und grundsätzlich den Dialog und das Interesse am anderen gegen Fanatismus, Verleumdung und Ausgrenzung setzen.

5. *Nachhaltige Entwicklung:*
Ich will mich für maßvolles Konsumieren und eine Entwicklung einsetzen, die allem Leben im Einklang mit der Natur auf unserem Planeten gerecht wird.

6. *Demokratische Beteiligung:*
Ich will zur Entfaltung meiner Gemeinschaft, zur vollen Gleichberechtigung der Frauen und zur Anerkennung der demokratischen Werte beitragen, damit wir alle gemeinsam neue Formen der Solidarität schaffen können.

Deutsche UNESCO-Kommission, Bonn 1999
http://www.unesco.de/535.html

M5 Ein Beispiel für Friedensarbeit

„Neve Shalom" und „Wahat al Salam" sind die hebräischen und arabischen Worte für „Oase des Friedens". In dem Dorf leben gleich viele jüdische und arabische Familien friedlich zusammen. Die Mitglieder von NSWAS sind der lebendige Beweis dafür, dass friedliche Partnerschaft zwischen Juden und Palästinensern in einer auf Toleranz, gegenseitiger Achtung und Zusammenarbeit beruhenden Gemeinschaft möglich ist. Die Gemeinschaft wird demokratisch verwaltet und gehört den Mitgliedern, sie ist unabhängig von politischen Parteien und Bewegungen.
NSWAS setzt diese Idee in verschiedenen Bereichen in praktische Arbeit um, wie z. B. schulisch in
- der gleich starken Beteiligung von Juden und Palästinensern an der Verwaltung und am Unterricht;
- der Bereitstellung von Einrichtungen, die die natürliche Begegnung von Kindern beider Völker im Alltag ermöglichen;
- dem gleichberechtigten Gebrauch von Hebräisch und Arabisch als Unterrichtssprachen.

Aufgaben

1 Erklärt, weshalb die UNO gerade dieses Symbol gewählt hat, und sucht weitere Symbole für Frieden. ➜ M1
2 Erstellt eine Mindmap mit den verschiedenen Aspekten des Wortes Frieden. Was würdet ihr noch ergänzen? ➜ M2
3 Frieden ist die Abwesenheit von Krieg! Schreibt Gründe auf, weshalb ein solcher Friede „negativ" ist (vgl. hierzu auch im Kapitel über Thomas Hobbes S. 90f.). ➜ M3
4 Erarbeitet mit Hilfe von ➜ M2 und ➜ M4 wesentliche Bedingungen für einen positiven Frieden.
5 Welche Bedingungen müssten erfüllt sein, damit positiver Friede herrscht in der Familie, in der Klasse, der Gesellschaft und zwischen Staaten?
Was kann jeder Einzelne tun, damit dort Frieden herrscht?
6 Seit 1981 verleiht die Unesco jährlich einen Preis für Friedenserziehung. Informiert euch in Gruppen im Internet darüber, welche Projekte Preise für welche Aktivitäten erhielten, und stellt die Projekte den Mitschülern vor. ➜ M4
7 Wie versuchen die Mitglieder von Neve Shalom – Wahat al Salam, den Frieden zu leben (siehe auch www.nswas.com)? ➜ M5
8 Friedenserziehung in der Schule. – Entwerft Ideen für ein Projekt an eurer Schule. ➜ M5
9 GFS-Vorschläge:
- Wie lässt sich nach den Überlegungen des Philosophen Kant Frieden schaffen?
http://www.learnline.nrw.de/angebote/praktphilo/fragen_kreise/fragenkr4/frage4_friede.html
- Gewaltspiele gibt es viele – aber kann man auch Frieden am PC spielen?
http://www.peacemakergame.com/game.php

Was wir wissen – was wir können

Ethische Fälle beschreiben und analysieren

Fleischskandal

Lastwagenfahrer K, der regelmäßig ungenießbare Fleischabfälle in einen bayerischen Betrieb lieferte, hatte den Verdacht, dass dort das Fleisch umetikettiert würde. Er informierte die Behörden darüber, obwohl er fürchten musste, deshalb seinen Job zu verlieren. So wurde ein großer Gammelfleischskandal aufgedeckt. Das nicht zum Verzehr zugelassene Fleisch wurde in den Handel gebracht und zumeist als Döner verkauft.

Trotz Schulden 10 000 € abgegeben

Eine 39-jährige Sekretärin aus Stuttgart fand in ihrem Briefkasten einen Briefumschlag ohne Absender und Adresse, in dem sich 10 000 € befanden. Obwohl sie das Geld gut gebrauchen konnte, weil sie Schulden hat, brachte sie es zum Fundamt.

1. Bearbeitet die beiden Fälle nach folgendem Schema:

   1. Wie beurteile ich diesen Fall spontan? Warum?
   2. Wer ist beteiligt und wer ist betroffen?
   3. Welche Interessen haben die Beteiligten und Betroffenen? Was möchten sie, was möchten sie nicht (Gefühle, Werte)?
   4. Welche anderen Handlungsmöglichkeiten gibt es?
   5. Welche rechtlichen Normen müssen berücksichtigt werden?
      Welche moralischen Normen und welche Werte werden hiervon berührt?
   6. Wie beurteile ich nach der Analyse jetzt den Fall? Welche Unterschiede gibt es?

2. Schreibt in Gruppen je einen Zeitungsartikel über diesen Fall, in dem ihr die Finderin/den Lastwagenfahrer ihre Entscheidung auf der Basis der ethischen Argumentation von
   a) Sokrates oder
   b) Hobbes oder
   c) Hume begründen lasst.

Gewissensfragen

Im jeden Freitag erscheinenden Magazin der Süddeutschen Zeitung beantwortet Dr. Dr. Erlinger Gewissensfragen, die ihm die Leser stellen. Ein Beispiel:

„Nach dem Tod meiner Mutter fand ich unter ihren Sachen ein Tagebuch. Auf dem Umschlag steht: ‚Nach meinem Tod zu vernichten'. Muss ich diesem Wunsch folgen oder darf ich die Aufzeichnungen meiner Mutter lesen?"

Anfrage von CLAUDIA S., MÜNCHEN

Antwort von Dr. Erlinger: Es war die Mutter selbst, die sich entschloss, das bislang Gehütete zu offenbaren. Ihr stand die Entscheidung zu, nicht den Verwandten, wollten diese auch noch so sehr dem Geheimnis auf die Spur kommen.
Den Ausschlag gibt für mich letztlich ein weiterer Aspekt: Tagebücher besitzen – anders als Kochrezepte – einen hohen Stellenwert in Bezug auf die Persönlichkeit des Menschen, welche nicht mit dem Tod untergeht. Die Anweisung Ihrer Mutter legt nahe, dass auch für sie die Aufzeichnungen ihrer eigenen Reflexion, nicht der Information der Nachwelt dienten. Solange Sie keine dem widersprechenden Gesichtspunkte finden – Neugier allein zählt hier nicht –, sollten Sie daher den Wunsch respektieren.

SZ Magazin 15/2006

Beantworte – wie Erlinger – die folgenden Gewissensfragen.
Anregungen findest du im Buch auf den angegebenen Seiten. Du kannst auch, wenn im Unterricht schon behandelt, eine philosophische Position für die Beantwortung der Frage nutzen.

1. Ich bin seit Jahren engagiertes Mitglied einer Tierschutzgruppe. Trotz unserer vielfältigen Aktionen werden in dem Forschungslabor in L. weiterhin Hunde zu Forschungszwecken gequält und getötet. Die Mehrheit unserer Gruppe hat beschlossen, demnächst in das Labor einzudringen und die Tiere frei zu lassen. Soll ich an dieser Aktion mitmachen?

→ Lebensgestaltung, S. 52-55
→ Natur und Mensch, S. 126-139
→ Gewalt und Gewaltlosigkeit, S. 182-183, 196-197

2. Aus Überzeugung habe ich bisher niemals Pelz getragen: Der Aufwand bei der Pelztierzucht und die Käfighaltung stehen meiner Meinung nach in keinem Verhältnis zum Nutzen, es handelt sich schließlich um reinen Luxus. Nun habe ich von einer kürzlich verstorbenen älteren Bekannten, die ich sehr mochte, einen Fuchspelzkragen geerbt. Plötzlich stehe ich vor einem Dilemma: Ist es unmoralischer, den Pelz zu tragen oder ihn wegzuwerfen?

→ Natur und Mensch, S. 132-139
→ Altern, Sterben, Tod, S. 170-171

3. Wenn ich mit meinen Freunden weggehe, flirte ich gern mal mit anderen Frauen. Weil meine Freundin leicht eifersüchtig wird, verheimliche ich ihr das – auch damit sie sich keine Sorgen macht. Nun hat sie meine E-Mails gelesen, nachdem sie irgendwie mein Passwort herausgefunden hatte. Darunter war auch eine Mail von einer Bekannten, die meine Freundin völlig überinterpretiert hat. Sie sieht nicht ein, dass ich nichts von den Flirts erzähle, ich kann nicht verstehen, wie sie es wagen kann, meine Mails zu lesen. Was wiegt Ihrer Meinung nach schwerer?

→ Sich orientieren, S. 24-25
→ Lebensgestaltung, S. 48-49
→ Liebe, Ehe, Familie, S. 140, 150-151, 154-155

4. Meine Mutter hat mich und meine Schwestern allein großgezogen. Letzten Sommer ist sie nach Portugal ausgewandert. Dort hat sie sich ein kleines Anwesen mit großem Garten gekauft und genießt die frischen Orangen und ihren Ruhestand. Ich gönne ihr dieses Leben, andererseits wachsen die immer zahlreicheren Enkel quasi ohne Großmutter auf. Gibt es die moralische Verpflichtung einer vitalen Rentnerin, eine gute Oma zu sein?

→ Sich orientieren, S. 12-15, 18-19
→ Lebensgestaltung, S. 46-47, 52-55
→ Altern, Sterben, Tod, S. 160-167

5. Vor ein paar Wochen war meine Frau für drei Tage mit Freundinnen weggefahren und ich war mit unseren zwei Kindern allein. Wir haben uns bis auf den letzten Abend sehr gut verstanden. Unser elfjähriger Sohn Mark weigerte sich, abends sein Zimmer aufzuräumen. Es kam zu einer heftigen Auseinandersetzung zwischen ihm und mir, er rastete aus, schrie und beschimpfte mich. Ich war so erregt, dass ich ihm eine Ohrfeige verpasste, er weinte darauf fürchterlich, räumte aber sein Zimmer später auf. Mir tat das hinterher auch sehr leid, zumal wir unsere Kinder zu einem friedlichen Miteinander erziehen wollen.
Als meine Frau durch unsere sechsjährige Tochter ein paar Tage später davon erfuhr, warf sie mir vor, unsere Prinzipien verraten zu haben und die Kinder mit Gewalt zu erziehen. Ich finde das nicht richtig, eine Ohrfeige ist doch nicht gleich Gewalt.

→ Sich orientieren, S. 8-11
→ Gewalt und Gewaltlosigkeit, S. 182-185

1 Alles Weihnachten oder was?

M1 Weihnachten daheim?

Ein Abiturjahrgang tauscht sich im Gästebuch seiner Homepage aus:

430. Katharina schrieb am 13. 12. 2005 um 13:17 Uhr:
Na, wer ist alles an Weihnachten zuhause? Und gibt es ein „Event" an dem wir uns alle sehen können? Viele Weihnachtsgrüße an alle!

431. Michi schrieb am 14. 12. 2005 um 17:16 Uhr:
Heiligabend „Back to the roots" im Tropi. Wär doch ne Möglichkeit.

432. Michi schrieb am 14. 12. 2005 um 17:18 Uhr:
Ups, die Weihnachtsgrüße vergessen!
Gruß zurück und gleich an die paar anderen hier in der Runde! *ggg*

433. cari schrieb am 14. 12. 2005 um 17:56 Uhr:
ja wär cool wenn an heiligabend viele ins tropi kommen würden!!!

434. han schrieb am 19. 12. 2005 um 20:35 Uhr:
hey... heiligabend ist Familie angesagt ... kann nicht und will glaub auch gar net an dem abend weg. Aber sonst gerne. Liebe Weihnachtsgrüße an alle!! Feiert schön, wo auch immer! =)

435. blonderEngel schrieb am 20. 12. 2005 um 16:59 Uhr:
Tja, also an Weihnachten und Heilig Abend ist bei mir traditionell seit 20 Jahren Family geplant. Aber am 23., also Freitag wäre Tropi für mich möglich. Schau mer mal.

www.abi-null5.de (Reihenfolge geändert)

M2 Die Geburt Jesu

1 In jenen Tagen erließ Kaiser Augustus den
Befehl, alle Bewohner des Reiches in
Steuerlisten einzutragen. 2 Dies geschah zum
ersten Mal; damals war Quirinius Statthal-
ter von Syrien. 3 Da ging jeder in seine
Stadt, um sich eintragen zu lassen. 4 So zog
auch Josef von der Stadt Nazaret in Gali-
läa hinauf nach Judäa in die Stadt Davids,
die Betlehem heißt; denn er war aus dem
Haus und Geschlecht Davids. 5 Er wollte
sich eintragen lassen mit Maria, seiner Ver-
lobten, die ein Kind erwartete. 6 Als sie
dort waren, kam für Maria die Zeit ihrer
Niederkunft, 7 und sie gebar ihren Sohn,
den Erstgeborenen. Sie wickelte ihn in
Windeln und legte ihn in eine Krippe, weil in
der Herberge kein Platz für sie war. 8 In
jener Gegend lagerten Hirten auf freiem
Feld und hielten Nachtwache bei ihrer
Herde. 9 Da trat der Engel des Herrn zu
ihnen und der Glanz des Herrn umstrahlte
sie. Sie fürchteten sich sehr, 10 der Engel
aber sagte zu ihnen: Fürchtet euch nicht,
denn ich verkünde euch eine große Freu-
de, die dem ganzen Volk zuteil werden soll:
11 Heute ist euch in der Stadt Davids der
Retter geboren; er ist der Messias, der
Herr. 12 Und das soll euch als Zeichen die-
nen: Ihr werdet ein Kind finden, das, in Win-
deln gewickelt, in einer Krippe liegt. 13 Und
plötzlich war bei dem Engel ein großes
himmlisches Heer, das Gott lobte und
sprach: 14 Verherrlicht ist Gott in der Höhe/
und auf Erden ist Friede/bei den Men-
schen seiner Gnade.

Neues Testament, Lukas 2, 1-14

Weihnachten in der Streichholzschachtel: eine Weihnachtskrippe armer Menschen in Kolumbien

M3 Weihnachten – Fest des Friedens

Erster Weltkrieg an der Westfront: Britische und deutsche Soldaten legen über Weihnachten die Waffen nieder und begehen ein gemeinsames Weihnachtsfest auf dem Schlachtfeld:

Am Weihnachtsmorgen 1914 geschieht Unerhörtes. Frieden bricht aus mitten im Krieg. Als es dunkel wird, leuchten Tannenbäume auf dem Stacheldraht, die Feinde von gestern singen gemeinsam die Botschaft von [...] Weihnachten [...], ein jeder in seiner Sprache, Lieder vom Frieden auf Erden. [...] Anfangs ist es nur einer, der „Stille Nacht, heilige Nacht" vor sich hin singt. Leise klingt die Weise von Christi Geburt, verloren schwebt sie in der toten Landschaft Flanderns. Doch dann brandet Gesang wie eine Welle übers Feld, „[...] und von der ganzen langen dunklen Linie der Schützengräben klang es empor: ‚Schlafe in himmlischer Ruh'''. Diesseits des Feldes, hundert Meter entfernt, in den Stellungen der Briten, bleibt es ruhig. Die deutschen Soldaten aber sind in Stimmung, Lied um Lied ertönt ein Konzert aus „Tausenden von Männerkehlen rechts und links" [...]. Als der letzte Ton verklungen ist, warten die drüben noch eine Minute, dann beginnen sie zu klatschen und *„Good, old Fritz"* zu rufen, und: *„Encore, encore"*, *„More, more"*. Zugabe, Zugabe. Die derart hoch gelobten Fritzens antworten mit *„Merry Christmas Englishmen"* und *„We not shoot, you not shoot"*, und was sie da rufen, das meinen sie ernst.

Michael Jürgs, S. 2, 7

M4 Ein Fest der Hektik und des Konsums?

Besinnliches Beisammensein unter dem liebevoll mit selbstgebastelten Strohsternen geschmückten Tannenbaum, fröhliche Familienzusammenkunft im weihnachtlich dekorierten Wohnzimmer [...]. Weihnachten. Das Fest der Liebe, des Friedens und der Familie. Ich glaube davon kein Wort. Ich kenne Weihnachten, jawohl. [...]

Meistens beginnt die größte Geburtstagsparty der Welt ja ungefähr im September. Endlich gibt es Schokoweihnachtsmänner und Lebkuchen, na, Gott sei Dank! Bei 25 Grad und Sonnenschein brauche ich nichts dringender ... Aber ich will schließlich nicht unfair sein. Weihnachten ist für die meisten Menschen das Highlight des Jahres. Für mich beginnt das Fest der Liebe am 23. Dezember. Weihnachtsbasare, -märkte und unglaublich besinnliche Konzerte ignoriere ich bis dahin erfolgreich. Doch am Tag vor Heiligabend kann auch ich mich nicht mehr wehren. [...] Also renne ich los und kaufe bergeweise Geschenke. [...]

Ich gebe zu: Die Feiertage sind ein Härtetest für meine Nerven. Nach 22 Jahren Weihnachtserfahrung kann ich sagen: Ich bin stark. Ich bin tapfer. Ich habe Nerven wie Drahtseile. Putzaktionen, Krippenspiele, Flötendarbietungen unmusikalischer Verwandter – ich kann alles ertragen. Ich überlebe das Heiligabend-Fondue [...]. Ich überlebe die Bescherung [...]. Am späten Abend können wir endlich fliehen. Es ist der Abend des zweiten Weihnachtstages. Und dann kommt endlich der wirklich friedliche Teil von Weihnachten. Meine Eltern, meine Schwester und ich sitzen gemeinsam im Schlafanzug vor dem Fernseher.

www.eisbergonline.de

Aufgaben

1. Führe den Chat fort: **436.** ... **437.** ... → M1
2. Stelle die Bedeutung der Geburt Jesu für die Christen dar. → M2
3. Überlegt gemeinsam, wie man ein derartiges Verhalten erklären könnte. → M3
4. Lege dar, was der Autorin dieser Glosse an „ihrem" Weihnachtsfest nicht gefällt. Informiere dich bei deinen christlichen Mitschülern über deren Feiergewohnheiten und schreibe einen „Gegentext". → M4

▶ Glossar: Messias, Neues Testament

2 Das Leben und Wirken Jesu von Nazaret

M1 Wer war Jesus von Nazaret?

Das Neue Testament (50–120 n. Chr.) gibt Auskunft über das Leben und Wirken des Jesus von Nazaret und ist das wichtigste Dokument im Hinblick auf die Authentizität dieser außergewöhnlichen Person.

13 Zu dieser Zeit kam Jesus von Galiläa an den Jordan
zu Johannes, um sich von ihm taufen zu lassen.
14 Johannes aber wollte es nicht zulassen
und sagte zu ihm: Ich müsste von dir
getauft werden, und du kommst zu
mir? 15 Jesus antwortete ihm: Lass es
nur zu! Denn nur so können wir die
Gerechtigkeit (die Gott fordert)
ganz erfüllen. Da gab Johannes
nach. 16 Kaum war Jesus getauft
und aus dem Wasser gestiegen,
da öffnete sich der Himmel, und
er sah den Geist Gottes wie eine
Taube auf sich herabkommen. 17
Und eine Stimme aus dem Himmel
sprach: Das ist mein geliebter Sohn,
an dem ich Gefallen gefunden habe.

Matthäus 3, 13–17

Als älteste außerbiblische Quelle gilt ein Brief des syrischen Philosophen Mara bar Sarapion. Aus römischer Gefangenschaft schreibt er um 73 n. Chr. an seinen Sohn:

Was profitieren die Athener davon, dass sie Sokrates töteten? Hungersnot und Pest traf sie als Strafe für ihr Verbrechen. Was profitierten die Einwohner von Samus davon, dass sie Pythagoras verbrannten? Kurze Zeit später war ihr Land unter einer Sandschicht begraben. Was profitierten die Juden davon, dass sie ihren weisen König hinrichteten? Kurz danach wurde ihr Königreich total zugrunde gerichtet. Gott hat diese drei Weisen in gerechter Weise gerächt: Die Athener verhungerten, Samus wurde vom Meer überschwemmt, und die Juden, ruiniert und aus ihrem Land vertrieben, leben jetzt in absoluter Zerstreuung. Aber Sokrates ist nicht tot. Er lebt weiter in der Lehre Platos. Pythagoras ist nicht tot. Er lebt weiter in der Statue der Hera. Und auch der weise König ist nicht tot. Er lebt in der Lehre fort, die er brachte."

Britisches Museum, London [Originalbrief]

Der römische Geschichtsschreiber und Statthalter Cornelius Tacitus äußert sich zur Herkunft der Bezeichnung „Christen":

Dieser Name stammt von Christus, den der Prokurator Pontius Pilatus unter der Herrschaft des Tiberius zum Tod verurteilt hatte. Dieser abscheuliche Aberglaube, der eine Weile verdrängt worden war, verbreitete sich von neuem nicht nur in Judäa, wo das Übel begonnen hatte, sondern auch in Rom.

Cornelius Tacitus, Annalen, XV,44

Folgender Text wird dem jüdischen Historiker Flavius Josephus (ca. 37–100 n. Chr.) zugeschrieben:

Ananaos [der damalige Hohepriester] berief eine Versammlung der Richter und ließ vorführen den Bruder Jesu des sogenannten Christus, Jakobus mit Namen, und einige andere, erhob gegen sie als Gesetzesübertreter eine Anklage und überantwortete sie zur Steinigung.

Jüdische Altertümer, Band 20, S. 200

zitiert nach:
Stephanie Catani, Wilfried Stascheit, S. 24–25, 45

M2 Das Wirken des Jesus von Nazaret

Jesus von Nazaret ist die Hauptperson der Evangelien im Neuen Testament. Auch wenn im Matthäus- und Lukasevangelium Betlehem als Geburtsort angegeben ist, was auf Prophetenworte im Alten Testament zurückgeführt wird, so darf man dennoch annehmen, dass Jesus zirka 4 v. Chr. – also einige Jahre vor unserer Zeitrechnung – nicht dort, sondern in Nazaret, einer kleinen Stadt in Galiläa (Palästina) zur Welt kam. Nach den Evangelien lebte Jesus dort rund 30 Jahre, bis er nach Judäa zog, sich Johannes dem Täufer anschloss und sich von diesem auch taufen ließ. Eines Tages begann Jesus selbst zu predigen, seine Botschaft vom anbrechenden Reich Gottes zu verkündigen (*„Die Zeit ist erfüllt, das Reich Gottes ist nahe. Kehrt um und glaubt an das Evangelium!“*, Markus 1, 15), Jünger um sich zu scharen, mit denen er in Galiläa und Judäa herumzog, sowie Menschen zu helfen. Jesus, der nach jüdischer Tradition und im jüdischen Glauben erzogen worden war, wendete sich – auch wenn er manches abschwächte – keineswegs vom Judentum ab, sondern verstärkte stellenweise vielmehr dessen Inhalte. Ins Zentrum seiner Lehre rückte er das sogenannte Doppelgebot der Liebe: *Du sollst den Herrn, deinen Gott, lieben mit ganzem Herzen, mit ganzer Seele und mit all deinen Gedanken. [...] Du sollst deinen Nächsten lieben wie dich selbst.* (Matthäus 22, 37.39) Jesus zog mit seiner Botschaft und seinem Wirken viele Menschen in seinen Bann. Sie hofften, dass er der im Alten Testament angekündigte Messias sei, der die Gottesherrschaft errichten würde. Die Gegner Jesu sorgten schließlich dafür, dass ihm der Prozess gemacht und er ungefähr 30 n. Chr. gekreuzigt wurde. Kurze Zeit nach seinem Tod verbreiteten seine Jünger die Nachricht, dass Jesus durch Gott wieder auferweckt worden sei und nun an seiner Seite lebe.

M3 Jesus begegnet seinen Mitmenschen

[9] Als Jesus weiterging, sah er einen Mann namens Matthäus am Zoll sitzen und sagte zu ihm: Folge mir nach! Da stand Matthäus auf und folgte ihm. [10] Und als Jesus in seinem Haus beim Essen war, kamen viele Zöllner und Sünder und aßen zusammen mit ihm und seinen Jüngern. [11] Als die Pharisäer das sahen, sagten sie zu seinen Jüngern: Wie kann euer Meister zusammen mit Zöllnern und Sündern essen? [12] Er hörte es und sagte: Nicht die Gesunden brauchen den Arzt, sondern die Kranken. [13] Darum lernt, was es heißt: Barmherzigkeit will ich, nicht Opfer. Denn ich bin gekommen, um die Sünder zu rufen, nicht die Gerechten. *Matthäus 9, 9-13*

[13] Da brachte man Kinder zu ihm, damit er ihnen die Hände auflegte. Die Jünger aber wiesen die Leute schroff ab. [14] Als Jesus das sah, wurde er unwillig und sagte zu ihnen: Lasst die Kinder zu mir kommen; hindert sie nicht daran! Denn Menschen wie ihnen gehört das Reich Gottes. *Markus 10, 13-14*

[2] Da kamen Pharisäer zu ihm und fragten: Darf ein Mann seine Frau aus der Ehe entlassen? [...] [3] Er antwortete ihnen: Was hat euch Mose vorgeschrieben? [4] Sie sagten: Mose hat erlaubt, eine Scheidungsurkunde auszustellen und (die Frau) aus der Ehe zu entlassen. [5] Jesus entgegnete ihnen: Nur weil ihr so hartherzig seid, hat er euch dieses Gebot gegeben. [...] [9] Was aber Gott verbunden hat, das darf der Mensch nicht trennen. *Markus 10, 2-9*

Aufgaben

1 Stelle zusammen, was man aus den unterschiedlichen Quellen über Jesus von Nazaret erfährt. Überlegt, warum es den Christen damals wie heute wichtig sein könnte, dass außerbiblische Quellen die Existenz Jesu bestätigen. → M1

2 Lest den Text durch und erstellt dann auf Grundlage folgender Bibelstellen ein Plakat mit einem tabellarischen Lebenslauf Jesu von Nazaret: Mt 1, 16; Mt 2, 1; Lk 2, 21; Mk 6, 3; Lk 4, 16; Mk 1, 9; Mt 4, 12-17; Mk 3, 7-12; Mk 3, 13-19; Mk 14, 43-46, Mk 15, 12-15; Mk 15, 22; Mk 15, 26; Mk 15, 24-37; Mk 15, 34; Mk 15, 42; Mt 27, 57-60; Mk 16, 1-8 → M2

3 Stelle zusammen, welche ethisch-moralischen Werte Jesus im Umgang mit seinen Mitmenschen besonders wichtig waren. Kläre dabei, was die Formulierung „Nicht die Gesunden brauchen den Arzt, sondern die Kranken.“ (Mt 9, 12) bedeutet. → M3

▶ Glossar: Evangelium

3 Prozess und Tod

M1 Das öffentliche Wirken Jesu von Nazaret

Man kann davon ausgehen, dass das öffentliche Auftreten Jesu von Nazaret nicht mehr als ein gutes Jahr andauerte. Mit seinen Jüngern zog er – vornehmlich als Wanderprediger – durch Galiläa. An vielen Orten versammelten sich die Menschen, um seine Worte zu hören. Doch nicht überall – vor allem nicht in seiner Heimatstadt Nazaret (s. Markus 6, 1-6) – stieß er auf positive Resonanz.

Das Neue Testament berichtet auch von zahlreichen Heilungen und weiteren Taten, die Jesus vollbracht haben soll. Jesus selbst wollte diese nicht als Sensationen verstanden und verbreitet wissen, vielmehr ging es ihm darum, den Glauben an Gott zu stärken. Dadurch und durch sein für die damalige Zeit ungewöhnliches Verhalten (zum Beispiel der Umgang mit Frauen) wurde die Ablehnung seitens seiner Gegner immer größer.

M2 Sondermeldung

Wenn es zur Zeit Jesu bereits ein Pressewesen im heutigen Sinne gegeben hätte, hätte man in einer Illustrierten möglicherweise folgenden Artikel lesen können (Version nach Matthäus oder Markus):

Politischer Verbrecher hingerichtet

Pilatus spricht Todesurteil/Mörder kommt frei

Jerusalem (via). Am gestrigen Freitag wurde auf dem Berg Golgatha vor den Toren Jerusalems Jesus von Nazaret gekreuzigt. Mit ihm starben zwei Schwerverbrecher. Etliche Schaulustige, aber auch trauernde Angehörige und Freunde wohnten dem Spektakel bei. Der Doppelmörder Barabbas wurde anlässlich des bevorstehenden Pessach-Fests begnadigt.

Etliche waren gekommen, um die Hinrichtung des Wanderpredigers Jesus von Nazaret zu erleben. Auf seinem Weg zum Hinrichtungsplatz auf dem Berg Golgatha, zu dem er sein Kreuz selbst trug, wurde er von Schaulustigen verspottet und gequält. Jesus, den eine Dornenkrone zierte, reagierte auf die grölende Menge nicht. Er hatte offensichtlich Mühe, das schwere Kreuz zu halten. Immer wieder hatte es den Anschein, als würde er unter der drückenden Last zusammenbrechen. Nach drei qualvollen Stunden am Kreuz verdunkelte sich plötzlich mitten am Tag der Himmel und weitere drei Stunden später stieß der „König der Juden" im Todeskampf seine finalen Worte „Mein Gott, mein Gott, warum hast du mich verlassen?" aus und starb. Laut Augenzeugenberichten soll exakt in diesem Moment der Vorhang im Tempel zerrissen sein – ein Zeichen, das bis jetzt noch niemand zu deuten wagte. Bleibt also die bange Frage, ob man hier vielleicht tatsächlich den „Sohn Gottes" ermordet hat ...

HINTERGRÜNDE

Wie aber war es zu dieser plötzlichen Hinrichtung des Jesus von Nazaret gekommen? Alles fing damit an, dass ihn einer seiner Jünger, Judas Ischariot (der sich inzwischen das Leben genommen hat – wir berichteten!), an den Hohen Rat der Juden verraten hatte. Jesus wurde daraufhin nach einem letzten Abendmahl im Kreise seiner Jünger gefangen genommen und vor den Hohepriester Kajaphas gebracht. Dieser übergab ihn dem Statthalter Pontius Pilatus, der ihn zum Tode verurteilte. Was letztendlich der Grund für die Verurteilung Jesu war, ist der Redaktion derzeit noch nicht bekannt.

M3 Was die Evangelien berichten

[3] Um die gleiche Zeit versammelten sich die Hohenpriester und die Ältesten des Volkes im Palast des Hohenpriesters, der Kajaphas hieß, [4] und beschlossen, Jesus mit List in ihre Gewalt zu bringen und ihn zu töten. [...] [14] Darauf ging einer der Zwölf namens Judas Iskariot zu den Hohenpriestern [15] und sagte: Was wollt ihr mir geben, wenn ich euch Jesus ausliefere? Und sie zahlten ihm dreißig Silberstücke. [16] Von da an suchte er nach einer Gelegenheit, ihn auszuliefern. [...] [47] Während [Jesus] noch redete, kam Judas, einer der Zwölf, mit einer großen Schar von Männern, die mit Schwertern und Knüppeln bewaffnet waren; sie waren von den Hohenpriestern und den Ältesten des Volkes geschickt worden. [50] [...] Da gingen sie auf Jesus zu, ergriffen ihn und nahmen ihn fest. [...] [57] Nach der Verhaftung führte man Jesus zum Hohenpriester Kajaphas, bei dem sich die Schriftgelehrten und die Ältesten versammelt hatten. [...] [59] Die Hohenpriester und der ganze Hohe Rat bemühten sich um falsche Zeugenaussagen gegen Jesus, um ihn zum Tod verurteilen zu können. [60] Sie erreichten aber nichts, obwohl viele falsche Zeugen auftraten. Zuletzt kamen zwei Männer [61] und behaupteten: Er hat gesagt: Ich kann den Tempel Gottes niederreißen und in drei Tagen wieder aufbauen. [62] Da stand der Hohepriester auf und fragte Jesus: Willst du nichts sagen zu dem, was diese Leute gegen dich vorbringen? [63] Jesus aber schwieg. Darauf sagte der Hohepriester zu ihm: Ich beschwöre dich bei dem lebendigen Gott, sag uns: Bist du der Messias, der Sohn Gottes? [64] Jesus antwortete: Du hast es gesagt. Doch ich erkläre euch: Von nun an werdet ihr den Menschensohn zur Rechten der Macht sitzen und auf den Wolken des Himmels kommen sehen. [65] Da zerriss der Hohepriester sein Gewand und rief: Er hat Gott gelästert! Wozu brauchen wir noch Zeugen? Jetzt habt ihr die Gotteslästerung selbst gehört. [66] Was ist eure Meinung? Sie antworteten: Er ist schuldig und muss sterben.

Matthäus 26, 3- 66

[1] Als es Morgen wurde, fassten die Hohenpriester und die Ältesten des Volkes gemeinsam den Beschluss, Jesus hinrichten zu lassen. [2] Sie ließen ihn fesseln und abführen und lieferten ihn dem Statthalter Pilatus aus. [...] [11] Als Jesus vor dem Statthalter stand, fragte ihn dieser: Bist du der König der Juden? Jesus antwortete: Du sagst es. [12] Als aber die Hohenpriester und die Ältesten ihn anklagten, gab er keine Antwort. [13] Da sagte Pilatus zu ihm: Hörst du nicht, was sie dir alles vorwerfen? [14] Er aber antwortete ihm auf keine einzige Frage, sodass der Statthalter sehr verwundert war. [15] Jeweils zum Fest pflegte der Statthalter einen Gefangenen freizulassen, den sich das Volk auswählen konnte. [...] [17] Pilatus fragte nun die Menge, die zusammengekommen war: Was wollt ihr? Wer soll ich freilassen, Barabbas oder Jesus, den man den Messias nennt? [18] Er wusste nämlich, dass man Jesus nur aus Neid an ihn ausgeliefert hatte. [...] [20] Inzwischen überredeten die Hohenpriester und die Ältesten die Menge, die Freilassung des Barabbas zu fordern, Jesus aber hinrichten zu lassen. [21] Der Statthalter fragte sie: Wen von beiden soll ich freilassen? Sie riefen: Barabbas! [22] Pilatus sagte zu ihnen: Was soll ich dann mit Jesus tun, den man den Messias nennt? Da schrien sie alle: Ans Kreuz mit ihm! [23] Er erwiderte: Was für ein Verbrechen hat er denn begangen? Da schrien sie noch lauter: Ans Kreuz mit ihm! [24] Als Pilatus sah, dass er nichts erreichte, sondern dass der Tumult immer größer wurde, [...] [26] ließ er Barabbas frei und gab den Befehl, Jesus zu geißeln und zu kreuzigen.

Matthäus 27, 1-26

Aufgaben

1. Informiere dich in der Bibel über Heilungen Jesu (z. B. Mk 5, 1-20; Mt 8, 1-4; Mt 8, 14f.; Mt 9, 1-8; Lk 8, 40-56) und weitere Taten (z. B. Mk 6, 47-52; Mt 14, 13-21; Joh 2, 1-12). Schlage auch die im Text genannte Bibelstelle nach und fasse den Inhalt dieser Bibelstellen stichwortartig zusammen. ➜ M1
2. Stellt eine Liste möglicher Vorwürfe gegen Jesus zusammen. ➜ M2
3. In den Evangelien fallen die letzten Worte Jesu (Mk 15, 34; Mt 27, 46; Lk 23, 46; Joh 19, 30) teilweise unterschiedlich aus. Versucht, diese Unterschiede zu deuten. ➜ M2
4. Lest die Informationen aus den Evangelien durch und erarbeitet, wer die Verantwortung für den Tod Jesu trägt, welche Gründe es für den Prozess gegen ihn gab und weswegen er letztlich zum Tode verurteilt wurde. ➜ M3

4 | Projekt: **Christliche Jahres- und Lebensfeste**

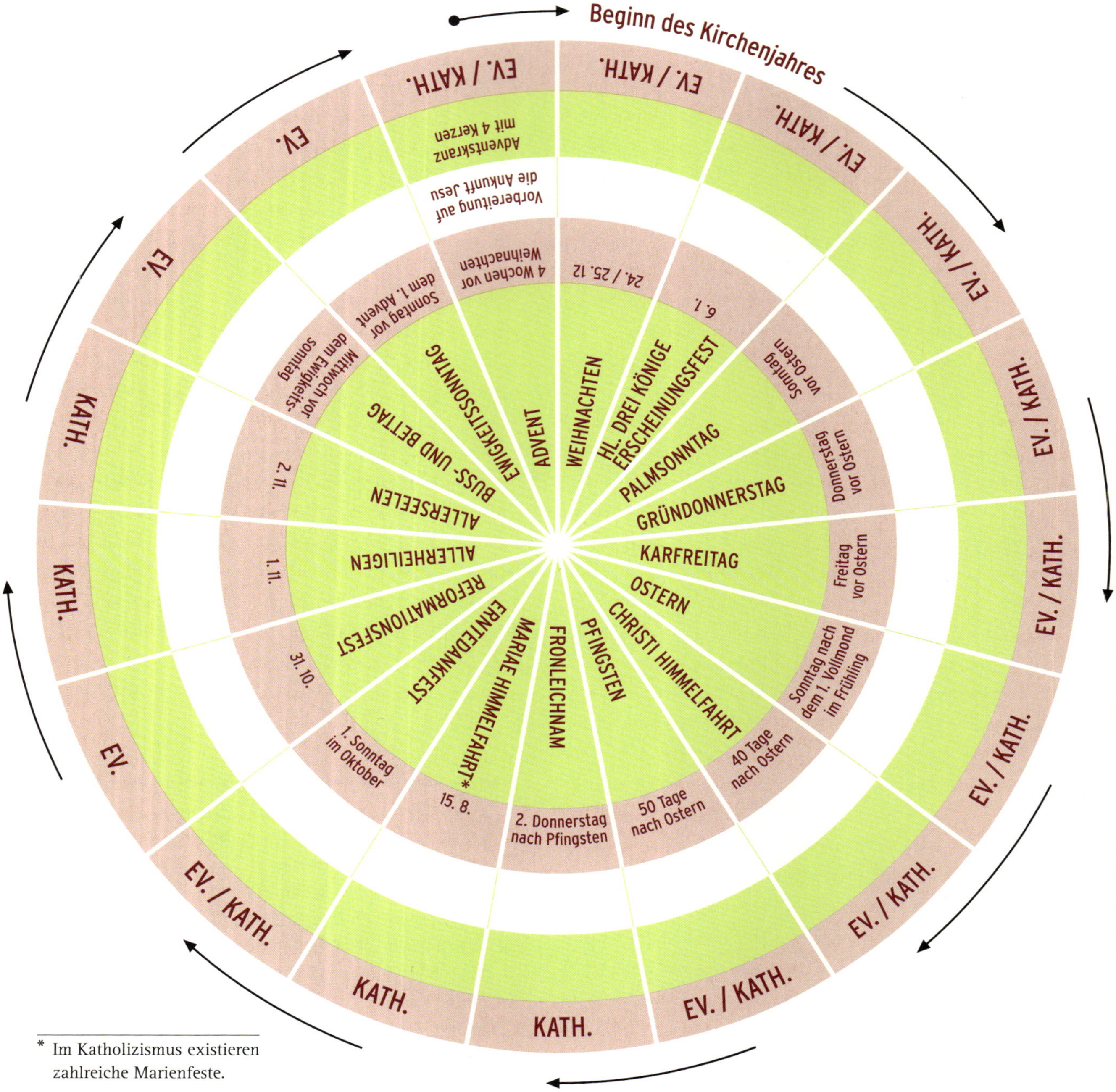

* Im Katholizismus existieren zahlreiche Marienfeste.

Aufgabe

Übernehmt den Festkreis in euer Heft (Doppelseite!) und vervollständigt ihn, indem ihr die Bedeutung der Feste und mindestens einen Brauch je Fest einfügt.

Rechercheaufgabe 1

Teilt eure Klasse in fünf Gruppen ein und erstellt Plakate zu folgenden christlichen Festen:
- Ostern
- Pfingsten
- Fronleichnam
- Erntedankfest
- Reformationstag

Die Plakate sollten ausführliche Informationen enthalten
- zur christlichen Bedeutung des jeweiligen Festes,
- zu Bräuchen und Traditionen.

Bestimmt findet ihr Bilder zur Illustration. Präsentiert eure Ergebnisse in der Klasse.

Rechercheaufgabe 2

Christen leben in Konfessionen. Neben den Katholiken und Protestanten (= evangelische Christen) gibt es u. a. auch orthodoxe Christen.
Informiere dich über sie und erarbeite Gemeinsamkeiten und Unterschiede im Hinblick auf die beiden anderen Konfessionen.

Rechercheaufgabe 3

Informiere dich im Internet über
- die Taufe
- die Kommunion
- die Konfirmation
- die Hochzeit.

Fasse die wichtigsten Informationen schriftlich zusammen.

Rechercheaufgabe 4

Christen drücken ihre wichtigsten Glaubensinhalte in Symbolen aus.
Beispiele: Fisch, Kreuz, Lamm, α und ϖ.
Recherchiere die Bedeutung dieser christlichen Symbole.

► Glossar: Konfession

5 Die Bibel – Heilige Schrift der Christen

M1 Die Entstehung der Bibel

Die Bibel, die Heilige Schrift der Christen, stammt nicht aus einer einzelnen Feder. Vielmehr handelt es sich um ein Sammelwerk, dessen Einzelschriften von verschiedenen Autoren in über 1000 Jahren niedergeschrieben wurden.

Zunächst erzählten die Israeliten ihren Kindern von den Erfahrungen, die ihre Vorfahren mit Gott gemacht hatten und die Geschichte der Befreiung aus ägyptischer Sklaverei. Diese Erzählungen wurden von Generation zu Generation weitergegeben. Manches wurde dabei weggelassen, anderes hinzugefügt. Erst in der Zeit der Könige (Saul, David, Salomo), nachdem sich die israelitischen Stämme zu einer Gemeinschaft zusammengeschlossen hatten, begannen hauptberufliche Schreiber mit den ersten Niederschriften dieser Erzählungen. In einem langen Prozess entstand das Alte Testament in hebräischer Sprache, das auf Papyrus oder Pergament geschrieben wurde.

Um 250 v. Chr. begannen Schriftgelehrte, die biblischen Texte ins Griechische zu übertragen. Diese griechische Übersetzung des Alten Testaments nennt man Septuaginta. Sie umfasst nicht nur die gesamte hebräische Bibel, sondern auch einige jüngere Schriften (bis 250 n. Chr.).

Nach dem Tod Jesu führten wiederum mündliche Überlieferungen zur Entstehung des Neuen Testaments in griechischer Sprache. Zwischen 50 und 120 n. Chr. wurde das Neue Testament niedergeschrieben, dessen Kanon im vierten nachchristlichen Jahrhundert endgültig festgelegt wurde. In dieser Zeit erfolgte auch eine Übersetzung des griechischen Textes ins Lateinische („Vulgata"). Im Mittelalter arbeiteten Mönche an der Abschrift der Bibel. Es entstanden kunstvoll verzierte Seiten. Die Erfindung des Buchdrucks (um 1450) durch Johannes Gutenberg führte zur raschen Verbreitung der Bibel.

Im 16. Jahrhundert übersetzte der Reformator Martin Luther die Bibel ins Deutsche und machte sie so für das Volk verständlich. 1980 wurde die erste ökumenische Bibel („Einheitsübersetzung") gedruckt.

M2 Der Aufbau der Bibel

Die Bibel besteht aus zwei Teilen, dem Alten und dem Neuen Testament. Das Alte Testament stellt die Heilige Schrift der Juden dar, ist aber ebenso integraler Bestandteil der Heiligen Schrift der Christen.

Der Name „Altes Testament" geht auf den Apostel Paulus zurück, der den ersten Teil der Bibel im zweiten Korintherbrief (2 Kor 3,14) als „alten Bund" bezeichnet. Der jüdische Historiker Flavius Josephus, welcher im ersten nachchristlichen Jahrhundert lebte und seine Werke auf Griechisch verfasste, verwendete als erster den Begriff „biblia" (= Buchrollen), wenn er sich über die Schriften des Alten Testaments äußerte.

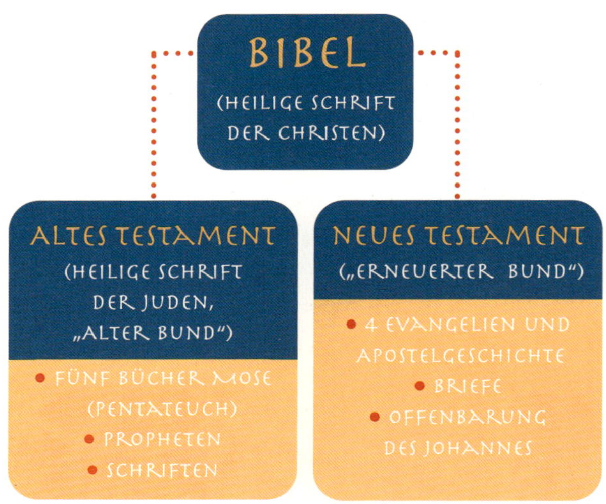

Die Bibel verstehen

Bei manchen biblischen Geschichten – vor allem im Alten Testament – stellt man sich möglicherweise die Frage, ob diese sich so zugetragen haben können. Grundsätzlich sind vier Arten des Bibelverständnisses möglich:

1. Die Bibel ist eine Sammlung von alten Schriften, die uns heute nichts mehr zu sagen hat.
2. Die Bibel ist untrennbar mit unserer Kultur- und Geistesgeschichte verbunden. Es lohnt sich deshalb, sich auch heute noch mit ihr zu beschäftigen.
3. Die Bibel ist „Gottes Wort" an uns, und zwar in einem ganz unmittelbaren und wörtlichen Sinn. Als „Wort Gottes" ist sie unfehlbar.
4. Die Bibel ist von fehlbaren Menschen geschrieben, die ihre Erfahrungen mit Gott weitergeben wollten. Diese Erfahrungen können auch die unseren werden. Dann wird für den, der glaubt, Menschenwort zu „Gottes Wort".

Punkte 1-4: Peter Kliemann, Glauben ist menschlich, S. 66-70

M3 Die Bibel – ein absoluter Bestseller ...

Die vollständige Bibel ist in 429 Sprachen übersetzt. Neue Testamente gibt es in 1145 Sprachen. Einzelne Schriften der Bibel können jetzt in 2426 Sprachen gelesen werden [Stand: 31. Dezember 2006]. Die Zahlen beruhen auf dem jährlichen „Scripture Language Report" des Weltbundes der Bibelgesellschaften (United Bible Societies; UBS).

Im vergangenen Jahr [2006] sind 23 Sprachen neu hinzugekommen. Die Anzahl der gesprochenen Sprachen weltweit schätzen Experten auf 6500. Die Bibel bleibt damit das am häufigsten übersetzte Buch der Welt.

Spitzenreiter ist Afrika mit 693 Übersetzungen. In Europa gibt es Übersetzungen in 212 Sprachen. Nach Angaben der UBS können 95 Prozent der Weltbevölkerung eine biblische Schrift in einer ihnen verständlichen Sprache lesen. Dies ist aber oft nicht die Muttersprache. Für rund 300 Millionen Menschen gibt es noch keine verständliche Bibelübersetzung. Die Bibelgesellschaften haben daher in einer Weltversammlung 2004 erklärt, dass Bibelübersetzung ein zentrales Anliegen bleibt.

Zu den neuen Übersetzungen 2006 zählt die komplette Bibel in Chisena, einer Sprache, die im Süden Malawis von 300.000 Menschen genutzt wird [...]. Die ganze Bibel erschien außerdem erstmals in Taroka, einer Sprache in Taiwan, und Náhuatl, das von 410.000 Indianern im Osten Mexikos gesprochen wird.

www.weltbibelhilfe.de, Deutsche Bibelgesellschaft 2007

M4 ... sogar für Außerirdische

Der amerikanische Sprachwissenschaftler Proechel hat die Bibel in eine Sprache für Außerirdische übersetzt. Originalton aus dem Johannes-Evangelium: „toH qo' muSHa' pu'qu'mo'joH'a', wa' puqloD-Dajnobpu'ghaHjgha-Hbaq Harchurgh vay', vaj not Hegh ghaH'ach yin jub ghajbeh ghaH." Zu deutsch: „Denn also hat Gott die Welt geliebt, dass er seinen eingeborenen Sohn gab, auf dass alle, die an ihn glauben, nicht verloren werden, sondern das ewige Leben haben."

Der Professor erfand vor zehn Jahren die Kunstsprache Klingon für den Hollywood-Film *Star Trek*.

Hamburger Abendblatt, 10.01.1994
(Marlies und Jörg Schilling)

Aufgaben

1. Informiert euch über die historischen Hintergründe des Alten und des Neuen Testaments (Geschichte Israels; Zeit Jesu bis 120 n. Chr.) und erstellt dazu Plakate. → M1
2. Die Bibel ist aufgebaut wie eine kleine Bibliothek. Nehmt eine Bibel zur Hand und beschreibt ihren Aufbau. → M2
3. Erörtert, welches Bibelverständnis (s. Kasten) euch am meisten einleuchtet. Wie bewertet ihr in diesem Zusammenhang 2. Tim 3,16?
4. Überlegt, warum „Bibelübersetzung ein zentrales Anliegen" sein könnte. → M3
5. Bewertet, ob eine derartige Übersetzung ethisch vertretbar ist. → M4

▶ Glossar: Altes Testament, Apostel, Paulus

6 Die Bergpredigt

M1 Vom Berg herab gesprochen

Cosimo Rosselli: The Sermon on the Mount, 1481-82

M2 Die Zehn Gebote

Die Zehn Gebote, Dekalog genannt, stellen die wichtigsten Lebensregeln für Juden und Christen dar. Nach jüdischer Überlieferung übergab Gott Moses die Zehn Gebote auf dem Berg Sinai.

1. Du sollst keine fremden Götter neben mir haben.
2. Du sollst den Namen deines Gottes nicht entehren.
3. Du sollst den Feiertag heiligen.
4. Du sollst Vater und Mutter ehren.
5. Du sollst nicht töten.
6. Du sollst nicht ehebrechen.
7. Du sollst nicht stehlen.
8. Du sollst kein falsches Zeugnis ablegen gegen deinen Nächsten.
9. Du sollst nicht begehren deines Nächsten Frau.
10. Du sollst nicht begehren deines Nächsten Haus, Feld, Knecht und Magd, noch alles, was dein Nächster hat.

nach 2 Mose 20 und 5 Mose 5

M3 Die Seligpreisungen in der Bergpredigt

Die Bergpredigt Jesu, eine von Matthäus zusammengestellte Rede, findet man in den Kapiteln 5-7 des Matthäusevangeliums. Sie umfasst die wichtigsten Aspekte der Lehre Jesu.

3 Er sagte: Selig, die arm sind vor Gott;/
denn ihnen gehört das Himmelreich.
4 Selig die Trauernden;/denn sie werden getröstet werden.
5 Selig, die keine Gewalt anwenden;/denn sie werden das Land erben.
6 Selig, die hungern und dürsten nach der Gerechtigkeit;/
denn sie werden satt werden.
7 Selig die Barmherzigen;/denn sie werden Erbarmen finden.
8 Selig, die ein reines Herz haben;/denn sie werden Gott schauen.
9 Selig, die Frieden stiften;/denn sie werden Söhne Gottes
genannt werden.
10 Selig, die um der Gerechtigkeit willen verfolgt werden;/
denn ihnen gehört das Himmelreich.
11 Selig seid ihr, wenn ihr um meinetwillen beschimpft und verfolgt
und auf alle mögliche Weise verleumdet werdet.
12 Freut euch und jubelt: Euer Lohn im Himmel wird groß sein.
Denn so wurden schon vor euch die Propheten verfolgt.

Neues Testament, Matthäus 5, 3-12

M4 Zentrale Forderung der Bergpredigt

Die Bergpredigt zeigt deutlich, wie wichtig Jesus die Thora und deren Einhaltung ist. An manchen Stellen kommt es zu einer massiven Verstärkung der Gebote.

Verzicht auf Vergeltung

38 Ihr habt gehört, dass gesagt worden ist: Auge für Auge und Zahn für Zahn. 39 Ich aber sage euch: Leistet dem, der euch etwas Böses antut, keinen Widerstand, sondern wenn dich einer auf die rechte Wange schlägt, dann halt ihm auch die andere hin. 40 Und wenn dich einer vor Gericht bringen will, um dir das Hemd wegzunehmen, dann lass ihm auch den Mantel. 41 Und wenn dich einer zwingen will, eine Meile mit ihm zu gehen, dann geh zwei mit ihm. 42 Wer dich bittet, dem gib, und wer von dir borgen will, den weise nicht ab. *Matthäus 5, 38–42*

Feindesliebe

43 Ihr habt gehört, dass gesagt worden ist: Du sollst deinen Nächsten lieben und deinen Feind hassen. 44 Ich aber sage euch: Liebt eure Feinde und betet für die, die euch verfolgen, 45 damit ihr Söhne eures Vaters im Himmel werdet; denn er lässt seine Sonne aufgehen über Bösen und Guten, und er lässt regnen über Gerechte und Ungerechte. *Matthäus 5, 43–45*

M5 Feindesliebe – geht das?

Gewiss ist es nicht leicht, seine Feinde zu lieben. Dass es möglich ist, bewies der 2005 verstorbene Papst Johannes Paul II. Im Juli 1981 überlebte er schwer verletzt ein Attentat. Bereits wenige Tage nach dem Unglück äußerte er sich zu dem Vorfall und besuchte den Attentäter später in der Haft.

„Ich bete für den Bruder, der auf mich geschossen hat. Ich habe ihm von Herzen verziehen.“

Spiegel Spezial 03/2005, S. 82

M6 Die Goldene Regel in der Bergpredigt

Die Goldene Regel ist der ethisch-moralische Grundsatz schlechthin, der unabdingbare Kern der christlichen Religion. Sie gilt auch für viele andere Religionen und Traditionen.

12 Alles, was ihr also von anderen erwartet, das tut auch ihnen! Darin besteht das Gesetz und die Propheten.

Matthäus 7, 12

M7 Das Vaterunser in der Bergpredigt

Das Vaterunser, der Mittelpunkt der Bergpredigt, stellt das Hauptgebet der Christen dar. Jesus lehrte es seine Jünger. Es steht in Matthäus 6, 9–13. Die folgende, moderne Form ist in allen christlichen Kirchen und Gemeinschaften gleich.

Vater unser im Himmel.
Geheiligt werde dein Name.
Dein Reich komme.
Dein Wille geschehe,
wie im Himmel so auf Erden.
Unser tägliches Brot gib uns heute.
Und vergib uns unsere Schuld,
wie auch wir vergeben
unsern Schuldigern.
Und führe uns nicht in Versuchung.
Sondern erlöse uns von dem Bösen.
Denn dein ist das Reich
und die Kraft
Und die Herrlichkeit
in Ewigkeit.

Amen.

Aufgaben

1. In vielen Religionen und Traditionen gelten Berge als bevorzugte Begegnungsstätten mit Gott. Recherchiere im Internet die Bedeutung des Symbols „Berg“.
2. Beschreibt das Bild. → M1
3. Diskutiert die Realisierbarkeit dieser Gebote. → M2
4. Erkläre, was Jesus mit den Seligpreisungen ausdrücken wollte. → M3
5. Findet weitere Beispiele für Feindesliebe. → M4/M5
6. Stellt dar, wie man die Goldene Regel im Alltag umsetzen kann. → M6
7. Gebt die Hauptgedanken des christlichen Gebets in eigenen Worten wieder. → M7
8. Versetze dich in eine der Personen auf dem Bild, die soeben die Bergpredigt Jesu vernommen hat, und schreibe aus deren Perspektive einen inneren Monolog, in dem sie das Gehörte verarbeitet. → M1

7 Nächstenliebe – eine zentrale Forderung Jesu

M1 Gott und den Nächsten lieben

Der zweite Teil des Doppelgebotes der Liebe stellt die zentrale Forderung Jesu im Hinblick auf das Verhalten anderen Menschen gegenüber dar.

[34] Als die Pharisäer hörten, dass Jesus die Sadduzäer zum Schweigen gebracht hatte, kamen sie (bei ihm) zusammen. [35] Einer von ihnen, ein Gesetzeslehrer, wollte ihn auf die Probe stellen und fragte ihn:
[36] Meister, welches Gebot im Gesetz ist das wichtigste?
[37] Er antwortete ihm: Du sollst den Herrn, deinen Gott, lieben mit ganzem Herzen, mit ganzer Seele und mit all deinen Gedanken. [38] Das ist das wichtigste und erste Gebot. [39] Ebenso wichtig ist das zweite: Du sollst deinen Nächsten lieben wie dich selbst.
[40] An diesen beiden Geboten hängt das ganze Gesetz samt den Propheten.

Matthäus 22, 34-40

Was sind Gleichnisse?

- Geschichten Jesu, mit denen er die Botschaft vom kommenden Reich Gottes (= neue Welt, in der nur noch das Gesetz Gottes herrscht), verkündet.
- Der von Jesus gewählte Bildstoff umfasst anschauliche Bilder, Vergleiche bzw. Beispiele aus der Erfahrungswelt der Zuhörer (Alltag, Natur etc.), um die Vorstellung vom Reich Gottes zu erleichtern.
- Gleichnisse konzentrieren sich auf das Wesentliche und vermeiden Ausschmückungen.
- Man findet sie vor allem in den Evangelien im Neuen Testament.

M2 Das Gleichnis vom barmherzigen Samariter

Das Doppelgebot der Liebe wird im Lukasevangelium bildlich umgesetzt:

[25] Da stand ein Gesetzeslehrer auf, und um Jesus auf die Probe zu stellen, fragte er ihn: Meister, was muss ich tun, um das ewige Leben zu gewinnen? [26] Jesus sagte zu ihm: Was steht im Gesetz? Was liest du dort?
[27] Er antwortete: Du sollst den Herrn, deinen Gott, lieben mit ganzem Herzen und ganzer Seele, mit all deiner Kraft und all deinen Gedanken, und: Deinen Nächsten sollst du lieben wie dich selbst. [28] Jesus sagte zu ihm: Du hast richtig geantwortet. Handle danach und du wirst leben. [29] Der Gesetzeslehrer wollte seine Frage rechtfertigen und sagte zu Jesus: Und wer ist mein Nächster?
[30] Darauf antwortete ihm Jesus: Ein Mann ging von Jerusalem nach Jericho hinab und wurde von Räubern überfallen.
Sie plünderten ihn aus und schlugen ihn nieder; dann gingen sie weg und ließen ihn halb tot liegen. [31] Zufällig kam ein Priester denselben Weg herab; er sah ihn und ging weiter.
[32] Auch ein Levit kam zu der Stelle; er sah ihn und ging weiter. [33] Dann kam ein Mann aus Samarien, der auf der Reise war. Als er ihn sah, hatte er Mitleid, [34] ging zu ihm hin, goss Öl und Wein auf seine Wunden und verband sie. Dann hob er ihn auf sein Reittier, brachte ihn zu einer Herberge und sorgte für ihn. [35] Am andern Morgen holte er zwei Denare hervor, gab sie dem Wirt und sagte: Sorge für ihn, und wenn du mehr für ihn brauchst, werde ich es dir bezahlen, wenn ich wiederkomme. [36] Was meinst du: Wer von diesen dreien hat sich als der Nächste dessen erwiesen, der von den Räubern überfallen wurde? [37] Der Gesetzeslehrer antwortete: Der, der barmherzig an ihm gehandelt hat. Da sagte Jesus zu ihm: Dann geh und handle genauso!

Lukas 10, 25-37

M3 Unterlassene Hilfeleistung

Nicht nur zur Zeit Jesu, sondern auch heute gibt es viele Menschen, die sich nicht um ihre Mitmenschen kümmern, wenn sie in eine Notlage geraten sind.

Ärzte, Kirchen und Opfer-Organisationen schlagen immer wieder Alarm: Wegen unterlassener Hilfeleistung sterben in Deutschland jedes Jahr über tausend Menschen; Menschen, die bei entsprechender Hilfe überlebt hätten. Vor allem bei Verkehrsunfällen fahren viele einfach weiter, statt zu helfen. Wer einmal in eine Notfallsituation geraten ist, hat vermutlich erfahren, wie teilnahmslos die Umwelt reagiert. Nicht selten sind Gaffer die einzigen Personen, die das Geschehen überhaupt wahrnehmen wollen.
Was viele jedoch nicht wissen: Mit diesem Verhalten können sie sich strafbar machen. Denn unterlassene Hilfeleistung offenbart nicht nur einen Mangel an Zivilcourage, sondern wird auch vom Gesetz geahndet. Dabei erwartet der Gesetzgeber nicht, dass sich der Helfende bei Hilfeleistung selbst in Gefahr begeben sollte. Im Gegenteil: Beispielsweise bei Gewalttaten auf offener Straße ist es besonders wichtig, einen kühlen Kopf zu bewahren, um weder sich noch das Opfer unnötig zu gefährden. Selbst Gewalt anzuwenden ist zudem die denkbar schlechteste Methode. Vielmehr sollte man lautstark auf die Situation aufmerksam machen, andere Passanten in das Geschehen einbinden und zur Mithilfe bewegen. Den Helden spielen wollen hilft niemandem. Versichern Sie sich stattdessen professioneller Hilfe und verständigen Sie die Polizei. [...] Kann man die Angst bei Gewalttaten noch verstehen, gibt es für unterlassene Hilfeleistung bei Unfällen keine Entschuldigung.
Trotzdem fühlen sich auch dabei viele Menschen nicht verantwortlich für das Wohl ihrer Mitbürger - und machen sich damit strafbar. Versuche von Sozialwissenschaftlern zeigen aber immer wieder, dass auch die gesetzlich verankerte Pflicht die meisten Unbeteiligten nicht zur korrekten Handlungsweise bewegt: Bei gestellten Autounfällen etwa fährt weit mehr als die Hälfte der Verkehrsteilnehmer einfach vorbei, ohne sich um mögliche Verletzte zu kümmern.

www.hr-online.de, 12.02.2007

M4 Helfen statt gaffen!

Gerade bei schweren Unfällen auf der Autobahn gibt es oft zahlreiche Schaulustige, die die Rettungsarbeiten von Polizei, Feuerwehr und Notdiensten behindern.

Aufgaben

1 Erörtert, was die Umsetzung von Vers 39 für das Verhalten eines Menschen bedeuten könnte. → M1
2 Stellt das Gleichnis in Standbildern nach und macht daraus eine Foto-Story für das Klassenzimmer. Achtet dabei besonders auf die Körpersprache der Personen. → M2
3 Schreibe für die heutige Zeit ein Gleichnis, das die Nächstenliebe zur Grundlage hat. Lies dir zuvor den Infokasten zu den Gleichnissen durch.
4 Stellt zusammen, wie man möglichst viele Menschen dazu ermuntern könnte, in Notlagen zu helfen. → M3
5 Lasst das Bild auf euch wirken und versucht zu erklären, warum schwere Unfälle wohl so viele Schaulustige anziehen. → M4

8 Geheimnisse einer Religion

M1 Robert Campin: Der Thron Gottes

Die christliche Dreieinigkeit

Das Christentum ist eine der drei monotheistischen Weltreligionen. Dennoch erscheint nach christlichem Verständnis der eine Gott in dreierlei Gestalt: als Gott der Vater, Gott der Sohn und in der Gestalt des Heiligen Geistes. Dafür verwendet man die Begriffe Dreieinigkeit, Dreifaltigkeit oder Trinität.

Gott, der Vater:
Gott der Vater hat sich sowohl selbst offenbart als auch benannt.

Ich bin der „ICH-bin-da"
(2. Mose 3,14)

Als Schöpfer aller Dinge und damit auch des Menschen sowie als „Hüter" der Gerechtigkeit hat er mit dem Menschen einen Bund geschlossen und ihm seine Gebote verkündet. Gott bekennt sich im Neuen Testament zu Jesus als seinem Sohn (vgl. z. B. Matthäus 3,17). Der am Kreuz sterbende Jesus übergibt Gott dem Vater seinen Geist. Durch die Auferstehung Jesu Christi wird Gott der Vater zum Gott des Lebens.

Gott, der Sohn (Jesus Christus):
Jesus Christus gilt als zentraler Teil der Trinität. Sein Sterben steht für die Erlösung des Menschen. Durch die Bergpredigt schenkt er seinen Anhängern eine neue Ethik, eine Religion der Liebe, die die Gesetze des Judentums einerseits erfüllt bzw. verstärkt, andererseits aber auch ersetzt. Durch Jesus Christus erscheint Gott in menschlicher Gestalt.

Das Wort ist Fleisch geworden.
(Johannes 1,14)

In dieser Gestalt nimmt er auch menschliches Leiden auf sich und wird am Ende sogar hingerichtet. Er nimmt mit seinem Tod und seiner Auferstehung die Sünden der Menschen (Erbsünde) auf sich.
Jesus nimmt für sich in Anspruch, das mit seinem Wirken begonnene Reich Gottes zu verkünden.

Gott, der Heilige Geist:
Der Heilige Geist ist weniger als Erscheinung, sondern vielmehr in seinem Wirken zu greifen. Er stellt den

lebendigmachende[n] Geist
(1 Korinther 15,45)

dar, der nach dem Tod Jesu den traurigen Jüngern erscheint und ihnen vermittelt, dass sie in die Welt hinausgehen sollen, um die frohe Botschaft Jesu zu verkünden. Jenes Ereignis, das die Christen an Pfingsten feiern, gilt als Anfang der Kirche.

M2 Das apostolische Glaubensbekenntnis (Credo)

Dieses Bekenntnis, das sämtlichen christlichen Kirchen westlicher Prägung gemeinsam ist, wurde von einem römischen Taufbekenntnis aus dem 3./4. Jahrhundert abgeleitet. Es bezeugt den Glauben der Apostel. Kleinere konfessionelle Unterschiede (Protestanten, Katholiken, Altkatholiken) fallen an einer Stelle (die heilige christliche/katholische/allgemeine katholische Kirche) auf. Der Glaube an die Trinität wird in diesem Credo festgehalten:

Ich glaube an Gott, den Vater,
den Allmächtigen,
den Schöpfer des Himmels
und der Erde.
Und an Jesus Christus,
seinen eingeborenen Sohn,
unsern Herrn,
empfangen durch den Heiligen Geist,
geboren von der Jungfrau Maria,
gelitten unter Pontius Pilatus,
gekreuzigt, gestorben und begraben,
hinabgestiegen in das Reich des Todes,
am dritten Tage auferstanden
von den Toten,
aufgefahren in den Himmel;
er sitzt zur Rechten Gottes,
des allmächtigen Vaters;
von dort wird er kommen,
zu richten die Lebenden und die Toten.
Ich glaube an den Heiligen Geist,
die heilige christliche Kirche,
Gemeinschaft der Heiligen,
Vergebung der Sünden,
Auferstehung der Toten
und das ewige Leben.

Amen.

(protestantische Version)

Auferstehung

Nach christlichem Glauben sind Folter und Hinrichtung nicht das tragische Ende der Biographie Jesu. Alle Schriften des Neuen Testaments berichten, Jesus sei von den Toten auferweckt worden und habe damit als Erster vorweggenommen, was am Ende aller Tage allen Toten bevorstehen wird. „Auferstehung" bedeutet nach christlicher Auffassung nicht die Wiederbelebung eines Leichnams, auch nicht Reinkarnation, sondern eine völlig andere, alle menschlichen Vorstellungen sprengende Qualität des Lebens. „Auferstehung" steht für ungebrochene Gemeinschaft mit Gott, vollkommenes Leben, das Menschen auf Erden allenfalls erahnen, aber nie finden oder gar herstellen können. Das Reich Gottes ist mit Jesus von Nazareth zwar angebrochen, ist bis zum Ende der Geschichte aber noch nicht volle, ungebrochene Wirklichkeit.

Peter Kliemann, Das Haus..., S. 228

Matthias Grünewald, Auferstehung (Ausschnitt), Isenheimer Altar (1505–1516), 2. Schauseite, rechte Tafel

Aufgaben

1 Beschreibe das Bild ausführlich. → M1
2 Überlege, welche christlichen Jahresfeste aus diesem Bekenntnis hervorgegangen sind. → M2

▶ Glossar: Erbsünde, Reinkarnation, Trinität

9 Die Viefalt der christlichen Kirchen

Die getrennte Entwicklung der christlichen Kirchen über Jahrhunderte hinweg führte auch zur Ausbildung unterschiedlicher Kirchenformen.
Betrachtet man den Innenraum einer Kirche, so kann man leicht feststellen, was der jeweiligen Konfession (evangelisch, katholisch, orthodox) für die Ausübung ihres Glaubens besonders wichtig ist.
Während evangelische Kirchen eher schlicht erscheinen, zeichnen sich katholische und orthodoxe Gotteshäuser meist durch ihren reichhaltigen Schmuck aus.

Papst Benedikt XVI. (Oberhaupt der Katholiken)

Der ökumenische Patriarch von Konstantinopel: Bartholomäus I. (Oberhaupt der orthodoxen Kirche)

EKD
Evangelische Kirche in Deutschland

Die evangelische Kirche (EKD = Evangelische Kirche in Deutschland) besteht aus 23 selbständigen Landeskirchen (lutherisch, reformiert bzw. uniert)

Was gehört unbedingt zu einer

- **evangelischen Kirche?**
  Altar (mit Bibel), Altarkreuz, Ambo, Kanzel, Liedertafel, Orgel, Paramente, Taufbecken
- **katholischen Kirche?**
  Altar, Ambo, Beichtstuhl, Ewiges Licht, Glocken, Kniebank, Kreuzweg, Marienstatue, Osterkerze, Reliquie, Tabernakel, Taufbecken, Weihwasserbecken

Sakramente

evangelisch	katholisch
Taufe	Taufe
Abendmahl	Abendmahl/Eucharistie
	Firmung
	Buße/Beichte
	Ehe
	Weihe
	Krankensalbung

Rechercheaufgabe 1

Definiere zunächst die Begriffe im oben stehenden Kasten. Recherchiere, an welchen Gegenständen man eine orthodoxe Kirche erkennen kann.

Rechercheaufgabe 2

Informiert euch über die „Oberhäupter" der jeweiligen Kirche und vergleicht deren Position innerhalb derselben.

Freikirchen

Aus den „Traditionskirchen" sind im Laufe der Zeit unabhängige christliche Freikirchen hervorgegangen.

Merkmale:
- selbständige Gemeindebildung (Laienkirche als Ideal)
- Ausrichtung am Neuen Testament
- keine Anlehnung an den Staat (z. B. keine Kirchensteuer)
- Mitglieder sind entschiedene Christen
- in ökumenischer Verbindung mit den „Traditionskirchen"

Gemeinsame Grundlagen der drei Konfessionen

- Trinität (Vater, Sohn, Heiliger Geist)
- Jesus Christus ist Gottes Sohn
- Glaubensbekenntnis
- Bibel ist Wort Gottes (Glaubensgrundlage)
- Grundsakramente: Taufe, Abendmahl

Rechercheaufgabe 3

Informiert euch im Internet über christliche Freikirchen (z. B. Methodisten, Baptisten) und tauscht euch über deren Leitbilder aus.

Projekt

Besorgt euch die Grundrisse einer evangelischen und einer katholischen Kirche vor Ort und übertragt diese auf ein Plakat.
Besucht die beiden Kirchen und zeichnet die jeweils charakteristischen Einrichtungsgegenstände ein.
Alternativ dazu könnt ihr sie auch fotografieren und anschließend aufkleben.
Schaut euch genau um. Was gibt es noch zu sehen?

10 Kirchengeschichte im Überblick

Wie es anfing

Nach der Kreuzigung und Auferstehung Jesu verbreiteten die Zwölf Apostel wie auch die anderen Jünger im ersten Jahrhundert nach Christus die Botschaft Jesu Christi, den sie als Messias verehrten. Sie verkündeten zugleich den Glauben an eine Wiederauferstehung von den Toten wie auch die apokalyptische Naherwartung der Wiederkehr Jesu Christi. In dieser Zeit entstand das Neue Testament (Abschluss um 150 n. Chr.).

Historischer Überblick (eine Auswahl)

35-67:	Paulus verkündet in der römisch-hellenistischen Welt das Evangelium
um 48/49:	Apostelkonzil in Jerusalem: Die Urkirche löst sich von vielen Bestimmungen der Thora
1.-4. Jh.:	Die christliche Kirche breitet sich im Römischen Reich aus. Es kommt zu massiven Christenverfolgungen (Nero, Diokletian etc.)
313:	Konstantinische Wende (Edikt Konstantins): Im Römischen Reich wird das Christentum als Religion offiziell erlaubt
325:	Erstes Ökumenisches Konzil (Nicäa): Die Gottheit Christi wird zum verbindlichen Glauben erklärt.
380:	Durch das Edikt von Kaiser Theodosius wird das Christentum zur Staatsreligion ernannt
381:	Zweites Ökumenisches Konzil (Konstantinopel): Ein erweitertes Glaubensbekenntnis entsteht
451:	Viertes Ökumenisches Konzil (Chalkedon): Die „Zwei-Naturen-Lehre" wird formuliert: Jesus Christus ist wahrer Gott und wahrer Mensch zugleich
4.-8. Jh.:	Bekehrung der Germanen zum Christentum
498:	Taufe des Frankenkönigs Chlodwig, wodurch alle Franken Christen werden
8.-11. Jh.:	Vormacht des Kaisertums über das Papsttum
1054:	Trennung zwischen Ost- und Westkirche
11.-13. Jh.:	Vorherrschaft des Papsttums über das Kaisertum und damit Ausbildung einer christlichen Kultur des Abendlands
1096-1270:	Kreuzzüge
12-13. Jh.:	Anfänge der Inquisition
12.-14. Jh.:	Versuch der Scholastik (mittelalterliche Philosophie), Glauben und Denken zu vereinen. Zeit großer Philosophen und Theologen
ab 13 Jh.:	Massive Judenverfolgungen in Europa (Judenverfolgungen gab es schon zur Zeit der Kreuzzüge!)
14.-15. Jh.:	„Säkularisierung" der Kultur, Niedergang der Kirche
Ende 15. Jh.:	Christianisierung Amerikas
16. Jh.:	Reformation (Entstehung des Protestantismus) ➜ M1
1545-1563:	Konzil von Trient: Abgrenzung der katholischen Kirche gegen den Protestantismus und beginnende Reform der katholischen Kirche
1555:	Augsburger Religionsfriede (Einigung der Konfessionen in Deutschland) ➜ M2
15.-18. Jh.:	Hexenprozesse ➜ M3
16.-20. Jh.:	Verunsicherung der Kirchen durch naturwissenschaftliche Erkenntnisse, teilweise Auseinandersetzungen
1618-1638:	Kampf der Konfessionen (➜ Dreißigjähriger Krieg)
1869-1870:	Das Erste Vatikanische Konzil setzt das Primat und die Unfehlbarkeit des Papstes als Dogmen fest
1910:	Weltmissionskonferenz in Edinburgh, Beginn der Ökumene
1933-1945:	Drittes Reich: Kirche zwischen Widerstand und Anpassung
1942-1945:	Christen wehren sich vereinzelt gegen den Massenmord an rund sechs Millionen Juden (Schoa)
nach 1945:	Individualisierung und Pluralisierung des Christentums, Stärkung der Ökumene

M1 Martin Luther und seine 95 Thesen

Der Theologieprofessor und Seelsorger Martin Luther hörte vom Ablassschwindel der Katholischen Kirche. Um die Theologen der damaligen Zeit zum Nachdenken und Handeln zu bewegen, schlug er der Überlieferung nach am 31. Oktober 1517 seine berühmten 95 Thesen an die Tür der Schlosskirche in Wittenberg.

These1:
Da unser Herr und Meister Jesus Christus spricht: „Tut Buße" usw. (Matth. 4,17), hat er gewollt, daß das ganze Leben der Gläubigen Buße sein soll.

These 21:
Deshalb irren jene Ablaßprediger, die sagen, daß durch die Ablässe des Papstes der Mensch von jeder Strafe frei und los werde.

These 37:
Jeder wahre Christ, sei er lebendig oder tot, hat Anteil an allen Gütern Christi und der Kirche, von Gott ihm auch ohne Ablaßbrief gegeben.

These 43:
Man soll den Christen lehren: Dem Armen zu geben oder dem Bedürftigen zu leihen ist besser, als Ablaß zu kaufen.

These 50:
Man soll die Christen lehren: Wenn der Papst die Erpressungsmethoden der Ablassprediger wüßte, sähe er lieber die Peterskirche in Asche sinken, als daß sie mit Haut, Fleisch und Knochen seiner Schafe erbaut würde.

www.ekd.de

M2 Augsburger Religionsfriede (25. 09. 1555)

§ 15. [...] so sollen die Kayserl. Maj., Wir, auch Churfürsten, Fürsten und Stände des H. Reichs keinen Stand des Reichs von wegen der Augspurgischen Confession und derselbigen Lehr, Religion und Glaubens halb mit der That gewaltiger Weiß überziehen, beschädigen, vergewaltigen oder in andere Wege wider sein Conscientz, Gewissen und Willen von dieser Augspurgischen Confessions-Religion, Glauben, Kirchengebräuchen, Ordnungen und Ceremonien, so sie aufgericht oder nochmals aufrichten möchten, in ihren Fürstenthumen, Landen und Herrschafften tringen oder durch Mandat oder in einiger anderer Gestalt beschweren oder verachten, sondern bey solcher Religion, Glauben, Kirchengebräuchen, Ordnungen und Ceremonien, auch ihren Haab, Gütern, liegend und fahrend, Land, Leuthen, Herrschafften, Obrigkeiten, Herrlichkeiten und Gerechtigkeiten ruhiglich und friedlich bleiben lassen, und soll die streitige Religion nicht anders dann durch Christliche, freundliche, friedliche Mittel und Wege zu einhelligem, Christlichem Verstand und Vergleichung gebracht werden [...].

www.uni-muenster.de

M3 Hexenverfolgung

Aussage vom 1. September 1665

Meister David wird aufgefordert, bindet ihr die Augen zu und die Hände auf den Rücken, entblößt ihre Beine und legt ihr die Beinschrauben an. Die Schmerzen sind der Unglücklichen unerträglich, sie bezeichnet nun gegen 32 Personen als ihre Hexengenossen [...] und erzählt allerhand Geschichten, um ihre Peiniger zu befriedigen. [...] Ihrem Schwager, dem Pastor zu Hillentrup, habe sie vor Jahren im Wein etwas eingegeben, daß er das Zaubern lernen müssen. Er habe ihr damals etwas angemuthet, sie habe ihm aber nicht zu Willen sein wollen, sondern den Bart (damals zum Costüm der Geistlichen gehörend) fast zur Halbscheid ausgerauft. Durch seine Leichtfertigkeit wäre er dazu gerathen. Auf Grönen Hofe in der Laube am Tische wäre sie einstmals recht lustig gewesen, da sei sie in die Stube gegangen, Gröne sei ihr gefolgt und bei dieser Gelegenheit von ihr in der Zauberei unterrichtet. Der Rottmann habe vor ihrem Hause das Zaubern gelernt, als sie des Nachts die Mittelstraße herunter von einer Hochzeit gekommen, lustig gewesen und viel Lachens gehabt.

www.fh-luh.de

Aufgabe

1 Interpretiert in Gruppen die drei Quellen christlicher Kirchengeschichte, recherchiert deren Hintergründe sorgfältig und haltet darüber in der Klasse einen Vortrag. Fertigt jeweils ein Thesenpapier für alle an.

▶ Glossar: Ablass, Reformation

11 Facetten einer Religion

Von der Verfolgung der Juden ...

M1 Die Beschuldigung des Gottesmordes

Erstmals beschuldigte Meliton von Sardes (161-180), Bischof in Kleinasien, die Juden des Gottesmordes. Hier ein Auszug aus seiner Osterpredigt:

Gesetzesbrecherisches Israel, warum hast du dieses neue Unrecht begangen, deinen Herrn in unerhörte Qualen zu stürzen, deinen Gebieter, der dich geformt hat, der dich geschaffen hat, der dich geehrt hat, der dich Israel genannt hat? Du hingegen hast gegen deinen Herrn gestimmt, ihn, vor dem sich die Völker niederwerfen, den die Unbeschnittenen bewunderten, dessetwegen sich sogar Pilatus die Hände wusch, den hast du am Großen Fest getötet [...] Du hast deinen Herrn inmitten von Jerusalem getötet.

M2 Die Anschuldigung des Ritualmordes

Seit dem 1. Kreuzzug tauchten in zunehmendem Maße gegen die Juden verschiedene Beschuldigungen auf. Vor allem erhob man gegen sie Anklage, zu rituellen Zwecken Christen, meist Kinder, zu töten. Ein Beispiel dafür ist die

Legende „Werner von Bacharach“:

Als im Jahre des Herrn 1287 ein armer christlicher Junge namens Werner in der Stadt Oberwesel aus dem Keller eines Juden einen Korb hochtrug, wurde er [...] von den ungläubigen Juden, diesen Feinden des christlichen Glaubens, nach vorgefasstem Plan überfallen. Sie fügten dem unschuldigen Knaben viele Verletzungen zu, zerfleischten seine Glieder und töteten ihn grausam. Den ausgebluteten Leichnam verbargen sie ziemlich weit vom Dorf entfernt im dornigen Gebüsch. Gott aber bewahrte den Leib [...] unversehrt von wilden Tieren und Vögeln. Schließlich wurde er von einem Bauern gefunden [...]. Er rief seinen Nachbarn herbei, dass sie es sähen, und es erhob sich im Volk ein Murren gegen die Juden, weil diese das Verbrechen getan haben sollten. Dies bezeugte eine christliche Magd, die bei Juden diente; [...]. So wurden die Menschen dieser Gegend nah und fern von Wut ergriffen und wüteten grausam gegen die unglücklichen Juden [...].

M1/2: Peter Antes, Gisela Aslam-Malik, S. 33-34

M3 Kirche im Angesicht des Massenmords

Während des Dritten Reiches (1933-1945) wurden unter der Herrschaft der Nationalsozialisten rund sechs Millionen europäische Juden ermordet. Die Evangelische Kirche, die sich in die Gruppierungen „Deutsche Christen“ und „Bekennende Kirche“ aufgespaltet hatte, sowie die Katholische Kirche gingen keineswegs mit vereinten Kräften gegen die grausamen Verbrechen der Nationalsozialisten vor. Es gab aber mutige Einzelpersonen (z. B. Pfarrer Dietrich Bonhoeffer) und Gruppen, die aktiven Widerstand gegen das Gewaltregime leisteten.

John Heartfield, 1934

… und dem Engel der Armen – Mutter Teresa

M4 Anderen helfen und dabei Liebe fühlen

Agnes Gonxha Bojaxhio (1910–1997), besser bekannt unter dem Namen Mutter Teresa, eine indische Ordensgründerin albanischer Herkunft, gründete 1950 die „Missionaries of Charity" (Missionarinnen der Nächstenliebe) in Kalkutta. Knapp fünfzig Jahre lang kümmerte sie sich um Arme, Sterbende, Kranke und Waisen jeder Nation und Religion. 1971 erhielt sie den Friedenspreis des Papstes und 1979 den Friedensnobelpreis.

SPIEGEL: Mutter Teresa, Sie wurden zuletzt beschuldigt, Not und Armut zu Ihrem Ruhm zu nutzen. In Ihren Heimen würden die Menschen nicht die angemessene medizinische Pflege finden. Hat diese Kritik Sie getroffen?

Mutter Teresa: Solche Gehässigkeiten sind normal. Sogar Jesus ist angegriffen worden. Das gehört zum Leidensweg.

SPIEGEL: Trifft es denn zu, dass in Ihren Hospizen Liebe wichtiger ist, als es Medikamente sind?

Mutter Teresa: Unsere Heime sind keine üblichen Krankenhäuser. Sie sind Zufluchtsorte für Menschen, die niemand haben möchte. Wir geben diesen Verlassenen das Gefühl, zu einer Gemeinschaft zu gehören und geliebt zu werden […].

SPIEGEL: Man hat Sie als die mächtigste Frau der Welt bezeichnet, weil Sie Präsidenten und Regierungschefs beeinflussten. Sie konnten an jeden appellieren und erhielten Millionenspenden.

Mutter Teresa: Ich gebe den Menschen eine Chance, ihre Liebe zu Gott zu zeigen. Wenn sie mir helfen, helfen sie den Armen. Aber ich nehme kein Geld, an das Bedingungen geknüpft sind […].

SPIEGEL: Sie sind für viele junge Menschen Vorbild, besonders für solche aus dem Westen. Sie kommen nach Kalkutta und arbeiten in Ihren Heimen. Was zieht sie an?

Mutter Teresa: Die wunderbare Arbeit, die hier geleistet wird. Wer andern hilft, fühlt Liebe […].

SPIEGEL: Als Missionarin ist die Bekehrung von Andersgläubigen ein Teil Ihrer Arbeit. Das missfällt den Hindus und Moslems. Besonders hier in Indien wirft man Ihrem Orden vor, Menschen zum Christentum zu pressen.

Mutter Teresa: Ich brachte niemals jemanden mit Druck dazu, Christ zu werden. Wenn ein Hindu oder Moslem stirbt, helfe ich ihm einfach, zu Gott zu beten, seinem Gott. Ich spreche meine Gebete, er spricht die seinen. Wenn allerdings jemand sagt, dass er getauft werden möchte, können wir nicht nein sagen. Dann öffnen wir ihm das Tor zu unserem Glauben. Es liegt an ihm, ob er eintreten will.

SPIEGEL: Hatten Sie jemals Zweifel an Ihrem Glauben und an Ihrer Arbeit?

Mutter Teresa: Wenn man sein Leben Gott gewidmet hat, kann es keine Zweifel mehr geben. Denn er bestimmt über alles. Das Leben ist Liebe, und die Frucht dieser Liebe ist Frieden. Das ist die einzige Lösung für alle Probleme der Welt […].

SPIEGEL: Wie wird die Zukunft Ihres Ordens ohne Sie aussehen?

Mutter Teresa: Die Zukunft liegt nicht in meinen Händen. Gott wird entscheiden. Er hat mich ausgewählt, er wird einen anderen auswählen, um die Arbeit fortzuführen – seine Arbeit.

SPIEGEL: Fürchten Sie sich vor dem Tod?

Mutter Teresa: Warum? Ich habe den Tod mein ganzes Leben lang gesehen. Niemand um mich herum starb schlecht.

Der Spiegel 35/1996, S. 130f.

Aufgaben

1 Fasst zusammen, wie das Verhältnis zwischen Juden und Christen im Mittelalter war, und überlegt, warum dies so gewesen sein könnte. ➜ M1/2

2 Interpretiert dieses Bild gemeinsam und recherchiert danach, wie sich die Kirche im Dritten Reich im Hinblick auf die Verfolgung der Juden verhalten hat. Stichwörter für die Recherche: „Deutsche Christen", „Bekennende Kirche", „Mit brennender Sorge", „Dietrich Bonhoeffer". ➜ M3

3 Bewertet das Lebenswerk Mutter Teresas. ➜ M4

12 Taizé

M1 Symbol einer besonderen Gemeinschaft

M2 Alles andere als langweilig und träge

Klöster oder klosterähnliche Gemeinschaften lösen bei Jugendlichen nicht selten ein Gefühl der Ablehnung aus. Dass jedoch rund 150 000 Jugendliche aus aller Welt jährlich nach Taizé reisen, um jene Form der Gemeinschaft zu (er)leben, spricht eine andere Sprache.

Was zieht Jugendliche an diesen kleinen Ort im französischen Burgund?

Sind es die Gottesdienste, die sich so sehr von den ihnen bekannten unterscheiden? Sind es die meditativen Gesänge? Ist es die besondere Atmosphäre – das einfache Leben ohne jeglichen Luxus? Oder ist es einfach der Reiz, Gleichaltrige und Gleichgesinnte aus aller Welt kennenzulernen?

Viele der Jugendlichen reisen mit dem Wunsch nach Hause, etwas von dem Erlebten in ihren Alltag mitzunehmen. Dass dieses Vorhaben in die Tat umgesetzt wird, zeigen die zahlreichen Jugendtreffen auf der ganzen Welt.

M3 Tagesablauf in Taizé (Teilnahme freiwillig)

08.15	Morgengebet mit Abendmahl, danach gemeinsames Frühstück
10.00	Bibeleinführung in der Großgruppe, anschließend Gespräche in Kleingruppen
12.20	Mittagsgebet, danach gemeinsames Mittagessen
14.00	verschiedene Arbeiten, Chor etc.
17.15	Tee
17.45	Themengruppen, Regionaltreffen
19.00	gemeinsames Abendessen
20.30	Abendgebet (offenes Ende)
23.30	Nachtruhe

M4 Die Ursprünge

Alles begann mit einer großen Einsamkeit, als im August 1940 Frère Roger im Alter von fünfundzwanzig Jahren sein Geburtsland, die Schweiz, verließ und nach Frankreich ging, dem Heimatland seiner Mutter. Seit mehreren Jahren hatte er den Ruf verspürt, eine Gemeinschaft zu gründen, in der die Versöhnung zwischen den Christen täglich Gestalt annimmt, „in der die Herzensgüte konkret gelebt wird und die Liebe allem zugrunde liegt“. Diese Gründung wollte er bewusst in die Not jener Zeit stellen: Mitten im Zweiten Weltkrieg ließ er sich in Taizé nieder, einem kleinen Dorf in Burgund, nur wenige Kilometer von der Demarkationslinie entfernt, die damals quer durch Frankreich verlief. Er nahm zunächst Flüchtlinge (vor allem Juden) auf, die wussten, dass sie bei ihrer Flucht aus dem besetzten Teil in seinem Haus unterkommen konnten.

Später schlossen sich ihm weitere Brüder an. Am Pfingstfest des Jahres 1949 verpflichteten sich die ersten sieben Brüder für ihr ganzes Leben auf die Ehelosigkeit, das Leben in Gemeinschaft und auf einen einfachen Lebensstil. [...] Seit den fünfziger Jahren suchen einige der Brüder immer wieder Elendsviertel auf und leben dort Seite an Seite mit leidenden Menschen.

Am Ende der fünfziger Jahre nahm der Strom der jungen Leute, die nach Taizé kamen, spürbar zu. Seit 1962 besuchten Brüder und von Taizé ausgesandte junge Menschen auch die abgeschotteten Länder Osteuropas, allerdings sehr unauffällig, um diejenigen, denen sie begegneten, nicht in Gefahr zu bringen [...]. Im Jahre 1966 ließen sich Schwestern von Saint-André, einer vor sieben Jahrhunderten gegründeten, internationalen katholischen Gemeinschaft, in einem Nachbardorf nieder. Sie übernahmen einen Teil der Aufgaben im Bereich der Treffen.

www.taize.fr/de

M5 Taizé im 21. Jahrhundert

Die Communauté von Taizé umfasst heute ungefähr hundert Brüder. Zum Teil sind sie katholisch, zum Teil aus verschiedenen evangelischen Kirchen. Sie stammen aus mehr als fünfundzwanzig Nationen. Allein durch ihr Dasein ist die Bruderschaft ein konkretes Zeichen der Versöhnung zwischen getrennten Christen und unterschiedlichen Völkern.

[...] Die Brüder nehmen weder Spenden noch Geschenke an. Wenn ihnen ein Erbe zufällt, nehmen sie es nicht für sich selber an, sondern machen daraus eine Gabe an die Armen. Ihren Lebensunterhalt verdienen sie durch ihre Arbeit, und was sie verdienen, teilen sie zudem mit anderen.

Heute gibt es kleine Fraternitäten in Elendsvierteln Asiens, Afrikas und Südamerikas. Die Brüder versuchen, die Lebensbedingungen der Menschen vor Ort zu teilen. Sie bemühen sich, als Zeichen der Liebe bei den Ärmsten zu leben, bei Straßenkindern, Gefangenen, Sterbenden, bei all denen, die durch den Mangel an Liebe und durch den Verlust an menschlichen Beziehungen tief verletzt worden sind.

www.taize.fr/de

M6 Würdigung eines Lebenswerks

Die ZEIT würdigte das Lebenswerk Frère Rogers mit folgenden Worten:

So war es eben nicht nur der einfache christliche Lebensstil, die ganz und gar uneitle Bescheidenheit, die die Besucher faszinierte und in den kleinen Ort Taizé zog. Sondern es war auch ein sehr einfacher, unverstellter Glauben, der das Evangelium beim Wort nahm und es als die größte Provokation verstand, die in einer gewalttätigen Welt denkbar ist. „Es gibt Christen, die wissen, dass die Kirche nicht für sich selbst da ist, sondern für die Welt."

DIE ZEIT Nr. 34 vom 18.08.2005 (Thomas Assheuer)

Im August 2005 wurde Frère Roger im Alter von 90 Jahren beim Abendgebet mit einer Stichwaffe getötet. Sein Nachfolger ist Frère Alois.

Aufgaben

1. Beschreibt das Bild und versucht das Symbol von Taizé zu deuten. → M1
2. Recherchiert im Internet (z. B. www.taize.fr/de), wie die internationalen Jugendtreffen in Taizé und überall auf der Welt ablaufen, und versucht eine eigene Erklärung zu finden, was Jugendliche daran fasziniert. → M2/3
3. Informiere dich über die Situation von Flüchtlingen während des Zweiten Weltkriegs und bewerte vor diesem Hintergrund die Leistung Roger Schütz'. → M4
4. Was leistet die Gemeinschaft von Taizé heute noch? → M5/6
5. „Es gibt Christen, die wissen, dass die Kirche nicht für sich selbst da ist, sondern für die Welt." Erläutere den ethischen Gehalt dieser Aussage. → M6

13 „Mach's wie Gott – werde Mensch"

M1 72 Stunden ohne Kompromiss

Im Oktober 2004 engagierten sich – initiiert vom „Bund der Deutschen Katholischen Jugend" – rund 30000 Jugendliche in 1242 christlich-sozialen Projekten. Die Jugendlichen aus Baden-Württemberg, Hessen, Rheinland-Pfalz und dem Saarland hatten 72 Stunden Zeit, ihre Aufgaben zu lösen. Die nächste Aktion dieser Art findet im Mai 2009 statt.

Die Jugendlichen rückten mit ihrem Engagement Menschen in den Blick der Öffentlichkeit, die häufig vergessen oder verdrängt werden: Behinderte, Wohnungslose, Asylbewerber, Arbeitslose oder alte und einsame Menschen. Als Christen engagierten sie sich für diese Menschen und organisierten Begegnungsfeste, gestalteten Spielplätze oder bauten Sinnesparcours für Altenheime.

Die Aufgaben erhielten die Gruppen erst beim Projektstart am 7. Oktober von den regionalen Koordinierungskreisen. Ab diesem Zeitpunkt hieß es planen, schuften, improvisieren und vor allem Hilfe organisieren, wo sie nötig war. Mehr als 13.000 Erwachsene ließen sich von dem Engagement anstecken und unterstützen die Jugendlichen mit Know-how, Maschinen oder Essen.

Wie bei der Erstauflage im Jahr 2001 wurden der Bund der Deutschen Katholischen Jugend (BDKJ) und die Katholischen Jugendbüros unterstützt von SWR3. Der Radiosender stellte drei Tage lang sein Programm um und berichtete live von den Projekten, sendete Hilferufe und motivierte die Gruppen auch spät in der Nacht mit Wunschmusik.

www.kja-freiburg.de (Dominik Schäfer)

M2 Ein Herz für Obdachlose

STUTTGART. Ein Drittel aller Deutschen leistet in der Freizeit ehrenamtliche Hilfe. Die Engagierten sind der Kitt der Zivilgesellschaft – und bleiben doch weitgehend unbeachtet. [...].

Seit 23 Jahren kümmern sich Ulrich Endreß und seine Frau Barbara um das Haus [Wohngemeinschaft für ehemals obdachlose Menschen in der Stuttgarter Föhrichstraße], und zwar völlig ehrenamtlich und meist ohne Einmischung der Stadt. [...]

Die Männer [...] danken es Barbara und Ulrich Endreß auf ihre Weise – große Worte machen ist ihre Sache nicht. Der 70-jährige Walter sagt halt schlicht: „Wir haben manchmal Meinungsverschiedenheiten – aber Gott sei Dank sind die beiden hier." [...] Über die innersten Motive dafür haben sich Barbara und Ulrich Endreß kaum Gedanken gemacht, die Frage nach der Motivation löst bei ihnen eher Stirnrunzeln aus. „Wir tun es aus christlichem Glauben heraus und aus Menschenliebe", sagen sie, spüren aber selbst, dass diese Antwort ein so langes Engagement nicht erklärt. Und so fügt Ulrich Endreß den Satz an: „Wir haben viele erschütternde Geschichten gehört, und ich weiß: mit ein bisschen weniger Glück hätte mir das auch passieren können."

Längst sind einige Bewohner für Ulrich und Barbara Endreß zu Freunden geworden, zur Familie, und manche sitzen gar an Weihnachten bei ihnen zu Hause beim Festmahl. Früher haben manche Nachbarn oder Mitglieder der Kirchengemeinde noch den Kopf geschüttelt: Muss denn die Fürsorge gleich derart weit gehen? „Ja", lautet die Antwort der beiden Stuttgarter. Für sie ist der Umgang mit obdachlosen Menschen längst das Normalste von der Welt. „Es sind einfach so viele nette Kerle darunter", sagt Ulrich Endreß.

www.stuttgarter-zeitung.de (Thomas Faltin)

M3 Die Schöpfung bewahren

Sie betreiben ihr Gemeindezentrum mit „grünem Strom“, kennen sich mit Wärmedämmung und Fotovoltaik aus und haben das Prüfverfahren für den „Grünen Gockel“ entwickelt – die Umweltschützer der Tübinger Albert-Schweitzer-Kirchengemeinde. Dafür bekam die Gemeinde gestern den mit 2500 Euro dotierten TAGBLATT-Umweltpreis verliehen. [...]

EMAS
GEPRÜFTES UMWELTMANAGEMENT
DE-168-00031

Für die Beteiligung am europäischen Umweltmanagementsystem „EMAS“ (Eco-Management and Audit Scheme) trägt die Albert-Schweitzer-Kirchengemeinde auch dieses renommierte Umweltsiegel.

„Lange Zeit war der christliche Auftrag zur Bewahrung der Schöpfung in den Hintergrund gedrängt“, sagte Jury-Mitglied Sybille Hartmann gestern Abend vor rund 80 Gästen im TAGBLATT-Foyer. Die Tübinger Umweltbeauftragte würdigte die auf der Wanne angesiedelte Albert-Schweitzer-Kirchengemeinde für ihr jahrelanges Energiemanagement. [...] Bereits 1998 hatte sie an einem Umwelt-Audit-Verfahren teilgenommen, um den Energieverbrauch im Gemeindezentrum zu bestimmen. [...] Das dabei entstandene Zertifikat, der „Grüne Gockel“, ist heute ein ökologisches Gütesiegel für Kirchengemeinden, die sich nachweisbar für den Umweltschutz einsetzen. [...] Die Mitglieder des zehnköpfigen Umwelt-Teams [...] binden den Umweltschutz in die Jugendarbeit ein [...]. „Die christliche Nächstenliebe gilt auch für die kommenden Generationen. Wir dürfen ihnen keine unerträgliche ökologische Schuldenlast hinterlassen, sondern müssen unseren Glauben auch in die Tat umsetzen.“

Schwäbisches Tagblatt, 22.3.2007, S. 25 (Ulrike Bretz)

M4 Fußball und Nächstenliebe

Frankfurt/Bochum, 14. Mai 2004. Peter Neururer setzt sich für die Organspende ein. Der Trainer des Fußball-Bundesligisten VfL Bochum ist das neueste Mitglied im Verein Sportler für Organspende e.V. (VSO). Sein erster öffentlicher Auftritt für den VSO war besonders erfreulich: Zusammen mit dem Vereinsvorsitzenden Hans Wilhelm Gäb nahm Peter Neururer aus den Händen von Siegfried Grzibek von den „Kirchenkickern“ der Evangelisch-Freikirchlichen Gemeinde Duisburg-Mitte einen Scheck über 15.500 Euro entgegen. Dabei handelt es sich um den Erlös aus dem Kirchenkicker-Turnier Rhein-Ruhr im Februar, das in diesem Jahr zugunsten des VSO gespielt wurde. [...] Schirmherr der Veranstaltung 2004 war Fredi Bobic, der ebenfalls dem Verein Sportler für Organspende angehört.

Peter Neururer ist nach Ottmar Hitzfeld der zweite Bundesliga-Trainer im VSO [...].

Peter Neururer über sein neues Engagement: „Zum Fußball gehört Kameradschaft, zum Leben auch, und wenn man am Ende des eigenen Lebens einen anderen Menschen durch eine Organspende retten kann, dann ist das ein letztes Beispiel für Solidarität und Hilfsbereitschaft.“ [...]

Bei Siegfried Grzibek bedankte sich Gäb für die generöse Spende: „Ich bewundere die Kirchenkicker für ihre nun schon jahrelang praktizierten Aktionen im Bereich der sozialen Hilfe und Humanität. Sie geben ein Beispiel für praktizierte christliche Nächstenliebe!“

www.vso.de (Oliver Kauer-Berk)

Aufgaben

1 Es entspricht christlicher Moralvorstellung und Ethik, soziale Verantwortung zu übernehmen und zu Gegenwartsfragen Stellung zu beziehen. Informiere dich über die Beispiele auf dieser Doppelseite und diskutiert, wie die genannten Personen bzw. Institutionen dies umsetzen. ➜ M1-4

2 Tragt zusammen, in welchen anderen Bereichen sich Christen in heutiger Zeit engagieren.

3 Informiert euch über das christlich-soziale Engagement in eurem Heimatort.

14 Treffpunkt Religionen – Talitha Kumi

M1 „Mädchen, steh auf!"

Bereits seit 1850 existiert die Schule „Talitha Kumi" in der Nähe von Betlehem und Beit Jala in der Westbank (Palästina). Die christliche Privatschule liegt auf der Grenze zwischen Palästina und Israel. Die Mauer, die Israel an dieser Grenze errichtet hat, führt direkt an der Schule vorbei. Träger dieser Bildungseinrichtung ist das Berliner Missionswerk. Der Name der Schule geht auf Worte Jesu zurück, die er zu einem todkranken Mädchen sagte: „Mädchen, steh auf." In ebendiesem Sinne versucht die Schule, ihren rund 900 Schülerinnen und Schülern eine Zukunftsperspektive zu bieten. Die Kinder und Jugendlichen erfahren eine ganzheitliche Pädagogik („Lernen mit Kopf, Herz und Hand"), die auch eine Erziehung zur Demokratie beinhaltet. Im Zentrum steht zudem das Bemühen, andere Religionsgemeinschaften zu achten und zu verstehen.

M2 Ein Interview mit dem Schulleiter

Der gebürtige Baden-Württemberger Dr. Georg Dürr leitet seit 2004 die christliche Schule „Talitha Kumi".

Welche unterschiedlichen Religionen treffen in Ihrer Schule aufeinander?

Dürr: Zwei Drittel unserer Schüler sind Christen, ein Drittel gehören der muslimischen Religionsgemeinschaft an. Schüler jüdischen Glaubens haben wir nicht, weil Arabisch nicht deren Muttersprache ist. Schüler ohne Religionszugehörigkeit gibt es hier auch nicht. Das ist in diesem Umfeld nicht denkbar.

Talitha Kumi ist eine christliche Schule. Nehmen die muslimischen Schüler auch am täglichen Gottesdienst teil?

Dürr: Wir versuchen, als christliche Schule in einem muslimischen Umfeld unser Profil zu schärfen. Dabei ist es uns besonders wichtig, die Gemeinsamkeiten mit dem Islam zu betonen. Die Morgenandacht wird zum überwiegenden Teil von Christen, zum Teil aber auch von Muslimen gehalten. Zuweilen halte ich eine Andacht zusammen mit dem muslimischen Religionslehrer, in der wir Themen wie etwa Fasten, das in beiden Religionen eine Rolle spielt, aufgreifen und vertiefen. Besonders spannend wird es am Samstag: An diesem Tag gestalten die Klassen die Andacht. Teil einer Andacht ist nur das, was von den Angehörigen beider Religionsgemeinschaften inhaltlich vertreten werden kann. Auf diesem Hintergrund wurde die Teilnahme an der morgendlichen Andacht verpflichtend gemacht.

Inwiefern kooperieren muslimische und christliche Religionslehrer miteinander?

Dürr: Um die Unterschiede zwischen den Religionen zu lernen, wünschen wir uns, dass sich die Schüler gegenseitig befragen. Wir haben dazu ein Regelwerk entwickelt, das bei einer gegenseitigen Befragung von Schülern unterschiedlicher Religionszugehörigkeit garantiert, dass der jeweils andere in seinem Glauben respektiert und geachtet wird. Des Weiteren haben wir in den Klassen der Mittelstufe einmal pro Monat gemeinsamen Religionsunterricht: Das bedeutet, dass in dieser Stunde der christliche und der muslimische Religionslehrer gleichzeitig zugegen sind, um die Gemeinsamkeiten herauszuarbeiten und die Unterschiede bewusst zu machen.

Talitha Kumi praktiziert den interreligiösen Dialog auch noch in anderen Bereichen aktiv. Wo zeigt sich dies im Besonderen?

Dürr: Neben den oben dargestellten Ebenen der Zusammenarbeit gibt es immer wieder Projekte, durch die wir versuchen, die Mitglieder unterschiedlicher Religionen miteinander ins Gespräch zu bringen. Ein solches Vorhaben ist zum Beispiel das Projekt „Religiöse Symbole". Hier geht es etwa darum, die wichtigsten Symbole für die Menschen verschiedener Religionen herauszuarbeiten und deren Bedeutung für die jeweilige Religion zu erarbeiten: Welche Bedeutung hat das Gebet für Christen? Welche hat es für Muslime? Wie wichtig ist das Fasten? Was bedeutet eigentlich der Koran für die Muslime, was die Bibel für die Christen? usw. Dieses Projekt werden wir erst abschließen, wenn wir auch jüdische Schüler zu diesem Thema befragt haben.

Sie waren Schulleiter im idyllischen Rottenburg am Neckar. Was hat Sie dazu bewogen, in ein derartiges Krisengebiet zu gehen?

Dürr: Bevor ich am Eugen Bolz-Gymnasium in Rottenburg anfing, habe ich schon zweimal Erfahrung mit „Schulleitung unter erschwerten Bedingungen" (Namibia und Südafrika – jeweils in Krisengebieten) sammeln und mich selber unter solchen Bedingungen beobachten können. Ich wollte gerne diese Erfahrung zusammen mit meiner sehr guten Erfahrung aus Rottenburg an einem entsprechenden Ort einbringen. Diesen Ort fand ich in Talitha Kumi. Dafür bin ich dankbar.

Und ich danke Ihnen herzlich für dieses Gespräch.

Original-Interview

M3 Schritte auf dem Weg zur Toleranz

Bei der demokratischen Wahl zum Nationalen Parlament von Palästina am 25. Januar 2005 erzielt die islamistisch geprägte Hamas einen überraschenden und in der Höhe völlig unerwarteten Wahlsieg. Die Bevölkerung in der Betlehemregion ist geschockt, die Christen völlig verunsichert. Was wird aus den Christen werden? Der Schulleiter von Talitha Kumi macht sich auf den Weg zu den neuen Abgeordneten und fragt, ob es auch noch in Zukunft christliche und koedukative Schulen geben wird. In der Gemeinschaft der Christen macht sich ein zorniges Schweigen breit: Sie haben jedenfalls die Hamas nicht gewählt, haben Angst und fürchten das Schlimmste.

In der Schule prahlt einige Zeit nach der Wahl Issa, der Muslim (Klasse 9), damit, dass er diesen Sieg der Hamas gut findet und dass jetzt in Palästina in Zukunft die richtigen Werte verbreitet werden. Issa verkündet dies laut und sagt es insbesondere den christlichen Mädchen der Klasse 10. Danach sollen auch sie in Zukunft ein Kopftuch tragen müssen, so

wie die muslimischen Mädchen dies draußen in der Gesellschaft tun. Das ärgert die Mädchen ungemein. Sie sind empört und wenden sich in ihrem Unmut an Issa, den Christen (Klasse 12). Dieser ist natürlich über jene Unverfrorenheit von Issa, dem Muslimen, mehr als erbost. Er krempelt die Ärmel hoch, sucht ihn und verprügelt ihn jämmerlich. Der beginnt zu weinen und rennt zum Schulleiter, um sich zu beschweren, und damit fliegt die Geschichte auf. Natürlich wird Issa, der Christ, für seine Prügelei bestraft, doch was wird mit Issa, dem Muslimen, unternommen?

Der Religionslehrer für Islamkunde setzt sich sehr lange mit Issa, dem Muslimen, zusammen und redet mit ihm über Werte der anderen Religion, über Vorurteile und über Toleranz. Nach mehreren Stunden guten Gesprächs hat Issa, der Muslim, den Wunsch, vor die Schulgemeinde zu treten und darüber zu reden, was er falsch gemacht hat.

Georg Dürr

Aufgaben

1. Recherchiere die aktuelle politische Lage und die politischen Gruppierungen in Israel sowie Palästina.
2. Informiere dich auf der Homepage von Talitha Kumi (http://www.talithakumi.org) über die Ziele und Inhalte dieser Schule. → M1
3. Diskutiert, was Talitha Kumi zum Dialog der Religionen beiträgt und künftig beitragen will. → M2
4. Schreibe zu dieser realen Geschichte (nur die Namen sind geändert) einen angemessenen Schluss oder verfasse die Rede Issas, die er vor der Schulgemeinde hält. → M3

1 „Ich bin Muslim/Muslima"

M1 Heimat Türkei – zuhause in Deutschland

Aus einem Interview mit der 18-jährigen Nurten H., einer muslimischen Gymnasiastin aus Überlingen am Bodensee:

R. M.: Nurten, wenn ich es richtig sehe, bist du Türkin der zweiten Generation. Du bist in Deutschland zur Welt gekommen und zweisprachig aufgewachsen.

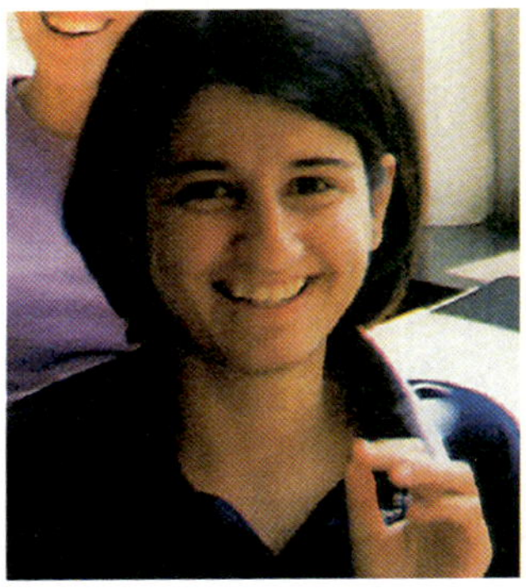

N. H.: Ja, ganz genau. Zu Hause sprechen wir Türkisch, und Deutsch habe ich im Kindergarten gelernt.

R. M.: Die meisten Menschen suchen in ihrem Leben nach einer Mitte bzw. nach einem Lebensmittelpunkt. Wo siehst du den für dich?

N. H.: Das ist schon schwer zu sagen, weil man eigentlich zwischen zwei Ländern lebt. Man muss sich anpassen und trotzdem seine Tradition bewahren. Allerdings: Ich werde schon so akzeptiert, wie ich bin ...

R. M.: Was hast du von deinen Eltern übernommen und wo gehst du eigene Wege?

N. H.: Es ist manchmal schon schwierig. Manche Sachen kann ich nicht machen, die meine deutschen Freundinnen machen dürfen, z. B. einen Freund haben, abends ausgehen, spät nachts heimkommen. Das mögen meine Eltern nicht. Aber ich bin ein Familienmensch [...]. Die Familie ist wichtiger. Manchmal denkt man schon, es wäre gut, einmal rauszukommen. [...]

R. M.: Möchtest du später einmal zurück in die Türkei?

N. H.: Manchmal schon. Ich habe es mir schon sehr ernsthaft überlegt. Aber es wäre nicht leicht. Ich kann besser deutsch als türkisch reden. Meine Heimat ist die Türkei, mein Zuhause ist Deutschland. [...]

R. M.: In der Türkei und in Deutschland haben wir ja gegenläufige Trends. Hier verliert das Christentum an Einfluss ...

N. H.: Das finde ich sehr schade. Wir gehen jeden Freitag in die Moschee. Das ist ein Hauptteil unseres Lebens. [...]

R. M.: Wir sind ja auf dem Weg in eine multikulturelle Gesellschaft ...

N. H.: Das finde ich wirklich gut. Wir lernen die Lebensart der anderen kennen. Wir lernen Toleranz. [...] Es soll jedem überlassen sein, wie er leben möchte. Aber wir sollten uns füreinander interessieren.

Ralf Markwort in: entwurf 1/2002, S. 19

M2 Allah, sei mir nah

Sakral-Rap, Diskussionen, Nachtwanderungen – beim Pfingsttreffen der Muslimjugend in Hessen geht es zu wie beim Kirchentag.

Unten im Ort spazieren die Senioren durch den Kurpark [...]. Droben im Jugenddorf brüllen 1200 muslimische Jugendliche „Allahu Akbar", „Gott ist groß". Die Muslimische Jugend in Deutschland (MJD) feierte am Pfingstwochenende im hessischen Kurort Bad Orb ihr Jahrestreffen. [...]

Man spricht Deutsch, trägt Kopftuch und denkt an die Karriere

Die Mädchen und Jungen sitzen, durch einen Korridor getrennt, unter dem Zeltdach, tragen Kopftuch zu Jeans und langen Röcken, manche Jungen tragen modische Trainingsjacken, auf denen statt „Berlin" oder „Hamburg" [...] „Mekka" und „Medina" steht. Sie trinken keinen Alkohol, viele beten fünfmal am Tag. „Es tut mir gut, warum sollte ich nicht um fünf Uhr morgens dafür aufstehen", sagt der 15-jährige Tahar, „für ein Fußballspiel würde ich das auch tun." Die strenge Moral ist für ihn genauso selbstverständlich wie die Tatsache, dass er Deutsch spricht, sich in der Schule anstrengt und einen guten Job haben will. „Wir wollen, dass Jugendliche, die Muslime sind, [...] deutsche Muslime werden", sagt der 28-jährige Vereinsvorsitzende Mohammed Nabil ʿAbdulazim. In strittigen Fragen, zum Beispiel bei Klassenfahrten und Sportunterricht, plädiert er für pragmatische Lösungen. „Für uns ist das keine Frage, dass die muslimischen Schüler an allen schulischen Aktivitäten teilnehmen", sagt ᶜAbdulazim. Aber vielleicht könne eine muslimische Mutter auf die Klassenfahrt mitkommen [...].

In Bad Orb übt die Muslimjugend, wie man Referate hält, sie diskutiert über Gewalt in Familien, sie bastelt, filmt und rappt. „Allah, sei mir nah, ohne dich schaff ich's nicht, ich hab keine Drogen genommen, ich bin nicht wieder dicht", reimt ein Junge. Abends auf der Zeltbühne gibt es Pop und selbst einstudierte Sketche [...].

Claudia Keller in: Die Zeit – Länderspiegel Nr. 24 vom 08.06.2006, S. 13

Sie sind jung, sie sind religiös, sie wollen RICHTIG LEBEN und sich in die Gesellschaft einbringen

M3 „Mit 18 wollte ich mir nichts mehr verbieten lassen"

Funda Erel kennt das Problem. [...] Gegen den Willen ihres Vaters ging sie mit ihren Freunden in die Discothek und amüsierte sich. „Ich war richtig militant und wollte mir nichts verbieten lassen." [...] Schließlich durfte ihr jüngerer Bruder viel mehr als sie. Also setzte sich die junge Türkin durch und riskierte heftigsten Streit. [...]

Dass es zum Streit oder sogar Bruch zwischen türkischen Eltern und Töchtern kommt, ist leider Realität. Die einen rebellieren gegen die Ansichten der Eltern, andere gehen heimlich aus. [...]

Die meisten türkischen Familien machen einen Unterschied zwischen Söhnen und Töchtern. Die jungen Männer probieren sich sexuell aus und gehen nachts auf die Piste. Ein Mann darf das schließlich. Die Mädchen dagegen werden streng behütet. Erst bei der Hochzeit wird die Verantwortung für die Tochter an den Ehemann übergeben.

Burcu Dogramac in: etap: deutschtürkisches Leben 4/2000, S. 28

Aufgaben

1 Beschreibe, was es für Nurten bedeutet, „zwischen zwei Ländern" zu leben. ➜ M1

2 Überlegt: Haben die beschriebenen Beispiele mit der Religion des Islam oder mit muslimischer Kultur und Tradition zu tun? ➜ M1/2/3

3 Sammelt aus eurer Sicht die Gemeinsamkeiten und Unterschiede zwischen muslimischen und nichtmuslimischen Jugendlichen.

▶ Glossar: Allah, Allahu Akbar, Medina, Mekka, Moschee, Muslim/Muslima

2 Wer ist Muslim – was bedeutet Islam?

M1 Bismillah ar-Raḥman ar-Raḥim

„Im Namen Gottes, des Erbarmers, des Barmherzigen" – diese arabische Formel leitet nicht allein jedes islamische Buch ein, gläubige Muslime verwenden sie vor allen bedeutsamen Handlungen, auch dem Essen. Sie drücken damit aus, dass all ihr Tun sich ableitet aus der Hingabe an Gott – nichts anderes bedeutet der Begriff *Islam*.

Muslim ist also jemand, der sich Gott hingibt, und Allah (arab. „der Gott") begleitet ihn in allen Phasen seines Lebens. Pläne für die Zukunft können nur verwirklicht werden, „wenn Gott will" *(In sha 'a-llah)*, wie eine oft gebrauchte Formel lautet. Gelingt ein Vorhaben, so sagt man: „Preis sei Gott" *(Al-ḥamdu li-llah)*. Denn: „Es gibt keine Macht und keine Kraft außer bei Gott" [...].

Dass nichts Gott gleichkommt, betont die Formel *Allahu akbar* („Allah ist überaus groß, größer als alles andere") und der erste Teil des kurzen muslimischen Glaubensbekenntnisses, der Shahada: „Es gibt keine Gottheit außer Gott" *(La ilaha illa-llah)*.

nach Ralf Elger, S. 3

M2 Muslim von Geburt an

Anders als im Christentum, jedoch vergleichbar zum Judentum, ist ein Mensch Muslim oder Muslima ab dem Moment der Geburt.

Das muslimische Leben eines neugeborenen Kindes beginnt damit, dass ihm, wenn möglich unmittelbar nach der Trennung der Nabelschnur, sein Vater den islamischen Gebetsruf in das rechte und linke Ohr flüstert. Der Gebetsruf beginnt mit dem viermaligen Ausruf *Allahu akbar*. Das erste Wort, das damit der Säugling hört, ist Allah, der sein Leben fortan bestimmen wird. Dazu wird auch aus dem Koran die erste Sure *Al-Fatiḥa*, die jeder Muslim auswendig kann, über dem Säugling rezitiert.

In Ägypten ist es Tradition, dass zwischen dem 7. und 40. Tag das Kind während einer Familienfeier mit Verwandten und Freunden durch den Vater oder den Gemeindeältesten der Moscheegemeinde seinen Namen erhält. Dabei wird das Mädchen oder der Junge mit dem Kopf Richtung Mekka hochgehoben und der Name zusammen mit Abschnitten aus dem Koran dreimal in sein Ohr gesprochen.

Welche Namen sind gebräuchlich? Beliebt sind zusammengesetzte Namen, die eine enge Verbindung mit Gott ausdrücken, so z. B. ^{c}*Abdallah*, was *„der Diener Gottes"* bedeutet, oder auch Namen, die mit Muhammad und seiner Familie zu tun haben, so bei Jungen *Muhammad* oder *Ahmad* und *Ali*, und bei Mädchen *Aischa* oder *Fatima*, wie die Lieblingsfrau und die Tochter Muhammads hießen.

M3 Ist im Islam die Beschneidung Pflicht?

Wie bei den Juden ist auch für männliche Muslime die Beschneidung Pflicht, weil dies einerseits der Tradition, andererseits dem Vorbild des Propheten Muhammad *(Sunna)* entspricht. [...] Symbolisch steht die Beschneidung für den religiösen Prozess der Unterwerfung unter Gottes Willen und Gebote. [...] Mit anderen Worten, die physische Veränderung des männlichen Geschlechtsorgans symbolisiert die Unterwerfung unter Gott selbst in sexuellen Dingen.

Gesellschaftlich gesehen stellt die Beschneidung ein wichtiges Initiationsritual für Jungen dar und mar-

Islam – Muslim/Muslima

Das arabische Wort **Islam** leitet sich her von dem Verb *aslama* „sich hingeben, sich Gott mit der ganzen Person ergeben" und bezeichnet die „Gottergebenheit" des Menschen zu dem einzigen Gott *Allah*. Wer sich im religiösen Sinne „Gott hingibt" und seine ganze Person dem Willen Gottes „unterwirft", ist ein **Muslim** und eine **Muslima** (die männliche/weibliche Partizipialform von aslama). Das aus dem Persischen abgeleitete Wort *Moslem* ist bedeutungsgleich.

Muslim ist man entweder von Geburt an oder man wird es durch den einfachen Akt, die Shahada, das islamische Glaubensbekenntnis, vor zwei muslimischen Zeugen auszusprechen.

Die Konsonanten SLM des Wortes *Islam* lassen sich verbinden mit dem arabischen Wort *Salam*, das „Frieden-Errettung" bedeutet (was dem hebräischen „Schalom" entspricht).

Ein Muslim ist also ein Mensch,
- der wirklich in seinem Leben daran glaubt, dass Allah als der einzige Gott existiert,
- der den Islam als einzige und wahre Menschheitsreligion ansieht,
- der versucht, sein ganzes Leben nach der Religion des Islam, wie sie im *Koran* als das authentische Wort Allahs aufgezeichnet ist, auszurichten,
- der die Religion des Islam als Antwort auf alle Lebensfragen des Einzelnen und die Probleme der Welt sieht,
- der sein individuelles Leben in die Gemeinschaft aller Muslime weltweit *(Umma)* einbringt,
- der dies deshalb durch seine persönliche Lebensweise, die Befolgung der religiösen Pflichten und die soziale Verantwortung, die er als Muslim übernimmt, ausdrückt,
- der in seiner religiösen Haltung als Muslim den Islam als eine Verpflichtung zur sozialen Gerechtigkeit begreift.

(Die Bezeichnung „Mohammedaner" lehnen Muslime ab, weil Muhammad zwar als Verkünder Allahs und Prophet des Islam verehrt wird, aber vor Allah in gleicher Weise Mensch ist und nicht angebetet wird.)

kiert, wenn sie im Alter zwischen zehn und zwölf Jahren vorgenommen wird, den Übergang ins Erwachsenenalter sowie die Übernahme der männlichen Pflichten, darunter auch die regelmäßige Teilnahme am öffentlichen Gebet. […]

Im Nahen Osten wird das Beschneidungsritual normalerweise im Alter zwischen zwei und zwölf Jahren durchgeführt. In vielen muslimischen Ländern ist die Beschneidung Anlass für eine Feier […] einschließlich Geschenken und Festmahl. In Europa und in den Vereinigten Staaten werden Beschneidungen normalerweise im Krankenhaus direkt nach der Geburt durchgeführt.

Die Beschneidung weiblicher Geschlechtsorgane ist weder eine islamische Sitte, noch ist sie unter Muslimen weit verbreitet. Es scheint sich vielmehr um eine afrikanische Tradition zu handeln, die auch in Ländern wie Sudan oder Ägypten erhalten geblieben ist – unter Muslimen wie unter Nichtmuslimen.

John L. Esposito, S. 127

Aufgaben

1. Notiere in Stichworten auf je einem Blatt: Was fällt dir alles ein, wenn du das Wort „Islam" hörst? ➜ M1
   Sammelt die Stichwort-Blätter an der Tafel und ordnet sie nach religiösen-ethischen und kulturellen-gesellschaftlichen-politischen Bereichen.
   Überlegt anschließend, welche der Stichwörter mögliche religiöse Klischees, Vorurteile und Stereotypen über den Islam widerspiegeln.
2. Wie werde ich Mitglied in einer Religionsgemeinschaft? Gibt es für Kinder und Jugendliche anderer Religionen ähnliche religiöse oder gesellschaftliche Rituale? ➜ M2/3
3. Jude – Christ – Hindu – Buddhist: Recherchiere, wie die Selbstbezeichnungen entstanden sind, und vergleiche ihre Bedeutung für die persönliche Identität mit der des Muslimen im Islam.
4. Lege dir ein eigenes Islam-Lexikon an, in dem im Verlauf der Kapitel alle wichtigen und noch unbekannten Begriffe zu Religion und Leben im Islam erklärt werden. ➜ M1-3/Kasten

▶ Glossar: Islam, Koran, Shahada, Sunna, Sure, Umma

3 Der Prophet Muhammad und Mekka

M1 „Lies!" – Die Berufung zum Propheten

Ibn Ishaq (+767 n. Chr.) verfasste etwa 100 Jahre nach dem Tod Muhammads eine Biographie des Propheten auf der Grundlage mündlicher und schriftlicher Überlieferungen zu seinem Leben. Sein Bericht zur Berufung Muhammads stützt sich auf Aussagen von Muhammad selbst:

Als ich schlief, so erzählte der Prophet später, trat der Engel Gabriel zu mir mit einem Tuch aus Brokat, worauf etwas geschrieben stand und sprach: „Lies!"
„Ich kann nicht lesen", erwiderte ich.
Da presste er das Tuch auf mich, sodass ich dachte, es wäre mein Tod. Dann ließ er mich los und sagte wieder: „Lies!"
„Ich kann nicht lesen", antwortete ich ...
Als er mich dann nochmals fast zu Tode würgte und mir wieder zu lesen befahl, fragte ich aus Angst, er könnte es nochmals tun: „Was soll ich lesen?"
Da sprach er: „Lies im Namen deines Herrn, des Schöpfers, der den Menschen erschuf aus geronnenem Blut! Lies! Und der Edelmütigste ist dein Herr, Er, der das Schreibrohr zu brauchen lehrte, der die Menschen lehrte, was sie nicht wussten." (Sure 96,1-5)
Ich wiederholte die Worte, und als ich geendet hatte, entfernte er sich von mir. Ich aber erwachte, und es war mir, als wären mir die Worte ins Herz geschrieben. Sodann machte ich mich auf, um auf den Berg zu steigen, doch auf halber Höhe vernahm ich eine Stimme vom Himmel: „O Muhammad, du bist der Gesandte Gottes, und ich bin Gabriel!"

Ibn Ishaq, S. 45-46

M2 Das Leben Muhammads

1. Die erste Phase 570-609 n. Chr.

Muhammad wird um 570 n. Chr. in Mekka, einer Handelskarawanen- und religiösen Pilgerstadt, geboren. Mit 6 Jahren bereits ein Waise, kümmert sich vor allem sein Onkel Abu Talib um ihn, das Oberhaupt des quraischitischen Stammes der Haschim. Mit ihm ist er auf Karawanenreisen bis nach Syrien unterwegs. Dadurch lernt er zahlreiche Beduinenstämme und arabische *Hanifen*, vermutlich aber auch jüdische Klans und christliche Klostergemeinden kennen, die den Glauben an den einen Gott lehren. Mit 25 Jahren wird Muhammad Geschäfts- und Karawanenführer im Handelsunternehmen der 15 Jahre älteren wohlhabenden Kaufmannswitwe Khadidja, die ihn auch bald darauf heiratet. Er engagiert sich im öffentlichen Leben Mekkas, und sein Rat wird bei Streitigkeiten geschätzt.

2. Die zweite Phase 610-622 n. Chr.

Selbst vermutlich ein Anhänger der *Hanifen*, stößt ihn die materialistische Lebenseinstellung der Mekkaner und ihre polytheistische Religiosität mit 360 Göttern, Dämonen und Geistern ab. Nach islamischer Tradition widerfährt ihm beim religiösen Meditieren in der Einsamkeit einer Höhle am Berg Hira außerhalb Mekkas im Jahre 610 n. Chr. im Traum die erste Offenbarung durch den Engel Gabriel, die seinem Leben eine völlig neue Richtung gibt. Nach anfänglichem heftigem Zweifel und verwirrter Ratlosigkeit akzeptiert er dann seine Berufung zum Gesandten und Propheten Allahs.

Zunächst bleibt seine Verkündigung im engsten Familien- und Freundeskreis. Dort ermutigt tritt er in der mekkanischen Öffentlichkeit auf und mahnt, den rechten Weg zu dem einen Gott zu suchen, der der alleinige barmherzige und gerechte Schöpfer, Bewahrer und Lenker der Welt sei. Und er warnt die Bürger Mekkas vor dem Gericht Allahs, falls sie nicht umkehren, Buße tun für ihren oberflächlichen materiellen Lebenswandel und sich in sozialer Verpflichtung den Armen zuwenden. Mit Ausnahme von wenigen Jüngeren aus vornehmen Sippen und aus den unteren sozialen Schichten lehnt die überwiegende Mehrheit der Mekkaner die neue Lehre Muhammads ab: Seine Predigt bedroht die bestehende religiöse Ordnung der Götterkulte und die Wallfahrtsfeste, die sich um das mekkanische Heiligtum, die Kaaba, konzentrieren und den führenden Familien wirtschaftliche Vorteile bringen. Die Lage für Muhammad verschlechtert sich in Mekka nach dem Tode seines einflussreichen Onkels und seiner Frau 619 n. Chr. Er entschließt sich deshalb, der Anfrage von Gesandten aus dem 400 km nördlich gelegenen Yathrib zu folgen, um in einer Dauerfehde zwischen zwei verfeindeten Stämmen zu vermitteln.

3. Die dritte Phase 622–632 n. Chr.

Die Auswanderung (arabisch: Hidjra) nach Yathrib (später Medina, „Stadt" des Propheten genannt) im September 622 n. Chr. mit kaum mehr als 70 seiner Anhänger bildet das Jahr „Eins" der islamischen Zeitrechnung. Nachdem Muhammad aufgrund seiner charismatischen Persönlichkeit erfolgreich im Streit zwischen zwei Stämmen schlichtet, schließt sich bald ein großer Teil der arabischen Bevölkerung seiner neuen Lehre an, jedoch nicht die starken drei jüdischen Klans in Yathrib, die an der Echtheit seiner prophetischen Sendung zweifeln. Es kommt zur Ausweisung und sogar zur Tötung zahlreicher Juden, Frauen und Kinder werden versklavt.

Muhammad entwickelt sich in Yathrib (Medina) vom religiösen Propheten zum Gesetzgeber und Politiker. Er organisiert in einer Gemeindeordnung 623 n. Chr. geschickt das neue religiöse, soziale und politische Gemeinwesen. Die Gebete zu Allah sollen von nun an ausschließlich nach Mekka mit der Kaaba verrichtet werden, die er als neues religiöses und politisches Zentrum für den Islam bestimmt. Die Mekkaner dort jedoch bleiben weiterhin erbitterte Gegner. Nach jahrelangen wechselvollen bewaffneten Auseinandersetzungen zwischen den Stämmen Medinas und Mekkas nimmt Muhammad 630 n. Chr. Mekka fast ohne Widerstand ein. Er umrundet einige Male die Kaaba, zerschlägt die dort aufgestellten Götterbilder, behandelt die Mekkaner mit unerwarteter Milde und kehrt nach Medina zurück. 632 n. Chr. organisiert er eine große Wallfahrt von Medina nach Mekka mit 90 000 Pilgern und ist damit zum unbestrittenen religiösen und politischen Führer fast der gesamten arabischen Halbinsel geworden. Am 08. Juni 632 n. Chr. stirbt er im Haus seiner Lieblingsfrau Aischa und wird in Medina begraben.

M3 Muhammad bei der Kaaba

Türkische Miniatur, 1595
Muhammad bei seiner letzten Pilgerfahrt in betender Haltung kniend vor der Kaaba. Das Gesicht ist wegen des Bilderverbots mit einem Tuch bedeckt; seine Gestalt ist von Flammen umgeben, die die göttliche Inspiration symbolisieren.

M4 Die Bedeutung Muhammads für Muslime

Muhammad war Gottes Gesandter und der letzte der Propheten. Ihn lieben wir Muslime, und sein Gottvertrauen teilen wir. Dadurch erhält unser Leben Sinn und Hoffnung - auch in einer Welt, in der beides verloren scheint. *Mahmoud Zakzouk, S. 7*

Aufgaben

1. Arbeite die wesentlichen Informationen und Aspekte zur Entwicklung der Persönlichkeit Muhammads heraus. Erstelle daraus einen tabellarischen Lebenslauf. → M2
2. Charakterisiert in Kleingruppen die Merkmale von Muhammads religiösem Selbstverständnis. Tragt auf einem Wandplakat alle Merkmale, wie er seine Aufgabe verstand, zusammen. Diskutiert, welche Bedeutung Muhammad für Muslime bis heute besitzt. → M1-4

▶ Glossar: Hanif, Hidjra, Kaaba, Yathrib – Medina

4 Der Koran

M1 Der Koran – das heilige Buch Gottes

Das Wort **Koran**, von arabisch: *Qur'an*, bedeutet „Vortrag, Rezitation". Der Koran ist das heilige Buch der Muslime und gilt als das im buchstäblichen Sinne authentische Wort Allahs. Nach traditioneller muslimischer Überzeugung wurde dem Propheten Muhammad über einen Zeitraum von 22 Jahren, zwischen Muhammads 40. Lebensjahr bis zu seinem Tod (632 n. Chr.), das als ewig geltende Gotteswort in arabischer Sprache offenbart. Muhammad, selbst ein Analphabet, trug seine neuen Offenbarungen selbst mündlich vor oder ließ sie von „Rezitatoren" verbreiten. Er ist deshalb weder der Autor noch der Herausgeber des Koran. Die Textinhalte wurden zu seinen Lebzeiten von Schreibern auf allen möglichen Materialien wie Pergamenthäuten, Palmblättern oder Schulterknochen von Kamelen aufgezeichnet. Nach dem Tode Muhammads begann man, die vorhandenen Offenbarungssprüche zu sammeln und in eine allgemeingültige schriftliche Fassung zu bringen. Die bis heute verbindliche und offizielle Version des Koran geht auf eine vom 3. Kalifen Uthman (644-656 n. Chr.) eingesetzte Gelehrtenkommission zurück. Sie legte auch die Anordnung des Koran in 114 **Suren** („Abschnitte") fest. Jede Sure ist nach einem charakteristischen, im Text vorkommenden Wort benannt und wiederum in Verse, arabisch: *Ayat* („Wunderzeichen") unterteilt.

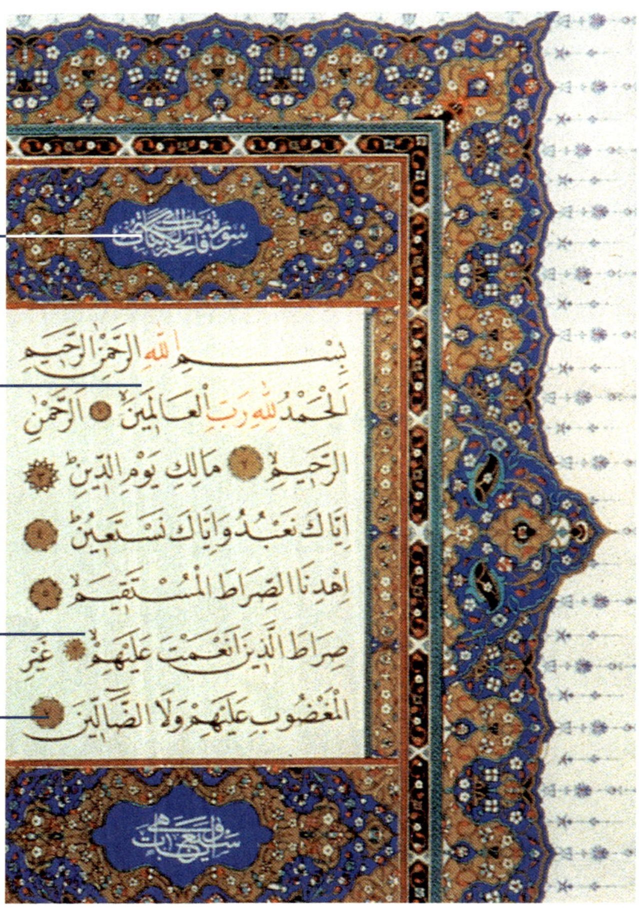

Name der Sure: Surat al-fatiḥa mit Angabe des Offenbarungsortes Mekka

Beginn der Sure mit der Einleitungsformel: Bismillah ar-Raḥman ar-Raḥim, mit der alle Suren außer der 9. Sure beginnen

Arabisch wird von rechts nach links gelesen und besitzt keine Buchstaben für Vokale. Für ungeübte Leser werden deshalb Vokalzeichen (schwarze Haken und Punkte) über und unter den Buchstaben sowie für die beim Vortrag richtige Atmung am Ende eines Verses hinzugefügt

Eine vergoldete Rosette markiert das Ende des Verses

M2 Sure 1: Al-Fatiḥa – Die Eröffnung

Die erste Sure, al-Fatiḥa, die „Öffnende" genannt, enthält Leitmotive des ganzen Koran. Sie ist ein schlichtes Gebet, das jeder gläubige Muslim beim täglichen Pflichtgebet und beim freien Gebet spricht.
Ihre Bedeutung ist vergleichbar dem jüdischen Sch'ma Jisrael-Gebet und dem christlichen Vaterunser-Gebet.

1. Im Namen Gottes,
des Erbarmers,
des Barmherzigen.
2. Lob sei Gott,
dem Herrn der Welten,
3. dem Erbarmer, dem Barmherzigen,
4. der Verfügungsgewalt
besitzt über den Tag
des Gerichtes!
5. Dir dienen wir,
und Dich bitten wir um Hilfe.
6. Führe uns den geraden Weg,
7. den Weg derer, die Du
begnadet hast, die nicht
dem Zorn verfallen und
nicht irregehen.

M3 Inhalt, Bedeutung und Sprache des Koran

Formal sind die Suren des Koran einfach der Länge nach geordnet – von der längsten Sure 2 mit 286 Versen (die Eröffnungssure 1 gilt als Ausnahme) bis zur kürzesten Sure 108 mit 3 Versen. Ihre Inhalte sind jedoch anders als erwartet nicht chronologisch oder nach Themen geordnet. Für Nichtmuslime scheint deshalb der Koran stilistisch unzusammenhängend und inhaltlich verwirrend: Gebete und rituelle Anweisungen, Glaubensermahnungen und ethische Maximen, Prophetengeschichten, Gleichniserzählungen und Anweisungen für die Auseinandersetzung mit Andersgläubigen wechseln einander ab. Die Inhalte werden oft auch nicht zusammenhängend präsentiert, sondern nur kurz angedeutet und zitiert. Dies ermöglicht es jedoch auch, den Text an einer beliebigen Stelle aufzuschlagen, mit dem Vortrag des Abschnittes zu beginnen, ihn gemeinsam mit anderen auswendig zu lernen und sich über das Verständnis seiner Inhalte auszutauschen. In islamischen Ländern wird aus dem Koran in Radio und Fernsehen vorgelesen. Muslime rezitieren ihn bei ihren täglichen Gebeten, Kinder hören Passagen zu Beginn des Schulunterrichtes, er steht am Anfang von Hochzeiten und Beerdigungen, bei Vorträgen und Geschäftsessen. Zu Hause im Bücherregal steht er an erhöhter Stelle und in muslimischen Buchhandlungen werden Koranexemplare nicht „verkauft“, sondern man gibt eine angemessene „Spende“ für den Band.

Für gläubige Muslime ist der Koran das erhabenste Zeichen Gottes im Universum und deshalb auch das zentrale Dokument der islamischen Kultur: Meisterhafte kalligraphische Koranverse bedecken die Wände in Moscheen, finden sich in Privathäusern, als Spruchbänder auch in Bussen und Autos.

Alle Muslime auf der Welt lernen den Koran in der arabischen Originalsprache. Nur in der Ursprache gilt er als das authentische Wort Allahs, das durch die menschliche Stimme unmittelbar und unverändert zum Ausdruck kommt. Auch kommt nur im Arabischen der klangvolle und gereimte Prosastil des Koran zur Geltung, wodurch sich auch der Inhalt leichter merken lässt. Den Ehrentitel *Ḥafiz* („Bewahrer“) darf der Muslim tragen, der den gesamten Koran auswendig rezitieren kann.

M4 Zentrale Lebensregeln

22 Setze Gott keinen Gott zur Seite, sonst wirst du dasitzen, gescholten und im Stich gelassen. 23 Und dein Herr hat bestimmt, dass ihr nur Ihm dienen sollt, und dass man die Eltern gut behandeln soll. Wenn eines von ihnen oder beide bei dir ein hohes Alter erreichen, so sag nicht zu ihnen: „Pfui!“, und fahre sie nicht an, sondern sprich zu ihnen ehrerbietige Worte. [...] 24 Euer Herr weiß besser, was in eurem Inneren ist. Wenn ihr rechtschaffen seid, 25 so ist Er für die, die immer wieder umkehren, voller Vergebung. 26 Und lass dem Verwandten sein Recht zukommen, ebenso dem Bedürftigen und dem Reisenden, aber handle nicht ganz verschwenderisch. [...] 32 Und nähert euch nicht der Unzucht. Sie ist etwas Schändliches, und sie ist ein übler Weg. 33 Und tötet nicht den Menschen, den Gott für unantastbar erklärt hat, es sei denn bei vorliegender Berechtigung. [...] 34 Und nähert euch nicht dem Vermögen des Waisenkindes, es sei denn auf die beste Art, bis es seine Vollkraft erreicht hat. Und erfüllt eingegangene Verpflichtungen. Über die Verpflichtungen wird Rechenschaft gefordert. 35 Und gebt volles Maß, wenn ihr messt. Und wägt mit der richtigen Waage. Das ist besser und führt zu einem schöneren Ergebnis. [...] 37 Und schreite nicht unbekümmert auf der Erde einher. Du wirst ja die Erde nicht durchbohren und die Berge an Höhe nicht erreichen können.

Sure 17, 22-37

Aufgaben

1 Fasst in Kleingruppen die wesentlichen Informationen zum Koran und zu Sure 1 zusammen. → M1-2

2 Vergleicht die Entstehung, Überlieferung und religiöse Bedeutung des Korans mit dem Neuen Testament. → M1-3 und S. 210ff. (Christentum)

3 Gliedert in Kleingruppen den Korantext in seine Anweisungen. → M4
Vergleiche sie kritisch mit den 10 Lebensregeln im jüdisch-christlichen Dekalog (2. Mose 20, 1-17) auf Gemeinsamkeiten und Unterschiede hin.

▶ Glossar: Al-Fatiḥa, Ayat, Ḥafiz, Kalif

5 Sunna – Ḥadith

M1 Der Prophet als ethisches Vorbild

Im Islam wird großer Wert auf das Handeln gelegt - die Muslime werden ständig ermahnt, sich anzustrengen, sich Mühe zu geben, ihr Bestes zu geben. Manche Muslime sagen, Muhammad sei der „lebende Koran", der Zeuge, dessen Worte und Verhalten den Willen Gottes offenbaren [...]. Muhammads Leben übersetzte die im Koran offenbarte Wegweisung in Handlungen. Er lebte die Offenbarung vor und gab den Gesetzen, die Gott für die verschiedenen Lebensumstände eines ganz normalen menschlichen Lebens offenbart hatte, menschliche Form. [...]
Darum richten sich Muslime, wenn sie Wegweisung suchen, in allen Lebensbereichen nach Muhammads Beispiel: wie man mit Freunden und Feinden umgeht, wie man essen und trinken soll, wie man trauert und feiert. [...] Seine *Sunna*, seine Worte und Taten wurden zur Norm für das Gemeinschaftsleben der Muslime.
Weil die Muslime glauben, dass Muhammads Worte und Taten als lebendiges Beispiel für die Bedeutung des Korans dienen, lag der frühen muslimischen Gemeinschaft sehr viel daran, so viele Erinnerungen an seine Worte und Taten zu bewahren wie nur irgendwie möglich. Erzählungen über das Vorbild des Propheten, die unter der Bezeichnung *Ḥadith* („Überlieferungen" des Propheten) bekannt sind, zeichnen viele Aspekte von Muhammads Leben auf, darunter seine religiösen Überzeugungen und Rituale, seine Essgewohnheiten, seine Kleidung, persönliche Hygiene, Ehe, Behandlung der Ehefrauen, Diplomatie und Kriegführung. Diese detaillierten Aufzeichnungen von Muhammads Taten in Krieg und Frieden, von seinem Umgang mit Familie, Freunden und Feinden, von seinen Urteilen in guten und schlechten Zeiten und von seinen Entscheidungen in Zeiten der Belagerung und des Sieges rufen allen Muslimen verdeutlichend in Erinnerung, was es heißt, Gottes Wort zu folgen.

John L. Esposito, S. 25-28

Sunna – Ḥadith

Die **Sunna** (arab.: gewohnte Handlung, vorbildliche Lebensführung) bezeichnet:

1. den vorbildhaften Weg des Propheten Muhammad (Koran, Sure 33, 21). Sie umfasst sein überliefertes Handeln, sein Reden und seine Zustimmung zu dem, was in seiner Umgebung getan und gesagt wurde.

2. das Verhalten seiner ersten Anhänger, auf denen die Tradition der ersten islamischen *Umma* (Gemeinschaft) gründet.

Ein **Ḥadith** (arab.: Ereignis, Gespräch, Mitteilung) ist ein Bericht über das, was Muhammad tat oder sagte.
Schon zu Lebzeiten Muhammads begann man, bei ungelösten Fragen zu religiösen und ethischen Handlungsanweisungen im Zweifelsfall auf „Präzedenzfälle", das heißt auf Entscheidungen, Handlungsanweisungen und Aussprüche des Propheten, zurückzugreifen.
Die schriftlichen Sammlungen der *Ḥadith* nach dem Tode Muhammads durch seine engsten Gefährten und Verwandten bilden in ihrer Gesamtheit die Sunna Muhammads.
Sie können auch als orthodoxer Kommentar zum Koran verstanden werden und wurden bald zur zweitwichtigsten Quelle und absolut verbindlichem Maßstab für die religiöse, rechtliche und politische Praxis.
Bereits im 8. Jahrhundert tauchten angesichts ihrer weiten Verbreitung Fragen nach der Authentizität der *Ḥadith* auf und man erkannte viele als quasi nachträglich gefälscht. Islamische Gelehrte entwickelten daraufhin *Ḥadith*-Kriterien für ihre Gültigkeit und Richtigkeit. Von allen autoritativen *Ḥadith*-Sammlungen gelten die beiden Werke der Gelehrten al-Bukhari (810-870 n. Chr.) und Muslim (817/821-875 n. Chr.) als unbezweifelbar *(ṣaḥiḥ)* echte *Ḥadith*-Sammlungen. In al-Bukharis Werk werden zum Beispiel von einer halben Million *Ḥadith* nur ungefähr 4000 Überlieferungen als authentisch aufgeführt.

M2 Drei Ḥadith des Propheten

Über den Glauben
Niemand von euch ist wirklich gläubig,
bis er seinem Bruder das wünscht,
was er sich selbst wünscht. (al-Bukhari; Muslim)

Über die Wahrhaftigkeit
Der schlimmste Mensch ist der Mensch mit zwei Gesichtern.
Er begegnet den einen mit dem einen Gesicht und begegnet den anderen mit dem anderen Gesicht. (al-Bukhari; Muslim)

Über die Brüderlichkeit
Vier Laster machen einen zum Heuchler.
Wenn eines von ihnen sich in einem Menschen befindet, befindet sich in ihm die Eigenschaft des Heuchlers, bis er sich deren entledigt.
Heuchler ist der,
der, wenn er spricht, lügt;
der, wenn er verspricht, sein Versprechen nicht hält;
der, wenn er streitet, ausfällig wird;
der, wenn er eine Vereinbarung schließt, seinen Partner hinterhältig überfällt. (al-Bukhari; Muslim)

in: A. Theodor Khoury, So sprach der Prophet, S. 53, 336-337, 352

M3 Was denkt der Kopf unter dem Tuch?

Müssen muslimische Frauen ein Kopftuch tragen? Das ist Auslegungssache. Denn im Koran (Sure 24,31; 33,59) findet man zwar den Hinweis, dass Frauen ihre Reize nicht zur Schau stellen sollen, von einer völlig eindeutigen Kopftuchpflicht ist aber nicht die Rede.

Ein großer Teil der muslimischen Frauen sowohl im Orient als auch in Europa trägt ein Kopftuch: möglicherweise, um sich als bekennende Muslima zu zeigen, oder wie Koran und Sunna sagen, um von Männern nicht belästigt zu werden. Viele Musliminnen bestehen auch darauf, das Tragen des Kopftuches stelle keine Unterordnung unter den Mann dar, sondern sei die Unterordnung unter den Glauben. Das Kopftuch verleihe ihnen ihre Identität als muslimische Frau und zeige, dass sie die Werte des Islam verinnerlicht hätten. Jedoch auch innerhalb des Islam herrschen unterschiedliche Auffassungen zur Kopfbedeckung der muslimischen Frau. Während Befürworter das Kopftuch als Frömmigkeitsgebot und „Ausdruck von Bescheidenheit und Anstand, Schutz der persönlichen Würde sowie als Merkmal kultureller Eigenständigkeit" verstehen, gibt es auch muslimische Kritiker, die in der Verschleierung ein Symbol der Rückständigkeit und der weiblichen Unterdrückung sehen.

nach www.swr.de (Ulrich Pick)

Aufgaben

1. Erarbeite die Gründe, die Muhammad zu einem Vorbild für jeden Muslim/jede Muslima werden ließen. ➜ M1
2. Formuliere die einzelnen Ḥadith zu Lebensregeln um (Du sollst ...) und vergleiche sie mit dir bekannten ethischen Regeln. ➜ M2
   Entwerft und gestaltet in Gruppen zu den einzelnen Ḥadith konkrete Beispielszenen und präsentiert sie gegenseitig in der Klasse.
3. Arbeitet die Argumente zum Thema „Kopftuch" heraus. Gestaltet eine Pro-Contra-Debatte, indem auf Plakaten kritisch Thesen formuliert und im Raum verteilt werden. Nehmt dazu Position, indem ihr euch zu den Plakaten stellt und anschließend debattiert. ➜ M3

▶ Glossar: Ḥadith, Sunna

6 Der Glaube an Allah

M1 Sure 112: Der aufrichtige Glaube

Viele Verse des Koran betonen den einen und einzigen Gott, also den monotheistischen Glauben an die absolute Einzigkeit Gottes und die Einheit seines Wesens, das im Arabischen als Tawḥid bezeichnet wird. Tawḥid bedeutet die „Wissenschaft vom Einsheit-Bekennen" und bezieht den Menschen aktiv ein, mit dem Koran sein Verständnis Gottes lebenslang zu vertiefen. Neben Sure 1 wird von Muslimen deshalb am häufigsten Sure 112 rezitiert.

Im Namen Gottes, des Erbarmers,
des Barmherzigen.

1. Sprich: Er ist Gott, ein Einziger,
2. Gott, der Undurchdringliche.
3. Er hat nicht gezeugt,
   und Er ist nicht
   gezeugt worden,
4. und niemand ist
   Ihm ebenbürtig.

„Gott ist das Erhabenste"

M2 Allah gleich Gott

Der Begriff „Allah“ ist aus dem arabischen Artikel „al“ und dem Wort für Gott „ilah“ zusammengesetzt. Er bedeutet: „der Gott“ und wird auch für den Gott der jüdischen Thora und der christlichen Bibel verwendet. Das Gottesverständnis des Islam lässt sich in der philosophisch geprägten Formel ausdrücken: Gott als Wirklichkeit schlechthin oder Gott als das Sein.
Was damit gemeint ist, ließe sich mit dem „Gleichnis von der Sonnenblume“ ausdrücken. Als „Lebensenergie“, die allen Geschöpfen ihr Sein gibt oder ermöglicht, ist Gott die Kraft, die „die Welt im Innersten zusammenhält“. Ohne den Willen Gottes als Schöpfer würde die Wirklichkeit „zu Nichts zerfallen“ und ohne Gott wäre ihre Existenz nicht möglich. Gott wirkt demnach nicht allein im Außerordentlichen, im „Wunderbaren“, in seinen „großen Taten“, sondern vor allem im Alltäglichen. Er ist dem Menschen näher, als dieser denkt. In diesem Sinne kann der eben beschriebene Aspekt im Gottesbild auch mit dem islamischen Begriff „Einheit des Seins“ (wahdat alwudschut) umschrieben werden.

Jörg Bohn in: bpb, 2002, S. 19

M3 Die 99 schönsten Namen Gottes

Sprich: Ruft Gott oder ruft den Erbarmer an.
Welchen ihr auch anruft, Ihm gehören die schönsten Namen.
Und sei nicht laut beim Gebet und auch nicht leise dabei. Suche einen Weg dazwischen.

Sure 17, 110

Die Misbaha baumelte am Rückspiegel des vorbeischleichenden Taxis. Der Alte am Straßenrand, der den Verkehr beobachtet, er hält eine in der Hand und der fremde Herr, am Tischchen neben mir, zieht seine gerade aus der Jackentasche. 33 Kugeln aus Olivenholz sind aufgereiht auf diesen Rosenkranz und eine größere dazu. Wenn der Muslim diese größere zwischen den Fingern hält, murmelt er oder betet ganz leise: „Ja Allah!“ „Ja“ ist Anrede, ins Deutsche nicht übersetzbar. Und dann folgt mit jeder der 33 Kugeln einer der „schönsten Namen“. Drei Mal hintereinander wird er die Misbahaperlen durch seine Hand gleiten lassen, bis alle 99 Namen gebetet sind. Eigentlich sind es keine Namen. Es sind Prädikate, also Eigenschaften Gottes, die sich im Koran über viele Suren verstreut finden [...] und ich entdecke mich dabei, wie ich mit dem Tässchen spiele, in dem Kaffee so wundervoll nach Kardamon duftet.

Hannes Ball/Sadik Hassan/Traugott Wöhrlin, S. 24

Trotz der Einzigkeit Gottes schreibt der Islam Gott *viele Eigenschaften* zu [...]. Es sind die 99 *„schönsten Namen"* Gottes, von denen der Koran spricht [...]. Wer die 99 Namen kennt, kommt ins Paradies. Der 100. Name Gottes ist unaussprechlich. Ein paar Beispiele: Gott – der Erbarmer – der König – der Heilige – der Friede – der Mächtige und Prächtige – der Vergebende – der Allweise – der Allhörende – der Allsehende – der Richter – der Gerechte – der Wohlwollende – der Liebevolle – der Starke.

Werner Trutwin, S. 43

M4 Was glauben die Muslime?

Wie Juden und Christen sind Muslime Monotheisten. Sie glauben an den einen Gott, den Schöpfer, Erhalter, Herrscher und Richter des Universums. Die Muslime glauben an Propheten – [...] auch an die Propheten der [...] Bibel, darunter Abraham und Moses, sowie an [...] Jesus und Johannes den Täufer. Sie glauben ebenfalls an Engel, Himmel, Hölle und den Tag des Jüngsten Gerichts. Der Islam erkennt an, dass Gottes Offenbarungen in der Thora, den Psalmen, den Evangelien und im Koran enthalten sind. [...] Die Muslime sehen Juden und Christen als „Völker des Buches" an, als Gemeinschaften von Gläubigen, die Offenbarungen empfangen haben. [...]

Darum glauben die Muslime, dass der Islam keine neue Religion mit einer neuen heiligen Schrift ist. Der Islam ist aus muslimischer Sicht nicht die jüngste der großen monotheistischen Weltreligionen, sondern die älteste, weil er die ursprüngliche wie die endgültige Offenbarung Gottes von Abraham, Moses, Jesus und Muhammad darstellt:

„Er hat euch als Religion verordnet, was er seinerzeit dem Noah anbefohlen hat, und was wir nunmehr dir als Offenbarung eingeben, und was wir dem Abraham, Moses und Jesus anbefohlen haben: ‚Haltet die Religion und teilt euch darin nicht!' (Koran 42, 13)."

John L. Esposito, S. 18–19

Aufgaben

1 Übertrage die Kalligraphie für Allah und notiere zu Sure 112 den zentralen Gedanken im islamischen Gottesverständnis. Informiere dich dazu auch zur vorislamischen Religion, Kultur und Gesellschaft auf der arabischen Halbinsel. ➜ M1

2 Recherchiere weitere der „99 Namen" Gottes. Außerhalb des Islam verbinden sich mit dem Wort „Allah" häufig negative Assoziationen. Stelle in einer Tabelle die negativen und positiven Redemöglichkeiten gegenüber und formuliere eine These zu: Was ist dem muslimischen Gläubigen an „Allah" wichtig? ➜ M3

3 Tragt auf einem Plakat alle Thesen zusammen und bezieht kritisch Stellung zum Anspruch des Islam, eine allgemeingültige Religion zu sein. ➜ M2/4

▶ Glossar: Tawḥid

7 Die religiöse Praxis: 5 Säulen des Islam

M1 Die 1. Säule: Shahada – das Glaubensbekenntnis

Das öffentlich und in Arabisch ausgesprochene Glaubensbekenntnis: *„Ich bezeuge, dass es keinen Gott außer Allah gibt, und ich bezeuge, dass Muhammad der Gesandte Gottes ist"* fasst zusammen, was es bedeutet, ein Muslim zu sein. Es bildet den Kern aller Gebete und Aussagen über Gott, begleitet das gesamte Leben eines Muslimen von der Geburt bis zum Tod, und versammelt die Gläubigen zum gemeinsamen Gottesdienst.

Wenn jemand freiwillig vor mindestens zwei muslimischen Zeugen dieses Bekenntnis mit der Absicht ausspricht, Muslim zu werden, ist er im Sinne des Islam tatsächlich ein Muslim.

M2 Die 2. Säule: Ṣalat – das Gebet

Gläubige Muslime beten fünfmal am Tag – bei Tagesanbruch, mittags, nachmittags, bei Sonnenuntergang und am späten Abend – ein in allen Ländern gleiches rituelles Pflichtgebet. Das tägliche Ṣalat *(Fürbitte)* ist die wichtigste Handlung des Gottesdienstes im Islam, da es einen laufend daran erinnert, bei all seinen Alltagsgeschäften in Beruf und Familie Gott niemals aus den Augen zu verlieren.

Muslime können in jeder Umgebung beten, allein oder gemeinschaftlich, daheim, bei der Arbeit, auf einem öffentlichen Platz, am besten in der Moschee. Man benötigt zumindest eine saubere Gebetsmatte oder einen Gebetsteppich und möglichst eine rituelle Waschung einiger Teile des Körpers. Bei der Gebetsvorbereitung richten sich die Muslime nach Mekka und der Kaaba aus. Jeder Gebetsakt beginnt mit der Lobpreisung: „Gott ist größer" *(Allahu akbar)*, gefolgt von festgelegten Gebeten, die aus der Shahada und Koranrezitationen bestehen.

Begleitet werden sie durch eine bestimmte Abfolge von Körperhaltungen – Stehen, Verbeugen, Knien, Berührung des Bodens mit der Stirn, Sitzen –, die die Demut und Hingabe an Gott verdeutlichen.

M3 Die 3. Säule: Zakat – das Almosen

Das Almosengeben bedeutet für den Muslimen die Pflicht, sein Eigentum mit den Bedürftigen, Armen und in Not Geratenen zu teilen. Es dient wie das Gebet als Ausdruck der Gottesverehrung und des Dankes an Gott.

Die fünf „Säulen des Islam" können als das Minimum an religiösen Pflichten aufgefasst werden, die ein gläubiger praktizierender Muslim erfüllen muss. Jeder Muslim und jede Muslima kann selbst und ohne die Vermittlung durch einen islamischen Geistlichen feststellen, ob und wie weit er bzw. sie jede der einfach zu verstehenden Anforderungen erfüllt hat, die ihn/sie auf dem geraden Weg des Islam entlangführen. Zusammen bilden die Säulen den gemeinsamen Nenner, der alle Muslime in der weltweiten Gemeinschaft der islamischen Umma eint.

Der Zakat *(Reinigung)* bildet die Grundlage der religiös-sozialen Moral im Islam, dient der Stärkung der moralischen und sozialen Verantwortlichkeit und ist in der weltweiten muslimischen Gemeinschaft als eine Art Sozialversicherung zu verstehen.
Bei der Almosensteuer handelt es sich nicht nur um einen freiwilligen religiösen Akt, sondern es ist vielmehr eine regelrechte Steuerabgabe, jedoch anders als eine staatliche Steuer zu verstehen. Der Zakat ist eine religiöse Verpflichtung (Sure 9, 59-60), die bei 2,5 Prozent des Jahreseinkommens und individuellen Vermögens liegt.

M4 Die 4. Säule: Ramadan – der Fastenmonat

„Esst und trinkt, bis ihr in der Morgendämmerung den weißen Faden vom schwarzen Faden unterscheiden könnt." (Sure 2, 187) Einmal im Jahr im Monat Ramadan *(Der Versengende)*, dem 9. Monat des islamischen Mondkalenders, sind alle volljährigen und gesunden Muslime zum Saum *(Fasten)* verpflichtet. Dazu gehört von Tagesanbruch bis Sonnenuntergang der völlige Verzicht auf Essen und Trinken, Rauchen und Geschlechtsverkehr, sodass sich der Lebensrhythmus am Tage entsprechend anpasst. Das soziale Leben findet im Monat Ramadan in den Abend- und Nachtstunden statt.
Gegen Ende des Fastenmonats am 27. Ramadan erinnern sich die Muslime in der „Nacht der Bestimmung" an die erste Offenbarung des Korans an Muhammad. Der Fastenmonat endet mit dem „Fest des Fastenbrechens", an dem man Freunde besucht und sich beschenkt.

Eine künstlerische Kalligraphie der Shahada

M5 Die 5. Säule: Hadsch – die Wallfahrt nach Mekka

Der Höhepunkt im Leben jedes Muslimen/jeder Muslima ist die Pilgerfahrt nach Mekka. Wenigstens einmal im Leben sollte jeder Gläubige, der gesundheitlich und finanziell dazu in der Lage ist, den Hadsch durchführen (Sure 22, 27-29).
Jedes Jahr machen sich um die drei Millionen muslimische Pilger aus der ganzen Welt im 12. Monat des muslimischen Jahres in die heilige Stadt Mekka mit der Kaaba auf, um eine Gemeinschaft zu bilden, die ganz ihren Glauben lebt. Wer an dem Hadsch teilgenommen hat, darf die Ehrenbezeichnung Hadschi/Hadscha tragen.

Aufgaben

1 Teilt den Inhalt der „5 Säulen" in Gruppen auf. Formuliert zu jeder der „5 Säulen" Fragen für ein anschließendes Interview zwischen den Gruppen. ➜ M1-5

2 Im Islam wird in zwei kurzen Sätzen der Kern des islamischen Glaubens ausgesagt. Erkläre, inwiefern die Shahada die religiöse Grundlage des Islam bildet. Verwende dazu auch deine Kenntnisse zum islamischen Gottesverständnis. ➜ M1

3 Vergleiche das islamische und das christliche Glaubensbekenntnis (s. S. 217) nach Umfang und Inhalt. Überlege: Welche Bedeutung haben beide Glaubensbekenntnisse für ihre jeweilige Religion? ➜ M1

▶ Glossar: Hadsch, Hadschi/Hadscha, Ramadan, Ṣalat, Saum, Zakat

8 Ramadan – Hadsch

M1 Aus einem Interview mit Murat, 18 Jahre

Das Interview mit Murat I. aus Gundelsheim im Jahre 2006 entstand im Rahmen einer Projekt-Ausstellung zum Thema: „... mehr als nur Gäste – Meine Heimat ist in mir – Demokratisches Zusammenleben mit Muslimen in Baden-Württemberg". Murat ist in Bad-Friedrichshall geboren, geht in Heilbronn aufs Wirtschaftsgymnasium und möchte nach dem Abitur BWL oder Medizin studieren.

Ich komme aus einer gläubigen muslimischen Familie. Meine Eltern waren Anfang des Jahres für einen Monat in Mekka, für meinen Vater war es sogar die zweite Pilgerreise. Meine Eltern praktizieren ihre Religion konsequenter als ich: Sie beten fünfmal am Tag, siefasten auch außerhalb des Ramadan. Mein Vater ist fast täglich hier in der Moschee in Gundelsheim." [...]

Ich bin wie gesagt weniger streng. Ich esse zwar kein Schweinefleisch und faste während des Ramadan. Auch was den Alkohol angeht, bin ich sehr konsequent. Allerdings habe ich erst vor zwei Jahren angefangen zu beten, also mit 16 Jahren, zunächst auf Druck meiner Eltern. Das war mir gar nicht recht, dass sie diesen Druck ausgeübt haben. Ich habe wieder aufgehört, regelmäßig zu beten, und erst nach einigen Monaten wieder freiwillig damit begonnen. Es ging auf und ab, aber seit einem Jahr bete ich regelmäßig. Meine Eltern sollen sich raushalten. Ich möchte aus meinem Inneren, aus freiem Willen beten. [...] Ich habe deutsche und türkische Freunde, auch spanische und polnische, mein Freundeskreis ist eigentlich international. [...] Meine Freunde reagieren eigentlich eher positiv und interessiert darauf, wenn ich zum Beispiel erzähle, dass ich faste. Ich habe Ethikunterricht an der Schule, und mein Lehrer hat vorgeschlagen, als wir im Monat Ramadan waren, dass ich ein Referat halten sollte über die Fastenzeit. Die Klasse war wirklich interessiert. Während des Ramadan habe ich auch schon mal Freunde mitgenommen in die Moschee zum Fastenbrechen, das hat ihnen gut gefallen, die Gastfreundschaft und so."

aus: Meine Heimat ist in mir, S. 84, 86

Eine baden-württembergische Familie feiert Fastenbrechen (arab. Id-al-Fitr, dreitägiges Fest am Ende des Ramadan)

M2 Warum Fasten im Monat Ramadan?

Allgemein gilt der Grundsatz: Fasten ist nur geboten, solange die Gesundheit des Fastenden keinen Schaden nimmt: Alte, Kranke, Schwangere, Reisende und bestimmte Berufe wie Piloten sind davon befreit, können die Fastenzeiten nachholen oder können Geld spenden.

Nach dem Fasten während des Tages wird nach Sonnenuntergang nach einem Gebet zuerst mit Familie und Freunden gegessen. Kurz vor Tagesanbruch steht man noch einmal auf, um eine Mahlzeit einzunehmen, bevor der nächste Fastentag beginnt.

Im Islam dient das Fasten dazu, sich intensiver als sonst der Nähe des Menschen zu Gott bewusst zu werden. Unmoralisches Verhalten wie üble Nachrede dem Nächsten gegenüber können die Wirksamkeit des Fastens beeinträchtigen. Im Monat Ramadan soll den Gläubigen auch die Not der Armen in der muslimischen Umma deutlicher und die Solidarität mit deren Notlagen gefördert werden.

M3 Hadsch 1428 – Programm 2007

HADSCH-PROGRAMM	برنامج الحج
FLUG:	
HINFLUG: RÜCKFLUG:	15.12.2007 +-1 Tag 04.01.2008 +-1 Tag
PREIS:	
mit Essen (in Hotels): 2840,- Euro ohne Essen: 2490,- Euro	السعر مع كل الخدمات والمواصلات والسكن والأكل السعر مع كل الخدمات والمواصلات والسكن
REISEDAUER:	
21 Tage	21 يوم
LEISTUNGSUMFANG:	
- Visabeschaffung	- الفيزا إلى المملكة السعودية
- Flug Deutschland/ Saudi Arabien und zurück	- طيران ذهابا وإيابا ألمانيا - السعودية
- Unterkunft in Hotels in Mekka und Medina, sowie in den Zelten Minas	- السكن في مكة والمدينة و الخيم في منى
- Verpflegung in den Hotels in Mekka und Medina	- السكن في مكة والمدينة قريب عن الحرم في غرف رباعية
- Alle Busfahrten inklusive Besuchsfahrten in vollklimatisierten Bussen	- المزارات في مكة والمدينة
	- المواصلات داخل الأراضي السعودية في باصات مكيفة
- deutsch-,englisch- und arabischsprachige Reiseleitung	- التكلم بالعربية والألمانية والإنجليزية متوفرة أثناء الرحلة

Dieses Programm ist vorbehaltlich Änderungen seitens des Hadsch-Ministeriums und der Fluggesellschaft. Es gelten unsere Allgemeinen Geschäftsbedingungen. Siehe Veröffentlichung im Internet: www.muslimereisen.de

Sehr geehrter Bruder, sehr geehrte Schwester
As-Salamu Alaikum wa Rahmatullahi wa Barakatuhu

Wir freuen uns, auch in diesem Jahr für euch die große HADSCH-Pilgerfahrt organisieren zu dürfen. Diesmal werden wir euch - inscha'ALLAH - mit dem Flugzeug von Deutschland bis nach Jeddah bringen, um dann **zunächst in Mekka** unsere UMRA zu vollziehen und dann bis zum Beginn der HADSCH-Riten in einem guten **Appartement-Haus** zu wohnen (Entfernung max. 900 m). Von hier starten wir dann zur eigentlichen HADSCH, während der wir in den Zelten von Arafat und Mina miteinander das einfache Leben der Gefährten nachempfinden. Während dieser Zeit lassen wir unser Hauptgepäck in unserem Appartement-Haus in Mekka, wo wir uns während dieser Tage auch ausruhen können. Nach dem Abschluss der HADSCH-Riten machen wir einige Tage lang ein Besuchsprogramm in Mekka und fahren dann für sechs Tage **nach Medina** zu einem guten, nahe gelegenen **Hotel** (Entfernung ca. 300 m). Während der Zeit in den Zelten gilt für alle Selbstverpflegung. Wir werden uns nach Kräften bemühen, allen Pilgern die HADSCH so angenehm wie möglich zu gestalten, dennoch sollte jeder Pilger genügend Geduld in seinem Gepäck dabei haben. Wir hoffen, dass ALLAH es vielen von uns in diesem Jahr ermöglicht, Sein Gast zu sein.

Euer muslime*reisen*-Team

IHR FINDET UNS JETZT DIREKT AM HAMBURGER HAUPTBAHNHOF

Werbeanzeige eines muslimischen Reisebüros, das Pauschalangebote für den Hadsch nach Mekka organisiert. Das muslimische Jahr 1428 entspricht dem Jahre 2007/2008.

M4 Die religiösen Riten bei dem Hadsch

Beim Betreten des heiligen Bezirkes in Mekka, den Nichtmuslime nicht betreten dürfen, legt jeder Gläubige ein spezielles einfaches weißes Pilgergewand an. Zu den zentralen Riten des Hadsch gehört in der großen Moschee von Mekka das siebenmalige Umschreiten der Kaaba gegen den Uhrzeigersinn und wenn möglich das Berühren des in die Ostwand eingelassenen schwarzen Meteoriten. Anschließend folgt das siebenmalige Hin- und Herlaufen zwischen zwei kleinen Hügeln innerhalb des Moscheegeländes und das Trinken aus dem Brunnen Zamzam, das an Hagars verzweifelte Suche nach Wasser für Ismael erinnern soll. An den folgenden Tagen beten die Pilger am Fuß des 15 Kilometer entfernten Berges Arafat, von dem Muhammad die Predigt auf seiner Abschiedswallfahrt hielt, und steinigen symbolisch mit 49 Kieselsteinen in Mina drei Säulen, die den Satan versinnbildlichen. Am Schluss steht das große, überall in der muslimischen Welt gefeierte viertägige Opferfest, bei dem jeder, dem das möglich ist, ein Schaf oder eine Ziege schlachten lässt und opfert. Das Fleisch der meisten Opfertiere wird eingefroren und in die armen Weltgegenden der muslimischen Umma ausgeflogen. Zum Abschluss des Hadsch lassen sich die männlichen Pilger die Haare scheren, die Frauen schneiden sich in der Regel nur eine Locke ab. Vor der Heimreise begibt man sich noch einmal nach Mekka zu weiteren Umrundungen der Kaaba.

Aufgaben

1 Tauscht eure Eindrücke darüber aus, wie Murat mit den religiösen Pflichten umgeht. ➜ M1

2 Verfasse für die Schülerzeitung eine Reportage zu dem Thema: „Fasten im Ramadan" mit folgenden Punkten:
- Allgemeine Informationen zum Ramadan
- Umfrage zur Praxis des Ramadan vor Ort
- Sinn und Bedeutung des Fastens für das eigene Lebensgefühl
- Stellungnahme aus der Sicht eines/r Nichtmuslim/a.

Verwende auch die Informationen aus M4, S. 243. ➜ M1/2

3 Diskutiert den Sinn des Hadsch für einen Muslim/eine Muslima. ➜ M3/4

4 Recherchiert in Gruppen über das Internet den Verlauf des weltweiten muslimischen Opferfestes und gestaltet daraus ein großes Wandplakat. ➜ M4

▶ Glossar: Moschee, Zamzam

9 Jüngster Tag und Gericht – Dschihad

M1 Sure 82: Zerbrechen

Nach muslimischem Glauben wird die irdische Welt eines Tages an ihr Ende gelangen. Jeder Mensch wird dann am sogenannten „Jüngsten Tag" vor Eintritt in die ewige jenseitige Existenz von Allah beurteilt und nach seinen Taten im Leben gerichtet (Sure 20, 112).
Im Koran wird das Ende der irdischen Welt mit Zeichen angekündigt, die eine Umkehr der bisherigen natürlichen Abläufe und den Beginn des Gerichtes schildern.

Im Namen Gottes, des Erbarmers, des Barmherzigen.

1. Wenn der Himmel zerbricht,
2. und wenn die Sterne sich zerstreuen,
3. und wenn die Meere zum Ausbrechen gebracht werden,
4. und wenn die Gräber umgewühlt werden,
5. dann wird jeder erfahren, was er vorausgeschickt und was er zurückgestellt hat.
6. O Mensch, was hat dich gegen deinen edelmütigen Herrn betört,
7. der dich erschaffen und gebildet und zurechtgeformt hat,
8. und dich in der Gestalt, die Er wollte, zusammengefügt hat?
9. Nein, ihr erklärt lieber das Gericht für Lüge.
10. Über euch sind Hüter eingesetzt,
11. vortreffliche, die (alles) aufschreiben,
12. und die wissen, was ihr tut.
13. Die Frommen leben in Wonne.
14. Und diejenigen, die voller Laster sind, leben in der Hölle,
15. in der sie am Tag des Gerichtes brennen,
16. und der sie nicht entkommen können.
17. Woher sollst du wissen, was der Tag des Gerichts ist?
18. Noch einmal: Woher sollst du wissen, was der Tag des Gerichts ist?
19. Am Tag, da niemand für einen anderen etwas bewirken kann.
Und die Angelegenheit steht an jenem Tag bei Gott (allein).

M2 Der Glaube an den jüngsten Tag

Der Glaube an Auferstehung der Toten und Gericht gehört zu den zentralen islamischen Glaubensauffassungen. [...]
Zwei Engel treten in Erscheinung, die den Toten mit folgenden für den Islam charakteristischen Fragen konfrontieren: Wer ist dein Gott? (Antwort: Allah) – Wer ist dein Prophet? (Antwort: Muhammad) – Welches ist deine Religion? (Antwort: Islam) – Welches ist deine Gebetsrichtung? (Antwort: Mekka).
Wenn der Tote die richtigen Antworten weiß, bestätigen ihm die Engel seinen Eingang ins Paradies. Wenn der Mensch die Antworten nicht weiß, bestrafen ihn die Engel schon im Grab und bestätigen das zuvor schon erfahrene himmlische Urteil. [...]
Nach diesen endzeitlichen Erscheinungen folgt die allgemeine Auferstehung. Gott weckt die Toten auf und erscheint als Richter der Welt. [...] Er spricht das Urteil unter Berücksichtigung des Glaubens und der Taten der Menschen.

Monika Tworuschka, S. 96-97

M3 Der kleine und der große Dschihad

Der Begriff „Dschihad" taucht in westlichen Medien häufig dann auf, wenn zum Beispiel ein islamistischer Terrorist seinen Selbstmordanschlag gegen aus seiner Sicht Ungläubige als vom Koran befohlenen Dschihad bezeichnet. Dagegen protestieren Muslime in aller Welt, weil dadurch die Religion des Islam durch menschenverachtende Mordtaten aller Art missbraucht wird.

Nach einer islamischen Überlieferung kamen die Gefährten Muhammads triumphierend aus einer Schlacht zurück, als der Prophet zu ihnen sagte: „Gut, diese Schlacht ist gewonnen. Das war aber nur der kleine Dschihad, nun beginnt der große Dschihad."
Dschihad bedeutet „Anstrengung" und „Kampf". Mit dem „Großen Dschihad" ist Selbstüberwindung gemeint, frei könnte man den Begriff als „Kampf gegen den inneren Schweinehund" übersetzen. Also ist Dschihad zunächst ein ethisches Prinzip, eine Art moralische Aufrichtung. Die meisten Muslime verstehen unter Dschihad den Einsatz für eine gute Sache.

Jede Anstrengung wird als Dschihad bezeichnet, vor allem, wenn damit Entbehrungen verbunden sind, wie etwa beim Universitätsstudium. [...]

Wenn Dschihad Kampf mit der Waffe bedeutet, handelt es sich um den „Kleinen Dschihad“. Voraussetzung für diesen Dschihad ist, dass Gläubige (das schließt Juden und Christen ein) an der Ausübung ihrer Religion gehindert werden. Also darf nicht jeder Krieg, nicht einmal jeder Verteidigungskrieg, als Dschihad bezeichnet werden. [...]

Überall in der Welt sind Muslime schnell aufgebracht, wenn Nichtmuslime den Begriff Dschihad als „Heiligen Krieg“ übersetzen. [...] Auf keinen Fall wollen sie den Islam als militante Religion verstanden wissen, vielmehr sei der Islam eine Religion des Friedens. Das Wort „Islam“ ist gewissermaßen identisch mit dem Wort für Frieden, „Salam“, und der muslimische Gruß lautet „Friede sei mit euch“ (salam alaikum).

In den siebziger Jahren [...] entstand eine neue „Schule“, die eine andere Sicht des Islam propagierte. [...] Darin behauptete Omar Abdel Rahman, die Überlieferung vom „Kleinen“ und „Großen Dschihad“ sei erfunden, der Prophet habe so etwas nie gesagt. Dschihad bedeute nur eines, nämlich zur Waffe zu greifen und die Ungläubigen aufzufordern, den Glauben anzunehmen oder sich zu ergeben und muslimischer Herrschaft unterzuordnen. [...] Er fügte seinen eigenwilligen Erläuterungen die historisch unhaltbare Behauptung zu, der Islam habe sich stets nur mit der Waffe durchgesetzt. Ohne Waffengewalt hätte der Islam sich in weiten Teilen der Welt nicht verbreitet. Auch in Zukunft werde der Islam sich nur mit Waffengewalt behaupten können. [...]

Damit wäre die traditionelle Religion des Islam von Grund auf manipuliert. Wäre diese Neuinterpretation der Mehrheit der Muslime in der Welt bekannt, gäbe es gewiss einen Aufschrei der Empörung. [...] Erschwerend kommt hinzu, dass eine neue Generation von Ungebildeten herangewachsen ist, Millionen von Jugendlichen, denen nicht nur eine ordentliche Schulbildung fehlt. Sie haben auch über ihre angestammte islamische Religion kaum etwas erfahren. Bei Menschen, die nie von dem berühmten Ausspruch des Propheten über die fünf Säulen gehört haben, fällt es den Dschihadisten nicht schwer, einen sechsten Pfeiler hinzuzudichten.

Khalid Duran, S. 11

Aufgaben

1. Übertrage den Inhalt von Sure 82 in deine heutige Sprache und interpretiere anschließend, was der Titel der Sure „Zerbrechen“ bedeutet. ➜ M1
2. Überlege und beschreibe mit einem Satz: Was ist dem gläubigen Muslimen bei der Vorstellung des Jüngsten Tages und des Gerichtes wichtig. ➜ M1/2
   Tragt auf einem Wandplakat alle Sätze zusammen und vergleicht sie mit eigenen Vorstellungen.
3. Fasse die wesentlichen Bedeutungsinhalte zum Begriff „Dschihad“ zusammen. Recherchiert dazu auch Aussagen aus dem Koran und aktuelle konkrete Anwendungen. Überlegt und diskutiert, inwiefern der Dschihad heute innerhalb der islamischen Religion kontrovers verstanden wird. ➜ M3

▶ Glossar: Dschihad

10 Gemeindezentrum in der Moschee

M1 Neue repräsentative Gotteshäuser

Mehmet Sevik serviert schwarzen Tee und ein türkisches Sprichwort: „Heimat ist das Land, wo man satt wird, nicht wo man geboren wird.“ [...] Unzählige Male hat er berichtet, wie es seinem Verein gelungen ist, eine Großmoschee samt Supermarkt und Wohnungen zu errichten. [...]

Das größte islamische Gotteshaus im Bundesland liegt zwischen Ikea und Hornbach. Seit sechs Jahren pilgern die Muslime in das Sindelfinger Gewerbegebiet Am Hirnach. Weithin sichtbar ist das 25 Meter hohe, in osmanischer Tradition verzierte Minarett, von dem allerdings kein Muezzin ruft: „Kommt zum Gebet, kommt zum Heil! Allah ist größer!“ Die Gemeinde hat freiwillig auf die religiöse Beschallung der Umgebung verzichtet. Sie hätte auch nicht viel Sinn gemacht. Die Besucher stammen aus dem gesamten Landkreis Böblingen, wo etwa 16 000 Menschen nach den Suren des Koran leben.

Zum Freitagsgebet in der Ulu-Camii-Moschee erscheinen etwa tausend Männer. Sie knien auf einem 830 Quadratmeter großen Teppich, unter einer 14 Meter hohen Kuppel, an der ein Kronleuchter mit drei Metern Durchmesser hängt. Der Imam steht auf dem Minbar, der erhöhten Predigerkanzel. Er betet für die Unterdrückten, die Reisenden, die Menschen in Not und für alle Muslime. Er steigt herab, stellt sich in die halbrund in die Wand eingelassene Nische, den Mihrab, und betet vor. Die Mihrab symbolisiert eine Pforte ins Jenseits, wohin die Gebete aufsteigen sollen. Alle Gläubigen werfen sich nieder und schauen nach vorne in Richtung Mekka. Beim jährlichen Opferfest [...] werden doppelt so viele Männer hier sein, und sie werden dann auch die Galerie belegen, die normalerweise für die Frauen reserviert ist. Vor der Moschee wird es wieder ein Verkehrschaos geben. [...]

Andernorts wurde dem Sindelfinger Vorbild rasch gefolgt. [...]

In Weil der Stadt, Ebersbach und Geislingen werden zurzeit weitere Moscheen gebaut. Doch nicht überall in der Region können sich die Korantreuen ihren Wunsch nach adäquaten Gebetsstätten erfüllen. Proteste von Bürgern sind laut dem Zentralrat der Muslime an der Tagesordnung. „Leider lassen sich die Stadtverwaltungen häufig vor deren Karren spannen“, sagt der Vorsitzende Riad Ghalaini. So beten die Muslime ausgerechnet in der Metropole Stuttgart noch immer in umgebauten Werkstätten, Industriehallen und Büros. [...]

Das Vorstandsmitglied der islamischen Gemeinde in Schorndorf steht für einen modernen Islam und wollte deswegen ein Gebäude errichten, das diese Philosophie symbolisiert. „Nirgendwo im Koran steht, wie eine Moschee aussehen muss“, sagt er. „Warum sollen wir kein Haus errichten, das zu Schorndorf und zum 21. Jahrhundert passt?“ Mit seinen progressiven Vorstellungen stieß Akgün bei einigen konservativen Vereinsmitgliedern auf Unverständnis: Sie forderten eine Minivariante des klassischen Vorbilds Mekka. Am Ende setzten sich die Fortschrittlichen gegen die Traditionalisten durch [...] und besitzen seit anderthalb Jahren ein „weltweit einmaliges Haus“, wie Akgün

Moschee in Schorndorf

❶ Minbar
❷ Miḥrab
❸ Gebetsfläche

Innenraum der Umajyaden-Moschee in Damaskus

Allen Moscheen (arabisch Masjid „Ort, an dem man zum Gebet niederfällt") gemeinsam ist: eine große, mit Teppichen ausgelegte Gebetsfläche – eine Gebetsnische (arabisch: Miḥrab) Richtung Mekka – eine Lehr- und Predigtkanzel (arabisch Minbar) rechts neben dem Miḥrab – eine Waschgelegenheit zur rituellen Reinigung vor dem Gebet – meist auch ein für Frauen abgegrenzter Raum – und häufig auch ein Turm, genannt Minarett, von dem der Gebetsruf zum Gebet erschallt.

meint. Das Minarett ähnelt eher einem nordfriesischen Leuchtturm, und über dem Gebetssaal thront statt einer Kuppel ein flaches Glasdach. In dem insgesamt 1500 Quadratmeter großen Ensemble gruppieren sich um einen Innenhof Veranstaltungs-, Aufenthalts- und Jugendräume, ein Raum für die Kinderbetreuung, einer für den Koranunterricht sowie eine Wohnung für den Imam. Abends nach der Arbeit führt der Maschinenbaumeister Akgün häufig Besuchergruppen durch das Zentrum. Die Moschee wecke Interesse, sagt er, und helfe Vorurteile abzubauen. [...] Für viele junge Türken ist das Vereinszentrum zur täglichen Pilgerstätte geworden: Der Tischfußball und die Stereoanlage im Keller haben dabei für manchen eine größere Anziehungskraft als der Gebetssaal. Die Nebenräume werden inzwischen auch von der Volkshochschule und der Diakonie genutzt – ganz im Sinne von Yalcin Akgün. [...] „Unser Haus ist ein Integrationszentrum." Es hilft, die Vorstellungen vom Islam zu korrigieren, die seit dem 11. September 2001 in christlichen Köpfen herumspuken.

Frank Buchmeier in: Stuttgarter Zeitung 290 vom 15.12.2006, S. 28

M2 Die Moschee in Medina

Muhammads Wohnhaus in Medina mit einem flachen, von zwei Säulenreihen gestützten Dach, einem Innenhof und einem überdachten, nach Mekka ausgerichteten Bereich wurde zum architektonischen Vorbild für die sogenannten Hof- und Hallenmoscheen. Erst später, nach der Eroberung Persiens und Syriens, wurden dort verbreitete Kuppeldächer auch für Moscheen verwendet. Im Innenhof seines Wohnhauses soll Muhammad von einem Baumstamm zu seinen Anhängern gesprochen haben. Es wurde in die Ghuba-Moschee einbezogen, die heute 600 000 Betenden Platz bietet. Hier befindet sich auch das Grab des Propheten.

Aufgaben

1 Das Charakteristische der Moschee: Erkläre ihre Funktion und Bedeutung für Muslime. ➜ M1

2 Recherchiert, wo es in Baden-Württemberg inzwischen überall Moscheen oder Bauvorhaben dafür gibt. Gestaltet zusammen mit allen verfügbaren Informationen zum Standort, den Architekturtypen, Einrichtung, Funktion und Bedeutung eine Ausstellung. ➜ M1

3 Organisiert eine Exkursion zu einer Moschee und bereitet ein Interview mit dem Imam vor.

▶ Glossar: Imam, Miḥrab, Minarett, Minbar, Muezzin

11 Wissenschaft und Kunst

M1 Ziffer – Algebra – Alkohol – Spinat

Ohne die Null wäre schon die Mathematik undenkbar. Die arabische Sprache erfand sie zwar nicht, doch vermitteln arabische Mathematiker dem Westen das indische Zahlensystem. Und unser Wort Ziffer ist dem arabischen „Sifra“, dem Begriff für Null entlehnt. [...] Die arabischen Hochkulturen des Mittelalters waren in erster Linie Vermittler zwischen den Zivilisationen. [...] So gelangten arabische Begriffe der Algebra und Alchimie von griechischen Quellen über französische und italienische Umwege in die deutsche Sprache. [...] Dass auch die Zahnfüllung, das Amalgam, sowie Elixier und Tinktur der arabischen Sprache entstammen, sollte nicht erstaunen. Bei all diesen Arabismen handelt es sich um Begriffe aus der Apothekersprache. In der Medizin ebenso wie in der Astronomie gelangen arabischen Forschern entscheidende Fortschritte. [...] Im Zuge eines Lateinbooms in der Neuzeit wurden viele arabische Wörter verdrängt, doch auf manche konnte man schlichtweg nicht verzichten, wie eben Alkohol, Alkali und Benzoe. Auch der Spinat aus dem arabischen „ispinadsch“ wurde ursprünglich unter die Arzneimittel gereiht ...

Karin Kneissl in: Stuttgarter Zeitung vom 10.05.2003, S. 45

Maske von arabisch *maskhara*: „Possenreißer“

schachmatt von arabisch *shah mata*: „Der König ist tot.“

Matratze von arabisch *maṭraḥ*: „Kissen, Lager“

Kabel von arabisch *habl*: „Seil“

Sirup von arabisch *sharab*: „Trank“

Tarif von arabisch *ta ʿrifa*: „Preisliste“

Safari von arabisch *safar*: „Reise“

Zucker von arabisch *sukkar*

M2 Arabische Ziffern

Unsere „arabischen Ziffern“ haben sich aus den in Andalusien verwendeten westarabischen Ziffern entwickelt, während im heutigen Arabisch die ostarabischen in Gebrauch sind. Die Araber haben ihre Ziffern von den Indern übernommen.

Ostarabisch (heutige Form)

Westarabisch

16. Jh. (Albrecht Dürer)

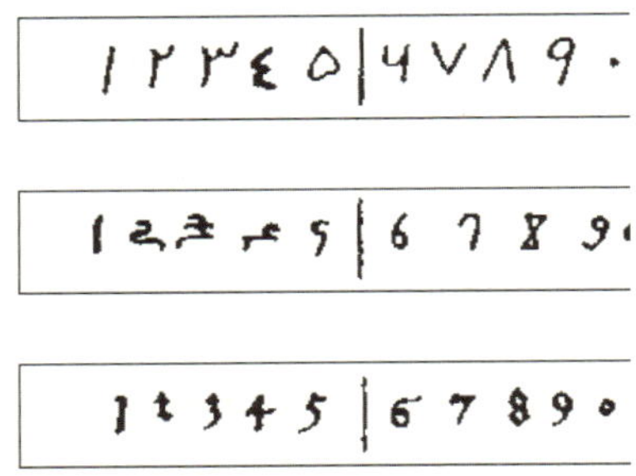

Susanne Enderwitz, S. 43

M3 Astronomie und Medizin

In den Observatorien von Maragha, Bagdad oder Samarkand stellten muslimische Astronomen als Erste fest, dass die Milchstraße aus vielen schwach beleuchteten, weit von der Erde entfernten Sternen zusammengesetzt ist. Viele unserer Namen von Sternen stammen aus ʿAbd ar-Rahman aṣ-Ṣufis *Buch der Konstellationen* (1009 n. Chr.), aus dem sie ins Lateinische und Deutsche übernommen wurden.

Astrolabium aus dem syrischen Hama, um 1180–1280
Al-Astrulab, das Astrolabium (wörtlich: „Sternerfasser“) besteht aus einer durchbrochenen Platte und zwei übereinandergelegten Scheiben mit einer Gradeinteilung am Rand. Mit diesem Messinstrument kann man nicht nur die Höhe der Sterne über dem Horizont messen und damit die Position von Sternbildern und Himmelskörpern angeben, sondern auch den Stand der Sonne und die Tageszeit berechnen, die z. B. wichtig sind für die Bestimmung der Gebetsrichtung nach Mekka.

Während sich die Medizin im christlichen Europa bis in die Neuzeit wenig mit Chirurgie, Orthopädie, Augenheilkunde, Fieber- und Schmerzbetäubung befasste, gab es ab dem 9. Jh. n. Chr. in Damaskus, Bagdad und Kairo bereits Krankenhäuser, in denen diplomierte Ärzte nach wissenschaftlichen Kategorien der Krankheitsdiagnose passende Behandlungsmethoden anwendeten. Sie entwickelten z. B. Verfahren für den Luftröhrenschnitt oder verwendeten Gips für Knochenbrüche. Von dem Arzt und Wissenschaftler ar-Razi (850-925 n. Chr.), der die Kinderheilkunde begründete, stammt das *Umfassende Buch der Medizin*, eine 23-bändige Enzyklopädie, in der sich auch eine Abhandlung über Pocken und Masern, die Ursache des Heuschnupfens oder die Behandlung von Nierensteinen findet.

M4 Kalligraphie und Ornamente

Im Koran und in den Ḥadith ist ein Verbot der bildhaften Darstellung von Lebewesen nicht ausdrücklich erwähnt. Trotzdem haben muslimische Künstler ihr Können auf die Ausgestaltung von Wänden, Türen und Kacheln mit pflanzlichen und geometrischen Ornamenten und auf die kunstvolle Schriftform der arabischen Kalligraphie konzentriert.

Die kalligraphisch künstlerische Ausgestaltung der arabischen Schrift zählt zusammen mit der Buchkunst und Architektur zur den größten Kunstformen der islamischen Kultur. Sie genießt höchstes Ansehen und sie zu lernen erfordert eine jahrelange Übung. Das wichtigste Themenfeld für den Kalligraphen ist natürlich der Koran, dessen Schrift als der lesbare Niederschlag von Allahs Worten gilt. Deshalb schmücken kalligraphische Koranzitate die Wände von Moscheen, werden am Eingang von Schulen und Krankenhäusern angebracht und sollen als Schmuckanhänger Glück bringen.

Islamische Künstler entwickelten hochkomplizierte geometrische Flächenmuster, die als Flecht- und Sternengewebe keinen Anfang oder Ende haben. Sie symbolisieren zugleich die muslimische Vorstellung der einen, jedoch vielgestaltigen Welt, deren Zentrum die Unendlichkeit und „Einsheit" Gottes bildet.

Dazu gehören auch sogenannte Arabesken, mit den Mitteln der geometrischen Drehung und Spiegelung stilisierte Blumen- und Blattformen, die vielgestaltige Pflanzenornamente ergeben. Die Ornamente schmücken als Fliesen-Mosaike auf Wänden, in Steinreliefen und Holzschnitzereien Moscheen und Palästen, Hochschulen, Bibliotheken, Bäder und Krankenhäuser. In Europa kann man sie auf Stadthäusern auf Sizilien, in Spanien und Portugal sehen.

Aufgaben

1. Finde noch weitere arabische Lehnwörter heraus. Verfasst daraus in Gruppen einen Erzähltext. Präsentiert die Texte gegenseitig in der Klasse. Daraus lässt sich auch ein Arabisch-Quiz veranstalten. ➜ M1
2. Informiert euch genauer über die herausragenden islamisch-kulturellen und wissenschaftlichen Leistungen in Arabien, Ägypten, Syrien, Persien und Spanien zwischen dem 9. und 14. Jahrhundert. ➜ M1-3
   Stichwörter: Architektur – Astronomie – Handelswesen – Ingenieurswesen – Landwirtschaft – Kalligraphie – Mathematik – Medizin – Optik.
   Gestaltet daraus eine Ausstellung in der Schule.
3. Versuche dich selbst an kalligraphischen Schriftformen. Entwickle ein eigenes Ornament, das in gleicher Weise ohne Anfang und Ende ist. ➜ M4

12 Der Islam – eine Weltreligion

M1 Die islamische Umma

Muslime glauben, dass sie Glieder einer weltweiten muslimischen Gemeinschaft sind, der *Umma* („Gemeinde“), die durch religiöse Bindungen zusammengehalten wird, welche Stammesidentitäten ebenso überschreiten wie ethnische oder nationale Zugehörigkeiten. Dieser Glaube basiert auf Sure 3, 110 des Korans, wo es heißt, dass die Umma die beste Gemeinschaft sei, die je unter Menschen hervorgebracht worden ist. „Sie gebietet, was Recht ist, und verbietet, was verwerflich ist, und glaubt an Gott.“ [...]

Die Primäridentität des Muslims ist demnach seine Eigenschaft als Muslim, nicht so sehr die Mitgliedschaft in einem Stamm, einer Volksgemeinschaft oder einem Geschlecht. [...] Mit dem Begriff Umma wird deshalb oft auf die grundlegende Einheit aller Muslime verwiesen, trotz unterschiedlicher geographischer und kultureller Umfelder. [...]

Trotzdem gibt es, obgleich die Muslime behaupten, es existiere nur *ein* von Gott offenbarter und beglaubigter Islam, viele muslimische Interpretationen des Islam. Unter den Muslimen treten zwei große Gruppierungen hervor: Sunniten (weltweit 85 Prozent aller Muslime) und Schiiten (15 Prozent). Innerhalb dieser Gruppierungen existieren wiederum verschiedene theologische und juristische Richtungen. Überdies verfügt der Islam über eine reiche mystische Tradition, zu der viele Sufi-Orden und Bruderschaften gehören. Der Islam stellt eine grundlegende Einheit des Glaubens in einer reichen kulturellen Vielfalt dar. Die islamische Praxis äußert sich auf unterschiedliche Weise innerhalb eines riesigen Spektrums von Kulturen, das sich von Nordafrika bis nach Südostasien erstreckt und auch Europa und Amerika umfasst.

nach John L. Esposito, S. 30-31, 16

M2 Glaubensrichtungen im Islam

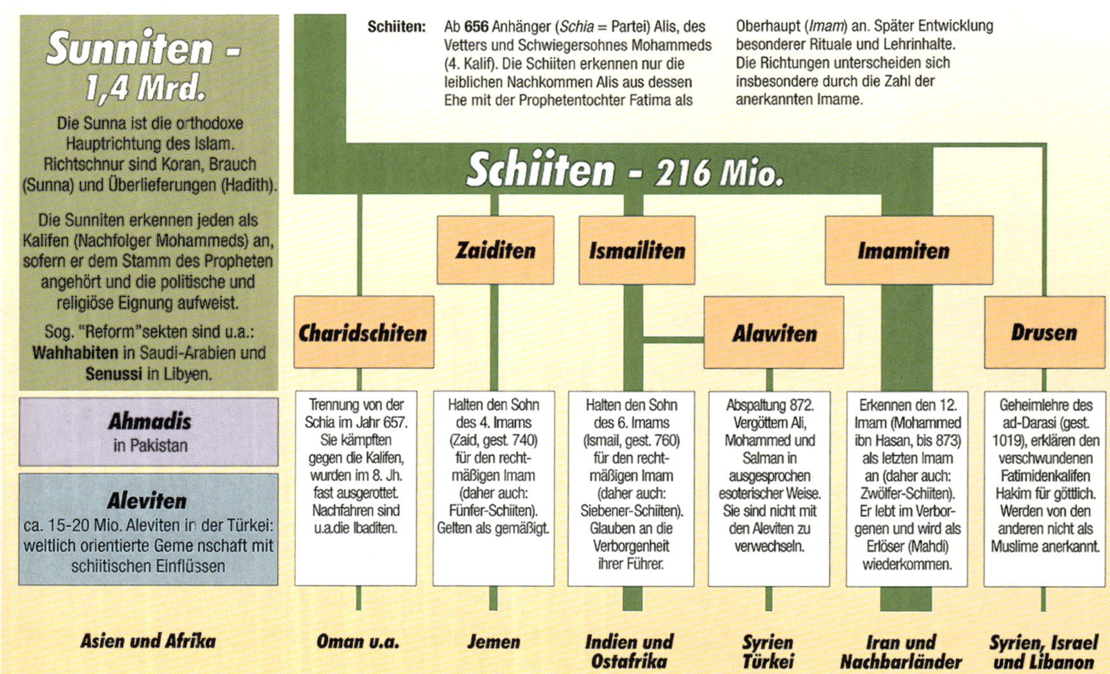

Die Umma, die weltweite Gemeinschaft der Muslime, ist zersplittert in unzählige Glaubensrichtungen, Schulen und Sekten: Sunniten und Schiiten, weltzugewandte Aleviten und tieffromme Mystiker. Hinzu kommen die unterschiedlichen nationalen Herkunftskulturen. Ein bosnischer Muslim versteht seine Religion anders als ein iranischer, ein Türke anders als ein Araber.

M3 Muslime weltweit

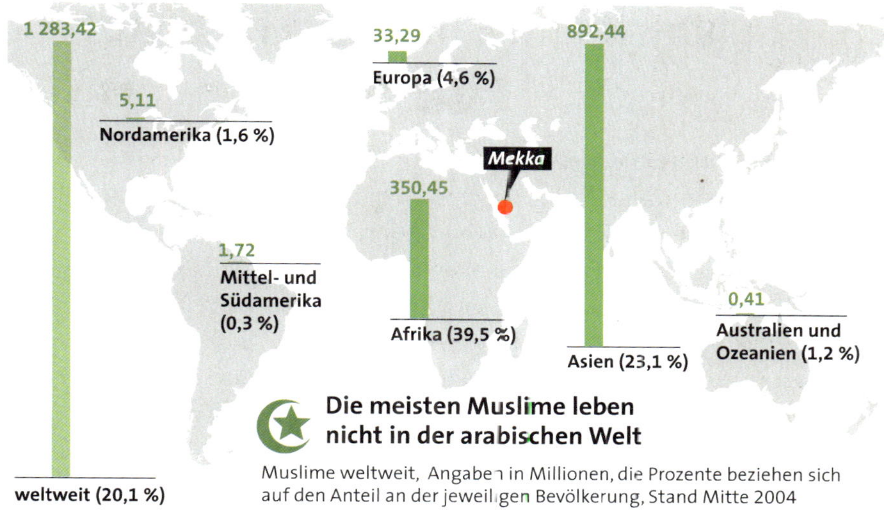

Muslime weltweit, Angaben in Millionen, die Prozente beziehen sich auf den Anteil an der jeweiligen Bevölkerung, Stand Mitte 2004

Heute leben beinahe 1,3 Milliarden Muslime verbreitet auf allen 5 Kontinenten, mit jährlich zunehmender Zahl. Ein Fünftel der Weltbevölkerung gehört der Religion des Islam an, wobei vor allem Afrika und Asien den relativ größten Anteil haben. Die Muslime stellen die Bevölkerungsmehrheit in 65 Ländern der Welt. Außerdem gibt es größere muslimische Bevölkerungsgruppen in Indien, China, den zentralasiatischen Republiken und Russland, aber auch in Europa und Amerika. Jedoch kommen entgegen einer weit verbreiteten Annahme nur 20 Prozent der Muslime aus arabischen Ländern. Die größten muslimischen Gemeinschaften finden sich dagegen in Asien mit Indonesien (195 Millionen), Pakistan (149 Millionen), Bangladesh (130 Millionen), Indien (129 Millionen), und der Türkei (71 Millionen). In Afrika sind es Ägypten (68 Millionen) und Nigeria (62 Millionen). Zum Vergleich: Die größten arabisch-muslimischen Nationen sind Saudi-Arabien und der Irak (beide 24 Millionen).

M4 Muslime heute in Europa und Deutschland

Den größten Anteil an der Gesamtbevölkerung mit 7 Prozent bilden Bürgerinnen und Bürger muslimischen Glaubens in Frankreich (über 4 Millionen). Sie kommen vor allem aus dem Maghreb (Algerien, Marokko und Tunesien). In Großbritannien (ca. 2,6 Millionen vor allem indische und pakistanische Muslime), den Niederlanden (ca. 700 000 Muslime aus dem heutigen Indonesien), Belgien und Spanien (ca. 300 000 Muslime) repräsentieren die Muslime zwischen 3 und 7 Prozent der Gesamtbevölkerung.

Etwa 3 bis 3,5 Millionen Muslime leben zurzeit in Deutschland, wobei muslimische Bürgerinnen und Bürger aus der Türkei mit 1,9 Millionen den größten Anteil bilden. Danach folgen jeweils ca. 160 000 bosnische und iranische und jeweils ca. 80 000 iranische, afghanische und marokkanische Muslime. Außerdem gibt es ca. 100 000 deutsche Muslime, die meist aufgrund einer Heirat den islamischen Glauben annahmen, d. h. konvertierten.

Der Islam wird in Deutschland durch Moschee-Vereine und religiöse Verbände repräsentiert. Jedoch sind nur 15 Prozent der in Deutschland lebenden Muslime darin organisiert. Im Februar 2007 haben sich vier vor allem türkisch dominierte islamische Spitzenverbände zum „Koordinierungsrat der Muslime“ (KRM) zusammengeschlossen, um in Deutschland als einheitlicher Ansprechpartner in Politik und Gesellschaft aufzutreten. Der KRM vertritt künftig 85 Prozent der Moschee-Gemeinden und damit eine große Mehrheit der Muslime, die ihren Glauben praktizieren.

Aufgaben

1 Recherchiere die historischen Bedingungen, die zur Aufspaltung des Islam führten. Präsentiert in Gruppen mithilfe zusätzlicher Informationen die verschiedenen islamischen Gruppierungen. ➜ M1/2

2 Informiere dich, in welchen Ländern der Anteil der Muslime mehr als 50 Prozent beträgt und erstelle eine entsprechende Länderkarte. Was lässt sich daraus ersehen? ➜ M3

3 Diskutiert: Stellt der Islam eine Bedrohung für Europa und Deutschland dar? ➜ M4

▶ Glossar: Schiiten, Sufi/Sufismus, Sunniten

13 „Moderne“ Frauen in Saudi-Arabien

M1 Als Journalistin bei der größten Tageszeitung

Al-Rijaadh ist die größte Tageszeitung des Landes. [...] Überladene Schreibtische, überquellende Pinnwände, alles wie in jeder beliebigen Redaktion der Welt – nur verkehren diese Journalistinnen mit den Männern drüben ausschließlich per Telefon, E-Mail oder Fax. Einen Grund zur Klage sehen sie darin nicht, im Gegenteil. „Wir nutzen die Technik zu unserem Vorteil“, sagt Bareah al-Subeedy. Sie schreibt über Wirtschaft und Politik [...].

Nirgendwo sonst auf der Erde ist die Geschlechtertrennung so strikt wie in Saudi-Arabien. [...] „Früher wollten die Männer in den Ministerien nicht einmal am Telefon mit mir reden. Vieles hat sich verändert“, sagt Bareah. „Es wird heute auch akzeptiert, dass eine Journalistin auch draußen recherchieren muss.“ [...] Draußen wartet ihr Wagen, am Steuer ihr sudanesischer Fahrer – denn eine Frau darf in Saudi-Arabien nicht Auto fahren. [...] Das Fahrverbot produziert einen der vielen bizarren Widersprüche im saudischen Sittenkosmos: Die Frau verbringt jeden Tag Stunden mit einem fremden Mann am Steuer. [...]

So alt eine saudische Frau auch werden mag, sie wird vor dem Gesetz nie voll mündig. Will sie allein außer Landes reisen, muss sie am Flughafen auf einer gelben Karte das schriftliche Einverständnis eines männlichen Verwandten vorzeigen, in der Regel Vater oder Ehemann. Gegen den Willen dieses sogenannten Vormundes kann sie kein Haus mieten, keinen Personalausweis beantragen, keine Operation vornehmen lassen, nicht allein in einem Hotel übernachten.

M2 Als Direktorin des Sozialdienstes

Samiha al-Haydar, die Direktorin des Sozialdienstes, empfängt mit einer spitzen Bemerkung: „Dass ich eine gemischte Abteilung leite, ist sicher für Sie aus Deutschland besonders wichtig.“

Die ewige Unterschätzung der saudischen Frauen! „Wir haben noch kein Modell für unsere Emanzipation“, sagt sie, „aber wir haben eine Identität, und das westliche Modell passt nicht zu uns.“ Umstandslos kommt sie dann zu ihrem wichtigsten Thema: häusliche Gewalt. Immer wieder landen in der Ambulanz des Krankenhauses schwer misshandelte Frauen. [...] Gerade ist eine Lehrerin eingeliefert worden, ihr Mann hatte ihr zwei Finger abgehackt, Schlimmeres verhinderte das Eingreifen des Sohnes. Die Lehrerin war die Haupternährerin der Familie. [...] Die soziale Realität deckt sich oft nicht mehr mit der offiziellen saudisch-islamischen Definition: Danach soll der Mann für den ganzen Lebensunterhalt der Familie aufkommen. „Es gibt aufseiten der saudischen Männer eine massenhafte Fehlinterpretation des Korans“, sagt der Psychologe Turki al-Otayan. Er lehrt an der nationalen Polizeiakademie und hat Pilotstudien zu häuslicher Gewalt betrieben. „40 Prozent der saudischen Ehen werden nach spätestens drei Jahren geschieden.“

M1/2: Charlotte Wiedemann in: DIE ZEIT-DOSSIER Nr. 8 vom 16.02.2006, S. 15, 16

Wahhabitischer Islam – Scharia

Die Staatsreligion in Saudi-Arabien ist die islamisch-konservative Richtung des wahhabitischen Islam. Der **Wahhabismus** entstand im 18. Jahrhundert auf der arabischen Halbinsel und strebte eine Reinigung der islamischen *Umma* von jeglichen religiösen und ethischen Neuerungen an. Er fordert eine strenge Ausrichtung aller religiös-ethischen und rechtlich-politischen Handlungen am Maßstab des *Koran* und der *Sunna* und es gilt die *Scharia*.
Die **Scharia** (arabisch: Weg zur Tränke) steht für das islamische Recht und Gesetz, wie es sich aus dem Koran und den Ḥadith her ableitet. Sie gilt als normativ für eine islamisch-allumfassende Lebensordnung und regelt in der Umma das gesamte religiöse, politische, soziale und ethische Handeln der Muslime im Einklang mit der Ordnung Allahs für die Welt. Für gläubige Muslime ist die Verwirklichung und strikte Befolgung der Scharia neben den „5 Säulen“ ein zentraler Bestandteil der islamischen Religion.

M3 Sure 9, 71–72: Männer und Frauen

71 Die gläubigen Männer und Frauen sind untereinander Freunde. Sie gebieten das Rechte und verbieten das verwerfliche, verrichten das Gebet und entrichten die Abgabe und gehorchen Gott und seinem Gesandten […].
72 Gott hat den Gläubigen Männern und Frauen Gärten versprochen, unter denen Bäche fließen und in denen sie ewig weilen werden […].

M4 Als Unternehmerin bei einer politischen Wahl

Saudi-Arabien ist nicht homogen, war es nie. Groß sind die kulturellen Unterschiede zwischen […] den Küsten und […] wo Riad liegt. In Dschiddas […] Straßen weht eine andere Atmosphäre: Frauen zu Fuß, kaum Gesichtsschleier, gelegentlich sogar unbedeckte Haare und gewagte Abajas. Auf dem Rücken eines besonders gewagten Modells steht in pinkfarbener Glitzerschrift: *„My boyfriend is back & I´m going to be in trouble!"*

3000 Betriebe sind in Dschidda auf Frauen eingetragen – die Geschäftsfrauen der Stadt sind bekannt für ihr Selbstbewusstein. Und heute ist ein historischer Tag. Zum ersten Mal stehen in Saudi-Arabien Frauen zur Wahl […] zum Vorstand der Handelskammer. Diesem anzugehören bedeutet Titel und Einfluss. […]

„Dies ist ein Test", sagt die Unternehmerin Madawi al-Hassoun. „Sind die Frauen soweit? Ist die Gesellschaft soweit? Wenn alles gelingt, können wir die nächsten Schritte wagen." Madawi handelt mit Möbeln, Antiquitäten, besitzt Schönheitssalons. Sie war früher die erste Bankmanagerin des Landes, nun ist sie hier die erste Kandidatin. […] „Mein Bild auf den ersten Seiten der Zeitungen. Ich war so stolz! Eine saudische Frau auf der ersten Seite!" […]

„Eine Frau kann in Saudi-Arabien viel erreichen", sagt eine Bauunternehmerin. „Aber es ist hart, sehr hart. Es ist, als ob du versuchst, deine Namen mit bloßen Fingern in Stein zu schreiben." […]

Tage später werden die Frauen wissen: Zwei ihrer Kandidatinnen haben es in den Vorstand geschafft. „Ein Meilenstein!", jubelt die Zeitung Arab News. Doch eine Party findet nicht statt.

Charlotte Wiedemann in: DIE ZEIT-DOSSIER Nr. 8 (16.02.2006), S. 18

Aufgaben

1. Bildet zu den drei Artikel-Ausschnitten über Chancen und Probleme muslimischer Frauen jeweils journalistische Teams und formuliert die Berichte um in ein Interview mit den Beteiligten. ➜ M1/2/4
   Informiert euch dazu über die politische und gesellschaftliche Lage in Saudi-Arabien.
   Präsentiert die Interviews gegenseitig und haltet sie mit einem Aufnahmegerät fest.
2. Projekt „Situation von Frauen in islamischen Ländern": Recherchiert in Gruppen zu selbstgewählten Länderbeispielen im Internet und über aktuelle Print-Medien. Verwendet dazu die gewonnenen Frage- und Problemstellungen, vor allem zu den Stichwörtern: Koranaussagen zur Stellung der Frau (z. B. Sure 9, 71-72; Sure 4, 34) Frauenrechte in Politik und Gesellschaft (Sure 49, 13), Schul- und Berufsausbildung; Geschlechtertrennung; Rolle in Ehe und Familie, Gesichts- oder Körperschleier (Sure 24, 31) u. a. ➜ M1-4

▶ Glossar: Scharia, Wahhabiten/Wahhabismus

14 Integration in Deutschland

M1 Deutschstunden

Der 16-jährige Schülersprecher Asad Suleman der Herbert-Hoover-Schule in Berlin-Wedding ist Sohn pakistanischer Einwanderer und hat einen deutschen Pass. Er kämpft für die deutsche Sprache auf seinem Schulhof.

Asad Suleman hat in dieser letzten Woche so viel über Deutschland gelernt wie wohl in seinem ganzen vorherigen Leben nicht. [...] Zu den Dingen, die er gelernt hat, gehört zum Beispiel, dass man von seinesgleichen eigentlich keine eigene Meinung erwartet. Einer wie Asad Suleman kann nur ein Opfer der deutschen Gesellschaft sein. [...]
Eine Woche lang stand seine Realschule im Mittelpunkt der Debatte um Integration. Ist es legitim, auf dem Schulhof den Gebrauch der deutschen Sprache vorzuschreiben? Vom Weserkurier bis zu al-Djazira wurde diese Frage leidenschaftlich diskutiert. [...] Asad verteidigte Mal um Mal die Hausordnung seiner Schule, in der festgelegt ist, dass jederzeit Deutsch zu sprechen sei, in den Pausen ebenso wie im Unterricht und auf Klassenfahrten. [...] Die Reporter wollten wissen, ob die Deutschpflicht nicht doch unter Zwang und Sanktionen durchgepaukt worden sei. „Nein", antwortete Halime Nasrin, Asads Stellvertreterin. „Wir wurden nicht gezwungen. Wir wollen selber gerne Deutsch sprechen. Es gibt auch keine Strafen, wenn wir doch einmal in unsere Muttersprache überwechseln." [...] Statt der regulären vier Deutschstunden erhalten die Kinder an der Hoover-Schule sechs pro Woche. Nach einem Jahr wird der Sprachtest wiederholt, um den Erfolg zu messen. [...] Asad resümiert: „Unser Deutsch hat sich im letzten Jahr verbessert, und auch die Aggressionen gehen zurück, seitdem sich alle in einer Sprache zu verständigen versuchen."

Jörg Lau in: DIE ZEIT-LEBEN Nr. 6 vom 02.02.2006, S.62-63

M2 Mein Islam

Halida S., 27 Jahre, Studentin der Anglistik und Medienwissenschaften, in Deutschland geboren, lebte von 1986 bis 1991 hauptsächlich in der Heimat ihrer Familie in Bosnien, kam dann wegen des Bosnienkrieges ganz nach Deutschland zurück und ging ab der 7. Klasse bis zum Abitur in Neukirchen-Vluyn zur Schule.

Wenn man mich fragt, was ich bin, dann sage ich, ich stehe dazwischen, zwischen Deutschland und Bosnien. Ich bin hier geboren, habe hier viele Freunde, aber genauso in Bosnien [...] – ich könnte nicht sagen, ich bin Bosnierin, aber auch nicht, dass ich Deutsche bin. Ich bin beides. [...]
Ich bin gläubige Muslimin, aufgewachsen im Islam, in einer Gegend, die eher muslimisch war. Wir Geschwister besuchten die Koranschule und der Islam war ein ganz normaler Teil unseres Lebens. [...] Mein Vater hat uns den Islam über Werte vermittelt. Er ist einer, der stets betont: Man darf nicht lügen, muss immer ehrlich sein. [...] Für mich steht Ehrlichkeit an erster Stelle. Meine Eltern sind ziemlich konservativ, was bestimmte Grundwerte angeht. Ausgehen mit meiner größeren Schwester, das durfte ich zum Beispiel. Aber ich dürfte niemals mit einem Mann zusammenleben, ohne mit ihm verheiratet zu sein. [...]
Es gibt Vorkommnisse in der islamischen Welt, die nichts mit dem Islam zu tun haben. Zum Beispiel die Frauenunterdrückung und die Zwangsheirat. Da gibt es entsetzliche Formen von Missachtung der Menschenrechte. [...] Hier muss von muslimischer Seite klare Position bezogen und betont werden, dass sie nicht mit der Religion zu begründen ist. Und die Medien müssen das aufgreifen. Sie müssen zudem trennen zwischen Islam und Islamisten. Man übernimmt die Vereinnahmung der Religion durch die Terroristen, indem man über islamistische Fundamentalisten schreibt, statt über Terroristen. Die haben absolut keine Ahnung vom Islam.

aus: Meine Heimat ist in mir, S. 108-112

M3 Heimat, ja bitte! – Plädoyer für die Integration

Junge Muslime in Deutschland, deren Familien meist aus der Türkei stammen, haben oft Probleme mit ihrer Doppel-Identität als Türken und Deutsche. Sie erleben häufig in ihren Familien die traditionellen türkisch-islamischen Lebensregeln und außerhalb die liberal-offene Grundhaltung in Deutschland. Die in Istanbul geborene Soziologin Necla Kelek plädiert deshalb für gemeinsame klare Regeln zur Unterstützung junger Muslime in Deutschland, damit die Integration der Muslime und eine gemeinsame gesellschaftliche Zukunft gelingen kann.

Ich möchte, dass die Integration gelingt, dass wir gemeinsam diese Gesellschaft gestalten. [...] Kinder von Migranten sind Kinder dieser Gesellschaft, ihre Not und ihr Scheitern trifft uns alle. Den Söhnen fehlt oft der Mut und auch die Perspektive, sich aus den Verstrickungen der Tradition zu lösen. Dabei müssen wir ihnen helfen. Und das fängt mit ganz einfachen Dingen an:

Jedes Kind muss vor Gewalt geschützt werden. [...] Gewalt gegenüber Kindern und Frauen ist, so zeigen Untersuchungen unter Migranten, ein häufig auftretendes Problem. [...]

Gewalt, Rassismus, diskriminierendes Verhalten werden nicht geduldet. [...] Es muss verhindert werden, dass 16-jährige Schülerinnen in den Sommerferien in der Türkei gegen ihren Willen verheiratet werden und aus Deutschland verschwinden.

Die Schule ist generell als deutscher Sprach- und Kulturraum zu begreifen. [...] Die Migranten haben oft keinen anderen Ort als die Schule, um die deutsche Sprache zu sprechen und die deutsche Kultur kennenzulernen. [...]

Jede Frau, jeder Mann muss das Recht haben, selbst zu entscheiden, ob sie oder er heiraten will, wann und wen. Um Zwangsehen zumindest zu erschweren, wird eine Familienzusammenführung erst vom 21. Lebensjahr an zugelassen.

Necla Kelek in: DIE ZEIT-LEBEN Nr. 11 vom 09.03.2006, S. 63-64

M4 Integration – Toleranz – Akzeptanz

Integration ist kein einseitiger Prozess. Gegenseitige Toleranz und Akzeptanz ist eine Grundvoraussetzung: Niemand muss seine Herkunft leugnen, jeder akzeptiert die religiösen und kulturellen Besonderheiten des anderen. Alle haben die gleichen Rechte, Pflichten und den Zugang zu allen Ressourcen. Integration in die deutsche Gesellschaft ist nur durch das Erlernen der deutschen Sprache möglich.

Robert Vogl, Ausländerbeirat Augsburg in: bpb, 2005, S. 18

M5 Mehr Integration gewünscht

Wie die Deutschen über Muslime denken:

Haben Sie im Alltag und im persönlichen Umfeld Kontakt zu Personen muslimischen Glaubens?
Ja 42% Nein 58%

Integrieren sich die Muslime in Deutschland ausreichend?
Ja 24% Nein, sollten sich stärker integrieren 63% Weiß nicht 13%

Macht Ihnen der Islam Angst?
Ja 35% Nein 62% Weiß nicht 3%

Haben die Terroranschläge der letzten Monate und Jahre Ihr Bild vom Islam verschlechtert?
Ja 42% Nein 55% Weiß nicht 3%

forsa-Umfrage 2004

Aufgaben

1 Vergleiche Halida S. und A. Suleman. Welche Probleme sehen beide in der Integration muslimischer Jugendlicher? → M1/2
Nimm aus der Sicht eines/r nichtmuslimischen Gesprächspartners/in dazu Stellung.

2 Kann eine erfolgreiche Integration von Muslimen über diese Regeln gelingen? → M3/4
a) Prüft in einer Pro/Contra-Diskussion, ob diese Regeln ausreichen.
b) Überlegt und formuliert gegebenenfalls weitere wichtige Regeln, die eurer Meinung nach noch ergänzt werden müssen.
c) Erarbeitet Vorschläge, was wir tun können: Familie und Freunde, die Schule, der Staat.
d) Präsentiert und diskutiert eure Ergebnisse in der Klasse und erstellt eine Rangfolge entsprechend ihrer Wichtigkeit.

3 Macht in der Stadt eine Umfrage zum Thema: „Islam – Muslime in Deutschland" und recherchiert, was Menschen auf der Straße dazu einfällt. → M4/5

4 Stellt zusätzlich zusammen, in welcher Weise die verschiedenen Medien über islamisch-religiöse, kulturelle und gesellschaftliche Themenbereiche berichten.
Welche Bilder und Eindrücke über die Themen und Probleme von Muslimen in Deutschland werden dabei vermittelt?
Verfasst darüber einen Artikel in der Schülerzeitung.

1 Wiedergeburt und Nirvana

M1 Der historische Buddha

Lassen wir beiseite, was spätere Legendenbildung hinzugefügt hat, so lässt sich der historische Lebenslauf des Buddha recht klar nachzeichnen: Der junge Siddhartha war in der Adelsrepublik der Shäkyas zu Hause und wurde deshalb später auch Shäkyamuni, der Weise aus der Shäkya-Familie, genannt. Sein Vater war Oberhaupt einer jener Familien, die gemeinsam die kleine Adelsrepublik der Shäkyas im heutigen indisch-nepalesischen Grenzgebiet regierten. Diese Familien gehörten zur Kaste der Adeligen. Der junge Siddhartha heiratete Yashodharä. Sie hatten einen Sohn, der den Namen Rähula erhielt. Trotz äußerlich glücklicher Lebensumstände entschloss sich Siddhartha im Alter von 29 Jahren, Heimat und Familie zu verlassen, um als Asket nach der endgültigen Erlösung vom Leiden zu suchen. Er teilte seinen unwiderruflichen Entschluss dazu seinen Angehörigen mit – die Geschichte vom heimlichen Aufbruch gehört ins Reich der Legende. Er schloss sich verschiedenen Lehrern an, die behaupteten, den Weg zur Erlösung zu kennen. Nachdem ihn die Befolgung ihrer Lehren diesem Ziel nicht nähergebracht hatte, unterzog er sich strengster Askese mit extremem Fasten und gefährlichen Atemübungen. Dies führte ihn bis an den Rand des Todes. Aber auch die härteste Askese erwies sich als vergebens. Siddhartha gab sie deshalb nach sechs Jahren wieder auf und wurde nun von seinen Schülern und Bewunderern verlassen. Am Ufer des Flusses Nairanjanä erholte er sich. Und jetzt gelang ihm, unter einem Baum sitzend, in tiefer Versenkung endlich die Schauung der Wahrheit, des Weges zur Erlösung und seine Verwirklichung. Nun war Siddhartha zum Buddha geworden und hatte das Nirwana erreicht. Er wusste, dass er nicht wiedergeboren würde. Dies geschah an der Stelle des heutigen Bodh Gaya im indischen Bundesland Bihar unter dem Bodhi-Baum, dem „Baum der Erleuchtung".

M2 Alles Leben ist Leiden

Der Buddha entschloss sich, den Menschen die von ihm erkannte Wahrheit mitzuteilen. In Benares (Indien) verkündigte er die Grundzüge seiner Lehre und begründete eine Ordensgemeinschaft.

Dies, Mönche, ist die Edle Wahrheit vom Leiden:

a) Geburt, Alter, Krankheit und Tod sind leidhaft;
b) Trauer, Jammer, Schmerz, Gram und Verzweiflung sind leidhaft;
c) mit Unliebem vereint, von Liebem getrennt sein ist leidhaft;
d) Begehrtes nicht erlangen ist leidhaft; [...]

Was bedeuten diese Wahrheiten?

a) Geburt, Alter, Krankheit und Tod sind Eigenheiten des Lebens und vom Dasein des Individuums untrennbar. Mit der Feststellung ihrer Leidhaftigkeit macht Gautama klar, dass keine Daseinsform vom Leiden frei sein *kann*.

b) Trauer, Jammer, Schmerz, Gram und Verzweiflung sind Reaktionen auf den Verlust geliebter Dinge. Am Ende muss alles, was uns ans Herz gewachsen ist, zum bitteren Schmerz des Abschieds führen: Jede innere Bindung erzeugt Leiden.

c) Zu den genannten Leidensformen, die aus der Kategorie *Zeit* (= Vergänglichkeit) erwachsen, kommen jene, die aus der Kategorie *Raum* (= Nähe oder Trennung) entstehen, nämlich mit Ungeliebtem zusammen und von Geliebtem fern zu sein.

d) Zum Leiden tragen des Weiteren unsere Wünsche bei, die sich meist nur zum Teil erfüllen lassen. Ersehntes, das nicht erlangt wird, schlägt in Schmerz um: Unerfülltes Wollen, sei es Sein-, Tun- oder Haben-Wollen, wird zu Leiden.

Hans Wolfgang Schumann, S. 156

M3 Samsara: Wiedergeburt und Karman

„Dies, ihr Mönche,“, sagt der Buddha, „ist die Wahrheit von der Entstehung des Leidens: es ist das Begehren, das von Wiederverkörperung zu Wiederverkörperung führt, das hier und dort seine Freude findet; das Begehren nach Lust, nach Dasein und nach Vernichtung.“ Der Buddha gebrauchte die bildhafte Bezeichnung „Durst“ für dieses Begehren; es ist die treibende Kraft, die den Daseinskreislauf in Gang hält. [...] Die Art der Wiedergeburt wird von dem [...] Karman-Gesetz bestimmt; man erlangt in guten Existenzformen Wiederverkörperung durch gute Taten, in schlechten aber durch böse Taten (karman). Die ältesten Texte kennen fünf Orte der Wiederverkörperung: Hölle, Tierwelt, Gespensterreich, Menschenwelt, Götterwelt. [...] Die den Dingen zugrundeliegende Ordnung ist Dharma („Gesetzmäßigkeit“).

M4 Nirvana

„Es gibt, ihr Mönche, einen Bereich, wo weder Erde noch Wasser, noch Feuer, noch Wind ist, wo die Sphäre der Unendlichkeit des Raumes und der Unendlichkeit des Bewusstseins nicht mehr besteht. Wo nicht irgendetwas mehr ist, weder die Sphäre des Unterscheidens noch die des Nichtunterscheidens, nicht diese Welt noch die jenseitige Welt, wo beide, Sonne und Mond, nicht mehr sind. Dies erfahrt von uns, ihr Mönche: Ich verkündige euch ein Nichtkommen und Gehen, ein Nichtfeststehen und Vergehen, die Freiheit von der Wiedergeburt; ein Nichtstillstehen und ein Nichtweitergehen. Keinen Grund gibt es mehr für das Sehnen nach dem Leben. Dies ist das Ende des Leides.“ *(Udana VIII 1)*

Nirvana ist also „das restlose Erlöschen“ des in Gier, Hass und Verblendung sich äußernden, das Leben bejahenden und sich krampfhaft daran klammernden Willentriebes, und damit die endgültige, restlose Befreiung von allem zukünftigen Wiedergeborenwerden, Altern und Sterben, Leiden und Elend“ [...]. Man hat dabei zwei Missverständnisse zu vermeiden, nämlich einerseits die Vorstellung, das Nirvana sei einfach Vernichtung, andererseits aber auch die Vorstellung, das Nirvana sei so etwas wie das ewige Leben. Vielmehr ist Nivana ein nur zu erfahrender Zustand, der nicht in unseren Denk- und Beschreibungskategorien zu erfassen ist. *M1/3/4: Heinz Bechert, S. 23, 31, 35-36*

M5 Nirvana oder Jenseits?

SPIEGEL: Können Sie uns den zentralen Unterschied zwischen einem Christen und einem Buddhisten erklären?

Benediktinerabt Wolf: Ein Buddhist strebt an, dass seine Individualität im Nirvana erlischt. Für uns Christen bedeutet Selbstverwirklichung dagegen die Erfüllung der Person in Gott – wenn wir Ihn suchen, dann um uns selbst zu finden, nicht zu verlieren. So gesehen bezweckt der Buddhismus das genaue Gegenteil dessen, was wir Christen anstreben.

Der Spiegel, 29/07, S. 89 (Notker Wolf)

Aufgaben

1 Informiere dich über das Leben und die Zeit des historischen Buddha. ➜ M1

2 Über das Leben Siddhartha Gautamas gibt es zahlreiche Legenden. Recherchiere folgende Ereignisse:
- Jungfrauengeburt
- Drei Ausfahrten
- Erleuchtung unter dem Bodhibaum

Überlege, warum das Leben großer Religionsstifter (vgl. Jesus) mit Legenden überliefert wurde.

3 Begründe, warum die buddhistische Lehre meist als Rad dargestellt wird. Erarbeite anhand einer Abbildung vom „Rad des Lebens“ die Stadien im Kreislauf der Wiedergeburten. ➜ M2-4

4 Im Unterschied zum christlichen Paradies kann das buddhistische Nirvana nicht beschrieben werden. Recherchiere die Jenseitsvorstellung der Religionen und erarbeitet die Unterschiede. ➜ M5

▶ Glossar: Dharma, Karma(n), Nirvana, Samsara

2 Die buddhistische Ethik

M1 Lehre des Buddha

Nur wenige Persönlichkeiten in der Geistesgeschichte der Menschheit haben so weit und so anhaltend ausgestrahlt wie Siddhartha Gautama, der „Buddha", und keine hat Asien so tief geprägt wie er. Die von ihm gestiftete Religion hat nicht nur zahllosen Menschen Trost gebracht, sie war zugleich Grundlage edler Humanität und feinsinniger Kultur. Die erste Predigt des Buddha im Jahre 528 v. Chr. in Sarnath bei Benares war ein Ereignis, das noch heute segensreich fortwirkt. [...] Keine Periode der Geschichte war eine „gute alte Zeit", die des Buddha nicht ausgenommen, wie ihre starke Hinneigung zu neuen Erlösungslehren beweist. Man tut gut daran, sie als eine Epoche anzusehen, deren Menschen sich von uns Heutigen weder im Intelligenzgrad noch im moralischen Standard, sondern lediglich durch ein anderes Weltbild und geringere technische Naturbeherrschung unterscheiden, im Übrigen aber von denselben Sehnsüchten und Hoffnungen bewegt werden wie wir.

Hans Wolfgang Schumann, S. 9-10

M2 Die vier Edlen Wahrheiten

Der Kern der Lehre des Buddha sind die vier Edlen Wahrheiten, die er in seiner allerersten Rede bei Benares vor seinen ehemaligen Gefährten, den fünf Asketen, erläuterte.

Wahrheit vom Leiden: Das Leben im Daseinskreislauf ist letztlich leidvoll. Dies ist zu durchschauen.

Wahrheit von der Ursache des Leidens: Die Ursachen des Leidens sind Gier, Hass und Verblendung. Sie sind zu überwinden.

Wahrheit von der Aufhebung des Leidens: Erlöschen die Ursachen, erlischt das Leiden. Dies ist zu verwirklichen.

Wahrheit von dem Weg zur Aufhebung des Leidens: Zum Erlöschen des Leidens führt ein Weg, der Edle Achtfache Pfad. Er ist zu gehen.

M2/3 nach: www.buddhismus-deutschland.de

M3 Der Achtfache Pfad

Er stellt eine praktische Wegweisung zur vollständigen Leidensaufhebung – dem Nirvana – dar, wenn alle acht Elemente erfolgreich gemeistert werden:

Weisheit	Rechte Ansicht Rechtes Denken
Ethik	Rechte Rede Rechte Handlung Rechter Lebenserwerb
Meditation	Rechte Anstrengung Rechte Achtsamkeit Rechte Konzentration

M4 Die buddhistische Ethik

Kein Unrecht tun und immer nach dem Guten trachten, sein Denken reinigen: dies lehren die Erwachten.

Mit dem achtfachen Pfad verordnet der Buddha Sittlichkeit als rechte Rede, rechtes Tun und rechten Lebensunterhalt. [...] Laien befolgen fünf fundamentale Regeln, die sie häufig rezitieren:

1. Ich gelobe abzustehen vom Töten.
2. Ich gelobe abzustehen vom Nehmen dessen, was nicht gegeben.
3. Ich gelobe abzustehen von unrechtem Wandel in Sinnenlüsten.
4. Ich gelobe abzustehen vom Lügen.
5. Ich gelobe abzustehen vom Genuss berauschender Getränke.

Das erste Gelöbnis gilt als das wichtigste. „Ich werde nicht töten!" bezieht sich für den Buddhisten nicht nur auf Menschen. Gemeint sind alle Lebewesen, also auch die zu außermenschlichen Wiedergeburtsbereichen Gehörenden, in erster Linie Tiere, vom kleinsten bis zum größten, von der Mücke bis zum Elefanten.

Hans-Jürgen Greschat, S. 136

M5 Der Dalai Lama – „ein Gott zum Anfassen"

Ein Sinnbild buddhistischer Lebensweise und Ethik ist vor allem für den Westen der Dalai Lama, der 1959 aus Tibet vertrieben im Exil lebt und 1989 für sein hoch geachtetes religiös-politisches Wirken den Friedensnobelpreis erhielt.

In einer Spiegel-Umfrage zeigte sich die große Sympathie, die der Buddhismus in Deutschland genießt. Auf die Frage: „Welche Religion ist für Sie die friedlichste?" gaben 43% den Buddhismus, 41% das Christentum und 1% den Islam an. Auch der Dalai Lama ist hier populärer als der Papst. Gefragt: „Immer wieder werden der Dalai Lama und Papst Benedikt als Vorbilder für Jugendliche genannt. Wer wäre für Sie ein Vorbild?" favorisierten 44% den Dalai Lama und 42% Papst Benedikt. *nach: Der Spiegel 29/07, S. 87*

Wie man denn möglichst schnell zur Erleuchtung komme, fragt einer, der sich als Medizinstudent vorstellt. „Für eine Instant-Erleuchtung brauchen Sie eine Spritze", sagt Tibets Gottkönig, ohne eine Miene zu verziehen. Dann erläutert er, wieder ganz ernst, einige Grundzüge des Buddhismus, die Überwindung des Leids durch Selbsterkenntnis, die Welt ohne einen Schöpfer, an den man blind glauben muss, die Lehre der Eigenverantwortlichkeit. „Versuchen Sie es zunächst mit einer Religion aus Ihrem Kulturkreis, beispielsweise mit dem Christentum, bevor Sie sich an die komplexen Rituale des tibetischen Buddhismus heranwagen", sagt er zur Verblüffung seiner Zuhörer. „An Rituale, aus denen Sie sich nicht beliebig heraussuchen können, was Ihnen gefällt".

Erich Follath, Der Spiegel, 29/07, S. 81

M6 Geschichte des Buddhismus

Nach dem Tod Buddhas breitete sich seine Lehre über die Klöster und Laienanhänger im gesamten indischen Subkontinent vor allem in Asien aus. Die verschiedenen Formen des Buddhismus wurden auch geprägt von historisch-politischen Bedingungen. Der Westen kennt vor allem den tibetischen Buddhismus und den Zen-Buddhismus.

Nützliche Internet-Adressen

http://de.wikipedia.org/wiki/Portal:Buddhismus

http://www.buddhismus.de/
Seite des buddhistischen Zentrums – Grundlagen

http://buddhismus-deutschland.de
Seite der buddhistischen Union e.V. – Grundlagen

http://www.dharma.de/
Grundwissen

http://www.geo.de/GEO/interaktiv/wissenstests/53688.html
ein Wissenstest

http://www.religion.orf.at
Lexikon Buddhismus: Entstehung und Geschichte

http://www.zenbuddhismus.de
Einführung in den Zenbuddhismus

Aufgaben

1. Informiere dich genauer über den Unterschied zwischen buddhistischer Laienethik und der Ethik für Mönche. ➜ M4
2. Vergleiche die fünf Gebote der Laienethik mit anderen ethischen Grundsätzen, z. B. den 10 Geboten im Christentum (s. S. 212). ➜ M4
3. Untersuche, warum die buddhistische Ethik den Westen fasziniert. Erkläre in diesem Zusammenhang die Warnung Dalai Lamas in den letzten Zeilen von M5. ➜ M1-5
4. Lassen sich buddhistische Lebensweise und ethische Grundsätze in der modernen westlichen Welt verwirklichen? Begründe deine Antwort.
5. Recherchiere:
   a) Was ist Askese? Verschiedene (östliche/westliche) Formen der Askese
   b) Die historische Ausbreitung des Buddhismus und seine verschiedenen Formen (Japan, Tibet, Indien)
   c) Die Grundgedanken des Zen-Buddhismus: Wie unterscheidet er sich von den anderen Formen?

Dialog der Religionen

M1 Nur ein kurzes Gebet

Andreas Seidl

M2 Dialog-Gebet

O Herr,
Du Urquell des Seins.
Du Fülle der Weisheit,
Du Born der Liebe und Glückseligkeit!
Wir sind hier versammelt als Deine Diener,
als Brüder und Schwestern,
die sich Deiner Gnade erfreuen.
Verleihe uns Weisheit, Duldsamkeit und Liebe,
einander anzunehmen, wie wir sind.
Gib uns Geduld, einander
mit Sorgfalt und Einfühlung zuzuhören.
Bring uns in Deiner Gegenwart zueinander.
Bewahre uns, dass unsere Absichten selbstlos bleiben.
Mache uns zu Werkzeugen Deines Friedens.
O Herr,
Wir gedenken all derer, die nicht in Frieden leben
können.
Wir gedenken all derer, die nach Brot verlangen.
Wir gedenken all derer, die nach Gerechtigkeit
dürsten.
Wir gedenken all derer, die Dein Licht erwarten.
O Herr,
Wir bekennen unsere Fehler.
Wir bitten Dich, uns zu erleuchten.
Friede sei mit uns allen!

Michael von Brück, S. 9

M3 Die Ringparabel

In Lessings Schauspiel „Nathan der Weise" (1779) verhandelt der Sultan Saladin, ein Muslim, mit dem Juden Nathan über das Schicksal eines christlichen Ordensritters. Er stellt ihm in diesem Zusammenhang die Frage, welche der drei monotheistischen Weltreligionen die wahre Religion sei. Nathan antwortet mit Hilfe einer Parabel.

In grauer Vorzeit lebte ein Mann, der einen Ring mit der geheimen Kraft besaß, vor Gott und Menschen beliebt zu machen. Um den Ring in seiner Familie zu halten, vererbte er ihn an den liebsten Sohn, der wiederum das Gleiche tat. Schließlich kam dieser Ring auf einen Vater von drei Söhnen, der alle drei gleich liebte. Was sollte er tun? Er ließ im Geheimen von einem Künstler nach dem Muster seines Ringes zwei weitere anfertigen, die dem ersten völlig glichen. Vor seinem Tode gab er dann jedem seiner Söhne seinen Segen und einen Ring. Da keiner der Söhne herausfinden konnte, wer den echten Ring besaß, gerieten sie in Streit und kamen vor den Richter. Dieser antwortete:

„Mein Rat ist aber der: ihr nehmt
Die Sache völlig wie sie liegt. Hat von
Euch jeder seinen Ring von seinem Vater:
So glaube jeder sicher seinen Ring
Den echten. – Möglich; dass der Vater nun
Die Tyrannei des einen Rings nicht länger
In seinem Hause dulden wollen! – Und gewiss;
Dass er euch alle drei geliebt, und gleich
Geliebt: indem er zwei nicht drücken mögen,
Um einen zu begünstigen. – Wohlan!
Es eifre jeder seiner unbestochnen
Von Vorurteilen freien Liebe nach!

Es strebe von euch jeder um die Wette,
Die Kraft des Steins in seinem Ring' an Tag
Zu legen! komme dieser Kraft mit Sanftmut,
Mit herzlicher Verträglichkeit, mit Wohltun,
Mit innigster Ergebenheit in Gott
Zu Hilf'! Und wenn sich dann der Steine Kräfte
Bei euern Kindes-Kindeskindern äußern:
So lad ich über tausend tausend Jahre
Sie wiederum vor diesen Stuhl. Da wird
Ein weisrer Mann auf diesem Stuhle sitzen
Als ich; und sprechen. Geht!"

Gotthold Ephraim Lessing, S. 82

M4 Ein Zeichen der Hoffnung

Es braucht nicht wiederholt zu werden, dass mit dem Weltethos nicht eine Weltideologie oder eine einheitliche Weltreligion jenseits aller bestehenden Religionen noch eine Mischung aus allen Religionen angestrebt werden soll und kann. Deutlich dürfte ebenfalls sein: Auch in Zukunft soll das Weltethos nicht etwa die Tora der Juden, die Bergpredigt der Christen, den Koran der Muslime, die Bhagavadgita der Hindus, die Reden des Buddha oder die Sprüche des Konfuzius ersetzen. Wie könnte jemand auf die Idee kommen, den verschiedenen Religionen die Grundlage für ihr Glauben und Leben, Denken und Handeln entziehen zu wollen? Diese heiligen Schriften bieten sozusagen ein Maximalethos, demgegenüber die Weltethos-Erklärung nur ein Minimalethos zu bieten hat. Damit ist freilich nicht ein ethischer Minimalismus gemeint, wiewohl schon viel gewonnen wäre, wenn in einer neuen Menschheitsgeneration auch nur dieses Minimum an gemeinsamen Werten, Maßstäben und Grundhaltungen realisiert würde. *M4-6: Hans Küng/Karl-Josef Kuschel, S. 83-85*

M5 Vier unverrückbare Weisungen

1. Verpflichtung auf eine Kultur der Gewaltlosigkeit und der Ehrfurcht vor dem Leben
2. Verpflichtung auf eine Kultur der Solidarität und eine gerechte Wirtschaftsordnung
3. Verpflichtung auf die Kultur der Toleranz und ein Leben in Wahrhaftigkeit
4. Verpflichtung auf eine Kultur der Gleichberechtigung und die Partnerschaft von Mann und Frau

M6 Die Religionen und das Weltethos

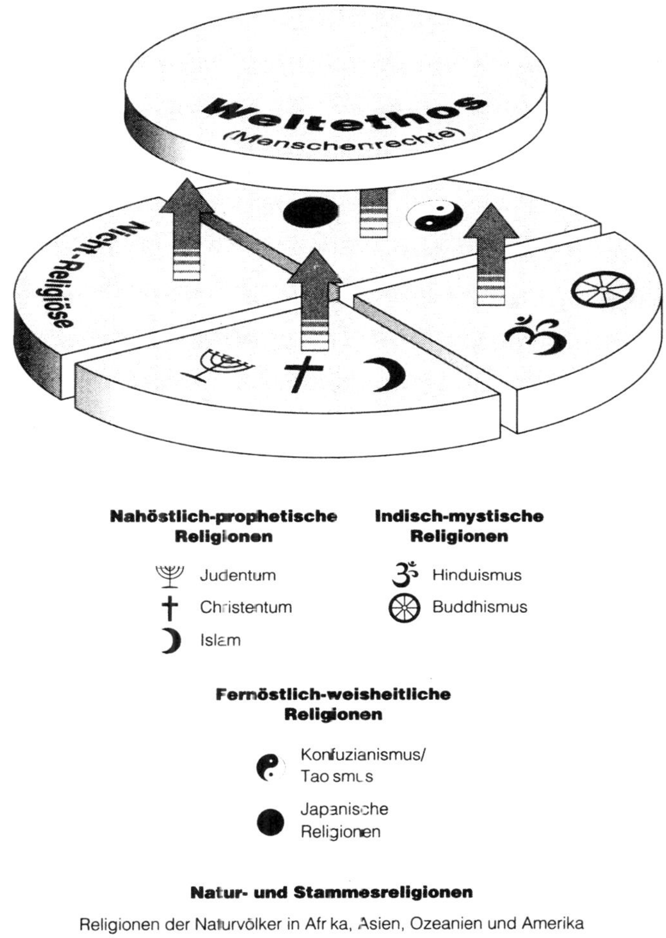

Aufgaben

1 Formuliere die Aussageabsicht, die hinter diesem Cartoon steht. → M1

2 In den vergangenen Schuljahren hast du verschiedene Religionen kennengelernt. Interpretiere vor diesem Hintergrund das „Dialog-Gebet". → M2

3 Nathan zeigt Saladin, dass man den Absolutheitsanspruch einer Religion nicht theoretisch ergründen kann, sondern es vielmehr um gelebte Humanität geht. Erarbeite: → M3
- Welche Fähigkeiten machen „vor Gott und den Menschen beliebt"?
- Deute die letzten Sätze des Richters („Zu Hilf'! ...)

4 Übertrage die Ringparabel auf das Weltethos.

5 Erkläre den Zusammenhang zwischen dem Weltethos und den Weltreligionen. → M4-6

Glossar

Ablass: Durch gute Werke und Gebete konnten die Menschen des Mittelalters bereits vor ihrem Tod die kommende Zeit im Fegefeuer zur Sühne ihrer Sündenstrafen verkürzen. Aufgrund des Ablasshandels der katholischen Kirche kam es im 16. Jahrhundert zur Reformation. *S. 221*

Adoleszenz (lat. adolescere: heranwachsen, heranreifen): Altersspanne von etwa 12 Jahren bis etwa 20 Jahren, beginnt mit der biologischen Reife zum Erwachsenen und endet mit der sozialen Akzeptiertheit als Erwachsener. *S. 9, 16f.*

Affekt: bezeichnet in der antiken und mittelalterlichen Philosophie noch den ganzen Bereich der Gefühls- und Gemütssphäre, heute einen zeitlich begrenzten Empfindungs-, Erregungszustand. *S. 110f.*

Aggression: Aggression ist ein Verhalten, dessen Ziel eine Beschädigung, eine Verletzung oder die Einschüchterung (Angsteinflößung) eines anderen Menschen ist. *S. 32ff.*

Al-Fatiḥa (arabisch: die Öffnende): Name der ersten Sure des Koran und der wichtigste Gebetstext, den gläubige Muslime beim täglichen Pflichtgebet verwenden; sie enthält Leitmotive des ganzen Koraninhaltes. *S. 236*

Allah (arabisch: der Gott): die Bezeichnung für Gott im Islam, jedoch nicht im Sinne eines Eigennamens. Allah bildet bei allen Muslimen weltweit das zentrale Wort im Gebet und in alltäglichen Redewendungen. Daneben kennen gläubige Muslime die koranischen Bezeichnungen der herausragenden Eigenschaften Allahs, die als die 99 „schönsten Namen" Gottes gebetet werden (der Erbarmer - der Mächtige - der Vergebende ...). *S. 231, 232f., 240f., 246*

Allahu akbar (arabisch: Gott ist größer): muslimische Redeformel im Gebet und eine Kurzform des islamischen Glaubensbekenntnisses (➜ Shahada). *S. 230, 242*

Alter: rechtlich als kalendarisches Alter (Alter nach Lebensjahren ab 0.00 Uhr des Geburtstages) gerechnet; weitere Kriterien zur Altersbestimmung: Gesundheitszustand, Reife, Selbsteinschätzung, Fremdeinschätzung. *S. 160ff.*

Altes Testament: der erste Teil der Bibel. Er stellt die Heilige Schrift der Juden dar, ist aber ebenso integraler Bestandteil der Heiligen Schrift der Christen. Das Alte Testament handelt vom sogenannten „Alten Bund" zwischen Gott und dem Volk Israel. Christen sehen die Prophezeiungen der alttestamentarischen Propheten in Jesus erfüllt. *S. 210f.*

Altruismus: Handeln zugunsten anderer, oft uneigennütziger, aufopferungsvoller, selbstloser Einsatz für andere Menschen. *S. 54f.*

Anthropologie (griech. anthropos „Mensch" und logos „Lehre"): die Lehre vom Wesen bzw. der Natur des Menschen. *S. 47*

Anti-Aging: Überbegriff für Maßnahmen, mit denen die biologische Alterung des Menschen herausgezögert werden oder die Lebensqualität im Alter erhöht werden soll. *S. 161*

Aporie (griech. Weglosigkeit): bezeichnet die Unmöglichkeit, zur Auflösung eines Problems zu gelangen. *S. 67*

Apostel (griech. Sendbote): Person, die von Jesus bzw. der Gemeinde berufen wurde, das Evangelium (griech. gute Botschaft) zu verkünden. Aus dem Lukasevangelium geht hervor, dass Jesus zwölf Männer zu Aposteln berief. *S. 210*

Artefakt: das vom Menschen Gemachte im Gegensatz zu einem natürlichen Phänomen. *S. 121*

Aufklärung: individuelles oder gesellschaftliches Bemühen, das auf die selbständige Vernünftigkeit des Menschen abzielt, entwickelt sich als Kritik an durch Autoritäten vermittelte Vorstellungen über Natur, Mensch, Gott, Normen durch die autonome menschliche Vernunft. *S. 61*

Ayat (arabisch: Zeichen): wird verwendet als Bezeichnung für die Verse im ➜ Koran. *S. 236*

Bedürfnis: subjektives Mangelempfinden verbunden mit dem Streben, es zu beseitigen. *S. 103*

Bestattung: Lagerung eines Leichnams, i. d. R. nach rituellen und/oder gesetzlichen Vorgaben. In Deutschland ist die Bestattung durch Gesetze und örtliche Friedhofsordnungen geregelt, die z. B. vorschreiben, dass Verstorbene auf Friedhöfen bestattet werden müssen, entweder in Form der Erdbestattung in einem Grab in der Erde (Beerdigung) oder als Feuerbestattung, bei der die Asche des Verstorbenen nach der Verbrennung beigesetzt wird. *S. 171*

Bewusstsein (lat. conscientia): Vorstellen von Gegenständen (Bewusstsein von etwas) oder des Ich (Selbstbewusstsein); Wissen über die Welt und um die inneren Erlebnisse. *S. 106f.*

Bindung: „relativ dauerhafte gefühlsmäßige Orientierung an einer anderen Person" (Bierhoff). Enges Gefühlsband zwischen Menschen, lebenslanges menschliches Grundbedürfnis, bildet sich zum ersten Mal zwischen Bezugspersonen (Eltern) und Baby in den ersten sechs Monaten nach der Geburt, beeinflusst das zukünftige Bindungsverhalten. *S. 12f.*

Daimonion (griech. Gottheit, Orakel): bei Sokrates: göttliche innere Stimme des Gewissens und letzte Instanz. *S. 75*

Deduktion (lat. deducere: „herabführen"): Ableitung des Besonderen aus dem Allgemeinen, Gewinnung einer neuen Aussage aus einer anderen Aussage vermittels logischen Schließens. *S. 112f.*

Descartes, René (1596-1650): franz. Philosoph, Mathematiker und Naturwissenschaftler, begründete den Rationalismus. *S. 82*

Dharma (Sanskrit): wörtlich: das, woran man sich zu halten hat; indische Bezeichnung für Religion, Lehre, Gesetz. *S. 259*

Diskriminierung: Unter sozialer Diskriminierung wird die Benachteiligung von Menschen aufgrund gruppenspezifischer Merkmale wie ethnische oder nationale Herkunft, Hautfarbe, Sprache, politische oder religiöse Überzeugungen, sexuelle Orientierung, Geschlecht, Alter oder Behinderung verstanden. *S. 38f.*

Dschihad (arabisch: Bemühung, Anstrengung): bezeichnet das Sich-Anstrengen des muslimischen Gläubigen für die Sache Allahs und die Ausbreitung des Islam. Der Islam unterscheidet dabei zwischen dem „Großen Dschihad", der für jeden Einzelnen die Forderung an ein religiös und ethisch einwandfreies Leben unter Allah bedeutet, und dem „Kleinen Dschihad", der den Kampf zur Verteidigung des Islam und der muslimischen Umma, wenn nötig, auch mit Waffengewalt meint. Die Übersetzung mit „Heiliger Krieg" ist sachlich unzutreffend. *S. 246f.*

Egoismus: Eigenliebe, moralische Einstellung, die sich in selbstsüchtigem Handeln äußert, eigennützige Zwecke sind Beurteilungsmaßstab für das Handeln. *S. 54f.*

Egozentrik: Ichbezogenheit, die eigene Person ist Zentrum, alle Ereignisse werden nur in Bezug auf das eigene Ich bewertet. *S. 96*

Elenktik: prüfendes Verfahren des Sokrates, das Scheinwissen des anderen zu entlarven. *S. 68*

Eigenwert: etwas verdient um seiner selbst willen Achtung, ist an sich wertvoll. Dieser Wert an sich kommt dem Betreffenden (z. B. den Tieren, Pflanzen im sog. Holismus) auch unabhängig davon zu, ob es Menschen gibt, die dem Betreffenden diesen Wert zusprechen. Der Mensch darf also nicht beliebig, nur geleitet durch seine Interessen, über die Dinge verfügen, die Eigenwert besitzen. So schützt er z. B. Tiere nicht deshalb, weil sie (für ihn!) nützlich sind, sondern um ihrer selbst willen. *S. 137*

Episteme: Erkenntnis, Wissen, die Art, wie sich Denken auf Gegenstände beziehen und sie erkennen kann. *S. 70*

Erbsünde: Sünde, die nach christlichem Verständnis durch den Ungehorsam der ersten Menschen (Adam und Eva) in die Welt kam und von Generation zu Generation weitervererbt wird. Jesus erlöste die Menschheit durch seinen Tod am Kreuz und seine Auferstehung von der Macht dieser Sünde. *S. 216*

Erikson, Erik Homburger: Psychoanalytiker, geb. am 15. Juni 1902 bei Frankfurt am Main; gest. am 12. Mai 1994 in Harwich, Massachusetts, USA. *S. 9*

Erkenntnistheorie (Epistemologie): beschäftigt sich mit der Frage nach den Ursprüngen und Bedingungen des menschlichen Wissens, seinen Zielen und Grenzen. *S. 47*

Eros: griech. Gott, Sohn der Aphrodite und des Ares, Inbegriff der sinnlichen Liebe. *S. 48*

Ethik (griech. ethos): geht als philosophische Disziplin auf Aristoteles zurück, fragt nach den Begründungsprinzipien des moralisch Richtigen und Guten und an welchen Normen und Werten sich menschliches Handeln orientieren soll. *S. 47*

Evangelium (griech. gute Botschaft): die frohe Botschaft von der Erlösung der Menschheit. Aus diesem Grund werden die vier ersten Bücher des Neuen Testaments Evangelien genannt. *S. 205ff.*

Evolutionsbiologie: behauptet, dass der Mensch mit seinen spezifischen, auch moralischen Fähigkeiten ein Produkt der biologischen Evolution darstellt. *S. 86f.*

Freiheit: bezeichnet die Fähigkeit des Menschen, willentlich zu handeln, d. h. zwischen Alternativen zu wählen und eine Entscheidung treffen zu können. *S. 52f.*

Galilei, Galileo (1564-1642): ital. Mathematiker, wegen seines Eintretens für die kopernikanische Lehre von der Inquisition angeklagt und zum Widerruf gezwungen. *S. 83*

Gefühl (Emotion): subjektives, körperlich-seelisches Grundphänomen wie Freude, Trauer. *S. 111*

Gender Mainstreaming: Veränderung von gesellschaftlichen und politischen Strukturen, die die Chancengleichheit von Männern und Frauen einschränken (rechtliche Grundlage: Gesetz zur Durchsetzung der Gleichstellung von Frauen und Männern). *S. 22f.*

Gerechtigkeit: bezeichnet eine Tugend, ethische Haltung oder Gesinnung, aus der heraus ein Mensch zu handeln pflegt, auch Maßstab zur Beurteilung sittlicher, rechtlicher, sozialer und politischer Handlungsnormen. *S. 103*

Gewalt: Gewalt ist die Ausübung körperlicher oder verbaler Attacken auf ein Opfer. Der Täter nutzt dessen Hilflosigkeit aus und demonstriert seine eigene Macht. Das Opfer wird mit schweren körperlichen und seelischen Schäden zurückgelassen. *S. 180ff.*

Gewaltenteilung: Verteilung der Gesetzgebung (Legislative), der Gesetzesausführung (Exekutive) und der Gerichtsbarkeit (Judikative) auf drei verschiedene Staatsorgane, nämlich auf das Parlament, auf die Regierung und auf eine unabhängige Richterschaft. *S. 194f.*

gleichgeschlechtliche Lebensgemeinschaft: Zusammenleben von zwei Erwachsenen desselben Geschlechts, die nach dem Lebenspartnerschaftsgesetz eine „eingetragene Lebenspartnerschaft“ eingehen können, sofern beide volljährig sind. *S. 148f.*

Goldene Regel: Grundregel sittlichen Verhaltens, die in vielen Kulturen anzutreffen ist: „Was du nicht willst, dass man dir tu, das füg auch keinem anderen zu.“ *S. 94f.*

Grenzen des Wachstums: = Titel eines 1972 erschienenen Reports über die Entwicklung der Bevölkerung und der weltweiten Wirtschaft, den eine internationale Expertengruppe im Auftrag der UNO erstellte. Ihr Ergebnis war, dass eine immer weiter wachsende Bevölkerung z. B. eine immer größere Ausbeutung der Rohstoffe notwendig mache. Da aber die Ressourcen auf der Erde endlich seien, sei ein Kollaps (Hungersnöte, Kriege etc.) unvermeidlich. Seither hat es mehrere Aktualisierungen des ersten Berichtes gegeben. *S. 127*

Grundrechte: wesentliche Rechte des Einzelnen gegenüber Inhabern öffentlich-rechtlicher Macht, wie sie meist durch die Verfassung von einem Staat seinen Bürgern als einklagbar garantiert werden (z. B. Meinungsfreiheit). *S. 194f.*

Ḥadith (arabisch: Ereignis, Gespräch, Mitteilung): Sammlung der überlieferten Berichte über Muhammads Aussprüche, Verhalten, Stellungnahmen und Handlungsanweisungen zu religiösen, moralischen und ethischen Fragen; die schriftlichen Sammlungen der Ḥadith (7.-9. Jh.) bilden neben dem Koran die wichtigste Quelle religiöser und moralisch-ethischer Vorschriften im Islam. Ihre Gesamtheit bezeichnet die Sunna Muhammads. *S. 238f., 251*

Hadsch (arabisch): bezeichnet die Pilgerfahrt zur Kaaba nach ➜ Mekka, die gläubige Muslime wenigstens einmal im Leben begehen sollen, wenn sie dazu gesundheitlich und finanziell in der Lage sind; eine der 5 religiösen „Säulen des Islam“ (Sure 22,27-29);

aktuell unternehmen bis zu drei Millionen Pilger im 12. Monat des islamischen Kalenders den Hadsch, an dessen Ende das in der ganzen muslimischen Welt gefeierte viertägige Opferfest steht. *S. 243*

Hadschi/Hadscha: Ehrentitel, den man nach der Pilgerfahrt (Hadsch) nach Mekka erhält. *S. 243, 244f.*

Ḥafiz (arabisch: Bewahrer): bezeichnet den muslimischen Gläubigen, der den Koran auswendig kennt. *S. 237*

Hanif (arabisch: Rechtgläubiger): im Koran die Bezeichnung für vorislamische Anhänger eines monotheistischen Glaubens. *S. 234*

Hidjra (arabisch: Auswanderung, Ausreise): bezeichnet die Emigration Muhammads und seiner ersten Anhänger von ➜ Mekka nach Yathrib (Medina) im Jahre 622 n. Chr.; sie markiert zugleich den Beginn der islamischen Zeitrechnung. *S. 235*

Hirntod: Hirntod wird definiert als Zustand des nicht mehr rückgängig zu machenden Erloschenseins der Gesamtfunktion des Großhirns, des Kleinhirns und des Hirnstamms. *S. 169*

Hospiz: Pflegeeinrichtung, die sterbenden Menschen beisteht, sie pflegt, begleitet und versorgt. *S. 172f.*

Idealismus: behauptet, dass Geist, Vernunft, Denken unabhängig von der Materie bestehen. *S. 82f.*

Imam (arabisch: Führer, Vorbild): bezeichnet im sunnitischen Islam den Vorbeter und Prediger in der Moschee und dient als Ehrentitel für herausragende muslimische Theologen und Juristen; im schiitischen Islam auch der Titel der göttlich inspirierten und rechtmäßigen Führer der muslimischen Gemeinschaft, die ihre Autorität als männliche Nachfahren des Propheten Muhammad über seinen Vetter und Schwiegersohn Ali, verheiratet mit dessen Tochter Fatima, ableiten (vgl. Schiiten). *S. 248*

Induktion: vom Einzelnen, Besonderen auf das Allgemeine, Gesetzmäßige schließen. *S. 112f.*

Initiation (lat. initiare: einführen, einweihen): allgemein: Einführung eines bislang nicht „Eingeweihten" in eine Gruppe, meist im Zusammenhang von Pubertäts- und Stammesinitiationen verwendet, z. B.: Einführung eines Jugendlichen in die Welt der Erwachsenen. *S. 16f.*

Islam (arabisch: Hingabe, Unterwerfung gegenüber dem Willen Allahs): Bezeichnung für die von Muhammad zwischen 610-632 n. Chr. in Mekka und Medina gegründete (neue) monotheistische Weltreligion, der aktuell 1,3 Milliarden Muslime/Muslima (2007) angehören. S. *233, 241, 242f.*

Kaaba (arabisch: Würfel): das „Haus Allahs" im Hof der großen Moschee in Mekka und das Zentralheiligtum des Islam; ein würfelförmiges fensterloses Gebäude aus Stein, bedeckt mit einem schwarzen Tuch, in dessen Südostecke der heilige schwarze Stein, ein schwarzer Meteorit eingemauert ist; die Kaaba gibt die muslimische Gebetsrichtung vor und ist das Ziel des rituellen ➜ Hadsch, wobei sie siebenmal umrundet wird. *S. 235, 243, 245*

Kalif (arabisch: Nachfolger, Stellvertreter): im sunnitischen Islam der Titel für die gewählten Nachfolger des Propheten Muhammad in ihrer Funktion als politische Führer der Umma; ihre Hauptaufgabe bestand in der Bewahrung und Erweiterung des islamischen Herrschaftsgebietes und der Sicherung der islamischen Rechtsordnung; erster Kalif war Muhammads engster Weggefährte, Ratgeber und Schwiegervater Abu Bakr; erst im Jahre 1924 wurde das islamische Kalifat durch Mustafa Kemal Atatürk, den Staatsgründer der modernen Türkei, abgeschafft. *S. 236*

Karma (Sanskrit: Werk, Tat): Lehre von der Vergeltung der Tat im Zusammenhang mit der Seelenwanderung; die Art der Wiedergeburt eines Menschen wird bestimmt durch die guten oder bösen Taten in seinem vorherigen Leben. *S. 259*

Konditionierung: Ausdruck aus der Lernpsychologie. Hiermit bezeichnet man das Ausbilden bestimmter Reaktionen auf bestimmte Reize bei Menschen oder Tieren. *S. 169*

Konfession (lat. Bekenntnis): das Bekenntnis zu einer der christlichen Kirchen (evangelisch, katholisch, orthodox). *S. 209*

Kontraktualismus: politische Theorie über die Legitimität politischer Autorität und moralische Theorie über Ursprung und Inhalt moralischer Normen. *S. 92f.*

Konventionen (Brauch, Sitte): Übereinkommen, aus den gesellschaftlichen Erwartungen abgeleitete Verhaltensmuster. *S. 93*

Kooperation: Zusammenwirken verschiedener Interessengruppen auf ein gemeinsames Ziel hin. *S. 100f.*

kopernikanische Wende: im Anschluss an die Wendung des Kopernikus von der geozentrischen zur heliozentrischen Weltauffassung allgemein eine grundlegende Um- oder Neuorientierung von Forschung und Wissenschaft. *S. 82*

Koran (arabisch: Qur' an – Vortrag, Rezitation): das heilige Buch des Islam, das nach muslimischem Glauben Muhammad im Wortlaut von Allah geoffenbart wurde. Die schriftliche Fixierung geschah unter dem 3. Kalifen Uthman (644-656 n. Chr.). Der Koran ist in 114 Suren (Abschnitte, Kapitel) unterteilt, die nicht inhaltlich, sondern rein formal nach dem Prinzip der abnehmenden Länge geordnet sind (Sure 2 – Sure 108); er gilt nur in arabischer Sprache als authentisch. *S. 232f., 240f., 248f., 251*

Kultur: Gesamtheit der geistigen und künstlerischen Errungenschaften (wie Kenntnissen, Glaubensvorstellungen, Kunst, Moralauffassungen, Rechtsvorstellungen, Bräuchen und anderen Fähigkeiten und Sitten) einer Gesellschaft. Gegenbegriff: Natur. *S. 120f.*

kulturelle Gewalt: nach Galtung die Eigenschaft einer Kultur, mit der direkte oder strukturelle Gewalt gerechtfertig wird wie z. B. Rassismus, Herrenmenschendenken usw. *S. 183*

limbisches System: Funktionseinheit des Gehirns, besitzt Bedeutung u. a. für die Entwicklung von Emotionen. *S. 175*

Logos (griech. Wort, Lehre, Vernunft): zentraler Begriff der griechischen Philosophie, allgemeine Bezeichnung für eine Rede, die mit dem Anspruch auf Wahrheit, Nachprüfbarkeit, Vernünftigkeit und Richtigkeit verbunden ist. *S. 61*

Mahatma Gandhi (1869-1948): politischer und geistiger Führer der indischen Unabhängigkeitsbewegung. Mit seinem Konzept der Gewaltlosigkeit befreite er Indien von der englischen Kolonialherrschaft. *S. 196f.*

Mäeutik (griech. Hebammenkunst): Methode des Sokrates, durch geschicktes Fragen die in einem Menschen liegende richtige Erkenntnis herauszuholen. *S. 69*

Materialismus: sieht die Materie als Grund aller Wirklichkeit, bezieht alle Erklärungen, auch Geist, Vernunft, Denken auf die Materie. *S. 82*

Medina (arabisch: Stadt der Gerichtsbarkeit): Stadt im Westen der arabischen Halbinsel (urspr. Name: Yathrib) und nach Mekka die zweitheiligste Stadt und wichtiger Wallfahrtsort im Islam; nach der Auswanderung (arabisch: Hidjra) Muhammads und seiner Anhänger von Mekka nach Medina 622 n. Chr. entstand hier das erste islamisch organisierte Gemeinwesen; von 632-656 n. Chr die Hauptstadt des arabisch-islamischen Reiches; die „Große Ghuba-Moschee" ist über dem Grab Muhammads und seiner Tochter Fatima erbaut, Medina wird deshalb auch die „Stadt" des Propheten genannt. *S. 230, 235*

Mekka: Geburtsort Muhammads und mit der Kaaba im Innenhof der Hauptmoschee das heiligste religiöse Zentrum und der wichtigste Wallfahrtsort im Islam; liegt im Westen der arabischen Halbinsel und ist jährlich während des ➜ Hadsch (arabisch: Pilgerfahrt) das Ziel von bis zu 3 Millionen muslimischer Pilger; Nichtmuslime dürfen den Bereich Mekkas nicht betreten. *S. 230, 232, 243, 245, 248f.*

Messias: sowohl im Judentum als auch im Christentum der Gesalbte Gottes, welcher die Menschen erlösen soll. Im Unterschied zu den Juden, die die Ankunft des Messias noch erwarten, ist der Messias für die Christen bereits in der Person Jesu Christi angekommen. *S. 202, 205*

Metaphysik (griech. ta meta physika: „hinter, nach dem Physischen): philosophische Disziplin, die sich mit den ersten und letzten Gründen allen Seins beschäftigt. *S. 47*

Miḥrab: bezeichnet die Wandnische in der Moschee, die den betenden Muslimen die Gebetsrichtung nach Mekka anzeigt; der Miḥrab ist häufig künstlerisch besonders ausgestaltet, wobei die Motive kalligraphisch gestaltete Texte aus dem Koran sind wie die Lichtsure 24, 35. *S. 249*

Minarett (arabisch: manara – Platz, wo Licht ist): bezeichnet den hohen Turm einer Moschee, von dem aus der Muezzin zum Gebet ruft. *S. 248*

Minbar: bezeichnet die Kanzel in der Moschee, von der aus während des Freitagsgebetes die Predigt gehalten wird; der Minbar ist eine erhöhte, meist überdachte Plattform mit einer Treppe rechts vom Miḥrab. *S. 249*

Moschee (arabisch: Masjid – „Ort, an dem man zum Gebet niederfällt"): islamisches Gotteshaus, in dem sich gläubige Muslime zum täglichen Gebets- und am Freitag zum Predigtgottesdienst versammeln; heute auch religiös-soziales Zentrum der islamischen Gemeinden für Veranstaltungen, Vorträge und den Koranunterricht. *S. 230, 245, 248f.*

Muezzin: bezeichnet den Gebetsrufer, der durch seinen Ruf vom Minarett der Moschee aus den Muslimen die Zeiten für das tägliche fünfmalige Gebet ankündigt; wird heute häufig durch Tonband und Lautsprecher ersetzt. *S. 248*

Muslim/Muslima (arabisch: jemand, der sich Gott mit der ganzen Person hingibt): Bezeichnung für den islamischen Gläubigen (persisch: Moslem). *S. 230f., 233, 241, 242f.*

Mythos (griech. Wort, Rede, Erzählung): Welterklärung im Bild, Erzählung aus der Frühzeit der Völker, die sich mit Göttern, Dämonen, der Entstehung der Welt und der Erschaffung des Menschen befasst. *S. 61*

Narzissmus: Verliebtsein in sich selbst in Anlehnung an die griechische Sage von dem Jüngling Narcissus, der sich in sein Spiegelbild verliebte. *S. 96*

Natur (von lat. nasci = geboren werden, entstehen): dasjenige in der Welt, das nicht vom Menschen gemacht ist, sondern aus sich heraus entstanden ist. Gegenbegriff: Kultur, Artefakt. *S. 120f.*

naturalistischer Fehlschluss: Verstoß gegen das Hume'sche Gesetz: Aus dem Sein folgt niemals ein Sollen; liegt dann vor, wenn aus einer nichtmoralischen Tatsachenfeststellung ein moralischer Schluss gezogen wird. *S. 109*

Naturrecht: im Wesen des Menschen gegründetes Recht, das unabhängig von den tatsächlich geltenden Gesetzen (positives Recht) und den faktisch anerkannten Rechtsnormen besteht und Gültigkeit hat. *S. 90f.*

Neues Testament: der zweite Teil der Bibel, der vor allem das Leben und Wirken Jesu von Nazaret sowie der Apostel umfasst. Nach christlichem Verständnis beinhaltet er den so genannten „Neuen Bund", der den „Alten Bund" zwischen Gott und dem Volk Israel auf die gesamte Menschheit ausweitet. *S. 203*

Neurophysiologie: Forschung, die sich mit der Funktionsweise des Nervenssystems beschäftigt und dabei u. a. die Entstehung der Nervenerregung und Weiterleitung der Information untersucht. *S. 175*

Nirvana (Sanskrit: Verlöschen, Vergehen): Heilsziel des Buddhismus. Erlöschen der individuellen Existenz und Austritt aus dem Kreis der Wiedergeburten. *S. 259*

Nützlichkeit (Utilität): Maßstab der moralischen guten Handlung, Prinzip der Moral in der utilitaristischen Ethik, das das höchstmögliche Wohlergehen aller von einer Handlung Betroffenen fordert. *S. 105*

operante Konditionierung: Bei der operanten ➜ Konditionierung (oft auch instrumentelle K. genannt) kann ein zuvor spontanes oder auch unbedeutendes Verhalten verstärkt oder auch vermieden werden. Damit können bestimmte Verhaltensweisen z. B. automatisiert werden. *S. 189*

Orakel: Zukunftsdeutung, Schicksalsspruch, heilige Stätte (Delphi), an der eine Gottheit (Apollon) durch eine Priesterin (Pythia) auf Fragen antwortete und Weisungen erteilte. *S. 65*

Palliativmedizin: bezeichnet die Behandlung von Patienten mit einer nicht heilbaren weit fortgeschrittenen Erkrankung mit begrenzter Lebenserwartung, für die das Hauptziel der Begleitung die Aufrechterhaltung der Lebensqualität ist. *S. 173*

Paulus: Nach seiner Bekehrung zum Christentum sah er sich zum Verkünder desselben berufen. Obwohl er nicht zu den zwölf Aposteln Jesu gehörte, wird er dennoch als Apostel bezeichnet. Auf ihn gehen etliche Briefe im Neuen Testament zurück. Um 60 n. Chr. wurde Paulus wegen seines Glaubens in Rom zum Tode verurteilt. *S. 210*

Peergroup: Gruppe von gleichaltrigen Jugendlichen, die sich von der Erwachsenenwelt absetzt und eigenen Regeln und Werten unterwirft. *S. 13*

Philia: Freundschaft, gegenseitiges und ausdrückliches Wollen des Guten für den anderen um des anderen willen. *S. 48*

Philosophie (zu griech. philos „Freund“ und sophia „Weisheit“): Grundfragen des menschlichen Seins. *S. 46f.*

Polytheismus: religiöse Verehrung von vielen Göttern, wie z. B. in der griechischen Götterwelt (i. Ggs. zu Monotheismus: religiöse Verehrung von ausschließlich einem Gott, wie im Judentum, Christentum, Islam). *S. 176f.*

Psychoanalyse: von dem österreichischen Nervenarzt Sigmund Freud (1856-1939) entwickelte Theorie und Technik, die Art und Wirkungsweise der psychischen Kräfte zu studieren und zu beeinflussen. *S. 86f.*

Ramadan (arabisch: der Versengende; der heiße Monat): der 9. Monat des islamischen Kalenders und muslimischer Fastenmonat, in dem alle volljährigen und gesunden Muslime/Muslima zwischen Tagesanbruch und Sonnenuntergang zum Fasten (Saum) verpflichtet sind; eine der 5 religiösen „Säulen des Islam“ (Sure 2,187); der Ramadan endet mit dem „Fest des Fastenbrechens“. *S. 243f.*

Rassismus: teilt die Menschheit in Gruppen oder Rassen ein, die als gleichartig begriffen werden, und unterstellt diesen eine kollektive Identität sowie unveränderliche Merkmale und Charakterzüge. Mit Hilfe dieser Einteilung wird die Auffassung vertreten, dass einige Rassen (von Menschen) den anderen geistig, moralisch und kulturell überlegen seien. Rassistische Theorien und Argumentationsmuster dienen der Rechtfertigung von Diskriminierung und Feindseligkeiten, die konkreten Auswirkungen von Rassismus reichen von Vorurteilen und Diskriminierung über Sklaverei, Rassentrennung, Rassenhass bis hin zu Pogromen und Völkermord. *S. 133*

Rationalismus: philosophische Position, die den Vorrang der Vernunft vor der sinnlichen Wahrnehmung und Gefühlsebene behauptet. *S. 84f.*

Rechtsstaat: Bezeichnung für einen Staat, in dem Regierung und Verwaltung nur im Rahmen der bestehenden Gesetze handeln dürfen. Die ➔ Grundrechte der Bürgerinnen und Bürger müssen garantiert sein, staatliche Entscheidungen müssen von unabhängigen Gerichten überprüft werden können. Das Rechtsstaatsgebot gehört zu den grundlegenden Prinzipien unseres Staates. *S. 194f.*

Reformation (lat. Erneuerung): Bewegung, die im 16. Jahrhundert durch Martin Luther und seine Kritik an der katholischen Kirche hervorgerufen wurde. Luthers Ziel war es, die katholische Kirche zu reformieren. Letztendlich führte dies aber zur Spaltung in katholische und evangelische (protestantische) Christen. *S. 221*

Reinkarnation: Wiederverleiblichung, Wiederfleischwerdung *S. 217*

Ritual: gesellschaftlich überlieferte Verhaltensweise, meist von vorgeschriebenen Formulierungen und Gesten begleitet, als Überleitung vom alltäglichen Leben in eine feierliche, festliche Situation. *S. 16f.*

rounded care: (ganzheitliche Sterbebegleitung): Betreuung und Begleitung Sterbender als möglichst ganzheitliche, umfassende Wahrnehmung der Bedürfnisse des Patienten. Sowohl in der Hospiz-Bewegung als auch in der Palliativ-Medizin stehen gemeinsam mit dem Kranken die Angehörigen im Zentrum der Bemühungen, um ein selbstbestimmtes Sterben am selbstgewählten Ort zu ermöglichen. *S. 173*

Ṣalat (arabisch: Fürbitte): bezeichnet das in Arabisch gesprochene fünfmalige tägliche Ritualgebet der Muslime; eine der 5 religiösen „Säulen des Islam“. Der/die Betende richtet dabei das Ṣalat in Richtung Mekka aus. *S. 242*

Samsara: Geburtenkreislauf durch wiederholte irdische Existenz in verschiednen Lebensformen (Tier, Mensch, Gott), indischer Begriff für Seelenwanderung. *S. 259*

Sanktionen: gesellschaftliche Maßnahme von Gruppen oder Organisationen, um andere Mitglieder zur Einhaltung gesellschaftlich anerkannter Normen zu zwingen. *S. 93*

Satyagraha: der von ➜ Mahatma Gandhi erdachte Begriff bezeichnet die von ihm entworfene Strategie, mittels Gewaltlosigkeit und der Bereitschaft, Leiden zu erdulden, den Gegner zu überzeugen statt zu besiegen. *S. 196f.*

Saum (arabisch: Fasten): bezeichnet den Verzicht auf Nahrung, Genussmittel und sexuelle Beziehungen während des Monats Ramadan. *S. 243*

Scharia (arabisch: Weg zur Tränke): Bezeichnung für das islamische Recht und Gesetz, wie es sich aus dem Koran und den Ḥadith her ableitet; es gilt als normativ für eine islamisch-allumfassende Lebensordnung und regelt in der Umma das gesamte religiöse, politische, soziale und ethische Handeln der Muslime im Einklang mit der Ordnung Allahs für die Welt; für gläubige Muslime ist die Verwirklichung und strikte Befolgung der Scharia neben den „5 Säulen" ein zentraler Bestandteil der islamischen Religion. *S. 254*

Schiiten: die zweitgrößte Richtung im Islam (weltweit 15 Prozent aller Muslime), die sich nach der „Schia" (arabisch: Partei, Richtung) Alis nennt, des Vetters und Schwiegersohnes von Muhammad, und diesen als einzigen rechtmäßigen Nachfolger Muhammads ansieht (vgl. ➜ Sunniten); nach der Überzeugung der schiitischen Muslime benötigt man für die religiöse und politische Führung der Umma den erblichen Nachweis der Nachkommenschaft zum Propheten Muhammad (vgl. ➜ Imam); schiitische Muslime leben vor allem im Iran, südlichen Irak, als Minderheit im Jemen, Syrien und Libanon. *S. 252*

Selbstbestimmung (Autonomie): setzt im Gegensatz zur Fremdbestimmung (Heteronomie) Freiheit voraus und zeigt sich in der Fähigkeit, sein Denken und Handeln zu bestimmen, eigene Ziele zu setzen und zu verwirklichen. *S. 52f.*

Sex and Gender: genetisch festgelegtes biologisches Geschlecht (sex) und anerzogenes soziokulturelles Geschlecht (gender). *S. 22f.*

Sexualethik: Teilbereich der Ethik, der sich mit der Beurteilung des sexuellen Verhaltens von Menschen beschäftigt. Die Beurteilung erfolgt auf Grundlage von sozialen Normen und ethischen Grundwerten. *S. 145*

sexuelle Nötigung: sexuelle Handlungen, die gegen den Willen eines anderen vorgenommen werden. *S. 146f.*

sexueller Missbrauch: juristisch: sexuelle Handlungen, die unter Strafe stehen; sozialwissenschaftlich: sexuelle Handlungen, die moralisch verwerflich sind; psychologisch: sexuelle Handlungen, die anderen Menschen psychisch schaden. *S. 146f.*

Shahada (arabisch: Zeugnis): bezeichnet das beim täglichen Gebet gesprochene islamische Glaubensbekenntnis; eine der 5 religiösen „Säulen des Islam". *S. 232, 242*

Skeptizismus: philosophische Position, die die Beweisbarkeit von Wahrheit durch theoretische und praktische Urteile in Zweifel zieht sowie Vorbehalte gegen überlieferte religiöse, ethische und politische Wertvorstellungen äußert. *S. 117*

Solidarität: Zusammengehörigkeitsgefühl von Individuen oder Gruppen in einem sozialen Ganzen, das sich in gegenseitiger Hilfe und Unterstützung äußert. *S. 54f.*

Souverän: Träger der höchsten Gewalt im Staat. *S. 90f.*

Speziesismus: meint die Ungleichbehandlung der Tiere gegenüber den Menschen allein aufgrund ihrer verschiedenen Art (= der Spezies). Insbesondere die Tierrechts- bzw. Tierschutzbewegung will mit diesem Begriff das Verhalten des Menschen gegenüber den Tieren analog zum Rassismus als falsch brandmarken. *S. 133*

Sterbehilfe: auch oft als Euthanasie bezeichnet, ist die von einem Menschen bewusst gewollte Unterstützung durch eine andere Person bei der Herbeiführung des eigenen Todes. *S. 173*

strukturelle Gewalt: Sie liegt nach Galtung immer dann vor, wenn Menschen so beeinflusst werden, dass sie sich nicht so verwirklichen können, wie dies eigentlich möglich wäre. *S. 183*

Sufi/Sufismus (arabisch: Wolle): Bezeichnung für die asketisch-mystische Richtung im Islam ab Mitte des 8. Jh; Sufis praktizieren gegenüber dem Islam als einer Gesetzesreligion eine Frömmigkeit der reinen Gottesliebe mit dem Ziel der völligen Einswerdung mit Allah; als Medium dienen auch trancefördernde Musik und ekstatische Tanzformen (das Wort bezieht sich auf das Gewand aus Wolle); der Sufismus ist bis heute vor allem in Afrika populär und integriert Elemente islamischer Volksfrömmigkeit. S. 252

Sunna (arabisch: gewohnte Handlung, vorbildliche Lebensführung): Bezeichnung für die Gesamtheit der von Muhammad und von seinen ersten Anhängern überlieferten vorbildhaften Aussprüche und Entscheidungen in religiösen, ethisch-moralischen und rechtlichen Angelegenheiten. Sie sind in den ➜ Ḥadith-Sammlungen (arabisch: Ereignis, Gespräch, Mitteilung) überliefert und bilden neben dem Koran die Hauptquelle des islamischen Rechts. *S. 232, 239, 252f.*

Sunniten: die größte Richtung im Islam (weltweit 85 % aller Muslime), die sich religiös und ethisch strikt nach dem Koran, der Sunna Muhammads und den frühen islamischen Rechtschulen ausrichtet; nach der Überzeugung der sunnitischen Muslime benötigt man für die religiöse und politische Führung der Umma keinen erblichen Nachweis der Nachkommenschaft zum Propheten Muhammad und den ersten Kalifen (vgl. Schiiten); Sunniten verstehen sich selbst als die orthodoxen (rechtgläubigen) Muslime. *S. 252*

Sure (arabisch: Reihe): Bezeichnung für die Abschnitte (Kapitel) im ➜ Koran; Muslime zitieren Koran-Suren nicht nach ihren Ziffern, sondern nach den in ihnen enthaltenen Schlüsselbegriffen. S. *232, 240*

Tawḥid (arabisch: Einigung, Vereinheitlichung): bezeichnet in der islamischen Theologie die absolute Anerkenntnis der Einheit und Einzigkeit Allahs im Sinne des muslimisch-monotheistischen Glaubens an seine unteilbare „Einsheit" (Sure 112). *S. 240*

Teleologie (griech. Telos: Ziel, Sinn): Lehre, dass die Entwicklung der Natur auf eine zweckmäßige und zielgerichtete Ordnung ausgerichtet ist. *S. 135*

Thales von Milet (ca. 625-545 v. Chr.) erster ionischer Naturphilosoph, Staatsmann, Mathematiker und der größte unter den „Sieben Weisen". *S. 61*

Theogonie = griech. Theogonia: Gott-/Göttergeburt; mythische Schilderung der Entstehung der Götter und der Welt; insbesondere Titel eines Werkes von Hesiod (vor 700 v. Chr.), neben Homer die älteste bekannte Quelle zur griechischen Mythologie. *S. 122f.*

Theorie: In der Regel bezieht sich eine Theorie auf einen spezifischen Ausschnitt der Realität und entwirft von ihr ein Bild (Modell). Eine Theorie enthält in der Regel deskriptive und kausale Aussagen über diesen Teil der Realität. Auf dieser Grundlage werden Prognosen produziert und Handlungsempfehlungen abgeleitet. Theorien sind meist mit dem Anspruch verknüpft, sie durch Beobachtungen (z. B. mittels Experimenten) überprüfen (verifizieren oder falsifizieren) zu können. *S. 123*

Tod: biologischer Tod: Absterben der einzelnen Körperzellen; ➜ Hirntod: Absterben von Hirnzellen: klinischer Tod: keine Atmung, kein Herzschlag. *S. 168f.*

Trinität (Dreieinigkeit, Dreifaltigkeit): das Wesen Gottes nach christlichem Verständnis: Der eine Gott erscheint in dreierlei Gestalt – als Gott, der Vater; Gott, der Sohn; und Gott, der Heilige Geist. Der Glaube an die Trinität ist im Apostolischen Glaubensbekenntnis (Credo) formuliert. *S. 216f.*

Tugend (griech. arete, lat. virtus): erworbene Lebenshaltung, das sittlich Gute zu verfolgen. *S. 49, 105, 155*

Umma (arabisch: Volk, Gemeinschaft): Bezeichnung für die weltweite religiöse, soziale und politische Gemeinschaft der Muslime (Sure 3,110). S. *233, 244f.*

Verantwortung: Einstehen und Rechenschaftgeben für das eigene Handeln und die Folgen in Vergangenheit, Gegenwart und Zukunft. *S. 54f.*

Vorurteil: Einstellung gegenüber Dingen oder Menschen, besonders auch gegenüber der eigenen Gruppe und Fremdgruppen, durch die ihnen positive oder negative Eigenschaften zugesprochen werden. Vorurteile sind bequemer als die kritische und rationale Sicht und sie ersparen das eigene Nachdenken. Sie sind grundsätzlich übernommen und auch durch entgegengesetzte Erfahrungen nur schwer zu korrigieren. *S. 38f.*

Wahhabiten/Wahhabismus: islamische Richtung einer im heutigen Saudi-Arabien vorherrschenden konservativen Interpretation des Islam; sie fordert eine ursprüngliche (Orientierung an der muslimischen Gemeinde in Medina) und strenge Ausrichtung aller religiös-ethischen und rechtlich-politischen Handlungen am Maßstab des Koran, der Sunna und Scharia. *S. 254*

Weltethos: interreligiöser Dialog über eine globale Ethik. *S. 55*

Werte: allgemeine, grundlegende Orientierungsmaßstäbe bei Handlungen, beruhen auf erstrebten und anerkannten Vorstellungen. *S. 46f.*

Xenotransplantation: Verpflanzung von Zellen, Gewebe und Organen zwischen Individuen verschiedener Arte. So werden z. B. seit über 20 Jahren Schweineherzklappen auf den Menschen übertragen. *S. 131*

Yathrib (➜ Medina): in vorislamischer Zeit eine wohlhabende arabische Oasenhandelsstadt im Westen der arabischen Halbinsel an der Weihrauchstraße gelegen. *S. 235*

Zakat (arabisch: Reinigung): bezeichnet die für alle Muslime verpflichtende jährliche Almosenabgabe für Bedürftige, eine der 5 religiösen „Säulen des Islam" (Sure 9, 59-60); der Zakat liegt bei 2,5 % des Jahrereinkommens und Vermögens. *S. 242f.*

Zamzam (arabisch: sprudelnd): bezeichnet den Brunnen auf dem Gelände der Großen Moschee in Mekka und markiert die Stelle, an der nach islamischem Glauben Allah an Hagar und Ismael Wasser spendete, um sie vor dem Verdursten zu bewahren. Aus dem Brunnen zu trinken ist ein Teil des Hadsch. *S. 245*

Zeit: Wahrnehmung von Veränderung, Bewegung und Entwicklung, Erleben der Vergangenheit (Erinnerung), Gegenwart (momentanes Denken und Handeln) und Zukunft (Planung und Erwartung). *S. 50f.*

Zivilcourage: Mit Zivilcourage bezeichnet man Mut in Alltagssituationen, im zivilen Leben. *S. 43*

ziviler Ungehorsam: Sammelbegriff für Aktionsformen des gewaltfreien Protestes. Hierbei wird bewusst und beabsichtigt gegen Gesetze oder Befehle des Staates verstoßen, um auf Unrecht hinzuweisen. *S. 196f.*

Zwangsheirat: von Verwandten vermittelte Ehe, bei der Braut und/oder Bräutigam aber nicht heiraten wollen und zur Ehe gezwungen werden; i. Ggs. zur arrangierten Ehe, bei der die Heirat zwar ebenfalls von Verwandten vermittelt wird, Braut und Bräutigam jedoch mit der Ehe einverstanden sind. *S. 157*

Literaturverzeichnis

Antes, Peter/Knödler-Weber, Margarete, Christentum. Lesehefte Ethik – Werte und Normen – Philosophie: Reihe Weltreligionen. 1. Auflage. Stuttgart 1990. Klett

Aristoteles, Nikomachische Ethik. Übersetzt und herausgegeben von Olof Gigon. München 1972. dtv

Augustinus, Bekenntnis. Übertragen und eingeleitet von Herman Hefele. Köln 1958. Eugen Diederichs

Auster, Paul, Das Land der letzten Dinge. Aus dem Amerikanischen von Werner Schmitz. Reinbek bei Hamburg 1998. Rowohlt

Bach, Inka, Glücksmarie. Berlin 2004. transit

Baggini, Julian, Das Schwein, das unbedingt gegessen werden möchte. 100 philosophische Gedankenspiele. Aus dem Englischen von Sonja Hauser. München 2007. Piper

Baier, Kurt, Der moralische Standpunkt, in: Seminar: Sprache und Ethik. Zur Entwicklung der Metaethik. Hrsg. Von Günther Grewendorf und Georg Meggle. Frankfurt/M. 1974. Suhrkamp

Ball, Hannes/Hassan, Sadik/Wöhrlin, Traugott, Im Haus des Islam. Horizonte 15. Freiburg 2000. Institut für Religionspädagogik der Erzdiözese Freiburg

Barrie, James M., Peter Pan. Übersetzt von Bernd Wilms. Hamburg 1988. Cecile Dressler

Bechert, Heinz, Buddhistische Perspektiven, in: Hans Küng, Heinz Bechert. Christentum und Weltreligionen. Buddhismus. München 2004. (4. Aufl.) Piper

Beier, Rosmarie/Biedermann, Bettina (Hrsg.), Lebensstationen in Deutschland: 1903-1993; Katalog und Aufsatzband zur Ausstellung des Deutschen Historischen Museums 26. März bis 15. Juni 1993 im Zeughaus Berlin. Deutsches Historisches Museum, Berlin 1993, und Anabas Verlag, Gießen. http://www.dhm.de/ausstellungen/lebensstationen/1_44.htm

Bentham, Jeremy, Eine Einführung in die Prinzipien der Moral und der Gesetzgebung, Kap. 18, Abschn. 1, Anm., zit. nach: Peter Singer: Praktische Ethik. Stuttgart 2., revidierte u. erw. Aufl.1994. Reclam

Bibel, Die, Einheitsübersetzung der Heiligen Schrift. Gesamtausgabe. Psalmen und Neues Testament. Ökumenischer Text. Stuttgart, 2006. Verlag Katholisches Bibelwerk GmbH Stuttgart

Bierhoff, Hans-Werner, Bindung in Partnerschaften – Die Fortsetzung der klassischen Bindungstheorie, Vortrag mit Powerpoint-Präsentation, gehalten auf der Landesversammlung des Landesverbandes der Psychologielehrerinnen und -lehrer NRW am 29.04.06, Folie 26, www.psychologielehrer.de/Landesverband/NRW/Bindung%20Duisburg%20Bierhoff2.ppt

Birnbacher, Dieter, Ökologische Ethik, in: information philosophie, 1/März 1987, S. 18-30

Böhme, Gernot, Natürlich Natur. Frankfurt/M. 1992. Suhrkamp

Bohn, Jörg, Islam, Studienheft Rel 07, Institut für Lernsysteme, Hamburg o. J., S. 38 (aus Islam, Politische Bildung und interreligiöses Lernen, bpb (Arbeitshilfen für die politische Bildung) 2002

Borries, Uta von/Gregor, Michael/Schneider, Jürgen, Im Schatten des Dschungels. Köln 1995. vgs Verlagsgesellschaft

Braun, Hilde, Neue Jugendszenen auf einem Workshop an der Universität Dortmund. www.dradio.de/dlf/sendungen/studiozeit-ks/589628/ (gelesen am 30.10.07)

Brecht, Bertolt, Das Leben des Galilei. Berlin 1963. edition suhrkamp

Brinck, Christine, Anders von Anfang an, in: DIE ZEIT vom 03.03.2005, Nr. 10, zitiert nach: http://www.zeit.de/2005/10/Erziehung_1

Brockert, Anja, Räume zum Leben – Räume zum Sterben, SÜDWESTRUNDFUNK SWR2 Wissen – Manuskriptdienst. (Sendung: Samstag, 18. Juni 2005, 8.30 Uhr, SWR 2)

Broszat, Martin (Hrsg.), Höß, Rudolf, Kommandant in Auschwitz. München 1963. dtv

Brück, Michael von (Hrsg.), Dialog der Religionen. Bewusstseinswandel der Menschheit. 1. Auflage. München 1987. Wilhelm Goldmann

Brückerhoff, Björn, Neue Zeitrechnung, in: Die Gegenwart. Online-Magazin für Medienjournalismus, Ausgabe 44 „Die neuen jungen Alten" vom 20.07.2005, http://www.neuegegenwart.de/ausgabe44/alterung.htm

Brückner, Dieter und Focke, Harald, Das waren Zeiten. 1. Frühgeschichte, Antike und Frühes Mittelalter. Bamberg 2005. C.C. Buchners

Buchmeier, Frank, Minarette im schwäbischen Abendland. Sindelfingen, Schorndorf, Esslingen und anderswo: die Muslime ziehen in repräsentative Gotteshäuser um. Stuttgarter Zeitung 290 vom 15.12.2006

Bundesministerium für Familie, Senioren, Frauen und Jugend (Hrsg.), Studien: Medien und Gewalt, 1998

Bundeszentrale für gesundheitliche Aufklärung (BzgA), Heterosexuell? Homosexuell? Köln, Februar 2004

Bundeszentrale für Polische Bildung (Hrsg.), Fluter, Heft 8/2003: Jenseits der Unschuld – Gewalt

Bundeszentrale für politische Bildung, Themenblätter im Unterricht: Fleischkonsum und Rinderwahn. Frühjahr 2001. Nr. 5

Busse, Tanja, Die Einkaufsrevolution, Konsumenten entdecken ihre Macht. München 2006. Blessing

Capelle, Wilhelm (Hrsg.), Die Vorsokratiker. Die Fragmente und Quellenberichte. Übersetzt und eingeleitet von Wilhelm Capelle. Stuttgart 1968. Kröner

Catani, Stephanie/Stascheit, Wilfried, Wer ist Jesus? Hintergründe, Fakten, Meinungen. Ein Projektbuch. Arbeitsmaterialien für die Sekundarstufen. Überarbeitete Ausgabe. Mülheim an der Ruhr 2006. Verlag an der Ruhr

Cicero, Marcus Tullius, Tusculanische Gespräche. Übertragen und erläutert von Alexander Kabza. München 1959. Goldmann

Clément, Catherine, Gandhi, Der gewaltfreie Widerstand, Abenteuer Geschichte. Übersetzt von Regina Schmidt-Ott. Ravensburg 1991. Ravensburg TB

Cornelissen, Waltraud, Bildung und Geschlecht. Sind Jungen in der Schule benachteiligt? In: Jungen. Schüler – Wissen für Lehrer 2007. Seelze, Erhard Friedrich Verlag

Creszenzo, Luciano de, Geschichte der griechischen Philosophie. Aus dem Italienischen von Linde Birk. Zürich 1988. Diogenes

Dahl, Edgar, Das Recht des Stärkeren. Lässt der Kontraktualismus die Schwachen ohne Schutz? Aufklärung und Kritik, Sonderheft 7/2003

Dannenbeck, Clemens und Stich, Jutta, Sexuelle Erfahrungen im Jugendalter. Aushandlungsprozesse im Geschlechterverhältnis. Bundeszentrale für gesundheitliche Aufklärung. Köln 2005

Der Spiegel Nr. 48 vom 27.11.1995, Wir werden einsam sein. Spiegelgespräch mit E. O. Wilson, von Johann Grolle und Jürgen Petermann (S. 193ff.); Der Mensch beraubt sich selbst seines kostbarsten Gutes, „Bulldozer im Paradies" (S. 186ff.)

Deutsche UNESCO Kommission e.V., Manifest 2000 für eine Kultur des Friedens und der Gewaltlosigkeit, http://www.unesco.de/535.html?&L=0 (gefunden am 20.03.2007)
Devall, Bill, Die tiefenökologische Bewegung, in: Dieter Birnbacher (Hrsg.): Ökophilosophie. Stuttgart 1997. S. 17-59, S. 23. Reclam
Die Zukunft denken – die Gegenwart gestalten, Handbuch für Schule, Unterricht und Lehrerbildung zur Studie „Zukunftsfähiges Deutschland". Hrsg: Landesinstitut für Schule und Weiterbildung des Landes Nordrhein-Westfalen. Weinheim und Basel 1997. Beltz
Diogenes Laertius, Leben und Meinungen berühmter Philosophen. Übersetzt und erläutert von Otto Apelt. Hamburg (3. Aufl.) 1990. Meiner
Disselbeck, Klaus, Sokrates als Vorbild, in: Ethik & Unterricht, 1/2002. Seelze, Erhard Friedrich Verlag
Dogramac, Burcu, Eine schrecklich nette Familie, in: etap: deutschtürkisches Leben 4/2000, S. 28; entnommen aus: Islam. Thema Weltreligionen. Leipzig 2002, S. 7. Klett
Droit, Roger-Pol, Wie ich meiner Tochter die Philosophie erkläre. Aus dem Französischen von Hainer Kober. Hamburg 2006. Hoffman und Campe
Duran, Khalid, Überall Pflicht: der Kleine und der Große Dschihad, in: Frankfurter Allgemeine Zeitung Nr. 235 vom 10.10.2001
Eckstein, Franz, Abriss der griechischen Philosophie. Frankfurt/M. 1955. Hirschgraben
Eibl-Eibesfeldt, Irenäus, Der vorprogrammierte Mensch. München ³1979. dtv
Elger, Ralf, Islam. Frankfurt/M. 2002. S. Fischer
Enderwitz, Susanne, Islamisches Erbe in Europa, in: Islam verstehen, Sympathie Magazin Nr. 26, hg. vom Studienkreis für Tourismus, 1992/1993
Erikson, Erik H., Kindheit und Gesellschaft. Übersetzt von Marianne von Eckardt. Stuttgart 1971. Klett-Cotta
Erlinger, Rainer, Gewissensfragen, München 2005, Süddeutsche Zeitung Edition
Esposito, John L., Von Kopftuch bis Scharia. Was man über den Islam wissen sollte. Übersetzt von Henning Thies. Leipzig ³2004. Reclam
Ferry, Luc, Leben lernen: Eine philosophische Gebrauchsanweisung. Aus dem Französischen von Lis Künzli. Verlag Antje Kunstmann. o.J.
Folkvord, Gerald Kador, Zarinas Tagebuch (Ausschnitt), in: polis aktuell, Nr. 1, 2006, S. 9 f. http://www.politik-lernen.at/_data/pdf/zwangsheirat_webversion.pdf
Follath, Erich, Die Macht der Ohnmacht, in: Der Spiegel 29/2007
Frankena, William K., Analytische Ethik. Eine Einführung. Herausgegeben und übersetzt von Norbert Hoerster. München 1975 (2. Aufl.). dtv
Freud, Sigmund, Abriss der Psychoanalyse. Das Unbehagen in der Kultur. Frankfurt/M.1976. S. Fischer
Fried, Erich, Gründe, Gesammelte Gedichte. Berlin 1989. Wagenbach
Fried, Erich, Nur küssen, in: Erich Fried, Gesammelte Werke, Bd. 1-4, Band 3. Berlin 1998. Wagenbach
Fried, Erich, Was es ist, in: Es ist was es ist. Berlin 1983. Wagenbach
Friedrich, Volker, Philosophische Leitsätze. Stuttgart 1992. Klett
Frisch, Max, Tagebuch 1946-1949. Frankfurt/M. 1981. Suhrkamp Verlag
Fromm, Erich, Haben oder Sein. München 1979. dtv
Gaarder, Jostein, Sofies Welt. Ein Roman über die Geschichte der Philosophie. Aus dem Norwegischen von Gabriele Haefs. München 1993. Hanser
Gadamer, Hans-Georg, Ein sokratischer Dialog, in: Frankfurter Allgemeine Zeitung vom 9.2.1990
Gaschke, Susanne, Furchtbar rüstig, in: Die ZEIT vom 01.03.2007, Nr. 10
Gibran, Khalil, Von der Ehe, in: ders., Der Prophet. 2. Auflage. München 2002. dtv
Goethe, Johann Wolfgang, West-östlicher Diwan. Werke, Band 1. Frankfurt/M. o. J. Insel
Goody, Jack, Geschichte der Familie. Aus dem Englischen von Holger Fliessbach. München 2002. C. H. Beck
Gorke, Martin, Vom Eigenwert der Natur. Grundzüge einer Naturschutzethik. http://schleswig-holstein.nabu.de/imperia/md/content/schleswigholstein/gutachtenstellungnahmen/umweltethika.pdf
Greschat, Hans-Jürgen, Die Religion der Buddhisten. München. Basel 1980. E. Reinhardt (UTB)
Grohmann, Martin/Heydenreich, Konrad, Nach dem Tod ins Tiefkühlfach oder auf den Friedhof? In: Sterben und Tod. Ethik und Unterricht 4/1997. Seelze, Erhard Friedrich Verlag
Gronemeyer, Marianne, Das Leben als letzte Gelegenheit. Sicherheitsbedürfnisse und Zeitknappheit. Darmstadt 1993. Wissenschaftliche Buchgesellschaft
Heim, Gerhard, Schon mal von Sokrates gehört? Eine Einführung in die sokratische Widerlegungskunst. Zeitschrift für Didaktik der Philosophie und Ethik 3/2003. Hannover, Siebert
Hesse, Hermann, Das Glasperlenspiel. Frankfurt/M. 1967. S. Fischer
Hobbes, Thomas, Leviathan. Herausgegeben und eingeleitet von Irving Fetscher. Übersetzt von Walter Euchner. Frankfurt/M. 1976. Ullstein
Hobbes, Thomas, Vom Bürger. Eingeleitet und herausgegeben von Günter Gawlick. Hamburg 1966. Meiner
Hobbes, Thomas, Vom Menschen. Eingeleitet und herausgegeben von Günter Gawlick. Hamburg 1966. Meiner
Hofstadter, Douglas R., Tit for Tat. Warum sich in einer Welt voller Egoisten kooperatives Verhalten entwickeln? In: Spektrum der Wissenschaft. Digest: Kooperation und Konkurrenz. 1/1998
Höhn, Charlotte/Ette, Andreas/Ruckdeschel, Kerstin, Das Für und Wider von Kindern, in: Bundesinstitut für Bevölkerungsforschung (Hg.), Kinderwünsche in Deutschland, Konsequenzen für eine nachhaltige Familienpolitik, S.23, http://www.bib-demographie.de/kinderwunschstudie_06.pdf
Hospiz Stuttgart, Warum ich im Hospiz arbeite. http://www.hospiz-stuttgart.de/ (gefunden am 05.01.2007)
Hume, David, Ein Traktat über die menschliche Natur. Buch II und III. Über die Affekte Über die Moral. Übersetzt, mit Anmerkungen und Register versehen von Theodor Lipps. Hamburg 1978. Meiner
Hume, David, Eine Untersuchung über die Prinzipien der Moral. Übersetzt und herausgegeben von Gerhard Streminger. Stuttgart 1984. Reclam
Hüther, Gerald, Die Macht der inneren Bilder. Wie Visionen das Gehirn, den Menschen und die Welt verändern. Göttingen 2005. Vandenhoeck & Ruprecht
Institut für Friedenspädagogik Tübingen e.V., Welche Bedeutung hat der Begriff „Frieden"?, http://www.friedenfragen.de/10209.html (gefunden am 24.03.07)
Ishaq, Ibn, Das Leben des Propheten. Aus dem Arabischen übertragen und bearbeitet von Rotter, Gernot. 5. Auflage. Kandern 1999. Spohr
Jankovich, Stephan von, Ich war klinisch tot. Der Tod – Mein schönstes Erlebnis. München 1984. Drei Eichen
Joas, Hans (Hrsg.), Lehrbuch der Soziologie. 2. Auflage. Frankfurt/M. 2005. Campus
Jonas, Hans, Technik, Medizin und Ethik. Zur Praxis des Prinzips Verantwortung. Frankfurt/M.1985. Suhrkamp
Jürgs, Michael, Der kleine Frieden im Großen Krieg. Westfront 1914: Als Deutsche, Franzosen und Briten gemeinsam Weihnach-

ten feierten. 2. Auflage, Taschenbuchausgabe. München, November 2005. Wilhelm Goldmann
Kant, Immanuel, Anthropologie in pragmatischer Absicht, in: ders., Werke in zehn Bänden, hrsg. v. Wilhelm Weischedel. Darmstadt 1959, Bd. 10, S. 407 (§ 1 BA 3). Wiss. Buchgesellschaft
Kant, Immanuel, Grundlegung zur Metaphysik der Sitten. Kants Werke. Akademie-Textausgabe. Band IV. Berlin 1968. de Gruyter
Kant, Immanuel, Metaphysik der Sitten. Tugendlehre. Kants Werke. Akademie-Textausgabe. Band VI. Berlin 1968. de Gruyter
Kaschnitz, Marie-Luise, Kein Zauberspruch, Gedichte. Frankfurt/M. 1972. Insel
Khoury, A. Theodor, So sprach der Prophet. Worte aus der islamischen Überlieferung. Ausgewählt und übersetzt von A. Th. Khoury. Gütersloh 1988. Gütersloher Verlagshaus
Klein, Olaf Georg, Wie lang ist die Gegenwart? In: Psychologie heute, 09/07
Kliemann, Peter, Das Haus mit den vielen Wohnungen. Eine Einführung in die Religionen der Welt. 2., verbesserte Auflage Stuttgart 2006. Calwer Verlag
Kliemann, Peter, Glauben ist menschlich. Argumente für die Torheit vom gekreuzigten Gott. 10., völlig überarbeitete und erweiterte Auflage Stuttgart 2001. Calwer Verlag
Kneissl, Karin, Schach, Kaffee und Alkohol, Al-Qaida und Dschihad. Stuttgarter Zeitung vom 10.05.2003, S. 45
Kohlberg, Lawrence, Stufen der Moralentwicklung. Übersetzt von Uta S. Eckersberger. www.lehrerfreund.de/unterrichtsmaterial/didaktik/kohlberg
Koran, Der, Übersetzung von Adel Theodor Khoury. Unter Mitwirkung von Muhammad Salim Abdullah. 4. Auflage. Gütersloh 2007. Gütersloher Verlagshaus
Kraft, Ulrich, Nahkampf im Kinderzimmer, in: GEHIRN&GEIST 2/2003, www.wissenschaft-online.de/artikel/835467
Krämer, Hans, Integrative Ethik. Frankfurt/M. 1995. Suhrkamp
Krebs, Angelika, Naturethik im Überblick, in: dies. (Hrsg.): Naturethik, Grundtexte der gegenwärtigen tier- und ökoethischen Diskussion. Frankfurt/M. 1997. Suhrkamp
Kuegler, Sabine, Dschungelkind, Vom Mädchen, das aus der Steinzeit kam. Frankfurt/M. 2005. Droemer/Knaur
Küng, Hans und **Kuschel, Karl-Josef** (Hrsg.), Erklärung zum Weltethos. Die Deklaration des Parlamentes der Weltreligionen. München 1993. Piper
Kutschke, Joachim, Sie leiden nicht und haben kein Mitleid. Über den asozialen Fatalismus unserer Konsumkinder. Der Spiegel, 13/1989
Law, Stephen, Philosophie. Abenteuer Denken. Aus dem Englischen von Carl Freytag. 2. Auflage. Würzburg 2004. Arena
Lenz, Jakob Michael Reinhold, Über Götz von Berlichingen, in: Lenz, Werke. München 1992. dtv klassik
Lessing, Gotthold Ephraim, Nathan der Weise. Stuttgart 2005. Reclam
Lohwasser, Angelika, Gibt es mehr als zwei Geschlechter? Zum Verhältnis von Gender und Alter, in: Geschlechterforschung in der Ägyptologie und Sudanarchäologie (Internet-Beiträge zur Ägyptologie und Sudanarchäologie Vol. II) 2000, S. 34 f., http://www2.hu-berlin.de/nilus/net publications/ibaes2/Publikation/ibaes2.pdf
Mandela, Nelson, Der lange Weg zur Freiheit. Übersetzt von Günter Panske. Frankfurt/M. 1994. S. Fischer
Markl, Hubert, Verankerung des Tierschutzes in der Verfassung. Stellungnahme der Max-Planck-Gesellschaft, www.mpg.de/pdf/tierschutz.pdf (gefunden am 11.11.06)
Martin, Gottfried, Sokrates in Selbstzeugnissen und Bilddokumenten. Reinbek bei Hamburg 1967. Rowohlt
Martin, Ruth, Zeitvertrauen, in: Die Zukunft denken – die Gegenwart gestalten. Handbuch für Schule, Unterricht und Lehrerbildung zur Studie „Zukunftsfähiges Deutschland". Hrsg: Landesinstitut für Schule und Weiterbildung des Landes Nordrhein-Westfalen. Weinheim und Basel 1997. Beltz
Meine Heimat ist in mir. Muslime und Musliminnen in Baden-Württemberg. Herausgegeben von der Landeszentrale für Politische Bildung Baden-Württemberg. Redaktion: Dr. Iris Häuser und Maren Witthoeft. Stuttgart 2006
Milgram, Stanley, Das Milgram-Experiment. Reinbek bei Hamburg 1982. Rowohlt
Mill, John Stuart, Der Utilitarismus. Übersetzung, Anmerkungen und Nachwort von Dieter Birnbacher. Stuttgart 1976. Reclam
Miller, Reinhold, Du dumme Sau! Von der Beschimpfung zum fairen Gespräch, Lichtenau. 1998. AOL
Mohr, Hans, Natur und Moral. Ethik in der Biologie. Darmstadt 1987. Wissenschaftliche Buchgesellschaft
Montaigne, Michel de, Essais. Erste moderne Gesamtübersetzung von Hand Stilett. Erstes Buch. Frankfurt/M. 1998. btb
Morris, Tom, Philosophie für Dummies. Bonn 2003. mitp-Verlag
Müller-Gut, Andrea, Grundpositionen der Umweltethik. http://www.treffpunkt-ethik.de/download/umweltethik_Grundpostitionen_MGut_J.pdf
Naess, Arne, Die tiefenökologische Bewegung. Einige philosophische Aspekte, in: Angelika Krebs (Hg.): Naturethik. Frankfurt/M. 1997. Suhrkamp
Nagel, Thomas, Was bedeutet das alles? Eine ganz kurze Einführung in die Philosophie. Aus dem Englischen übersetzt von Michael Gebauer. Stuttgart 1990. Reclam
Nietzsche, Friedrich, Werke in drei Bänden. 2. Band. Darmstadt 1960. Wiss. Buchgesellschaft
Nolting, Hans Peter, Lernfall Aggression. Wie sie entsteht – wie sie zu vermindern ist. Eine Einführung. Reinbek 2005. Rowohlt
Opaschowski, Horst, Der Generationenpakt, Das soziale Netz der Zukunft, Darmstadt 2004. Primus
Pages, Frederic, Frühstück bei Sokrates. Philosophen ganz privat. Aus dem Französischen von Christel Kauder. München 1998. dtv
Passmore, John, Den Unrat beseitigen. Überlegungen zur ökologischen Mode, in: Dieter Birnbacher (Hg.): Ökologie und Ethik. Stuttgart 1991. Reclam
Pellens, Norbert, Die Schüler sind nicht unseretwegen im Unterricht, in: Ethik und Unterricht 3/1999. Seelze, Erhard Friedrich Verlag
Pfeiffer, Otti, Ich trage Trauer, in: Sterben, Tod, Trauer. 30 Arbeitsblätter. Hrsg. Von Stephanie Reuter. Stuttgart 1997. Klett
Pieper, Annemarie, Einführung in die Ethik. Tübingen 1991. Francke (UTB)
Platon, Apologie des Sokrates. Übersetzung, Anmerkungen und Nachwort von Manfred Fuhrmann. Stuttgart 2004. Reclam
Platon, Kriton. Übersetzung, Anmerkungen und Nachwort von Manfred Fuhrmann. Stuttgart 2004. Reclam
Platon, Politeia. In der Übersetzung von Friedrich Schleiermacher. Sämtliche Werke. 3. Band, Reinbek bei Hamburg,1968. Rowohlt
Popper, Karl R., Der Zauber Platons. Die offene Gesellschaft und ihre Feinde, Bd. I, Bern 1957. Francke
ProNATs – Initiativkreis gegen Ausbeutung und für die Stärkung arbeitender Kinder (Hrsg.), Rechte für arbeitende Kinder!", Dokumentation des Zweiten Welttreffens der Bewegungen arbeitender Kinder und Jugendlicher, Berlin 2004 http://www.pronats.de/fileadmin/berlin2004/pages/start.htm (gefunden 13.06.2006)
Rauter, Eva Mahongo, Das Mädchen lernt tanzen. – Die weibliche Initiation bei den Luvale, in: Marie-Jose van de Loo und Margarete Reinhard, Trickster Verlag, 1993 zitiert nach: Isabella Andrej, Matrilineare Gesellschaften, Eine

Untersuchung aus ethnologischer und historischer Sicht, Diplomarbeit zur Erlangung des Magistergrades der Philosophie an der Grund- und Integrativwissenschaftlichen Fakultät der Universität Wien, Wien 1998 http://elaine.ihs.ac.at/~isa/diplom/

Reinhardt, Susie, Schönheit reicht nicht, in: Psychologie Heute, 09/07

Reuter, Stephanie, Sterben, Tod, Trauer. 30 Arbeitsblätter. Stuttgart 1997. Klett

Rhue, Morton, Ich knall euch ab. Ravensburg 2002. Ravensburg TB

Rilke, Rainer Maria, Werke in 3 Bänden. Band 1: Gedichtzyklen. Frankfurt/M. 1966. Insel

Rohbeck, Johannes, Philosophen scherzen nicht. Ironie im Philosophie und Ethikunterricht. Zeitschrift für Didaktik der Philosophie und Ethik 2/2007. Hannover, Siebert

Roth, Gerhard, Wie unser Gehirn Entscheidungen trifft. www.zfu.ch/service/fartikel/fartikel_03_jub.htm (gefunden am 1.10.07)

Safranski, Rüdiger, Wie viel Globalisierung verträgt der Mensch? 2. Auflage. Frankfurt/M. 2004. S. Fischer

Savater, Fernando, Tu, was du willst. Ethik für die Erwachsenen von morgen. Aus dem Spanischen von Wilfried Hof. Frankfurt/M. 1993. Campus

Schiller, Friedrich, Ausgewählte Werke in 6 Bänden, 1. Band. Stuttgart 1954. Kohlhammer

Schittenhelm, Rosemarie, Von morgens bis abends. Das Taschenbuch für junge Mädchen. Stuttgart 1962. Franckh'sche Verlagshandlung

Schlake, Hans-Peter/Roosen, Klaus, Der Hirntod als der Tod des Menschen. Frankfurt/M. 1997. Deutsche Stiftung Organtransplantation

Schmohl, Daniela, Die Geschichte der Ehe – ein Abriss, in: D-A-S-H Dossier #13: Ehe und Migration, S.4, hg. JFF – Institut für Medienpädagogik in Forschung und Praxis, o.J., http://d-a-s-h.org/PDF/Dossier13_Ehe_und_Migration.pdf

Schneewind, Klaus A./Wunderer, Eva, Das Beziehungsrezept, in: Psychologie heute. Juli 2003. http://www.paed.uni-muenchen.de/~ppd/psychoheute.pdf

Schopenhauer, Arthur, Parerga und Paralipomena II. Werke in 5 Bänden. Band V. Zürich 1988. Haffmans-Ausgabe

Schrep, Bruno, Nur noch Schrott, in: Universitas 3/2007. Stuttgart, Hirzel

Schüler Duden. Die Psychologie. Ein Sachlexikon für die Schule. Mannheim/Wien/Zürich 1981. Dudenverlag

Schumann, Hans Wolfgang, Der historische Buddha. Leben und Lehre des Gotama. 7. Auflage. München 1999. Eugen Diederichs

Schurz, Grete, Die innere Stimme der Unterwerfung, in: Psychologie heute. November 1985

Schweitzer, Albert, Die Ethik der Ehrfurcht vor dem Leben, in: ders.: Kultur und Ethik. München 1996. C. H. Beck

Senior Experten Service, Stiftung der Deutschen Wirtschaft für internationale Zusammenarbeit GmbH (Hrsg.), Von wegen altes Eisen. http://www.ses-bonn.de (gefunden am 19.02.2007)

Siemens, Werner von: Über das naturwissenschaftliche Zeitalter, in: Tageblatt der Gesellschaft deutscher Naturwissenschaftler und Ärzte, Nr. 59, 1886

Siep, Ludwig, Bioethik als Konkrete Ethik. www.uni-muenster.de/.../philosophischesseminar/mitglieder/siep/vortraege/bioethikalskonkreteethik.pdf

Singer, Peter, Praktische Ethik. Aus dem Englischen von Oscar Bischoff, Jean-Claude Wolf und Dietrich Klose. 2., revidierte u. erw. Auflage. Stuttgart 1994. Reclam

Singer, Peter, Wie sollen wir leben? Ethik in einer egoistischen Zeit. Aus dem Englischen von Hermann Vetter. München 1999. dtv

Skirbekk, Gunnar/Gilje, Nils, Geschichte der Philosophie. Eine Einführung in die europäische Philosophiegeschichte mit Blick auf die Geschichte der Wissenschaften und die politische Philosophie, 2 Bde. Band 1. Übersetzt von Lothar Schneider. Frankfurt/M. 2003. Suhrkamp

Söhne der Erde, Erzählung nach einer Rede des Häuptling Seattle vom Stamme der Duwamish im Gebiet Washington, 1855, Institut für Film und Bild in Wissenschaft und Unterricht. Grünwald. Film Nr. 322629.

Spektrum der Wissenschaft 1/1998, Enrico Ballone, übersetzt von Michael Spang

Spierling, Volker, Kleine Geschichte der Philosophie. 50 Porträts von der Antike bis zur Gegenwart. 4. Auflage. München 1996. Piper

Statistisches Bundesamt, Wiesbaden, Leben und Arbeiten in Deutschland, Sonderheft 1: Familien und Lebensformen, Ergebnisse des Mikrozensus 1996-2004, ersch. 2006

Stegmüller, Wolfgang, Hauptströmungen der Gegenwartsphilosophie. Band IV. Stuttgart 1998. Kröner

Stern vom 04.09.2003, Joachim Reuter, Wibke Schmidt, Jan Boris Wintzenburg

Stern 46/2005, Thiemo Dollmann, Luise Hofmann, Alenka Jeretin, Henning Kemna, Peter Müller, Sybille Wais

Stirner, Max, Der Einzige und sein Eigentum. Stuttgart 1991. Reclam

Störig, Hans Joachim, Kleine Weltgeschichte der Philosophie in zwei Bänden. Frankfurt/M. 1978, Bd. 1. S. Fischer

Strassmann, Burkhard, Alters Heim, Gemeinsam wohnen – das wollen viele Senioren. Wie kann das gut gehen? Fünf Hausbesuche, in: Die Zeit 47/2005. http://www.zeit.de/2005/47/Alten-WGs, (gefunden am 08.01.2007)

Streminger, Gerhard, David Hume. Sein Leben und sein Werk. Paderborn 1995. Schöningh (UTB)

Student, Christoph, Was versteht man unter Hospiz. http://christoph-student.homepage.t-online.de/41518/41548.html (gefunden am 05.01.2007)

Studie „Karrierek(n)ick Kinder – Mütter in Führungspositionen – ein Gewinn für Unternehmen", Autorinnen: Helga Lukoschat, Kathrin Walther. Herausgeber: Bertelsmann-Stiftung durchgeführt im Auftrag des Bundesministeriums für Familie, Senioren, Frauen und Jugend, 2006. http://www.bertelsmann-stiftung.de

Taylor, Paul W., Die Ethik der Achtung gegenüber der Natur, in: Angelika Krebs (Hg.): Naturethik. 3. Auflage. Frankfurt/M. 1997. Suhrkamp

terre des hommes Deutschland e.V. (Hrsg.), Kinderarbeit, Verbraucherbroschüre, Was Verbraucher und Unternehmen tun können, 2004, downloadbar unter: http://www.tdh.de/content/materialien/download/index.htm?&action=details&id=17

Thies, Wiltrud/Röhner, Charlotte (2000): Erziehungsziel Geschlechterdemokratie. Interaktionsstudie über Reformansätze im Unterricht. Weinheim: Juventa, zitiert nach: http://www2.gender.hu-berlin.de/gendermediawiki/index.php/Soziale_Konstruktion_von_Geschlecht_in_der_Schule

Thurnherr, Urs, Tierethik, in: Annemarie Pieper, Urs Thurnherr (Hg.): Angewandte Ethik. München 1998. C. H. Beck

Tremmel, Jörg, Sweet little Sixteen. Frankfurt/M. 1994. S. Fischer

Trutwin, Werner, Die Weltreligionen. Arbeitsbücher für die Sekundarstufe II. Religion-Philosophie-Ethik, Islam. Düsseldorf 1998. Patmos

Tugendhat, Ernst, Vorlesungen über Ethik. 2. Auflage. Frankfurt/M. 1994. Suhrkamp

Tugendhat, Ernst/López, Celso/Vicuña, Ana María, Wie sollen wir handeln? Schülergespräche über Moral. Aus dem Spanischen übersetzt von Reinhard Schwemmler. Stuttgart 2000. Reclam

Tworuschka, Monika, Grundwissen Islam. Religion, Politik und Gesellschaft. Münster 2002. Aschendorff

Unseld, Werner, Von den letzten Dingen – Sterben, Tod und Trauer auf dem Land (Ausstellungstext, unveröffentlicht)
Vogl, Robert, Ausländerbeirat Augsburg, www. augsburg. de/Seiten/ augsburg_d/ soziales/ auslaender/ auslaender u/3.shtml 12.10.04, entnommen aus: – Islam, Politische Bildung und interreligiöses Lernen. 4. Teillieferung, bpb (Arbeitshilfen für die politische Bildung), 2005
Vorländer, Karl, Geschichte der Philosophie, Bd. 2. §14, Die sokratische Methode der Begriffsbestimmung. Reinbek 1990. Rowohlt. www.textlog.de/6118.html?print
Warning, Albrecht, Alt werden und doch jung bleiben, in: Sterben und Tod. Ethik und Unterricht 4/1997. Seelze, Erhard Friedrich Verlag
Watzlawick, Paul, Anleitung zum Unglücklichsein. München 1984. Piper
Wiedemann, Charlotte, Wir sind Pionierinnen, so Gott will, in: DIE ZEIT-DOSSIER Nr. 8 vom 16.02.2006
Willi, Jürg, Psychologie der Liebe. Persönliche Entwicklung durch Partnerbeziehungen. Stuttgart 2002. Klett Cotta
Wolf, Ursula, Das Tier in der Moral. Frankfurt/M. 1990. Vittorio Klostermann
Wolf-Graaf, Anke, Wenn keine Hoffnung bleibt: Suizidgefahr bei Kindern und Jugendlichen, Sendung vom 11. Oktober 2006, http://www.wdr.de/tv/service/familie/inhalt/20061011/b_1.phtml
Xenophon, Erinnerungen an Sokrates. Übersetzt von Rudolf Preiswerk. Stuttgart 1980. Reclam
Zagal, Héctor/Galindo, José, Ethik für junge Menschen. Grundbegriffe – Positionen – Probleme. Aus dem Spanischen übersetzt von Bernd Goebel. Stuttgart 2000. Reclam
Zakzouk, Mahmoud in: Islam verstehen – Sympathiemagazin, Studienkreis für Tourismus und Entwicklung (Hrsg.). Ammerland/Starnberger See 1992/93/97
Zartbitter Köln e.V., Kontakt- und Informationsstelle gegen sexuellen Missbrauch, Ursula Enders: Nein ist NE!N!, http://www.zartbitter.de/content/e7/e104/e116/e122/index_ger.html

Bemerkung zum Kapitel Islam:
Koran-Textstellen werden zitiert nach der Übersetzung von Adel Theodor Khoury (s. Literaturverzeichnis: Koran).
Die Orthographie und Transkription der arabischen Begriffe orientiert sich weitgehend an der hocharabischen Aussprache und ihrer EI²-Umschrift (The Encyclopaedia of Islam, New Edition, Leiden 1960ff.).
Bei Begriffen mit unterschiedlicher Aussprache aus dem Persischen oder Türkischen und bei im Deutschen allgemein bekannten Namen und Begriffen wird aus Gründen der Lesbarkeit und Verstehbarkeit auf die in der Islamwissenschaft verwendeten diakritischen Punkte und Längen verzichtet und die jeweilige übliche Schreibweise verwendet.

Internetseiten (Stand: Frühjahr bis Herbst 2007):

http://aerzte-gegen-tierversuche.tierrechte.de/content/docs/pdf/de/versuchstiere_2005.pdf
http://tierrechte.de/v20006000.html
http://www.abi-null5.de/gaestebuch/index.php?seite=3&anzahl=15
http://www.eisbergonline.de/a2005-IV/2005,12,29,jas,glosse,lichterkettenundtanten.htm
http://www.ekd.de/martinluther/95thesen.html
http://www.fh-luh.de/hexenprozess/
http://www.kja-freiburg.de/efj/dcms/sites/kja/projekte/72stunden/index.html
http://www.hr-online.de/website/rubriken/ratgeber/index.jsp?rubrik=3642&key=standard_document_29387182
http://www.swr.de/swr4/rp/-/id=233378/nid=233378/did=1246498/1ui5bdn/index.html
http://www.taize.fr/de_article2559.html
http://www.tierundnatur.de/tierschg.htm
http://www.uni-muenster.de/FNZ-Oonline/politstrukturen/konfessza/quellen/augsburg.htm
http://www.vso.de/presse/details.php?id=21
http://www.weltbibelhilfe.de/Nachrichten.28.0.html?&no_cache=1&tx_ttnews[tt_news]=9&tx_ttnews[backPid]=1
www.br-online.de/wissen-bildung/thema/psychologie/05_motivation_2.xml
www.buddhismus-deutschland.de/dbu/frameset.php
www.datenbank-tierversuche.de/mainframe.php4
www.3sat.de/3sat.php?http://www.3sat.de/nano/bstuecke/09458/index.html.
www.erna-graff-stiftung.de
www.stuttgarter-zeitung.de/ehrenamt

Songtexte

Lösung zu S. 143: René Magritte: Die Liebenden. 1928

Bildnachweise

Einband: Stefan Boness / Ipon, Berlin; Scala, Antella; dpa Picture-Alliance, Frankfurt; Thorsten Jansen, Frankfurt

S. 7 Ullstein-Bild, Berlin; dpa Picture-Alliance, Frankfurt (2)
S. 8 Fachwissen Ethik, Verlag Vandenhoeck & Ruprecht, Göttingen 1993, S. 237
S. 12 K. Lorenz, Vergleichende Verhaltensforschung. Wien/N.Y. 1978, S. 131
S. 14 Artothek, Weilheim; Helke Jacob, Bamberg
S. 16 http://content.answers.com/main/content/wp/en/e/ea/Sepik_River_initiation_PNG_1975.jpg
S. 17 Deutsches Historisches Museum, Berlin
S. 18 Friedrich Karl Waechter
S. 20 Stefan Boness / Ipon, Berlin
S. 21 M. Ruetz, 1968. Ein Zeitalter wird besichtigt, S. 73
S. 22 Biologie 9, Verlag Duden Paetec, Berlin / C.C. Buchners Verlag, Bamberg, 2007, S. 97
S. 26 Laurent Perraut, Bamberg (2); dpa Picture-Alliance, Frankfurt (2); Verlagsarchiv
S. 28 Sylvia Kröger, Bodelshausen
S. 30 Tom Wenner
S. 32 dpa Picture-Alliance, Frankfurt (2); Blickwinkel/R. Linke, Witten; Blickwinkel/H. Schmidbauer, Witten
S. 34 Marie Marcks, Heidelberg
S. 37 Burkhard Moor / Baaske Cartoons, Müllheim
S. 38 Freimut Wössner / Baaske Cartoons, Müllheim
S. 39 dpa Picture-Alliance, Frankfurt
S. 40 Les édition Albert René, Paris
S. 42 Til Mette; dpa Picture-Alliance, Frankfurt
S. 45 Gerhard Mester / Baaske Cartoons, Müllheim
S. 46 Fotoagentur VISUM/Björn Göttlicher, Hamburg; Michael Wittschier, Und die Moral von der Geschicht ..., Patmos Verlag, Düsseldorf 1983, S. 6f.
S. 47 Richard Osborne, Philosophie. Eine Bildergeschichte für Einsteiger, Verlag Wilhelm Fink, München 1996, S. 17
S. 48 Leben und Werk M.C. Escher, Rheingauer Verlagsgesellschaft, Eltville am Rhein, S. 312
S. 49 Calvin and Hobbes © Bill Watterson. Reprinted with permission of Universal Pess Syndicate. All rights reserved.
S. 50 Wieslaw Smetek, Bad Bederkesa
S. 52 Friedrich Karl Wächter
S. 55 Gerhard Mester / Baaske Cartoons, Müllheim
S. 56f. Südwind Agentur, A-Laudong; The Image Bank, München
S. 58f. Andheri-Hilfe e.V., Bonn; terre des hommes – Hilfe für Kinder in Not, Osnabrück; The Image Bank, München
S. 60 Verlagsarchiv
S. 61 Archiv für Kunst und Geschichte, Berlin
S. 62f. Verlagsarchiv; Richard Osborne, Philosophie. Eine Bildergeschichte für Einsteiger, Verlag Wilhelm Fink, München 1996, S.17
S. 64 Scala, Antella
S. 65 Richard Osborne, Philosophie. Eine Bildergeschichte für Einsteiger, Verlag Wilhelm Fink, München 1996, S. 18
S. 68 dtv-Atlas zur Philosophie. Tafeln und Texte, S. 36
S. 70 Scala, Antella
S. 71 Verlagsarchiv
S. 74 Verlagsarchiv
S. 75 Archiv für Kunst und Geschichte, Berlin
S. 76 The Metropolitan Museum of Art, New York
S. 78 Richard Osborne, Philosophie. Eine Bildergeschichte für Einsteiger, Verlag Wilhelm Fink, München 1996, S. 17
S. 80 Chanel (1994), Paris
S. 82 Archiv für Kunst und Geschichte, Berlin
S. 83 Tate Gallery of British Art, London
S. 85 Richard Osborne, Philosophie. Eine Bildergeschichte für Einsteiger, Verlag Wilhelm Fink, München 1996, S. 75; Stern Millenium Nr. 7, 1600-1699, S. 6
S. 86 Hans-Georg Rauch, Der Mörder
S. 88 Bild der Wissenschaft 9/2006, S. 85
S. 90f. Carsten-Peter Warncke, Picasso. Taschen Verlag, Köln, S. 165
S. 92 Archiv für Kunst und Geschichte, Berlin
S. 94 Paul McKenna 2000
S. 95 Bulls Pressedienst GmbH, Frankfurt
S. 96 Verlagsarchiv
S. 98 Der Spiegel, Hamburg
S. 100 Grant Heilmann Photography Inc./Runk-Schönberger
S. 101 Günter Schulte, Schnellkurs Philosophie, Dumont Verlag, Köln,
S. 102 Gerhard Mester / Baaske Cartoons, Müllheim
S. 104 Stern Nr. 46, 10.11.2005 (6)
S. 106 Kunstmuseum Athenaeum, Helsinki
S. 107 Geschichten, 9./10. Schuljahr. Für die Schule zusammengestellt von K.H. Spinner, Frankfurt/Main 1990, S. 5
S. 108 Stephen Law, Philosophie. Abenteuer Denken, Arena Verlag, S. 167, 172
S. 112 The Estate of Keith Haring, New York
S. 114 Kunstsammlung Nordrhein-Westfalen, Düsseldorf
S. 116 Richard Osborne, Philosophie. Eine Bildergeschichte für Einsteiger, Verlag Wilhelm Fink, München 1996, S. 92
S. 120 Sempé, Bonjour-Bonsoir, Diogenes Verlag, Zürich 1986, S. 21
S. 122 LOOK, Die Fotoagentur der Fotografen, München
S. 123 Verlagsarchiv; Agentur Mauritius, Mittenwald
S. 124 dpa Picture-Alliance, Frankfurt
S. 125 Architekturbilder Artur/Daniele Domenicali, Essen; JOKER/Hady Khandani, Bonn
S. 126 Okapia, Frankfurt
S. 128 Erna-Graff-Stiftung für Tierschutz/Ulrike Suckow, Berlin
S. 133 dpa Picture-Alliance, Frankfurt
S. 134 Catherine Belliot, Stegaurach
S. 136 dpa Picture-Alliance, Frankfurt
S. 138f. Bildarchiv Preußischer Kulturbesitz, Berlin
S. 140 www.echtemaenner.com
S. 141 theater 3 hasen oben/Silvia Pahl und Klaus Wilmanns, Immichenhain
S. 142 http://webdoc.sub.gwdg.de/ebook/ga/2003/papier/html/17/htm
S. 143 René Magritte, Die Liebenden. VG-Bildkunst 2005
S. 144 Hänssler Verlag, Holzgerlingen
S. 146f. Dorothee Wolters, ©Zartbitter e.V., Köln (2); Bundeszentrale für gesundheitliche Aufklärung. Jugendsexualität 2006, S. 119-122
S. 148 Peter und Hans Jungwirth, Kornwestheim
S. 149 Zentralbibliothek / Handschriftenabteilung, Zürich; Deutsche Presse-Agentur, Frankfurt
S. 150 Eva Müller, Kornwestheim
S. 151 Laurent Perraut, Bamberg

S. 153 Keystone Pressedienst, Hamburg (2); Agentur Superbild, Taufkirchen; Verlagsarchiv
S. 154 Laurent Perraut, Bamberg; Franziska Steudle, Kornwestheim
S. 156f. Das große Wilhelm Busch Lesebuch. Wilhelm Heyne Verlag, München 1982, S. 403, 414
S. 158 Laurent Perraut, Bamberg
S. 159 Creo, Bamberg
S. 160 Staatliche Museen, Berlin
S. 161 Unilever/Dove, Hamburg
S. 162 Deutscher Olympischer Sportbund/Geschäftsbereich Sportentwicklung, Frankfurt
S. 164 Globus Infografik, Hamburg
S. 165 Gerhard Mester / Baaske Cartoons, Müllheim
S. 166 BilderBox Bildagentur GmbH, A-Thening
S. 167 dpa Picture-Alliance, Frankfurt
S. 168 dpa Picture-Alliance, Frankfurt
S. 170 Landesdenkmalamt Baden-Württemberg und Stadt Zürich; Andreas Buck, Dortmund
S. 171 Sylvia Kröger, Bodelshausen
S. 172 Hospiz, A-Baden
S. 174 Artothek, Weilheim
S. 176 Niedersächsisches Landesverwaltungsamt. Institut für Denkmalpflege, Hannover
S. 177 Ägyptisches Museum, Kairo; Gerhard J. Bellinger, Lexikon der Mythologie. Droemer Knaur, München 1989, S. 421
S. 178f. Denis Huismann, Philosopie für Einsteiger, rororo, S. 155, 156
S. 180 Ullstein Bilderdienst, Berlin; Keystone Pressedienst, Hamburg (3), dpa Picture-Alliance, Frankfurt (3); DIZ Süddeutscher Verlag, Bilderdienst, München
S. 181 Chronik aktuell. Der 11. September 2001, Chronik Verlag 2001, S. 26; Zentrale Farbbild-Agentur ZEFA, Düsseldorf
S. 186 Norbert Michalke, Berlin
S. 187 Erziehung und Wissenschaft 3/2001
S. 188 dpa Picture-Alliance, Frankfurt
S. 190 www.stangl-toller.at/TESTEXPERIMENT/Bilder/milgram.gif
S. 192 Manfred Deselaers, „Und Sie hatten nie Gewissensbisse?“, Benno Verlag, Leipzig
S. 193 dpa Picture-Alliance, Frankfurt
S. 194 dpa Picture-Alliance, Frankfurt (4); OSTKREUZ – Agentur der Fotografen, Berlin
S. 196 Keystone Pressedienst, Hamburg
S. 198 Ullstein-Bild, Berlin
S. 199 Freunde von Neve Shalom/Wahat al Salam e.V., Sankt Augustin
S. 202 Sylvia Kröger, Bodelshausen
S. 203 Fastenopfer, Luzern
S. 204 Verlagsarchiv
S. 206 Panorama, Altötting
S. 209 Sylvia Kröger, Bodelshausen
S. 210 dpa Picture-Alliance, Frankfurt
S. 212 Scala, Antella
S. 215 dpa Picture-Alliance, Frankfurt
S. 216 Felix Thürlemann, Robert Campin, Prestel Verlag, München, S. 159
S. 217 Matthias Gothart Nithart, Grünewald – Der Isenheimer Altar, Belser Verlag, Stuttgart 1973
S. 218 dpa Picture-Alliance, Frankfurt (2); Evangelische Kirche in Deutschland, Hannover
S. 219 dpa Picture-Alliance, Frankfurt (2); Ullstein-Bild, Berlin
S. 222 DIZ, Süddeutscher Verlag Bilderdienst/Scherl, München
S. 223 dpa Picture-Alliance, Frankfurt
S. 224f. dpa Picture-Alliance, Frankfurt; Christian Feldmann, Frère Roger, Taizé – Gelebtes Vertrauen, Herder Verlag, Freiburg 2005, S 97
S. 226 www.72stunden.de
S. 227 UGA – Umweltgutachterausschuss beim Bundesministerium für Umwelt, Naturschutz und Reaktorsicherheit, Berlin
S. 228f. Dr. Georg Dürr
S. 230 entwurf 1/2002, S. 19 – Hrsg. Fachgemeinschaft evangelischer Religionslehrerinnen und Religionslehrer e.V.
S. 231 Thorsten Jansen, Frankfurt
S. 232 Weltatlas der alten Kulturen – Der Islam, Christian Verlag, S. 188
S. 236 Giraudon / The Bridgeman Art Library, Berlin
S. 239 Die Zeit, Hamburg
S. 240 ISLAM – Schnellkurs, Dumont Verlag, Köln 1999, S. 93
S. 241 Türkisch-Islamischer Kulturverein e.V., Bamberg
S. 242f. Katholische Nachrichten Agentur Pressebild GmbH/ KNA-Bild, Bonn; Peter Kliemann, Das Haus mit den vielen Wohnungen. Eine Einführung in die Religionen der Welt, Calwer Verlag. S. 182
S. 244 Badische Neueste Nachrichten/Natalie Nees, Karlsruhe
S. 245 www.muslimereisen.de; Interfoto, München
S. 247 dpa Picture-Alliance, Frankfurt
S. 248 Landeszentrale für politische Bildung, Baden-Württemberg
S. 249 Vario images GmbH, Bonn
S. 250 ISLAM – Schnellkurs, Dumont Verlag, Köln 1999, S. 95
S. 251 Landeszentrale für politische Bildung, Baden-Württemberg; Islam-Politische Bildung und interreligiöses Lernen. ©Kamâl Ali, Fes aus: Karl Gerstner, Du sollst dir kein Bildnis machen, in: du – Die Zeitschrift der Kultur, Heft 7/8, TA-Media AG, Zürich 1984, S. 103
S. 252 Isoplan CONSULT, Soziökonomische Forschung und Beratung, Saarbrücken
S. 253 Die Zeit, Hamburg
S. 255 Charlotte Wiedemann, Berlin
S. 258 Verlagsarchiv
S. 259 Verlagsarchiv
S. 260 Verlagsarchiv
S. 261 dpa Picture-Alliance, Frankfurt
S. 262 Andreas Seidl, Hechingen
S. 263 AKTUELL. Erklärung zum Weltethos von Hans Küng und Karl-Josef Kuschel, Piper Verlag, München 1993, S. 84